Di-Ben-Draw

Di-Ben-Draw

D BEN REES

Argraffiad cyntaf: 2015

Dymuna'r cyhoeddwyr gydnabod cymorth ariannol
Cyngor Llyfrau Cymru

Llun y clawr: Keith Morris
Cynllun y clawr: Y Lolfa

Rhif Llyfr Rhyngwladol: 978 1 78461 186 6

Cyhoeddwyd, rhwymwyd ac argraffwyd yng Nghymru gan
Y Lolfa Cyf., Talybont, Ceredigion SY24 5HE
gwefan www.ylolfa.com
e-bost ylolfa@ylolfa.com
ffôn 01970 832 304
ffacs 832 782

CYFLWYNIAD

O Landdewibrefi
i Penny Lane

YN YSTOD OES Fictoria, ac wedi hynny, bu hunangofiannau gweinidogion, a chofiannau iddynt, yn ddwsin am ddimai; yr arddull, yn aml, yn 'llifeirio o laeth a mêl' a'r gwrthrychau'n ffinio ar fod yn berffaith. Byddai'n syndod i lymeitwyr cyfrolau o'r fath ddarllen hunangofiant gwahanol D Ben Rees yn olrhain stori'i daith lachar o Ddyffryn Teifi i Penny Lane, o ffarm wledig Abercarfan i 32 Garth Drive, L18 6HW. Fe'i hysgrifennodd, yn ôl y Rhagair, yn dilyn 'ymbil taer cyfeillion' ac am y credai fod profiad gweinidog yr Efengyl a gafodd gyfleoedd mor wahanol i'w gyfoeswyr yn werth yr inc, y papur, a'r llafur hir. A dyna'r gwir. Gall stori unigryw ddygymod ag arddull gyffredin, a gall stori gyffredin, o'i hysgrifennu'n llenyddol dda, daro deuddeg; mae *Di-Ben-Draw* yn meddu elfennau o'r ddwy ragoriaeth.

Yn hogyn ysgol cafodd ddwy dröedigaeth, os mai dyna'r gair. Clywed Roderic Bowen, Rhyddfrydwr, yn lladd ar Sosialaeth adeg Etholiad 1945 a'i gyrrodd i'r Chwith. Ac wyth oed oedd o bryd hynny! Hogyn ysgol oedd o pan glywodd o'r unigryw Tom Nefyn yn pregethu ar Ŵyl Ddiolchgarwch a'i argyhoeddi 'i roi fy hun i waith Duw am byth fel gwas yr Arglwydd Iesu'. Bu'n byw mewn o leiaf tri byd: y gymuned amaethyddol y'i maged ynddi, y gymuned lofaol, grefyddol yng Nghwm Cynon lle y bwriodd brentisiaeth, a Lerpwl lle y rhoddodd yn agos i hanner canrif o weinidogaeth dryloyw.

Fel y dengys ei hunangofiant, un Ben a fu erioed, yn afieithus a hyglyw, yn eirias ei sêl, yn ddiarbed ei weithgarwch, yn fythol driw i'w argyhoeddiadau, yn ddiflewyn-ar-dafod ond gyda thynerwch calon. Bu'n ffodus yn ei natur hyderus; fel pe'n cerdded y palmant golau'n gyson heb gael ei lethu gan amheuon na'i sobri gan fethiannau: 'Ni chefais erioed amheuaeth wrth ymddiried yn Nuw a bu hyn yn gysur i mi ar hyd y blynyddoedd'. Eto, ysgrifennodd yn gwbl onest gan gyfaddef na fu i'r gwynt fod o'i du bob tro. Ni ddaeth iddo unwaith wahoddiad yn ôl i Ysgol Sir Tregaron lle bu'n ddisgybl. Serch ei Galfiniaeth – testun ei 'Ddarlith Davies' (math o anrhydedd enwadol) oedd *Y Gwron o Genefa: John Calfin a'i Ddylanwad* – ni theimla i'w enwad lawn werthfawrogi'i gyfraniad. Safodd fel ymgeisydd Llafur yn etholaeth Conwy. Boddi yn agos i'r lan fu ei hanes a hynny ddwywaith yn olynol.

Ysgrifennodd gofiant sy'n llawn fel wy. Gweinidog a phregethwr, ia, ond yn ogystal, gwleidydd, ymgyrchwr, hanesydd, areithiwr, llenor, darlithydd, teithiwr byd a chasglwr lluniau a hen lyfrau: 'Ceisiaf werthu 300 o lyfrau bob blwyddyn'. Cafodd galeidosgob o brofiadau na ddaethant heibio i'r cyffredin ohonom. I mi, mae ar ei fwyaf sensitif yn tafoli rhai o'r digwyddiadau trawmatig a ddaeth ar ei lwybr; megis trasiedi Aber-fan 1966 a ddargyfeiriodd weddill ei weinidogaeth. I mi, mae ar ei fwyaf llenyddol yn portreadu'n gynnil, gofiadwy, rai a gollodd ar y daith: David Benjamin, ei dad-cu, ei rieni a Humphrey Wyn a fu'n gymaint cefn iddo yn nyddiau Lerpwl.

A 'Lerpwl yn ddinas barhaus' ydi teitl un o benodau'r hunangofiant. Yn ei genhedlaeth, gwnaeth Ben fwy nag odid neb i gofnodi hanes Cymry Lerpwl, i drosglwyddo'r iaith Gymraeg i genhedlaeth newydd ac i gadw'r Ffydd i gerdded. Yno mae Meinwen, ei briod, ac yntau'n dymuno aros a dyna ddymuniad eu plant. Aros, i roi'r ffidil yn y to? 'Dal ati ynghanol troeon yr yrfa' ydi teitl y bennod olaf. Aros, i roi'i delyn ar yr helyg? Sgersli bilîf! Fel y dywedais i, un Ben a fu. A dyna pam mae'r hunangofiant yn un unigryw.

HARRI PARRI, Caernarfon

Rhagair

NID OEDDWN WEDI bwriadu o gwbl ysgrifennu hunangofiant er bod mwy nag un o blant Ysgol Sir Tregaron, neu Ysgol Henry Richard fel y gelwir hi er 2015, fel John Davies, Cyril Hughes, John Albert Evans, Charles Arch, W J Gruffydd, John Meredith, Gwyn Griffiths a llu o'm cyfoeswyr yn y Coleg ger y Lli wedi gwneud hynny bellach. Meic Stephens oedd yr olaf. Ond anodd gwrthod ymbil taer cyfeillion i roddi ar bapur beth o brofiadau'r daith o Ddyffryn Teifi yr holl ffordd i Penny Lane – rhoddi ar gof a chadw dipyn o brofiadau dechrau'r daith yng nghysgod Eglwys Dewi Sant, yn Ysgol Gynradd Llanddewibrefi ac Ysgol Uwchradd Tregaron, yng ngholegau Aberystwyth ac wrth ddechrau byw a magu teulu yn y cymoedd glo ac yn alltud o Gymro yn Lerpwl. Cwrddais â Hywel Gwynfryn deirgwaith mewn ychydig wythnosau yn Aberystwyth yn haf 2013 a dyna oedd ei gyfarchiad caredig ef bob tro. Un arall a fynegai yr un genadwri, ond yn nes ataf yn ddaearyddol, oedd Dr John G Williams, ffisigwr a chyd-weithiwr ym mywyd Cymry Lerpwl. Yr un oedd neges ffrindiau o bapur bro *Yr Angor*, yn arbennig Roderick Owen, y Trysorydd, a Ben Hughes, yr Ysgrifennydd, a hefyd Robin Gwyndaf o Gaerdydd gan y gŵyr am yr inc sydd yn fy ngwaed.

A dyma fi'n ymateb er fy mod eisoes wedi ysgrifennu dwy gyfrol swmpus, lawn lluniau, am fy nghyfnod yn bugeilio Cymry Lerpwl o 1968 i 2007 o dan y teitl *Codi Stem a Hwyl yn Lerpwl* yn Gymraeg a *Labour of Love in Liverpool* yn Saesneg. Mae'r deunydd sydd gennyf am ddyddiau Lerpwl, bron yn gyfan gwbl, yn ddeunydd na welodd olau dydd yn y cyfrolau hynny.

Yr wyf yn gwbl grediniol mai myfi fydd y gweinidog ordeiniedig olaf i fyw a gweinidogaethu am gyfnod o 47 mlynedd ymhlith Cymry Lerpwl, ac mae'n bwysig felly rhoddi ar gof a chadw fy mhrofiadau ar derfyn cyfnod ysblennydd iawn sydd yn dirwyn yn ôl at enwau fel yr hanesydd eglwysig John Hughes, Henry Rees a'i frawd William Rees (yr anfarwol 'Gwilym Hiraethog'), Dr Owen Thomas a'i frodyr Owen a Josiah, ac Ifor Oswy Davies. Yn yr olyniaeth honno y'm gosodwyd gan Dduw a dynion. Diwedd cyfnod ydyw ar hanes Ymneilltuaeth Gymraeg gan nad oes dyfodol iddi bellach ymhlith Cymry Cymraeg sydd yn gwrthod cefnogi'r capeli a'u gweithgareddau diwylliannol. A hynny yn bennaf am i ni fethu cyfathrebu â'r genhedlaeth gyfoes.

Mae fy nyled fwyaf i'm cyfeillion o Geredigion, Eiris ac Emyr Llywelyn, Ffostrasol am ddarllen y drafft cyntaf gyda chrib fân ac awgrymu llu o welliannau a rhoddi o'u hamser prin i olygu'r cyfan. Ychwanegwyd at yr hunangofiant yn yr ail ddrafft ar ôl i'r mab Dafydd roddi ei awgrymiadau yntau a chyfoethogi'r hunangofiant. Yna cafodd fy nghyfaill coleg, y llenor profiadol, y Parchedig Harri G Parri olwg arno, a chefais gyflwyniad ardderchog ganddo. Bodlonwyd yntau ac felly mentraf i blith y darllenwyr Cymraeg. Diolch i'r tri.

Diolch i Raymond Daniel, Llanddewibrefi am ei luniau o'r hen fro yng Ngheredigion, i'm priod ac eraill am gymwynasau tebyg, sef lluniau prin o'r gorffennol, ac i Dr Bethan Rees, fy merch-yng-nghyfraith, am luniau o'r cyfnod diweddaraf.

Diolch am gymorth y Cyngor Llyfrau ac i wasg Y Lolfa am weld gobaith am gyfrol yn y deipysgrif a baratowyd mor ddestlus gan Iona Bailey, Swyddffynnon, Ceredigion. Onid yn Swyddffynnon y ganwyd Mam? Onid yw'r byd yn rhyfeddol?

Diolchaf i bawb sydd wedi pwrcasu'r gyfrol a'm cefnogi, boed hwy o Geredigion, Morgannwg, Llundain, Lerpwl, neu lu o lefydd eraill, yn aelodau, yn addolwyr a gwrandawyr neu'n rhai a fu ar bererindodau yn fy nghwmni.

Yn ddidwyll iawn,

D. BEN REES

Cynnwys

Man fy ngeni, Abercarfan

MAE FFARM ABERCARFAN mewn man dymunol, hanner ffordd rhwng Tregaron a Llanddewibrefi yng nghefn gwlad Ceredigion. Cafodd yr enw am ei bod ar lan afon Carfan sy'n tywallt ei dyfroedd i afon Teifi ryw chwarter milltir o'r ffermdy. Adeiladwyd tŷ ffarm Abercarfan ar ddiwedd y Rhyfel Byd Cyntaf ac felly mae bellach yn tynnu at ei gan mlwydd oed. Gallaf dystio mai'r Benjaminiaid sydd wedi byw yn y tŷ ffarm ers ei adeiladu a gallaf ymffrostio mai fi hefyd yw'r unig berson a anwyd yn y tŷ yn ei holl hanes, ac mai cefnder i mi sy'n ffermio yno heddiw.

Symudodd fy mam, Anne Jane Benjamin, a'i brawd, David John Benjamin, yn blant o ffarm Ynysyberfedd yn y flwyddyn 1912. Roedd ei brawd yn 14 a hithau yn 12 oed. Bu fy mam a'i brawd, oedd yn bennaf ffrindiau, yn gwarchod y lle tan i weddill y teulu symud atyn nhw o'r ffarm ar gyrion Gors Caron yn ardal Swyddffynnon.

Patriarch y teulu oedd David Benjamin, ac ar ei ôl ef y cefais fy enwi. Bu fy mam yn gwarchod Abercarfan, yng ngwir ystyr y gair, ar ôl colli ei chwaer, Margaret, yn ei deugeiniau cynnar yn nechrau'r tridegau a'i mam, oedd yn dwyn yr un enw, sef Margaret, yn 1933. Erbyn hynny, hi oedd yr unig ferch ar y ffarm. Teyrnas y dynion oedd ffarm Abercarfan ym mhob ystyr: fy nhad-cu, fy ewythr Dai, fy nhad John o'r flwyddyn 1936 ymlaen, a dau was, a Mam fyddai wrthi'n paratoi'r bwyd, ac yn golchi pob dilledyn o eiddo'r gwrywod â'i dwylo. Hi hefyd fyddai'n pobi bara, gwneud menyn, coginio, smwddio, glanhau'r tŷ, casglu afalau'r berllan, bwydo'r gwyddau, yr ieir, y moch a'r cŵn, a byddai'n gweithio yn y caeau adeg y cynhaeaf.

Roedd hi'n dal i wneud y cyfan yn haf 1937 a hithau'n feichiog. Galwadau'r ffarm oedd yn dod yn gyntaf ar agenda'r dynion ac ychydig ddyddiau cyn fy ngeni roedd hi'n helpu, yn ôl ei harfer, a hynny ar ben y cert yn derbyn y gwair. Doedd bywyd ffermwr yn y tridegau ddim yn fêl i gyd o bell ffordd. Fyddai Mam ddim yn derbyn ceiniog am ei llafur, dim ond digon o arian i brynu bwyd ac angenrheidiau eraill yn Nhregaron, ac roedd ei chyfraniad pwysig hi'n arbed cyflog morwyn a gwas arall. Ar ben hyn i gyd, roedd disgwyl iddi feicio'r ddwy filltir i siopa yn Nhregaron neu Landdewi a chario'r bagiau trwm yn ôl ar y beic. Ond erbyn diwedd Gorffennaf roedd hi ar fin esgor.

Ar ddydd Sul, 1 Awst, daeth yr awr honno ac fe'm ganwyd, a hynny yng nghanol gwres llethol haf 1937. Ni allaf ddweud faint o deulu fy mam ddaeth i'm gweld yn y crud. Wedi'r cyfan, roedd ganddi chwaer yn Nhregaron, Anti Lizzie; yna rai milltiroedd oddi yno yn Gwnnws ger Tyn-graig roedd Anti Ellen a'i theulu lluosog; yn y plwyf agosaf sef Llanfair Clydogau roedd Anti Mary; yn y ffarm agosaf i Abercarfan roedd Nantdderwen lle ffermiai Wncwl Jâms ond a rhoddi iddo'i enw llawn, James Parry Benjamin; ac yn yr hen ardal, sef Penlan, Swyddffynnon, roedd Wncwl Daniel a anwyd yn Gwernhafdre Fach, Swyddffynnon yn 1888.

Fy nhad, John Rees, oedd yr ail blentyn o un ar ddeg o blant William a Sarah Rees. Bu farw tri o'r plant yn eu plentyndod cynnar ac ni chlywais unrhyw un o'r teulu yn cyfeirio at eu bodolaeth. Cefn Llanio oedd y tŷ lle ganwyd fy nhad, ffarm werth ei gweld rhwng Llanio a Thregaron ac yn hwylus iawn ar gyfer siopa a marchnad. Roedd ei dad yntau, William Rees, yn un o gymeriadau mwyaf lliwgar Ceredigion, ac wedi'i eni yn ardal Llanfair Clydogau. Ceir sawl cyfeiriad ato fel gwleidydd a hyrwyddwr Senedd i Gymru. Hoffai William Rees ei beint, a doedd hualau confensiwn yn golygu dim iddo. Bob nos Wener wrth fynd am ei ddiod o'i gartref yn Llanio i Langeitho, safai ar ben rhiw sy'n arwain i bentref Daniel Rowland, a gweiddi mor uchel ag y medrai: 'Home Rule for Wales!'.

Bu'n dad i bump o blant o'i wraig gyntaf. Ar ôl colli ei wraig daeth fy mam-gu Sarah o dyddyn Pant-glas ar fynydd Llanddewi i gadw tŷ iddo; fe'i priododd yn 1895 ac fe gafodd hi un ar ddeg o blant. Arhosodd mab o'r wraig gyntaf, David Rees, gartref i wasanaethu fel gwas. Sais o Lundain oedd y gwas arall, Alfred Moss, a adnabyddid yn y dogfennau fel Alfred Rees. Roedd ef yn meddwl cymaint o William Rees fel y mabwysiadodd y cyfenw. Pan fu farw William yn 64 oed gadawyd Sarah, a hithau ddim ond yn 42 oed, yn weddw gyda phlant ifanc iawn, yn arbennig Tommy oedd yn wyth, Rachel (Ray) oedd yn bump ac Olwen oedd yn bedair oed. Claddwyd ef ym medd ei wraig gyntaf yn mynwent yr eglwys yn Nhregaron. Pan ddaeth tro fy mam-gu i adael y fuchedd hon fe'i claddwyd hi ym mynwent y plwyf yn Llanddewi, bedd y gosodwyd fy ewythr Evan, a fu'n llongwr am ddeugain mlynedd, ynddo i orffwys.

Roedd teulu fy nhad yn wasgaredig erbyn imi ddod i'r ddaear hon ac ychydig iawn o gyswllt cyson oedd gan fy mam â hwy, na'm tad o ran hynny er iddo gadw cysylltiad digon agos â'i hanner brawd, David Rees, a drigai y Mhenlôn, Llanio. Am flynyddoedd lawer byddai'n mynd ar ei feic am dair milltir bob nos Sadwrn i weld David oedd yn hen lanc ac yn byw fel meudwy. Ddwywaith yn fy mywyd y gwelais i ef ac roedd yn ddigon surbwch y ddau dro hynny. Ni fu ar gyfyl ein cartref ni ac ni welodd Mam lawer ohono erioed, mwy nag Anti Ray. O'r 14 o ewythrod a modrabedd oedd gennyf ar ochr fy nhad does gennyf ddim cof plentyn amdanyn nhw am fod y rhan fwyaf ohonyn nhw wedi hen adael yr ardal, ac yn amharod iawn i ddychwelyd i ardal Llanio nac i awel iach Cwm Brefi. Mae'n drist meddwl nad yw fy atgofion am yr un oedd yn byw yn agos aton ni'n gwbl bleserus chwaith, a bu hynny'n ofid calon i mi ar hyd fy mywyd.

Anti Ray, neu a rhoddi iddi ei henw bedydd, Rachel Blodwen (ni chafodd yr Eglwys yng Nghymru well eglwyswraig yn unman) oedd yr ieuengaf ond un o'r teulu ac roedd hi'n byw yn London House ym mhentref Llanddewi. Safai'r tŷ uchel hwnnw y drws nesaf i'r siop ac felly roedd ei gardd yn ffinio â Chapel Bethesda, capel lle'r oedd y Benjaminiaid yn aelodau – rhai ohonynt yn ffyddlonach na'i gilydd. Roedd y fam a'r tad yn Galfiniaid brwdfrydig. Byddai Wncwl Dai ac Wncwl Jâms yn galw'n achlysurol ym Methesda. Ar ôl i ni symud i bentref Llanddewi clywais yn fachgen gondemniad cyson Anti Ray ohonof a gwatwar didrugaredd ei thafod. Ond roedd ei phriod Wncwl Ben yn grêt, bardd telynegol a charwr diwylliant. Byddai ef yn gwarafun y chwerwedd ac yn creu hafan o gysur pan drigent ar sgwâr y pentref yn Nhŷ Mawr. Roedden ni'n byw hanner canllath oddi wrthi ac nid oedd pall ar ei beirniadaeth gyson fod fy mam druan yn fy sbwylio. Ni chafodd blant ei hun ac wn i ddim a fyddai hi wedi bod mor feirniadol pe bai'n fam. Eto, galwn yn gyson yn Nhŷ Mawr gan fod perthynas i Wncwl Ben, sef Rachel Mary, yn orweddiog yn y gwely. Bu felly am chwarter canrif wedi iddi gael ei siomi gan gariad, yn ôl siarad y pentref. Ond roedd hi'n hynod o annwyl a charedig ac yn llythyrwraig heb ei hail. Fy nhasg i fyddai mynd â'i llythyron drosti i'r llythyrdy a phrynu rhagor o stampiau a byddwn yn derbyn pisyn chwech gwyn am y dasg hawdd honno. Golygai gerdded ugain llath a dim mwy. Edrychwn ymlaen bob dydd ar ôl dod adref o'r ysgol at fynd at ymyl gwely yr annwyl Rachel Mary a chludo ei hepistolau a'i harchebion.

Fy nhad oedd un o'r rhai mwyaf brwd i ymuno â'r fyddin pan ddaeth y Rhyfel Byd Cyntaf. Llyncodd bropaganda Lloyd George a'i weision jingoistaidd oedd yn recriwtio yn Llanddewibrefi, sef y ficer, y gweinidog Methodist, a'r sgweier o ffarm y Garth yn 1916. Dywedodd ei fod flwyddyn yn hŷn nag ydoedd mewn gwirionedd er mwyn cael mynd i faes y gad. Treuliodd ddwy flynedd yn ymladd yn Ffrainc ac mae gyda ni fwy nag un llun ohono yn y rhyfel yn y llaid a'r llaca. Soniodd e ddim erioed wrthyf am ei ran mewn dwy Ryfel Byd. Yn wir, mewn awr wan, rhoddodd ei fedalau i'm dwy gyfnither o'r Unol Daleithiau am ei fod yn meddwl fy mod i'n rhoi gormod o amser yn fyfyriwr i'r Ymgyrch yn erbyn Arfau Niwclear.

Diflannodd o'm bywyd adeg yr Ail Ryfel Byd.

Nid oes cof gennyf amdano yn anfon llythyr ataf o gwbl yn ystod yr Ail Ryfel Byd a ninnau wedi symud bellach i bentref Llanddewibrefi. Mae'n bosibl iddo anfon rhai llythyron at Mam, ond ni chofiaf iddi ddweud wrthyf erioed, 'Mae dy dad yn cofio atat'. Os oedd ef yn 'arwr' fel y disgrifir y milwyr a fu'n lladd y Taliban yn Afghanistan, rhaid cyfrif weithiau'r gost i deuluoedd y 'milwyr sy'n arwyr'. Mae'n rhyfedd sut y medrais oresgyn yr esgeulustod a'r diffyg sylw a gefais gan fy nhad. Credaf fod gan y meddwl dynol reddf i oresgyn profiadau annymunol, a bod gan blentyn ddigon o bethau i'w gweld a'u gwneud i lanw'r lle gwag yn ei fywyd, felly nid oedd ei absenoldeb yn fy mhoeni o gwbl.

Felly teulu Mam, Benjaminiaid Abercarfan a Nantdderwen, oedd fy nheulu i mewn gwirionedd pan oeddwn yn blentyn. Nhw oedd o 'nghwmpas i o ddydd i ddydd, ac erbyn i mi ddod i ddeall pethau, sylwn nad oedd gan fy mam, gyda'i holl waith a'i chyfrifoldebau, ddim cymaint â hynny o amser i'w roi i fi, y plentyn bach. Felly roeddwn yn gyfan gwbl o dan gyfaredd fy nhad-cu.

Roedd gan fy nhad-cu, David Benjamin, ddigon o amser i roi sylw i fi, y crwt bach, gan fod ei ddyddiau gweithio ar ben. Bu'n ffermwr llwyddiannus yn ei ddydd, ac yn ei flynyddoedd cynnar bu'n saer coed crefftus ac mae gennyf ddreser o'i waith yn ein cartref. Dyma'r unig gelficyn o'i waith oedd yng nghartref fy rhieni a hoffwn i'r dodrefnyn gael ei gadw yn y teulu wedi i mi fynd gan ei fod yn cysylltu ei ddoniau ef â'n bywydau ni, ei ddisgynyddion.

Byddai 'Nhad-cu a finnau'n sgwrsio fel dau hen ffrind a byddwn yn cerdded wrth ei ymyl, law yn llaw, yr holl ffordd i lannau afon Teifi ac i ymyl y rheilffordd o Aberystwyth i Gaerfyrddin oedd yn rhedeg trwy dir y ffarm. Byddai'n mynd â fi i wylio injan y trên yn pwffian ar ei ffordd a'r teithwyr yn codi llaw yn ddi-feth wrth weld hen ŵr ar ben y dalar a bachgen tair oed â gwallt cyrliog fel merch yn cydio'n dynn yn ei law. Erbyn imi fedru sefyll ar fy nhraed fy hun, byddwn yn ei law yn dragywydd.

Gofalai am roi i mi awyrgylch ysbrydol. Yn wir, tŷ gweddi oedd yr angen mawr iddo ef ym mhob cartref a chynhaliai 'Nhad-cu ddyletswydd o amgylch y bwrdd bwyd mawr bob bore gan ddarllen pennod o'r Beibl ac offrymu gweddi. Ni fu gweddïwr mwy eiriolgar nag ef ac roedd hefyd yn weddïwr cyhoeddus heb ei ail. Dyna pam fy mod yn gwrido heddiw wrth weld mwyafrif ein blaenoriaid a llawer o'n gweinidogion yn darllen eu gweddïau. Gweddi o'r frest oedd gweddïau fy nhad-cu fel Ymneilltuwr o ran agwedd cred, a gweddïo o'r frest y byddaf i bob amser yn Gymraeg ac yn Saesneg.

Gallaf weld fy hun yn blentyn pedair oed yn sedd y teulu yng nghapel helaeth Bethesda yng nghyfarfod gweddi diolchgarwch am y cynhaeaf a chlywed y gweinidog yn galw ar David Benjamin i ddod ymlaen i'r sêt fawr. Codai'n araf o'i sedd a cherdded i lawr yr oriel i roddi emyn Dafydd Charles, Caerfyrddin, allan ar y dôn 'Builth', 'Rhagluniaeth fawr y nef', a holl werinwyr y plwyf yn seinio'n odidog y gân orfoleddus. Yna byddai'n darllen pennod, gan amlaf o'r Salmau, cyn plygu ar ei liniau yn y sêt fawr a'n cyffwrdd ni i gyd gyda'i daerineb a'i ddidwylledd a'i lais cyfareddol yn codi a disgyn fel cae gwenith yn yr awel. Roedd ganddo ddawn i wefreiddio drwy ddyfynnu o'r Beibl adnodau fel hon: 'Y mae'r nefoedd yn adrodd gogoniant Duw, a'r ffurfafen yn mynegi gwaith ei ddwylo'. Pwysleisiai mai Duw Mawr oedd y Duw y credai ef ynddo, a 'brenin mawr goruwch yr holl dduwiau'.

Pan oeddwn yn bedair oed mynnodd fy nhad-cu gyflogi gwas bach o'r enw Johnny i helpu fy mam. Byddai ef wrth law i deithio ar ei feic a minnau yn ei gwmni ar neges i siopau Tregaron i arbed gwaith iddi hi. Un diwrnod aeth â fi i Dregaron yn y cert a'r poni a finnau'n eistedd yn y cerbyd. Mae'n siŵr fod gwenynen neu fwmbi neu, a defnyddio gair llafar unigryw y fro, pyffgi wedi disgyn ar gefn y gaseg heini a dyna hi, heb rybudd yn y byd, yn mynd trwy'r ffens i mewn i'r cae bach, a rhedeg ar ras wyllt am y bont. Ond fe rwystrodd uchder y bont ni ac erbyn hynny roedd Mam a'm tad-cu wedi dod i'm cysuro yn fy ofn a'm dagrau. Daeth yr atgof hwnnw yn ôl yn fyw i mi ar ddydd angladd fy nhad-cu.

Byddai'r gwas bach yn fy nghario ar far ei feic i ysgol Sul y plant lleiaf yn Ysgoldy Llanddewi. Roedd fy nhad-cu yn gredwr mawr yn yr ysgol Sul – academi'r werin bobl. Roedd o leiaf tri ysgoldy i'w cynnal yn y plwyf: un yn Llanio sy'n dal yno, lle cafodd Alun R Edwards ei addysg grefyddol ynghyd â theulu fy nhad; ysgoldy arall ym Mrynmeiniog, yn agos i gartref fy mam-gu, Sarah, ym Mhant-glas a'r trydydd ysgoldy yng Ngogoian – y ddau olaf wedi cau erbyn hyn.

Ond roedd ambell ardal heb ysgoldy o gwbl a byddai'r ysgol Sul yno'n symud yn rheolaidd o'r naill ffarm i'r llall. Dyna oedd y drefn ym Mhrysg a Charfan ac roedd Abercarfan fel petai'n ganolfan i'r cwmwd hwnnw. Ond ysgol Sul oedolion oedd ysgol Sul Prysg a Charfan. Felly roedd milltir a hanner go lew o fuarth Abercarfan i Ysgoldy Bethesda yn ymyl y bont sy'n croesi afon Brefi, a chofiaf yn dda am gael fy nghario ar feic Johnny, o Sul i Sul, haf a gaeaf, am hyfforddiant yr a-bi-ec.

Fy nhad-cu a ddatblygodd y ddawn o ddarllen a ddysgais yn yr ysgol Sul a byddai wrth ei fodd pan ddeuai'r papur wythnosol, y *Welsh Gazette*, i'w ddwylo er mwyn imi gael ymarfer darllen yn ei gwmni. Gallaf glywed, y funud hon, ei gymeradwyaeth i'w ŵyr bach oedd yn stryffaglan i ddarllen telynegion Cymraeg milwyr o Geredigion oedd draw ym mhellafoedd y byd mewn llefydd fel Burma ac wedi anfon pwt o bennill i'r papur wythnosol.

Prin iawn oedd ein llyfrgell ni yn Abercarfan. Yr unig lyfrau yn y tŷ oedd y Beibl a'r Llyfr Emynau. Doedd dim llyfrau i oedolion yno o gwbl nac un comig na llyfrau plant. Doedd dim awduron chwaith yn yr ardal, ar wahân i D J Morgan a'i golofn 'Pant a Bryn' yn y *Welsh Gazette*. Yr unig gylchgrawn fyddai'n dod i'r tŷ oedd y *Welsh Gazette*, chwarter ohono yn Gymraeg a'r gweddill yn Saesneg. Doedd dim sôn am *Y Goleuad* na'r *Faner* nac unrhyw bapur Cymraeg arall.

Prin oedd y newyddion a gaem y tu allan i'r *Welsh Gazette* gan nad oedd gennym radio na ffôn. Roedden ni'n dibynnu'n gyfan gwbl ar y rhai a fyddai'n galw yn y tŷ am newyddion, sef cymdogion, a chlecs am hwn a'r llall oedd ganddyn nhw. Doedd Hitler na Mussolini na Winston Churchill yn golygu affliw o ddim. Weithiau cawn syrpréis godidog, pan ddeuai un o blant Tregaron, Lewis Evans, gyda'i dad i Abercarfan a chaem aml i orig yn y chwarel wrth y tŷ. Mae'n sicr mai Lewis, sy'n byw bellach yng Nghaerdydd ac a ddaeth yn ffigwr cenedlaethol fel arbenigwr mewn masnach ariannol, yw fy ffrind hynaf ar dir y byw o blith bechgyn Tregaron a Llanddewi. Daeth i ofalu am yr Alliance, yng Nghaerlŷr, a Giro a leolid ar gyrion Lerpwl. Cefais y cyfle i fwynhau aml i gyngerdd a gêm bêl-droed yn Lerpwl yn ei gwmni pan fyddai'n ymweld â Giro.

Pan ddaeth hi'n adeg i mi fynd i Ddosbarth y Babanod yn Ysgol Llanddewi, bûm yn hynod o ffodus gan y byddai athrawes ddisglair o'r enw Miss Enid Howells, Tregaron yn pasio Abercarfan bob dydd yn ei char. Trefnwyd fy mod yn cael fy nghludo i Landdewi i'r ysgol, lle y bûm yn ddigon cartrefol. Doedd dim darpariaeth ar ein cyfer yn yr ysgol amser cinio, felly trefnodd Mam fy mod yn cael bwyd yng nghartref Mrs Thomas yn nhop y pentref. Sonia merch Mrs Thomas, sef Sally Rees, ei bod yn anodd credu, gan fy mod i'r adeg honno yn blentyn bach mor swil yn ceisio cuddio tu ôl i'r drws rhag bwyta fy nghinio. Prin y byddai neb yn dweud hynny heddiw! Rwy'n ddiolchgar iddyn nhw fel teulu am roi i mi groeso'r pentref y bûm mor falch ohono ar hyd fy mywyd.

Roedd y sefyllfa yn Abercarfan yn newid, gan fod fy nhad-cu yn colli'r dydd yn gorfforol. Bu farw yn 84 mlwydd oed, a bu'r digwyddiad hwn yn ergyd drom i mi. Collais yr un a'm cysurodd ac a roddodd i mi sylfaen gadarn yn fy ffydd Gristnogol. Credadun o Gristion Calfinaidd wedi'i drwytho yng Ngair Duw ac emynau gogoneddus y Cymry oedd fy nhad-cu. Rwy'n gallu clywed nawr ei lais annwyl a charedig yn adrodd emyn gydag arddeliad cyn clwydo:

Dyrchafer enw Iesu cu
Gan seintiau is y nen;
A holl aneirif luoedd nef,
Coronwch Ef yn ben.

Bob tro y lediaf yr emyn hwn clywaf ei lais. Oni bai am yr hunangofiant hwn, byddai'r holl gyfeiriadau ato ef wedi'u colli – hanes dyn da o ran moesoldeb fel cymaint o Gymry y deuthum i'w hadnabod ar fy nghrwydradau.

Daeth y dydd i David Benjamin adael aceri Abercarfan a'i gyfrifoldebau i'm hewythr. Newidiodd fy myd bach syml, diaddurn, Piwritanaidd ond diogel yn ddiymdroi. Byd heb deganau oedd byd Abercarfan, heb lyfrau plant, heb hyd yn oed *Lyfr Mawr y Plant*, yn sicr heb faldod na chofleidio na chusanu. Byd gwaith caled o fore gwyn tan nos ydoedd i blentyn ac oedolyn, a byd digon digysur, yn arbennig yn y gaeaf heb wres canolog. Roedd hi'n uffernol o oer yn y stafell wely; yn wir, medrwn weld fy anadl yno, ac yn y bore byddai gwydr y ffenest wedi rhewi'n galed.

A hithau'n adeg rhyfel gallasai ein bywydau fod yn llawer gwaeth o ystyried beth ddigwyddodd i drigolion Abertawe a thrigolion dinas Lerpwl, wrth i bobl a phlant gael eu hyrddio i ebargofiant neu eu gwasgaru'n faciwîs ar drugaredd eraill. Ond doedden ni ddim yn rhydd yn gyfan gwbl o'r rhyfel a'i ofidiau chwaith. Daeth gwraig o Gwm-bach, Aberdâr, Mrs Jones, i fyw aton ni am gyfnod. Ffoadur rhag y bomiau oedd hi a daeth hi a Mam yn bennaf ffrindiau. Siaradai hi Gymraeg Cwm Cynon a daeth â lliw i'r aelwyd. Wn i ddim yn hollol am faint o amser y bu hi gyda ni ond rwy'n cofio fod gŵr a gwraig arall o Gwmtwrch Uchaf wedi cael lloches yn Nantydderwen hefyd.

Daeth diwrnod angladd fy nhad-cu. Anghofiaf i fyth y diwrnod hwnnw, nac yn wir y dyddiau cyn yr angladd a phobl ar hyd y dydd yn galw i gydymdeimlo. Gwrandawn ar y siarad. Doedd neb yn disgwyl i fi ddweud gair. Fy mraint oedd bod yn dawel er fy mod wedi colli'r graig fu'n fy nghysgodi ac yn gofalu am fy llwybrau o ddydd i ddydd. Ond byddai ambell berson mwy sensitif na'i gilydd ar y ffordd allan yn rhoi llaw ar fy mhen cyrliog a dweud: 'Mi welith hwn 'i golli fe'. A gwir fu'r gair, fel y sylweddolais ddiwrnod yr angladd.

Gwasanaeth i ddechrau yn stafell ffrynt Abercarfan. Roedd cannoedd o bobl, yn eu dillad galar du, wedi ymgynnull ar fuarth Abercarfan gan mai'r arfer fyddai cario'r elor i'r fynwent. Pan ddes i allan o'r tŷ y diwrnod hwnnw edrychais i fyny am Gae Cnwc a gweld fod yr elor wedi cyrraedd y fan honno, hanner milltir i ffwrdd, a bod yna dyrfa yn dilyn bob cam. Wedi cyrraedd y capel y tu ôl i'r arch aethon ni'r teulu i'r seddau cadw. Gosodwyd yr arch o flaen y sêt fawr. Ni chofiaf ddim am y gwasanaeth, beth a ddywedwyd na phwy a lefarodd y deyrnged. Ond rwy'n cofio cerdded tua chanllath ar derfyn yr oedfa gyhoeddus i fedd y teulu ym mynwent Capel Bwlch-gwynt, Tregaron.

Roedd hi'n ddiwedd y byd arnaf y diwrnod hwn o haf a'r dagrau yn rhedeg i lawr fy ngruddiau. Ni chofiaf imi erioed wylo cymaint, wrth weld fy mentor, yr un a ofalodd yn dyner amdanaf, yn mynd i dŷ ei hir gartref.

Roedd ymadawiad fy nhad-cu yn golygu nad oedd dinas barhaus i fy mam na minnau yn Abercarfan. Roedd fy ewythr yn awyddus i briodi a chael teulu ei hun. Daeth ei ddarpar briod, Maggie Jones, oedd yn forwyn yn ffarm y Pant, i aelwyd Abercarfan. Edmygaf yn fawr fy mam yr adeg honno gan nad oedd yn rhwydd iddi adael Abercarfan ar ôl dros 30 mlynedd o lafur cariad yn cadw'r aelwyd a gwarchod y teulu, a hithau'n gorfod symud i gartref newydd ym mhentref Llanddewi. Roedd amaethu yn bopeth iddi a'r dyfodol yn cynnig byd tra gwahanol. Ni chlywais hi'n cwyno ond yn hytrach addasodd yn fonheddig i'w sefyllfa newydd. Effeithiodd y brofedigaeth yn fawr arnaf ac o fewn pythefnos roeddwn yn fy ngwely yn dioddef o'r clefyd melyn. Yn ôl y meddyg, fy hiraeth am fy nhad-cu a grym y brofedigaeth oedd yn gyfrifol.

Ac felly yn 1943 daeth hi'n amser symud o Abercarfan, lle mae fy ngwreiddiau, ond o leiaf byddai llai o ffordd i deithio i'r ysgol er na chawn bellach gar modur i'm cludo yno. Dim ond hanner milltir o gerdded a rhedeg a'm gwynt yn fy nwrn a byddwn yn yr ysgol mewn pryd. Yr unig ofid sydd gennyf heddiw yw nad oes ar gof a chadw ddarlun o'm tad-cu. Mae gennyf ddarlun o William Rees, fy nhad-cu ymfflamychol na chefais y fraint o'i gyfarfod, ond dim llun o gwbl o'm harwr mawr, David Benjamin.

PENNOD 2

Ar fy ennill

NEWID MAWR YN fy mywyd oedd symud o ffarm Abercarfan i bentre Llanddewi. Gadael yr anifeiliaid – y cŵn, y cathod, y defaid a'r ŵyn, y ceffylau gwedd a'r poni, yr ieir a'r moch – am strydoedd pentref. Symud o dŷ helaeth i dŷ dwy ystafell a chegin fach, fach, a dim gardd.

Roedd Penlôn ym mhen uchaf y pentref, a'r tŷ nesaf ato oedd Green View, rhyw ddeg llath i ffwrdd lle trigai un o wragedd caredicaf Ceredigion, Mary Anne Jones, ei mab Edward John a'i hwyres Marion Evans a ddaeth o Lundain yn faciwî yn 1939. Roedd ei brawd Gwynn yn aros gyda'i fam-gu a'i dad-cu yn y pentre. Daeth Gwynn yn rhan bwysig iawn o'm bywyd yn y pedwardegau gan iddo ef a Marion benderfynu aros yn Llanddewi ar ôl y rhyfel.

Cawn fy atgoffa lawer mwy am ryfel yn Llanddewi nag yn Abercarfan, oherwydd y croeso mawr a gâi bechgyn y pentref a fu'n garcharorion rhyfel a hefyd gan fod nifer dda o faciwîs yn cael noddfa yn y pentre. Cofiaf gerdded, gydag Wncwl Gwynn, Marion ac ugeiniau eraill, y filltir a hanner oedd rhwng y pentre a gorsaf reilffordd Pont Llanio, i groesawu Gordon Evans, Green View, adref, ar ôl iddo ddioddef creulondeb wrth fod yn garcharor rhyfel i'r Siapaneaid. Gallaf ein gweld ni nawr yn rhedeg wrth ochr y car a'i cludodd o'r orsaf i'r cyngerdd croeso adref yn Neuadd y Pentref.

Mantais fawr cael byw yn Llanddewi oedd bod yno ddigon o blant i chwarae gyda nhw, ac yn arbennig y faciwîs. Daeth nifer aton ni, Saeson rhonc o East Grinstead, Llundain, ac o Lerpwl. Roedd y gymdeithas Gymraeg mor gryf fel y dysgodd y mwyafrif ohonyn nhw'r Gymraeg yn rhugl mewn dim o amser. Nid oedd llawer o ddewis ganddynt gan na fyddai neb yr adeg honno'n fodlon siarad Saesneg â nhw. Ar ôl inni symud o Benlôn i dŷ mwy, sef Crud-yr-awel, bu dwy ferch o East Grinstead yn lletya gyda ni. Rhoddodd Mam ofal arbennig iddyn nhw a'u trin fel pe baen nhw'n chwiorydd i fi, ac am flynyddoedd cadwai'r ddwy gysylltiad trwy anfon llythyron a chardiau Nadolig.

Pan ddaeth y rhyfel i ben mae'n rhaid bod fy nhad wedi cyrraedd adref i Grud-yr-awel tua mis Mehefin 1945. Fe gymerodd amser i fi ddod yn gyfarwydd â'i bresenoldeb a'i gwmni yn ein tŷ ni gan mai dyn tawel ydoedd ac roedd wedi bod yn absennol ar hyd cyfnod y rhyfel. Er i mi ymbil arno lawer tro, doedd ganddo ddim stori nac unrhyw fath o sgwrs am brofiadau'r rhyfel i'm diddanu. Ni allai 'Nhad chwaith, mwy na'i chwaer Ray, oddef sôn am ei dad, William Rees, er mai ef oedd y plentyn hynaf. Byddai Ray yn sôn llawer am ei mam ond dim gair am ei thad. Ni fyddai fy nhad byth yn sôn am ei fagwraeth ac ni chefais air ganddo am ei blentyndod, sy'n awgrymu nad oedd yn gyfnod hapus iawn. Aros gartre a wnâi 'Nhad ran amlaf ac anaml y byddai'n dod gyda Mam a fi i unman ond y capel.

Ond fe fyddai Mam a minnau'n mynd ar ddiwrnod cneifio ac ar ambell ddiwrnod arall ar y bws o Landdewi i Lanfair Clydogau. Cerddem y filltir a hanner i Nant-y-medd gan alw bob tro yn siop y pentref i gael losin a sgwrs. Yno roedd cartref rhieni'r gŵr ifanc talentog Aneurin Jenkins-Jones, oedd yn fyfyriwr yng Ngholeg Dewi Sant yn Llambed yr adeg honno er ei fod wedi treulio misoedd lawer yn yr ysbyty oherwydd iddo ddioddef o'r dicáu. Roedd Aneurin yn fachgen diwylliedig ac aeddfed iawn am ei oedran a diddorol darllen ei sylwadau yn ei ddyddiadur pan oedd e'n fyfyriwr: 'I osgoi rhegfeydd gwyllt y meddwon yn y ffair, mi a gyrchais i aelwyd Nant-y-medd, ac yno mwynhau cwmni Mr a Mrs Evans ac Arwyn.'

Pan glywais am ei farwolaeth gynnar yn Ebrill 1981, rhoddais yn fy nyddiadur englyn Ifor Davies iddo:

Cefnodd cyn dyfod cyfnos – aeth ymhell,
   Hiraeth mawr sy'n aros.
Hogyn a ddaeth yn agos
Oedd Aneurin Jenkin-Jôs.

Llafurwr cymedrol oedd 'Nhad, a hynny i raddau helaeth oherwydd ei fod yn weithiwr cyffredin a'i fod wedi'i fagu'n ddigon caled ar ffarm ei dad ac ar ôl hynny ar dyddyn ei fam. Credai 'Nhad mewn undebau llafur, a phan ddaeth Jim Griffiths yn Weinidog Pensiwn ac Yswiriant Cenedlaethol byddai'n sôn amdano weithiau o amgylch y bwrdd bwyd. Feddyliais i ddim yr adeg honno y byddwn ryw ddiwrnod yn llunio'i fywgraffiad.

Rhyddfrydwyr oedd teulu fy mam. Byddai'r ddau ewythr o ffermwyr oedd gen i'n rhoi'r bai am bron bopeth ar y 'coliers o Gwm Rhondda' oedd yn barod i fynd ar streic am 'y peth lleiaf'. Fe greda i fod eu rhagfarn yn adlewyrchu barn y rhan fwyaf o ffermwyr Ceredigion am Sosialaeth. Mae'n wir bod rhai Llafurwyr yn y pentref, pobl oedd yn ennill bywoliaeth yn y ffatri laeth ym Mhont Llanio neu ar y rheilffordd, ond doedden nhw ddim yn frwdfrydig iawn, mwy na 'Nhad, dros y Blaid Lafur heblaw am bleidleisio adeg etholiad.

Er ei fod yn encilgar a thawedog, fe wnaeth fy nhad un peth a effeithiodd ar fy mywyd am byth – aeth â fi i gyfarfodydd gwleidyddol yn ysgol y pentre adeg Etholiad Cyffredinol 1945. Cofiaf glywed y Capten Roderic Bowen, ymgeisydd y Rhyddfrydwyr, yn areithio ac yn lladd ar Sosialaeth, a dyna'r tro cyntaf imi glywed y gair 'Sosialaeth'. Roedd Roderic Bowen yn ceisio troi pobl yn erbyn Llafur drwy broffwydo pe byddai llywodraeth Lafur yn dod i rym, y byddai pawb yn cael eu caethiwo fel carcharorion, yn debyg i gyflwr pobl yn yr Undeb Sofietaidd! Y cyfarfod etholiadol hwnnw yn 1945 a daniodd fflam Sosialaeth ynof. Gwnaeth llysnafedd Roderic Bowen fi'n un o bobl y Chwith. Byth ers hynny, bu gennyf ddiddordeb mewn gwleidyddiaeth ac etholiadau lleol a chenedlaethol.

Wrth edrych 'nôl rwy'n sylweddoli mai'r capel oedd canolbwynt ein bywyd cymdeithasol ni. Capel y Presbyteriaid ym Methesda oedd y ganolfan a sylweddolaf erbyn hyn mor weithgar a dylanwadol oedd y Parchedig John Ellis Williams. Fe fyddai'n ysgogi pob math o weithgareddau a fe oedd calon ein cymdeithas. Byddai'n paratoi rhaglen lawn ar ein cyfer ni ym Methesda ac roedd fy rhieni'n ymlwybro i ddwy oedfa'r Sul, a Mam a minnau'n mynychu'r ysgol Sul yn y prynhawn. Yn ystod yr wythnos cynhaliai gyfarfod y Band of Hope a gan ei fod mor amryddawn medrai ein diddanu'n hawdd. Ac yntau'n gerddor da byddai'n troi'n gyson at y piano; dro arall byddai'n adrodd stori o'r Beibl neu stori am hanes Cymru, neu o fyd ysbrydion hyd yn oed. Roedd y ddrama yn ei waed a bu'n gyfrifol am gwmni drama enwog y pentre am gyfnod.

Cynhaliai Seiat a byddai disgwyl i ni'r plant fynd yno i ddweud ein hadnod. Ar ôl ysgol a chael te fe fydden ni'n mynd yn griw o ryw bedwar i bump i chwarae ar gae'r Ficerdy, ac o ganol y chwarae ar ras aem fel roedden ni yn ein dillad chwarae i'r Seiat. Roedd adrodd adnodau yn cymryd hydoedd oherwydd bod gan y gweinidog air i'w ddweud am bob ymdrech.

Ar nos Wener byddai ganddo ddosbarth Beiblaidd yn ystod tymor yr hydref a'r gaeaf ar gyfer arholiadau ysgrifenedig Henaduriaeth De Aberteifi. Trwy'r dosbarth hwn llwyddodd i sicrhau bod aml un ohonon ni'n ennill y marciau uchaf, a chipio'r fedal am yr ymdrech orau yn arholiadau'r ysgol Sul. Caem fynd i gasglu'n gwobr neu'r fedal mewn Cymanfa arbennig yn Aberaeron a byddai'r diwrnod hwnnw yn 'ddiwrnod i'r brenin' bob amser.

I fi, diwrnodau pwysicaf y flwyddyn o ddigon oedd diwrnod ola'r flwyddyn a diwrnod cynta'r flwyddyn newydd, sef adeg hela calennig. Am ryw reswm roedd yn Llanddewibrefi ddau ddiwrnod i gasglu calennig. 'Calan Bach' y gelwid diwrnod olaf yr hen flwyddyn a 'Chalan Mawr' oedd diwrnod cyntaf y flwyddyn newydd. Byddai disgwyl i ni'r plant fynd i'r lleoedd mwyaf pellennig ar y diwrnod cyntaf.

Gan fod y ffermydd ymhell oddi wrth ei gilydd byddai 'Nhad yn fy helpu. Dyn beic oedd e, heb erioed yrru na modur na thractor. Ar y diwrnod hwnnw cawn fy ngosod ar ei feic a byddai'n fy nhywys o'r naill ffarm i'r llall. Cuddiai fy nhad yn y gwrych cyn cyrraedd clos unrhyw ffarm, a byddwn innau'n curo'r drws ac yn gweiddi: 'Blwyddyn Newydd Dda i chi ac i bawb sydd yn y tŷ'. Yn ddi-ffael, gwraig y tŷ fyddai'n agor y drws, a'r cwestiwn cyntaf ran amlaf fyddai, 'Pwy y'ch chi 'te?' a byddwn i'n ateb, 'Ben Abercarfan'. Byddai gwên fawr ar eu hwynebau bob tro ac yn aml cawn gyfraniad mwy na'r geiniog arferol.

Ychydig iawn o'r plant fyddai'n barod i ddymuno'n dda i'r bobol bellennig hyn, a llawer llai o dadau fyddai'n fodlon cario'u plant o'r naill ffarm i'r llall. O ganlyniad, byddai cyfanswm yr arian a ddeuai i bwrs Calan Bach gystal bob tro â chyfanswm trannoeth. Dywedai 'Nhad wrthyf fod yr arferiad o hela calennig yn perthyn i oes y labrwr tlawd a enillai swllt y dydd a llai. Teimlwn fy mod yn cynnal arferiad y tlodion. Wedi'r cyfan, hen filwr oedd fy nhad a fu mewn dau Ryfel Byd ac a dreuliodd weddill ei oes yn labrwr, felly plentyn i labrwr y dosbarth gweithiol oeddwn i.

Yna ar ddydd Calan ei hun, byddwn yn canolbwyntio ar bob tŷ a phob siop yn y pentref. Rhyfeddwn at haelioni rhai o'r bobl gyffredin eu byd, ac eithriad fyddai cael fy ngwrthod, er y byddai ambell un yn rhoi afal neu oren i ni, gweddillion y Nadolig efallai, yn hytrach nag arian. Roedd gennyf gwdyn bach o amgylch fy ngwddf i gasglu'r arian a chofiaf ddysgu'r pennill hwn:

Dydd Calan yw hi heddi,
Rwy'n dyfod ar eich traws
I mofyn am y geiniog,
Neu doc o fara a chaws,
A pheidiwch â diraenu
Na newid dim o'ch gwedd,
Cyn daw dydd Calan eto
Bydd llawer yn y bedd.

Rhaid i mi gyfaddef nad oeddwn yn hapus gyda'r cwpled olaf ond roedd yn ffordd dda i gyrraedd calon gwraig y tŷ.

Y digwyddiad mawr arall oedd Eisteddfod y Groglith ar ddydd Gwener y Groglith, arferiad a fu'n bwysig ryfeddol yn ystod cyfnod y Parch. J E Williams. Ymserchai ef ym mhob agwedd o'r diwylliant Cymraeg ac roedd e'n eisteddfodwr o fri. Roedd yn ei elfen ar lwyfan yr Eisteddfod Gadeiriol flynyddol a deuai llond neuadd ynghyd. Ef fyddai'n hyfforddi'r rhan fwyaf ohonon ni fyddai'n cystadlu yn eisteddfod y prynhawn i adrodd a chanu. Byddai rhywrai yn y Mans bob nos ar ôl te yn ymarfer. Deuai rhai adroddwyr o bell i'w hyfforddi ac enillodd aml un ohonyn nhw brif wobrau adrodd yn yr Eisteddfod Genedlaethol.

Roedd pêl-droed yn bwysig i ni'r bechgyn, ac yn y blynyddoedd ar ôl y rhyfel fe fydden ni'n cael cyfle i wylio tîm pêl-droed ffatri laeth Pont Llanio. Roedd W Morgan Davies, un o gymwynaswyr mawr y fro, yn rhoi cae Brynteifi iddyn nhw i chwarae. Galwyd y tîm yn 'Pont Llanio', ac roedd chwaraewyr medrus iawn yn gweithio yn y ffatri laeth fel Bill Meredith, tad John Meredith a fu'n ohebydd teledu. Yn y tîm chwaraeai'r ddau frawd o Fwlch-y-llan, George Noakes a ddaeth yn ddiweddarach yn Archesgob Cymru, a Tudur Noakes, a fu farw'n ifanc.

Roedd cyfarfodydd diolchgarwch yn bwysig yn y pentre. Byddwn yn bresennol ym mhob un ohonyn nhw ac mewn un cyfarfod cefais brofiad a effeithiodd yn ddwfn iawn arna i. Clywais i'r Parch. Tom Nefyn Williams, Edern yn ei uchelfannau. Gallaf ei weld y funud hon yn dod lawr o'r pulpud, allan drwy'r sêt fawr, yna'n eistedd ar sedd yr organ fach ac yn seinio'n fuddugoliaethus:

Mi glywaf dyner lais
Yn galw arnaf fi
I ddod a golchi 'meiau i gyd
Yn afon Calfarî.

Roedd Tom Nefyn yn gwbl ysbrydoledig. Roedd ei storïau'n gofiadwy, yn arbennig pan soniai amdano'i hun yn filwr yn y Rhyfel Byd Cyntaf. Hudai bawb gyda'i lais cyfoethog wrth seinio'r gân. Clywais ef lawer tro ar ôl hynny ond arhosodd oedfa'r Diolch yn fy nhrysorfa o atgofion. Fe wyddwn y noson honno ystyr yr ymateb:

> Arglwydd, dyma fi,
> Ar dy alwad di,
> Cana'm henaid yn y gwaed
> A gaed ar Galfarî.

Bu siwrnai Tom Nefyn o Edern i Landdewibrefi yn werth y byd i mi. Sut y daeth, ni wn. Mae'n debyg iddo, fel Llwyd o'r Bryn, ei ffawdheglu hi mewn lorri a char yn union fel y deuai wrth ymweld yn gyson â chleifion yn ysbytai Lerpwl.

Roeddwn wedi fy argyhoeddi i'm rhoi fy hun i waith Duw am byth fel gwas yr Arglwydd Iesu. Er mai llencyn ysgol oeddwn, gwyddwn fod y ffaith i mi gael fy ngeni o gwbl yn wyrth. Gwyddwn hefyd fod y ffaith fy mod yn dal yn fyw yn rhyfeddod mawr gan fy mod yn dioddef o ryw aflwydd neu'i gilydd byth a hefyd. Bûm yn dioddef o'r clefyd melyn, y pas, brech yr ieir a'r ffliw yn gyson a byddwn yn peswch am wythnosau, ac yna pan ddaeth y Gwasanaeth Iechyd cefais fynd i Ysbyty Aberystwyth i gael fy nhonsils allan. Rwy'n dal i gofio aroglau'r ysbyty wrth imi aros yno dros nos, ond bûm yn ffodus o gael arbed mynd wedi fy mhlentyndod am dros hanner can mlynedd. Yna dioddefais yn enbyd o'r dwymyn wynegon, a deuai fy nheulu i'm gweld gan fod fy mywyd yn y fantol. Bûm yn y gwely am bum wythnos. Roeddwn yn gorwedd yn ystafell ganol Crud-yr-awel sydd ddim mwy na bocs matshys o dŷ ar y ffordd fawr i Ddôl-gam a'r palmant fodfeddi o'r tŷ. Fwy nag unwaith y clywais rai o'm cymdogion a chymeriadau top pentre Llanddewi yn sgwrsio dan y ffenest, a'r frawddeg glo bob tro fyddai, 'Does dim llawer o obaith gydag e i wella, oes e?' Ond gwella wnes i, er gwaetha'r frwydr. Teimlwn yn well bob amser wedi gweld Dr J Arwyn Williams, tad-cu y pregethwr Nicholas

Bee. Er mai dyn ceffylau ydoedd a'i anadl bob amser yn sawru o sigarennau, roedd rhywbeth hoffus am Dr Williams. Gwasanaethodd y fro'n ffyddlon, ac yn wahanol i'r rhai a'i dilynodd, roedd y Gymraeg ar ei wefusau ef.

Yn rhyfedd iawn, doedd y Nadolig ddim yn ddigwyddiad pwysig ar aelwydydd y fro yr adeg honno, ac yn sicr nid yn ein tŷ ni. Roedd Noson Goeden y Nadolig yn festri'r capel, mae'n wir, ond doedd dim traddodiad o gyflwyno anrhegion Nadolig i aelodau eraill y teulu, ac ni chofiaf i mi gael anrheg gan neb ar wahân i'r capel a'm rhieni. Hosan yn llawn o orenau, ffigys, cnau ac afalau melys a ddeuai o ddwylo fy rhieni darbodus. Bûm yn credu'n llythrennol ym modolaeth Siôn Corn am flynyddoedd, er mai prin iawn oedd ei roddion, ond ni chawn fy siomi. Roedd noson Guto Ffowc yn golygu llawer mwy na'r Nadolig i blentyn fel fi, gan y byddai siopwraig o Dreorci, a alwn yn Anti Doris, yn anfon bocsed o bob math o *fireworks* ar gyfer y tân gwyllt bob blwyddyn. Byddwn yn frenin y fro i'm cyfoedion oherwydd cawn amrywiaeth arbennig. Aeth blynyddoedd heibio cyn imi weld Doris Jones a'i chwaer Mrs Nelly Lewis oedd yn byw yn Stuart Street, Treorci.

Roeddwn i'n ddarllenwr digon awchus a'r hyn oedd yn fy nenu i dref Llambed yn arbennig oedd siop bapurau a llyfrau Lemuel Rees. Oherwydd y byddwn yn chwydu cyn cyrraedd y dref eglwysig honno, byddai'n rhaid imi gerdded y filltir olaf bob amser. Byddwn yn ddieithriad yn awyddus i gael llyfr i'w brynu, gwaith un o'r beirdd lleol fel Jac Oliver, neu lyfr Saesneg fel *Treasure Island* neu *Black Beauty*. Ond byddai Mam yn gwrthwynebu'n ffyrnig weithiau: 'Wyt ti ddim eisiau hwnna. Mae hwnna'n rhy henaidd i ti.' Byddai'r brodyr Rees a'r chwaer yn ddiplomataidd ac yn dweud: 'Fe ddaw i'w ddarllen e, Mrs Rees. Mae'n dda i chi ei fod e am gael llyfr Cymraeg.' Faint o blant Llambed yn saith ac wyth oed oedd yn awyddus i gael gafael ar lyfr digon diolwg o waith Meuryn neu Moelona a hwnnw yn Gymraeg i'w drysori? Yna byddai Mam ar ôl deng munud o drafod yn ildio ac yn talu am y llyfr a minnau yn fy seithfed nef.

Un peth arall o'm plentyndod a arhosodd yn fy nghof oedd tywydd garw 1947. O Ionawr tan ddiwedd Mawrth cawsom dywydd na welwyd mo'i debyg ers blynyddoedd. Ar 4 Chwefror allai neb deithio o Dregaron i Lambed trwy Langybi na chwaith y ffordd arall drwy Landdewi a Chellan. Cofiaf yn dda y lluwchfeydd a oedd yn ddeg i ddeuddeg troedfedd o uchder. Doedd dim llythyron yn dod i'n tai, na chwaith ysgol ar ein cyfer a bydden ni, yn ddynion a bechgyn, yn cerdded i Bont Llanio i gasglu'r bara. Am rai dyddiau doedd dim modd i'r trenau ddod. Bu'n rhaid clirio ffyrdd i'r tai trwy'r lluwchfeydd. Roedd fy nhad yn ei chanol hi gan ei fod wedi cael gwaith fel dyn y ffordd. Roedd afon Brenig yn Nhregaron ac afon Brefi yn Llanddewi wedi rhewi'n gorn a gellid sglefrio o Ddôl-gam i Ddolfelin ar hyd afon Brefi. Bu'n rhaid i'r Llywodraeth fewnforio bwyd o Ganada a'r Unol Daleithiau; yn wir, roedd hi'n argyfwng na fu mo'i debyg.

Lle arbennig iawn oedd yr ysgol fach a rhaid cydnabod gofal yr athrawon: Miss Vera Rowlands, Mrs Madge Jones, Miss Enid Howells, a'r Prifathro Ben James. Roedd i bob un ei rinweddau a'i wendidau fel athrawon. Mae'n debyg mai Enid Howells oedd yn haeddu'r clod pennaf gen i, gan fod Ben James yn rhy barod o lawer i ddefnyddio'r gansen. Perthyn i ddoe pell roedd Miss Rowlands a hithau ar drothwy ymddeol, ac roedd Madge Jones wedi byw yn Llundain ar ôl priodi gydag un o fechgyn Llanddewi. Ni allaf ddweud imi ymserchu ynddi hi fel athrawes ond rhoi help llaw a wnâi hi pan fyddai angen. Roedd ei mam-yng-nghyfraith, Mrs Jones, Brynawelon, wedi byw yn Llundain am flynyddoedd hefyd, gwraig hynod o dduwiol ac athrawes ysgol Sul heb ei hail. Roedd yr ysgol yn cynnwys plant o ddosbarth y babanod hyd at fechgyn a merched pedair ar ddeg oed a hwythau'n barod i adael byd addysg. Sylweddolais yn y flwyddyn olaf cyn sefyll yr arholiad 11+ fod fy holl ddyfodol yn y fantol gan mai'r dewis yn syml oedd byd ffermio neu fyd mwy academaidd, fel athro, newyddiadurwr neu weinidog.

Byddem yn gorfod mynd yn aml adeg y cynhaeaf, y tri ohonom, i helpu yn Abercarfan, ac weithiau adeg codi tatws i Nantdderwen. Rheidrwydd anorfod oedd i ni fod yno adeg y cynhaeaf gwair, llafur, codi tatws a chneifio. Disgwylid imi weithio fel slaf ar y Sadwrn ac adeg y gwyliau. Llafur cariad oedd y cyfan, ar wahân i dderbyn potelaid o laeth ar derfyn y dydd, neu botelaid o laeth enwyn, neu rych o datws. Byddai hyn yn fy amddifadu rhag chwarae a byddwn yn protestio'n groch.

Poenwn yn ddistaw bach am y dyfodol a chofiaf hyd heddiw hunllef diwrnod yr arholiad a'r disgwyl hir am y canlyniad, yna'r balchder mawr pan ddywedodd y Prifathro fy mod i ymhlith yr ychydig etholedigion a fyddai'n cychwyn gyrfa yn yr Ysgol Ramadeg ym mis Medi 1949. Taflwyd baich trwm oddi ar fy ysgwyddau.

PENNOD 3

O fore gwyn tan nos

ROEDD PARATOI MAWR ar gyfer y diwrnod cyntaf yn yr Ysgol
Fawr ym Medi 1949 gan fod angen mynd i Lambed i brynu'r
iwnifform – tei, bag ysgol, rwber, pren mesur ac ati.

Roeddwn yn falch bod fy ffrindiau o Landdewi gyda fi'n gwmni
ar y bore cyntaf hwnnw yn Nhregaron cyn dod i gyfarfod â phlant
o ardaloedd eraill a chyn cael ein croesawu gan y Prifathro, David
Lloyd Jenkins. Roedd e'n un o gewri bro fy mebyd a gyfrannodd
yn helaeth at fywyd diwylliannol Cymru a gwleidyddiaeth y
Rhyddfrydwyr yn ogystal ag at grefydd gyfundrefnol Ceredigion.
Rhaid diolch iddo am ein harwain ni, ddisgyblion yr ysgol, o
flwyddyn i flwyddyn o gwmpas cofgolofn Henry Richard, arwr
mawr i mi, ar sgwâr y dref. Ai dyna a glensiodd y frwydr yn fy
hanes i, mab i filwr a fu mewn dau ryfel byd, i fod yn heddychwr
a hyrwyddwr Cymdeithas y Cymod? Bûm yn olygydd cyfrol
canmlwyddiant y gymdeithas honno (1914–2014), ac yn olygydd
hefyd ar gyfres o gyfrolau pwysig i heddychwyr, sef *Herio'r Byd*
(1980), *Dal i Herio'r Byd* (1983), *Dal Ati i Herio'r Byd* (1988) ac
Oriel o Heddychwyr Mawr y Byd (1983).

Mae John Albert Evans wedi sgrifennu pennod ddifyr am yr
ysgol yn ei hunangofiant *Llanw Bwlch* (2010), lle dywed:

> Roedd symud o ysgol fach bentrefol Bwlchllan i ysgol fawr drefol
> Tregaron yn gryn dipyn o ysgytwad. Yn un peth, roedd llawer
> mwy o athrawon – Cymraeg eu hiaith, ond yn benderfynol na
> fyddai'r plant gwerinaidd yma yn cael eu gwenwyno'n addysgiadol
> trwy siarad Cymraeg yn y gwersi. Y cof sy gen i yw taw dim ond
> Cymraeg, Ysgrythur a Hanes a ddysgid trwy gyfrwng y Gymraeg.

Ond roeddwn i'n gwerthfawrogi gwersi Saesneg gan fy mod bron yn uniaith Gymraeg, er nad mor uniaith Gymraeg â Mam a'i brodyr a'i thad. Aeth hi trwy'i bywyd hirfaith heb fedru llawer o Saesneg. Roedd fy nhad yn wahanol o ganlyniad i flynyddoedd yn y fyddin, yn löwr yn Abercynon, ac yn gweithio mewn mannau eraill yn y De diwydiannol, a dysgodd e ddigon o Saesneg. Ond prin iawn fu'r addysg a gafodd fy rhieni, a'r ddau yn gadael yr ysgol gynradd yn ddeuddeg oed. Roedden nhw'n falch iawn bod eu hunig fab yn cael addysg uwchradd yn un o ysgolion gramadeg y sir, ac yng ngofal Lloyd Jenkins.

Magodd Ysgol Tregaron rai o enwogion Cymru. Yn sicr, yr ysgolhaig pennaf oedd Griffith John Williams, heb anghofio'r cenedlaetholwyr W Ambrose Bebb a Kitchener Davies; y pregethwr grymus Dr Martyn Lloyd-Jones a'i frawd, y Barnwr Vincent Lloyd-Jones; yr amryddawn Cassie Davies y cawn ei chwmni yn y te ar ôl oedfa'r pnawn yng nghapel clyd Blaencaron; ffisigwr y galon William Evans; yr hanesydd E D Evans sy'n aelod yn Heol y Crwys, Caerdydd; y llenor Lyn Ebenezer a fu'n ffrind da i aml un oedd am weld llyfr o'i eiddo ar y silffoedd; y beirdd W J Gruffydd ('Elerydd'), Dafydd Henry Edwards a John Roderick Rees; a'r llyfrgellydd a'r ymgyrchwr dros gyhoeddi llyfrau Cymraeg, Alun R. Edwards – i enwi rhai a lwyddodd yn yr ysgol ac yna ar gynfas Cymru a Lloegr. Pwrpas addysg uwchradd yn y dyddiau hynny, yn ôl Prifathro cynta'r ysgol, Tom Lewis, oedd 'agor priffordd i blant tlawd yr ardaloedd gwledig o ddrws y bwthyn i deml yr athrofa'. Credaf ei fod yn llygad ei le gan y gwyddwn, yn un ar ddeg oed, nad oeddwn am aros yn Nyffryn Teifi ymhlith anifeiliaid mud, yn gorfod rhedeg i fwydo'r moch a charthu'r beudy a godro'r gwartheg â llaw! Dyna wnaeth teuluoedd fy rhieni am o leiaf dair canrif.

Y cof cyntaf sydd gennyf o Ysgol Tregaron yw gweld rhai yn y chweched dosbarth gyda bathodyn 'Prefect' ar eu cotiau yn edrych yn rhyfeddol o bwysig gan dra-arglwyddiaethu arnon ni, y newydd-ddyfodiaid. Buan y daeth sawl un ohonynt yn ofalus ohonof – yn eu plith Mair Jenkins, Lledrod a roddodd oes i

addysgu plant yng Ngheredigion; y bachgen mawr annwyl Dai
Lloyd Jones, Bont, cyfreithiwr yn Llambed am flynyddoedd;
W Morgan Rogers, Ffair-rhos gyda'i hiwmor a'i ddywediadau
bachog; a Cyril Hughes, Ysbyty Ystwyth, awdur hunangofiant
difyr a gyhoeddwyd yn 2013, sef *O Flaenau Tywi i Lannau Taf*.

Byddai pawb yn dechrau yn 'Form Two' ac roedd dwy ffrwd
ar gyfer pob blwyddyn. Byddai'r plant mwyaf galluog yn cael
cyfle i ddisgleirio yn ffrwd L, ond yn ffrwd S roeddwn i. O fewn
ychydig amser cefais fy nyrchafu i ffrwd L a chael cyfle i fod
ymysg rhai o'r plant mwyaf nodedig o ran gallu cynhenid. Un
ohonynt oedd John Davies, Bwlch-llan, awdur y gyfrol swmpus
Hanes Cymru. Eistedd yn y cornel wnâi John adeg toriad y bore
neu amser cinio yn darllen yn awchus pan fydden ni i gyd allan
yn cicio pêl. Mae'n amlwg nad oedd ganddo iot o ddiddordeb
mewn chwarae rygbi na phêl-droed. Nid oedd yn boblogaidd
gyda'i gyd-ddisgyblion, yn bennaf am ei fod yn seren y dosbarth.
Darllenai'n ddi-baid, fel byddai Mam yn dweud, 'a'i drwyn yn
ei lyfr o fore tan nos'. Yn aml byddai rhai o'r athrawon, yn
arbennig Dan Jones, yn darllen i ni ei draethodau gwych yn y
dosbarth er mwyn dangos y safon y dylen ni amcanu ati. Nid
oedd honno yn dacteg ddoeth gan y creai eiddigedd ymhlith y
mwyafrif llethol ohonom, yn arbennig pan soniwyd ei fod ef
ar ei ffordd i Goleg yr Iesu, Rhydychen lle y bu ein Prifathro
yn nechrau'r dauddegau. Daliaf i gofio o hyd y traethawd a
ysgrifennodd i esbonio pwysigrwydd Machynlleth ac Owain
Glyndŵr, gan ddisgrifio'r haul yn machlud dros afon Mawddach
a phwysigrwydd Meirionnydd i ni'r Cymry.

Un arall oedd yr un mor alluog ag ef oedd Dafydd Phillips,
y Berth (Daff i ni), un oedd yn fwy normal na John y Sgolor
fel y galwem ef ar dro. Ymgollodd Dafydd yn llwyr mewn
gwyddoniaeth a bu'n hynod o lwyddiannus yn y Coleg yn
Aberystwyth cyn setlo tua Chaergrawnt. Bachgen arall dawnus,
ym myd chwaraeon yn fwy na llyfrau, oedd Gwilym Williams,
Swyddffynnon. Fel athletwr a chwaraewr rygbi roedd yn
rymus ac nid rhyfedd iddo chwarae yn nhîm rygbi Cross Keys
pan ddechreuodd ar ei yrfa yn athro ifanc. Gwyddoniaeth oedd

diddordeb John R Jones, Wenallt a ddaeth yn athro cemeg ym Mhrifysgol Guildford. Y pumed o'r mawrion oedd Lewis Evans, a ddaeth yn bennaeth cwmni Alliance, Caerlŷr a chwmni Giro ar Lannau Mersi. Rhoddwn le hefyd yn oriel anfarwolion y dosbarth i John Albert Evans, a fu'n un o garedigion pennaf yr iaith Gymraeg yn ne-ddwyrain Cymru, ac yn gefnogwr di-ildio i Gapel Minny Street a thîm pêl-droed Caerdydd.

Gan imi ymddiddori ar hyd fy oes mewn hanes, rwy'n fythol ddyledus i Miss Eirlys Watkin-Williams, merch i weinidog yn Sir Frycheiniog, a charwn roi teyrnged haeddiannol iddi. Roedd Eirlys yn ferch hardd ac yn meddu ar sgiliau athrawes dda. Gwisgai'n ddeniadol a byddai'n paratoi'n ofalus ar ein cyfer yn y gwersi Hanes. Gwelodd botensial ynof a swcrodd fy niddordeb yn hanes bro, cenedl, a'r byd.

Athro dylanwadol arall oedd Dan Jones, brawd yr anfarwol Marie James, Llangeitho. Braint fawr oedd cael hyfforddiant mewn llenyddiaeth Saesneg gan Dan Jones a phob gwers yn gyfareddol. Edrychem ymlaen at glywed mwy am Wordsworth a Keats a'u barddoniaeth yn ei wersi dadlennol. Byddai Eirlys Watkin-Williams a Dan Jones yn trefnu taith ar ein cyfer bob haf, gan fynd â hanner dwsin ohonon ni, yr etholedig rai megis, i wahanol rannau o Gymru fel Castell y Bere, a gwlad Llanfihangel-y-Pennant, lle cafodd Mary Jones ei geni a'i magu – y ferch a gerddodd i'r Bala i nôl Beibl o law Thomas Charles.

Y drydedd athrawes a gadwodd gysylltiad â mi ar hyd ei hoes oedd Miss Mary Boden, yn ddiweddarach Mrs Roberts, un o ferched diwylliedig Edeirnion. Bu hi'n garedig ac yn gefnogol fel athrawes Gymraeg, ac yn hynod o annwyl a theyrngar. Yr hyn oedd yn fy ngwneud i'n wahanol i bawb arall iddi hi, ac yn destun tosturi, oedd fod cannwyll fy llygad chwith yn llai na channwyll fy llygad dde ac weithiau byddwn yn dychryn wrth i'r gannwyll bron ddiffodd yn fy llygad, fel petai am ddiflannu'n gyfan gwbl. Ni chefais eglurhad gan arbenigwyr y llygaid dros y blynyddoedd am hyn, ar wahân i feddyg twp yn yr Ysbyty Brenhinol yn Lerpwl a ddywedodd na ellid gwneud dim ac mai dallineb fyddai fy nhynged. Rwy'n credu mai canlyniad damwain a gefais ar sgwâr Llanddewi pan oeddwn tua wyth mlwydd oed oedd ffenomenon y llygad. Yn y chwarae gwyllt hwnnw syrthiodd ffens tŷ cyntaf y rhes o dai arnaf ac aeth hoelen i mewn i gopa fy mhen. Mae ôl yr hoelen yno o hyd.

Diolch i'r athrawon hyn am weld potensial ynof a'm hysbrydoli i ymroi i ddysg pan oeddwn yn fwy awyddus i gicio pêl a chymdeithasu, chwilio nythod adar, bracsian yn afon Brefi, twrian o dan y cerrig i ddod o hyd i frithyllod a chrwydro a dringo'r mynyddoedd o amgylch Llanddewi.

Yn rhialtwch chwarae a mentro, bu bron i mi golli fy mywyd a hynny yn ymyl afon Teifi pan oeddwn yn ddeuddeg mlwydd oed. Roedd criw ohonon ni wedi mynd o'r pentref i nofio gyda'n gilydd. Am na allwn nofio roedd gennyf siaced achub bywyd, ond yn lle ei gwisgo, roeddwn yn ceisio tynnu sylw pawb drwy orffwys yn braf arni yn y dŵr. Wrth inni herio'n gilydd, y peth nesaf a gofiaf oedd cael fy sgubo gan y llifeiriant cryf i'r pwll tro. Fe es i lawr i waelod y pwll fel carreg a dyma weiddi mewn panig am help. Llwyddais i ddod lan i gael anadl, ond yna roeddwn ar fy ffordd i lawr unwaith eto a'r tro hwn gwelwn un ar ôl y llall o luniau o'm gorffennol o flaen fy llygaid. Gwelwn fy rhieni, y tŷ lle'm ganed, fy nghartref yn y pentre, yr ysgol, a gwyddwn fy mod bellach yn boddi. Ond erbyn hyn roedd fy ffrind o'r pentre, Glyn Davies, Brohedydd wedi dod i'r pwll tro i geisio fy achub. Roeddwn fel petawn yn benderfynol fod Glyn druan yn dod gen i i baradwys. Bu hi'n frwydr wirioneddol galed a minnau'n gafael yn dynn yn ei wddf yn fy ngwylltineb. Ond drwy ryw ryfedd wyrth ciciodd Glyn fi yn fy stumog nes imi ryddhau fy nwylo o'i wddf, a llwyddodd i'm cael i orwedd ar fy nghefn yn y dŵr bas. Erbyn hyn roedd ffrind arall, Arwyn Roberts, wedi fy nghludo i'r lan cyn dod â Glyn hefyd yn llipa allan o'r dŵr.

Bu cryn gyhoeddusrwydd i'r cyfan yn y ddau bapur lleol: 'Twelve year old child rescued in the Teify river'. Euthum adref y noson honno o afon Teifi yn falch fy mod yn fyw. Diolch am fois Llanddewi, fy ffrindiau, y pnawn hwnnw neu ni fyddai'r hunangofiant hwn yn bodoli o gwbl.

Cof gennyf gael fy nirmygu gan ambell athro. Un o athrawon pwysicaf yr ysgol oedd Dai Williams, oedd yn ŵr adnabyddus iawn ledled Cymru am ei hiwmor a'i ddawn fel arweinydd eisteddfodau a nosweithiau llawen. Roedd ganddo dueddiad i wneud sbort am ein pennau ni, blant y werin, pe bydden ni'n methu yn ei wersi Ysgrythur a Saesneg. Aeth hi'n ffradach rhyngof i ac ef un diwrnod pan ddywedodd wrthyf, 'Gweithio gyda'r gaib a'r rhaw fyddwch chi, os na wnewch chi wella.' Roedd hi'n frawddeg gignoeth a dyma fi'n ateb fel gwerinwr: 'Beth sy o'i le ar hynny, Mr Williams? Dyn y gaib a'r rhaw yw 'Nhad, a dyw e ddim gwaeth am hynny.' Sobrodd Dai Williams ac ni chlywsom fel dosbarth ei grechwen na'i frawddeg 'caib a rhaw' am hydoedd wedyn.

Roedd hi'n gywilydd i Ysgol Tregaron nad oedd ganddynt ddarpariaeth well ar gyfer arholiadau Ysgrythur. Bu'n rhaid i mi astudio bron y cyfan ar fy mhen fy hun, ond nid oedd problem fawr gennyf gan i mi elwa'n helaeth wrth baratoi ar gyfer arholiadau ysgrythurol ysgolion Sul y Presbyteriaid yn ne Aberteifi. Enillais y Fedal a'r marciau uchaf posibl o leiaf deirgwaith. Roedd fy nghyfoedion yn meddwl bod hyn yn arwydd y dylwn fynd i'r weinidogaeth. Dyna hefyd oedd byrdwn parhaus fy mentor, y Parch. John Ellis Williams, ac eraill.

Roedd fy ngorwelion yn graddol ehangu, diolch yn bennaf i Wncwl Evan, hen lanc o forwr a Sosialydd oedd yn gefnogwr mawr i Aneurin Bevan. Pan fyddai'n dod adre o'r môr yn achlysurol roedd ganddo bob math o storïau ac ambell anrheg ecsotig i mi. Doedd dim taw ar ei siarad am Aneurin Bevan a'i ganmoliaeth ohono, y gwleidydd a greodd y Gwasanaeth Iechyd. Sylweddolais ei fod ef, Aelod Seneddol Glyn Ebwy, yn un o areithwyr mwyaf huawdl y llwyfan gwleidyddol. Cofiaf y pleser a gefais o brynu ei gyfrol *In Place of Fear* a ymddangosodd yn 1952. Carai Gymry'r cymoedd yn angerddol, yn arbennig pobl gyffredin fel fy nhad a fu'n löwr ac Wncwl Evan a wynebodd stormydd gan gynnwys holl flynyddoedd yr Ail Ryfel Byd ar y moroedd. Ai hwy oedd pobl y gaib a'r rhaw? Sylweddolais fod

yna bapur wythnosol y dylwn ddod o hyd iddo o'r enw *Tribune*,
gan y byddai Aneurin Bevan yn sgrifennu'n gyson iddo, a daeth
yn un o'r papurau pwysig i mi yn y chweched dosbarth ac yn y
Coleg. Nid yw'n rhyfedd fod Iorwerth Peate wedi dweud mewn
llythyr bod y *Tribune* yn un o bapurau gorau'r Mudiad Llafur
wedi'r Ail Ryfel Byd. Darllenai ef y *Tribune* yn Amgueddfa Sain
Ffagan. Beth pe bai Iarll Plymouth a Cyril Fox yn gwybod hyn,
yng ngoleuni ffyrnigrwydd eu gwrthwynebiad tuag ato fel
gwrthwynebydd cydwybodol?

Yn Llanddewi roedd siop bapurau newydd, cylchgronau
a danteithion siocled a elwid, ar ôl ei pherchennog, yn 'Siop
Harriet', man cyfarfod i lawer ohonon ni'r to ifanc. Gofynnodd
Miss Harriet Davies imi a fyddwn yn barod i fynd â'r papurau
o amgylch y pentref ar fore Sadwrn ac yn ystod y gwyliau.
Byddai'r papurau yn dod i orsaf Pont Llanio, yna byddai hi'n
trefnu eu cael i'r siop ac yn eu dosbarthu o stryd i stryd. Dyma'r
adeg y daeth rhai o newyddiaduron Llundain i'n cartref,
Nythfa, dau yn arbennig, sef y *News Chronicle* a'r *Daily Herald*.
Fel wythnosolion caem y *Welsh Gazette* a'r *Cambrian News*,
ac o 1955 ymlaen *Y Goleuad*, newyddiadur wythnosol Eglwys
Bresbyteraidd Cymru.

Erbyn i mi gyrraedd Ysgol Tregaron roedd awydd arnaf i
ymwneud â newyddiaduraeth o ryw fath. Sylwais nad oedd
colofn newyddion am Landdewibrefi yn y *Cambrian News*.
Roedd colofn ddifyr yn y *Welsh Gazette* gan Ben James,
prifathro'r ysgol leol. Dyma fi'n mentro i'r maes. Yr hyn
a wnes i ar y dechrau oedd aralleirio newyddion y *Welsh
Gazette* yr wythnos cynt a'i anfon i'r *Cambrian News* ar gyfer
yr wythnos ganlynol. Gweithiodd y sustem am wythnosau,
ond fe dderbyniodd Golygydd y *Cambrian News* gŵyn fod y
newyddion am blwyf Llanddewi wythnos ar ei hôl hi!

Cyflwynodd y llythyr i mi, a phenderfynais fentro llunio
colofn Llanddewibrefi heb edrych ar y *Welsh Gazette*. Gwelwyd
yn syth fyd o wahaniaeth. Er bod gan Ben James fantais arnaf
mewn rhai cyfeiriadau, roedd gen innau fantais gan fy mod yn
byw a bod ar sgwâr y pentref rhwng y ddwy dafarn, Foelallt

Arms a New Inn, ac felly yn clywed yr holl newyddion wrth yfed Vimto.

Gwnaeth y golofn gymaint o argraff ar y staff yn Aberystwyth nes i'r Golygydd anfon un o newyddiadurwyr gorau y *Cambrian News*, Richard Jones i'm cyfarfod yn Llanddewi. Cafodd Mam sioc pan gnociodd y newyddiadurwr ar ein drws, ond cafodd yntau fwy o sioc fyth pan welodd mai bachgen 12 oed oedd y 'Mr Rees' roedd ef am ei weld. Aeth yn ôl i ddweud wrth Mr Henry Read, perchennog y *Cambrian News*, fod yna ddarpar newyddiadurwr yn cyflawni ei brentisiaeth yn Llanddewibrefi!

Am y tair blynedd ar ddeg nesaf bûm yn gyfrifol am y newyddion o wythnos i wythnos, a dim ond unwaith yr es i ddyfroedd dyfnion am alw un brawd croendenau yn 'etifedd' wrth goffáu un o'i rieni ac enwi'r ffarm. Roedd hyn pan oeddwn yn y Coleg Diwinyddol. Daeth y brawd i Aberystwyth ryw noson er mwyn chwilio amdanaf a rhoi llond ceg imi yn y Coleg Diwinyddol. Roedd wedi yfed mwy nag y dylasai a chydiodd dau o fechgyn cryf y Coleg ynddo a'i gario allan wrth iddo fygwth cyfraith arnaf. Ond ni ddaeth fyth yn ôl.

Un o'r pethau gorau a ddigwyddodd imi oedd cael y cyfle i fynd gyda'r ysgol i Ŵyl Prydain yn Llundain yn 1951. Ni fu'n rhaid aros yn Llundain gan inni deithio dros nos, treulio'r diwrnod yn yr Ŵyl, a dod adref wedyn dros nos. Cedwais raglen yr Ŵyl yn fy meddiant byth oddi ar hynny. Gan nad oedd fy nhad na fy mam byth yn mynd â mi i aros mewn gwesty yn unman, hon oedd y wibdaith fwyaf uchelgeisiol i fi fod arni – llawer gwell na mynd i Ddinbych-y-pysgod, Porthcawl ac Ynys y Barri ar drip yr ysgol Sul. Pan drefnodd yr ysgol uwchradd flwyddyn ar ôl hynny wibdaith i Baris, nid oedd modd yn y byd imi gael mynd gyda'm cyfoedion o'r dosbarth. Ni allai fy rhieni feddwl am dalu'r costau. Dim ond plant y dosbarth canol a'r ffermwyr cefnog oedd yn gallu fforddio mynd ar y daith; nid oedd modd i fab dyn y ffordd fawr gael ymuno â nhw i weld Tŵr Eiffel, y Louvre a'r Left Bank.

Mae'n rhaid i mi gyfaddef fy mod wedi dechrau deffro o ddifri i ddisgyblaeth arholiadau erbyn i mi gyrraedd y pumed dosbarth ac arholiadau Lefel O. Llwyddais i basio digon o bynciau i gyrraedd y chweched dosbarth. Strygl oedd hi am nad oeddwn yn canolbwyntio ar y byd addysgol. Erbyn hyn roeddwn yn gwerthfawrogi'n fawr gael dadlau'n groch dros gyfiawnder yn y Gymdeithas Ddadlau a elwid 'Cymdeithas Grug y Gors', a hefyd fod yn geffyl blaen yn Eisteddfod yr Ysgol. Cefais gyfle i chwarae yn nhîm rygbi'r ysgol ac yn achlysurol yn y tîm pêl-droed. Cofiaf amdanaf yn chwarae yn erbyn Ysgol Sir Aberaeron a dod ar draws clamp o foi o'r enw Hywel Teifi Edwards, Aber-arth oedd yn giciwr penigamp!

Yng nghyfnod yr ysgol uwchradd euthum ati i ailsefydlu Dewi Stars fel tîm pêl-droed. Roedd traddodiad hir yn hanes Dewi Stars ac mae gan Raymond ac Olwen Daniel luniau o dimau Llanio Rovers a Dewi Stars yn chwarae yn erbyn ei gilydd mor bell yn ôl ag 1927. Chwaraewn dros Dewi Stars yn erbyn timau yn Nyffryn Teifi fel Ystrad Meurig a Phontrhydfendigaid, a byddwn yn chwarae hefyd dros Tregaron Turfs yng Nghynghrair Aberystwyth a'r Cylch. Pan af i weld Ben Jones, perthynas i mi a chyn-Brifathro Ysgol Llangeitho, yn y cartref nyrsio yn Aberystwyth, bydd ef yn fy atgoffa fel y byddwn yn chwarae yn y bore i dîm rygbi'r ysgol, yna yn y pnawn i dîm pêl-droed Tregaron a cherdded adre wedyn i Landdewi, taith o dair milltir a hanner a hynny yn ystod misoedd oer a garw y gaeaf. Yn ôl y meddyg yn Lerpwl, dyna pam fy mod yn dioddef y dyddiau hyn o glun ddrwg yn llawn arthritis. Ond o dipyn i beth bu'n rhaid ildio'r diddordeb mewn pêl-droed a rygbi a dechrau defnyddio parlwr Nythfa i baratoi ar gyfer astudio'r pynciau a ddewisais yn y chweched dosbarth – Hanes, Saesneg a Chymraeg. Bu'n gyfnod pryderus gan fy mod yn ofni i mi ei gadael hi'n rhy hwyr i feistroli'r maes llafur.

Penderfynais ymuno'n swyddogol â'r Blaid Lafur yn 1955, ac rwyf bellach yn aelod ers 60 mlynedd. Ni wn am neb o'm ffrindiau o Landdewi nac o Ysgol Tregaron a ymaelododd. Nid anghofiaf Etholiad Cyffredinol 1955 ar 25 Mai, a minnau ar fin sefyll fy arholiadau Safon A. Safai'r Parchedig D Jones Davies dros y Blaid Lafur yng Ngheredigion gan roddi tipyn o barchusrwydd i blaid y werin bobl yng ngolwg Mam a'i chyfoedion. Gwnaeth argraff fawr arnaf am ei fod yn 'Barchedig', ac yn wreiddiol o Dregaron, argraff mor fawr nes i mi fynd ati i osod posteri ar hyd y pentre. Bu gwneud hynny'n ddigon i gyffroi yr hynafgwr Dan Jones, Bryncynon. Pan welodd fi'n gosod y poster ar ddrws garej yr adeilad nesaf i Grud-yr-awel, daeth i lawr y rhiw fel tarw bygythiol i'm ceryddu. Cyn hynny roeddem yn gryn ffrindiau gan y byddai'r ddau ohonom yn cymryd rhan yn y cyrddau gweddi yn festri Bethesda, ond oerodd y berthynas yn fawr pan welais gymaint oedd ei ddicter tuag at blaid y werin bobl. Roedd ef yn amlwg ymhlith y Rhyddfrydwyr oedd yn arglwyddiaethu arnom yng Ngheredigion, neu Sir Aberteifi fel y galwem ni'r etholaeth yr adeg honno.

Yr hyn sy'n aros yn y cof am y chweched dosbarth yw'r aml i seiat a gawsom yng nghwmni'r Prifathro. Roedd D Lloyd Jenkins ar gefn ei geffyl, yn dehongli barddoniaeth y bardd T Gwynn Jones, ei hen Athro Cymraeg yn Aberystwyth, yn arbennig awdl 'Ymadawiad Arthur' a chywyddau hiraethus yr alltud o Fôn, Goronwy Owen. Lluniodd ein Prifathro lawer o gerddi, yn cynnwys un o'i englynion gorau, i'r Ywen:

> Wytned, ireiddied ei rhuddin – a bywiog
> Ei bwa mewn heldrin;
> Dulas dŵr a heriwr hin,
> Llwyn hiraeth llan y werin.

Pan euthum ym mis Gorffennaf 1955 adref i Nythfa o Ysgol Sir Tregaron am y tro diwethaf, roeddwn yn ymwybodol fy mod wedi cyfoethogi fy hun o ran dysg. Ymserchais mewn mwy nag un maes. Agorodd yr hanesydd syber o Sais, H A L Fisher, fy llygaid i hanes cythryblus cyfandir Ewrop o'r ddeunawfed ganrif ymlaen. O ran arddull, agwedd a dadansoddiad cawn bleser wrth fodio'i gyfrolau. Roedd G M Trevelyan yn ffefryn arall o hanesydd i fachgen ysgol. Felly hefyd yr hanesydd trwmlwythog ei frawddegau, David Ogg. Llyncais yn ogystal *Cyfnod y Tuduriaid* o ysgrifbin W Ambrose Bebb. Yn Gymraeg roedd blodeugerdd W J Gruffydd yn cyflwyno beirdd i'm bywyd nad oeddwn wedi clywed amdanynt, a deuthum ar draws astudiaethau grymus Thomas Parry a Saunders Lewis.

Yn anffodus, ni fu perthynas o gwbl gen i â'r hen ysgol dros y cyfnod maith ar ôl i mi ymadael. Ni chefais wahoddiad i gyfrannu mewn unrhyw ffordd gan y llywodraethwyr na'r prifathrawon, er gwaethaf fy nghysylltiad personol â Glyn Evans a Dan Rees, hen ddisgybl a gofiwn yno yn ystod fy nghyfnod i. Ni fynychais yr un aduniad, ac ni thrafferthodd neb anfon nodyn ataf i'm hysbysu am y gyfrol yn sôn am hanes yr ysgol lle mae llun ohonof adeg yr eisteddfod flynyddol yn 1955. Daeth gwahoddiad imi annerch y cyn-ddisgyblion yn yr Eisteddfod Genedlaethol, profiad digon pleserus a chyfle i gwrdd â hen ffrindiau nad oeddwn wedi'u gweld ers blynyddoedd, fel John Wenallt. Pasiais yr ysgol ganwaith ond ni fûm i mewn. Dyna yn syml fel y diflannodd trigain mlynedd ers ffarwelio â'r nyth a'm gosododd ar y ffordd i Penny Lane.

PENNOD 4

Tamaid blasus

PAN DDAETH YR adeg imi fynd yn fyfyriwr penderfynais astudio Cymraeg, Hanes a Hanes Cymru yng Ngholeg y Brifysgol, Aberystwyth, a hynny am reswm digon dealladwy. Dyma'r brifysgol agosaf ataf a byddai ein Prifathro yn moli'r Adran Gymraeg yno o dan yr Athro Thomas Jones byth a beunydd. Ar ôl pythefnos yno sylweddolais na fu darlithwyr mwy hoffus na Gwenallt, Garfield Hughes a D J Bowen. Gwenallt, yn wir, oedd un o ddarlithwyr anwylaf yr holl Goleg. Yn ystod fy nghyfnod yn y Coleg Diwinyddol deuwn ar ei draws bron yn ddyddiol, a byddai Gwenallt wrth ei fodd yn ein gwahodd ni fyfyrwyr y weinidogaeth am gwpanaid o goffi a sgwrs. Mwynheais ei holl gyfrolau o farddoniaeth, a dysgais lu o'i gerddi ar fy nghof.

Pan ddechreuais bregethu, awn yn fy nhro i'r Tabernacl, ac yno'n gwrando'n astud byddai Gwenallt. Rhoddodd gysur mawr i mi un bore Sul ar ôl yr oedfa wrth imi ysgwyd llaw ag ef a dweud yn ddidwyll wrtho, 'Teimlwn braidd yn anghyffordddus bore 'ma wrth bregethu o'ch blaen chi.' Ei ateb: 'Peidiwch, da chi. Pechadur mawr ydw i a phechaduriaid oedd yn gwrando arnoch yn y seddau.' Bu'r ateb hwn yn gysur mawr i mi ac roedd yn gyngor nodweddiadol gan Gwenallt. Fe ddes i'n bennaf ffrindiau gyda D J Bowen, yn fwy felly ar ôl imi adael y Coleg am fod ganddo argyhoeddiadau cryf ynghylch heddychiaeth.

Yn yr Adran Hanes fe ddes i dan gyfaredd Gwyn Alf Williams a chael eistedd i wrando arno gyda'i atal dweud, yn adrodd hanes Cymru mor feistrolgar, a'i wahodd e i Glwb Llafur y Brifysgol fel un o'r Llywyddion Anrhydeddus. Deuai yn ei dro i'n plith yng ngwesty'r Cambrian. Ond y creadur mwyaf afreolus ohonynt i gyd oedd Richard Cobb, un o'r prif awdurdodau ar y Chwyldro Ffrengig. Byddai gwrando ar ddarlithiau Cobb yn brofiad gan y byddem fel myfyrwyr yn cicio'n traed ar y lloriau pren nes creu anferth o sŵn. Roedd gan Richard Cobb syched na ellid mo'i ddiwallu a byddai'n ymddwyn ar hyd strydoedd Aberystwyth fel crwt ar ei brifiant. Yn Adran Hanes Cymru hefyd roedd dau arall o fawrion byd academaidd y Coleg, sef yr Athro David Williams a'r Athro T Jones Pierce. Hyd y gwn i, nid oedd perthynas wych rhyngddynt, a syndod imi oedd deall ymhen blynyddoedd bod Jones Pierce yn un o Gymry Lerpwl. Wn i ddim lle cafodd e yr acen felltigedig o Seisnig ac nid oedd hi'n hawdd closio ato. Ar ôl imi ddatgelu i David Williams fy mod yn bwriadu mynd yn fyfyriwr am y weinidogaeth yn 1957, derbyniwn gyfarchiad byr oddi wrtho'n gyson. Weithiau wrth ei gyfarfod ar risiau carreg yr Hen Goleg fflachiai ei lygaid tu ôl i'r sbectol, a dywedai'n ara deg yn Saesneg Sir Benfro: 'Good afternoon, Mr Troublemaker.' Roeddwn wedi fy meddiannu gan Sosialaeth fel credo gwleidyddol yn y cyfnod hwnnw a dyna pam y byddai'r Athro David Williams yn fy ngalw i'n 'troublemaker' yn fy wyneb!

Roedd cymdeithas Gymraeg y Coleg, sef 'Y Geltaidd', yn bwysig iawn i bob Cymro o argyhoeddiad oedd yno. Yn 1956–7, ymhlith fy nghyfoedion yn trefnu'r Gymdeithas Geltaidd, roedd John Gwilym Jones, Parc Nest, Gwyn Bowyer, Hywel Bebb, Aneurin Rhys Hughes, Cynwil Williams a Mair Carrington Jones. Dywed y bardd Gwynne Williams, Rhosllannerchrugog amdano'n dod i noson Geltaidd gyntaf ei flwyddyn a'i fod yn cofio amdanaf yn llawn hyder yn croesawu pawb i lofft yr Home Cafe. Braf oedd cael gwahodd yn flynyddol Goleg y Brifysgol, Bangor atom i noson 'Pawb yn ei Dro'. Seren ddisgleiriaf y noson honno bob amser fyddai John M Hughes, neu John Bach fel y galwem ef. Un arall o gynheiliaid y Geltaidd oedd Iolo Wyn Williams o'r Bermo, mab y bardd W D Williams. Cefais fy anfarwoli yn un o'r nosweithiau 'Pawb yn ei Dro' gan limrig Iolo dros dîm Aberystwyth!

Fe ddaliwyd Ben Rees yn ei lojin,
Yn gwasgu'r *home-help* ar y landin,
Aeth gwedd Anti Mag
Fel lliw basig slag
A chipiodd ei fag yn reit sydyn.

Roedd cyflwr y Blaid Lafur yn y Coleg yn ddigon bregus, ond fe es i a'm ffrind mawr, Arfon R Jones, ati i gryfhau'r gangen. Un o Ben-y-cae, ger Rhosllannerchrugog, oedd Arfon, o gefndir gwerinol, fel finnau, a doedd dim pall ar ei egni o blaid Sosialaeth. Bu Gwyn Alf Williams mor garedig yn canmol ein hymdrechion mewn erthygl:

> Mae arweinyddiaeth egnïol, profiadol a llawn dychymyg wedi creu cymdeithas sy'n galw i gof rai o ddiwrnodau mawr Cymdeithas Sosialaidd Aberystwyth. Mae'r cyfarfodydd a gynhelir yng Ngwesty'r Cambrian yn denu llawer… llwyddwyd i greu elfen Gymreig gref ac i gydweithio gyda Phlaid Cymru. Ei llwyddiant mwyaf, fodd bynnag, fu cynnal cylchgrawn Sosialaidd Cymreig… mae'n fenter ryfeddol o dan yr amgylchiadau ac yn dangos mor fywiog yw'r Gymdeithas.

Trwy Gymry da fel Cynog Dafis, Emyr Llywelyn, Aled Parc Nest a Geraint (Twm) Jones roedd hi'n bosibl codi pont gyda changen Plaid Cymru y Coleg a chydweithio gyda nhw, yn arbennig ar fater ymgyrchoedd CND, a hefyd yn yr ysgolion undydd ar ddydd Sadwrn i drafod cydweithio dros Gymru.

Tyfodd cyfeillgarwch mawr rhwng Arfon a minnau ac agorodd ein gweithgarwch aml i ddrws yn Aberystwyth. Un aelwyd y dechreuais ymweld â hi oedd cartref y bardd a'r deintydd, Niclas y Glais. Yn wir, daeth Glasynys, cartref Niclas, fel ail gartref imi. Galwn hefyd yn gyson gyda Sidney Herbert, cyn-ddarlithydd yn yr Adran Wleidyddiaeth, a bu'n gefn mawr i ni'r myfyrwyr.

Ar yr un pryd roedd fy nghysylltiadau Methodistaidd Calfinaidd yn cryfhau gan fod yn Aberystwyth dri chapel Cymraeg llewyrchus gan yr enwad a thri gweinidog arbennig yn eu gofal. Cawn i ac eraill o'r un anian, fel fy ffrind W I Cynwil Williams, groeso twymgalon ganddynt. Gweinidog Salem (Capel y Morfa y dyddiau hyn) oedd y Parchedig H R Davies; y Parchedig J E Meredith oedd yn gofalu am y Tabernacl; ac yn Seilo y gwasanaethai'r Parchedig Huw Wynne Griffiths, eciwmenydd a gweithiwr diguro. Roedd swyn arbennig i lawer un ohonom yng ngweinidogaeth y Parch. W B Griffiths yng Nghapel yr Annibynwyr, Baker Street a daeth ei ferch Mari yn ffrindiau gyda Meinwen, fy ngwraig.

Bu newid mawr ar ddiwedd y flwyddyn gyntaf. Sylweddolais fod yn Aberystwyth ŵr pwerus o'r enw Idwal Jones, Athro Adran Addysg y Coleg er 1939. Perswadiodd Arfon fi i ystyried canolbwyntio ar Addysg fel pwnc academaidd a dyna a wneuthum yn ei gysgod ef. Bu hi'n fraint cael treulio oriau yn yr Adran Addysg ar lan y môr a dod i adnabod darlithwyr gwych wrth ddilyn cyrsiau dwyieithog. Byddai'r myfyrwyr ar y cyrsiau hyn, megis Len Richards, Wyn James, Gwilym Roberts, Rhiwbeina (yr arloeswr dysgu ail iaith), yn amenio gair da Dr Bobi Jones am gyfraniad yr Athro Idwal Jones a'r Adran.

Cefais fy nghythruddo'n fawr ar 13 Gorffennaf 1955 pan ddienyddiwyd Ruth Ellis gan y wladwriaeth. Roeddwn yn credu fel Cristion fod bywyd unigolyn yn gysegredig a gwnaeth y newydd hwn i mi benderfynu codi ymwybyddiaeth yn y Coleg ac yn y dref yn erbyn crogi. Drwy'r blynyddoedd yn y ddau goleg bûm yn cynnal dadl gyson ar y pwnc. Fe es i ati'n ddiweddarach i lunio llyfryn yn y Gymraeg, *Pam Na Ddylid Crogi?* Wedi cyhoeddi 500 copi ohono ni fu hi'n anodd ei werthu. Bu ffrindiau, yn genedlaetholwyr a Sosialwyr ifanc, yn barod i drampio'r strydoedd a mynychu dawnsfeydd mewn neuadd yn ymyl castell Aberystwyth ar nos Sadwrn i'w werthu. Llawenydd mawr i mi oedd bod y lleisiau a godwyd gan nifer fawr o bobl yn erbyn crogi yr adeg honno wedi llwyddo i ddylanwadu ar farn y wlad a'r Senedd. Ni chollodd unrhyw un arall ei fywyd er y bu'n rhaid i Ruth Ellis dalu'r pris.

Penderfynodd nifer ohonon ni ein bod ni'n benderfynol o fynd i'r Eisteddfod Genedlaethol yn Aberdâr ym mis Awst 1956.

Dyma'r tro cyntaf i mi fynychu'r Eisteddfod Genedlaethol o ddydd Llun i ddydd Sul. A dyna un o'r penderfyniadau gorau a wnes i erioed. Roedd gan Keith Evans, Caerwedros, myfyriwr yn Aberystwyth, gar modur ac roedd yn barod i ddod heibio i mi a John Albert er mwyn mynd i Steddfod y Cymoedd.

Yn fuan wedi cyrraedd maes yr Eisteddfod gwelodd John Albert a minnau ferch ifanc wedi'i gwisgo mewn gwisg Gymreig yn sgwrsio gyda'r Cymro radical, Neil ap Siencyn. Yr adeg honno adnabyddid ef fel Neil Jenkins o Benarth. Dyma fi'n dweud wrth John Albert, 'Rwy'n mynd i wahodd y ferch 'na mas heno.' Fe es i atyn nhw, a dyna ddechrau carwriaeth a'm cadwodd yn ddiogel ar hyd y blynyddoedd maith. Cyflwynodd Neil hi fel 'Meinwen Llewellyn o Abercwmboi', merch yn y chweched dosbarth yn Ysgol y Merched, Aberdâr. Roedd hi yno gyda'i ffrind, Gaynor Morgan Rees, a ddaeth wedyn yn actores nodedig ar y sgrin deledu a'r llwyfan.

Trodd yr Eisteddfod yn baradwys i mi, ac yn ystod yr wythnos cwrddodd Meinwen a fi bob nos i weld drama neu noson lawen, ac yna ymuno â'r dorf ar derfyn y nos i ganu emynau wrth draed y cerflun o Garadog ar sgwâr Aberdâr o dan faton Tawe Griffiths. Doedd hi ddim yn hawdd troi'n ôl i Geredigion ond gwnaeth y ddau ohonon ni addewid y bydden ni'n sgrifennu'n gyson at ein gilydd, ac felly y bu. Ar hyd mis Awst deuai llythyrau'n gyson o Fans Bethesda, Abercwmboi a byddwn innau'n ateb yn ddiymdroi.

Yr hydref hwnnw daeth y newydd cythryblus fod Corfforaeth Dinas Lerpwl am godi argae yng Nghwm Tryweryn er mwyn darparu dŵr i'r ddinas. Byddai'r cynllun yn golygu dinistrio pentref Capel Celyn, gan gynnwys yr ysgol, capel ein henwad, a nifer o dai, ffermdai a thyddynnod gan ddifrodi cymuned Gymraeg gyfan. Edmygwn fy ffrindiau yn y Coleg oedd yn aelodau o Blaid Cymru a brotestiodd yn erbyn y boddi. Does dim amheuaeth gennyf fod achos Tryweryn wedi argyhoeddi James Griffiths, a ddôi yn y man yn Ysgrifennydd Gwladol cyntaf Cymru, i sylweddoli mai dim ond datganoli awdurdod o San Steffan i Gaerdydd fyddai'n newid ein hamgylchiadau.

Er i bob un, ond un, o Aelodau Seneddol Cymru bleidleisio yn erbyn trachwant Lerpwl, nid enillwyd y dydd.

Methwyd rhwystro Goliath rhag boddi'r cwm ac ar 31 Gorffennaf 1957 pasiodd y Senedd Ddeddf Corfforaeth Lerpwl yn rhoddi sêl bendith i foddi'r dyffryn. Yn y Senedd, pleidleisiodd y mwyafrif, sef 175 AS, o blaid boddi'r cwm a dim ond 29 yn erbyn. Dadleuwn fod 'gweld boddi Tryweryn yn golygu bod Cymru yn barod i werthu ei henaid i'r diafol' gan wadu ein holl werthoedd. Roedd pryder a chydwybod Gwilym Tudur ac Emyr Llywelyn ym mrwydr Tryweryn yn taro tant yn ein plith.

Y sioc fwyaf a gafodd Meinwen oedd fy mod yn awyddus i ddilyn llwybrau ei thad, y Parchedig Arthur George Llewellyn, gweinidog er 1932 yng Nghapel y Bedyddwyr, Abercwmboi, lle gwnaeth le annwyl iddo'i hun drwy ei ddidwylledd a'i ysbryd arwrol gan ei fod yn anabl o'i blentyndod. Erbyn haf a hydref 1956 roeddwn ar brawf yn pregethu ac wedi llunio fy mhregeth gyntaf o lyfr y proffwyd Eseia: 'Cysurwch, cysurwch fy mhobl, medd eich Duw':

> Oni wyddost, oni chlywaist? Duw tragwyddol yw'r Arglwydd a greodd gyrrau'r ddaear; ni ddiffygia ac ni flina, ac mae ei ddeall yn anchwiliadwy. Y mae'n rhoi nerth i'r diffygiol, ac yn ychwanegu cryfder i'r di-rym. Y mae'r ifanc yn diffygio ac yn blino, a'r cryfion yn syrthio'n llipa; ond mae'r rhai sy'n disgwyl wrth yr Arglwydd yn adennill eu nerth; maent yn magu adenydd fel eryr, yn rhedeg heb flino, ac yn rhodio heb ddiffygio.

Daeth y ddeugeinfed bennod o Eseia yn rhan o'm cynhysgaeth a gallwn ddyfynnu pob gair, bron, ac yn arbennig y diweddglo bythgofiadwy.

Pleser oedd cael gwahoddiad i dreulio'r Sul a phregethu fore a nos yng Nghwmaman. Teithiais yn gynnar ar y dydd Gwener er mwyn treulio'r pnawn yng nghwmni Meinwen. Llwyddodd hi i ddianc o'r ysgol, er mwyn inni fod gyda'n gilydd. Y penwythnos hwnnw cwrddais â rhieni Meinwen yn y Mans,

Bethesda – ei thad, Arthur, a'i briod, Sarah Ann. Roedd y ddau mor wahanol, Sarah Ann yn egnïol a chyflym ei cherddediad ac Arthur Llewellyn yn llawn hiwmor, ac yn annwyl ryfeddol. Dim rhyfedd, fel y clywais lawer gwaith wedyn, ei fod e'n ffefryn yn Ysgol Haf Gweinidogion Cymraeg y Bedyddwyr.

Roedd bwrlwm bywyd cymdeithasol y Coleg yn fy nghadw'n ddiddig, ynghyd â chwmni difyr y bechgyn a ddaeth yn gyd-letywr â mi yn Custom House Street, megis Dai Morgan o Ystalyfera a Keith Evans, Caerwedros a astudiai Athroniaeth. Erbyn 1956 roeddwn wedi sylweddoli fod gan y Blaid Lafur fudiad ar gyfer y colegau, NALSO, sef 'National Association of Labour Society Organisations'. Cefais wahoddiad i gynrychioli Cymru ar y Pwyllgor Gwaith. Cynhelid y cyfarfodydd yn Llundain ac roedd y teithiau hyn i Lundain ar y trên yn brofiad newydd hollol, ac yn rhoi cyfle imi flasu bywyd prifddinas Lloegr yng nghwmni Sosialwyr brwdfrydig o bob rhan o Brydain. Fe ddes i adnabod Sosialwyr ieuainc y colegau fel Val Swingler, mab Stephen Swingler, Aelod Seneddol Stafford (yna Newcastle-under-Lyme). Un arall oedd Ken Coates o swydd Derby, glöwr a adawodd y lofa i ddilyn llwybr addysg, a chael gyrfa fel darlithydd prifysgol, awdur cyfrolau, golygydd y cylchgrawn *Spokesman* ac Aelod Seneddol Llafur yn Senedd Ewrop.

Ond ar fore Sul byddai gennyf gyfle i wrando ar rai o bregethwyr mwyaf grymus y cyfnod. Roedd pedwar ohonyn nhw yn Llundain: y Cymro Dr David Martyn Lloyd-Jones; William Sangster, eilun yr Eglwys Fethodistaidd; yr Annibynnwr Leslie Weatherhead yn City Temple a'r Sosialydd o Fethodist, Dr Donald Soper yn Kingsway. Deuthum i adnabod Dr Martyn a Dr Soper ymhen amser.

Ond gyda'r hwyr roeddwn yn ormod o Ymneilltuwr o Gymro i gadw draw o Gray's Inn Road, Canolfan y Cymry, lle'r addolai pobl Capel Cymraeg Jewin gyda'u gweinidog, y Parchedig D S Owen, neu'n amlach fyth yng Nghapel Charing Cross, gyda gweinidog gwerth ei glywed, sef y Parchedig Gwyn Evans. Roedd hwn yn gapel cysurus â chymdeithas gynnes, groesawgar ond erbyn hyn mae'n glwb nos.

Datblygodd fy nghyfrifoldeb gyda NALSO yn dasg enfawr gan fod angen adnewyddu a rhoi hwb i'r gwaith o fagu Sosialwyr ym mhob un o golegau'r Brifysgol yng Nghymru. Am ddwy flynedd bu Arfon a minnau'n ymweld â Choleg y Brifysgol, Gogledd Cymru i gychwyn cangen yno, ac felly hefyd yng Ngholeg Harlech. Erbyn inni gwblhau'r ymweliadau, gallen ni ymhyfrydu gyda balchder bod Cymru yn un o gadarnleoedd y Blaid Lafur. Doedd hi ddim yn anodd dod o hyd i fyfyrwyr oedd yn barod i gyfarfod yn rheolaidd, ffurfio cangen, creu swyddogion, a gwahodd gwleidyddion ac eraill i drafod materion oedd yn bwysig i'r Mudiad Llafur ynghanol y pumdegau.

Roedd fy nhrydedd flwyddyn yn un gythryblus yn hanes y Coleg oherwydd helynt y Prifathro, Goronwy Rees. Roeddwn i'n edmygydd mawr ohono ac yntau'n fab i weinidog amlwg gyda'r Presbyteriaid Cymraeg, sef yr hynafgwr, y Parchedig R J Rees. Fe ddes i i adnabod Goronwy Rees oherwydd fy nghysylltiad â'i dad.

Disgwylid i bob un oedd yn awyddus i ddilyn llwybr y weinidogaeth gael cymeradwyaeth ei eglwys leol ac eglwysi'r dosbarth, a sefyll arholiad y Bwrdd Ymgeiswyr. Llwyddais i basio'r arholiad a'r cam nesaf oedd ymddangos gerbron Bwrdd y Weinidogaeth yng Nghapel Triniti, Llanelli. Cadeirydd gweinidogion amlwg Sasiwn y De y bu'n rhaid i mi ymddangos o'u blaen oedd y Parchedig R J Rees. Roedd bellach yn ddall ac mewn gwth o oedran, ond yn glir ei feddwl ac yn gynnes ei groeso. Ni wyddwn yr adeg honno ei fod yn un o'r criw a groesawodd Keir Hardie i annerch yr Athrawon Sosialaidd yn Neuadd y Dref yn Aberystwyth yn 1911. Gwnaeth R J Rees i mi deimlo'n gartrefol yn eu plith, a gadewais Lanelli yn ddigon bodlon. Sibrydwyd wrthyf wrth ymadael y byddai popeth yn iawn.

O fewn wythnos daeth llythyr oddi wrth y Prifathro Goronwy Rees yn dweud fod ei dad wedi'i blesio'n arw ynof ac yn teimlo y dylai'r Brifysgol ymfalchïo yn fy ymgeisyddiaeth. Awgrymodd y dylen ni gyfarfod fin nos yng ngwesty'r Belle Vue i gael sgwrs. Derbyniais y gwahoddiad, a chafodd rhai o'r myfyrwyr sioc eu bywyd wrth weld y Prifathro a minnau'n mwynhau cwmni'n gilydd yn ffenest y Belle Vue. Roedd Goronwy Rees yn ddyn athrylithgar a gwybodus; roedd yn ddyn trawiadol ac eto'n agos atoch. Gwisgai'n wahanol – sanau gwyn weithiau, dro arall, rhai melyn. Roedd wedi gwneud ei waith cartref cyn fy nghyfarfod a gwyddai am fy ngweithgaredd Sosialaidd yn y Coleg a chymeradwyodd yr hyn roeddwn i'n ei wneud.

Yn fuan wedyn fe glywson ni am ei ymddiswyddiad fel Prifathro am iddo lunio cyfres o erthyglau dienw fisoedd lawer cyn hynny i'r papur Sul, *The People*. Yn y tridegau daeth Goronwy Rees i adnabod nifer o fechgyn galluog ym Mhrifysgol Caergrawnt a gefnogai Gomiwnyddiaeth, fel Guy Burgess, Anthony Blunt a Donald Maclean. Ni fu'n hir cyn i'r *Daily Telegraph* ddod o hyd i'r awdur, a chythruddwyd Cyngor y Coleg a'r Llywydd, Syr David Hughes Parry, yn fawr iawn. Cafodd Goronwy Rees fy nghefnogaeth ac ymunais â myfyrwyr eraill i amddiffyn ei hawl i fynegi ei farn. Trefnwyd i'r Undeb ddod ynghyd a chafwyd pleidlais anhygoel, 369 o bleidleisiau o'i blaid a dim ond 8 yn dymuno ei ddiarddel. Cofiaf yn dda y Cwad yn yr hen adeilad o dan ei sang, a ninnau'r myfyrwyr i gyd yn emosiynol o blaid Goronwy Rees.

Trodd y cyfan yn frwydr bersonol rhwng y Llywydd a'r Prifathro. Gwir y dywedodd Richard Gwynedd Parry: 'Roedd Hughes Parry yn drech na Goronwy Rees ac yntau'n hen law ar y gyfraith ac yn deall mecanwaith pwyllgorau prifysgol yn well na neb; cafodd ei ffordd, a chollodd Goronwy Rees ei swydd yn 1957.' Yna, sicrhaodd Hughes Parry arweinydd sylweddol i'r sefydliad trwy benodi Thomas Parry yn brifathro newydd yn 1958.

Tra oeddwn yn y Coleg, loes calon i bawb bron yn Llanddewi oedd penderfyniad ein gweinidog, y Parchedig John Ellis Williams, i roi'r gorau i'w weinidogaeth fugeiliol, a hynny ar ôl oes o wasanaeth clodwiw. Gwnaeth gymaint dros y pentre a bu'n fentor mawr i mi.

Siom fwy i rai ohonon ni oedd deall ei fod am symud i fyw i Benmorfa, ger Porthmadog, er mwyn bod yn nes at ei ferch,

Eluned a'i phriod, y Parchedig Charles Jones. Gan fod bwthyn gwag gan ei chwaer, Mary, drws nesaf, roedd modd iddo ef a'i chwaer droi yn ôl i Arfon, y fro y canodd yn gelfydd iddi:

> Bro pob gorawen, bro wen fy ngeni,
> Caraf bob erwig unig ohoni,
> Ei hen fynyddoedd, llynnoedd a llwyni,
> Ei ffridd a'i mawnog, ei phraidd a'i meini,
> Bro dirion pob daioni – a thegwch,
> A Duw a'i heddwch fo'n nodded iddi.

Daeth cynulleidfa enfawr ynghyd i Gapel Bethesda i gyfarfod ymadawol ar achlysur ei ymddeoliad ar ôl 38 o flynyddoedd yno. Cefais y fraint o dalu teyrnged iddo gan iddo ef fy nghyfarwyddo, fy swcro a'm goleuo yn fy adnabyddiaeth o'r Ysgrythurau. Ef sy'n gyfrifol am fy niddordeb ar hyd y blynyddoedd mewn astudiaethau Beiblaidd gyda pharch aruthrol i ysgolheictod diwinyddol ac ysgrythurol. Ni lwyddodd llawer o weinidogion yn ei enwad i godi mwy o fugeiliaid o'r un eglwys i'r weinidogaeth nag a wnaeth ef: sef y Parchedigion W D Davies, y Tymbl; David Williams, Pontypridd (tad Alun Williams, y BBC); David James Jones, Treforys; R E Lloyd, Caerfyrddin; Eben Ebenezer, Llannon; Lewis D Richards, Cwmafon a minnau. Ac yn ogystal â'r gweinidogion, fe fagodd lu o leygwyr a fu'n gaffaeliad mawr i eglwysi Cymraeg, yn arbennig yn Henaduriaeth Llundain. Lluniodd gywydd wrth ymadael a ddarllenwyd yn y cyfarfod, a dyma ddetholiad ohono:

> Ciliaf, mewn hiraeth calon,
> O'r ardal ddihafal hon.
>
> * * *
>
> Minnau'n hir fu yma'n hau
> Yn wirion ei mwyn erwau,
> Treuliais gyfnod lled drylwyr
> Yn wir gaeth, ond daeth, Duw ŵyr,

Derfyn a'm dyddiau'n darfod,
A rhyfedd, diwedd sy'n dod.
Bellach fy nerth a balla
Ond daw'n union hinon ha'.

Un peth pwysig oedd ei angen arna i erbyn haf 1957 oedd cludiant cyson, yn arbennig ar gyfer y Suliau. Dywedodd fy ffrind, Gildas Jones o Dregaron, wrthyf fod ganddo Lambretta ar werth. Neidiais at y cyfle a phrynodd fy rhieni y motor-beic gwyrthiol hwnnw i mi. Rhaid oedd prynu helmed a dillad pwrpasol ar gyfer y glaw a'r stormydd. Bu'n gaffaeliad mawr i deithio ar y Sul a gallwn fynd i bob man ar y Lambretta. Un o'r bobl a gafodd aml i reid y tu ôl i mi ar y sgwter oedd Hywel Teifi Edwards, yn enwedig pan fyddwn yn pregethu yn ei gapel e, Bethel Llanddewi Aber-arth. Byddai'r Lambretta yn ein cario ni'n dau'n hwylus, a pharciwn o flaen ei gartref a chael croeso mawr gan ei rieni. Yno y byddwn yn cael fy nghinio a'm te a sgwrs felys, wrth gwrs. Yna ar ôl oedfa'r hwyr gwisgo'r dillad a'r helmet a chael Hywel y tu ôl i mi am y daith yn ôl i Aber. Yr unig un arall fyddai'n dod ar y piliwn yn gyson fyddai Meinwen. Wedi'r cyfan, nid oeddwn wedi pasio fy mhrawf ac ni ddylai neb fod ar y piliwn, ond mater dibwys oedd hynny i Hywel Teifi.

Gweithiais yn galetach yn ystod fy mlwyddyn olaf ar gyfer Gradd Anrhydedd mewn Addysg a llwyddo. Teimlwn yn ddigon bodlon imi gael gradd yn yr ail ddosbarth gan fod fy llwybr yn glir o'm blaen. Byddwn yn dal i fod yn Aberystwyth, yn astudio ac yn lletya gyferbyn â'r Pier, yn mwynhau bywyd hostel. Cawn aros yn y Coleg Diwinyddol ac nid oedd angen mynd allan am y darlithiau na'r bwyd. Roedd hi'n ddelfrydol ac yn haf o hyd!

PENNOD 5

Bwrlwm bywyd myfyriwr

YR ADEG HONNO, ddiwedd y pumdegau, ni chaniateid i fyfyriwr astudio Gradd BD ym Mhrifysgol Cymru heb fod ganddo radd BA. Ymhlith y Presbyteriaid Cymraeg doedd dim llawer o obaith i weinidog heb y ddwy radd gael galwad i eglwys gref o bedwar a phum cant o aelodau, ac roedd digon ohonyn nhw ar gael yn niwedd y pumdegau. A minnau wedi ennill y BA (Anrhydedd), gwyddwn felly fod yn rhaid anelu at gael BD. Tair blynedd o astudio caled, gan na ellid ymgeisio am y radd heb astudio'r iaith oedd yn gysylltiedig â'r Hen Destament, sef Hebraeg, a hefyd Groeg y Testament Newydd.

Wedi i mi gael fy nerbyn yn fyfyriwr am y weinidogaeth byddwn yn galw bob wythnos yn y Coleg er mwyn cael gwybod lle y byddwn yn pregethu ar y Suliau gwag oedd gennyf. Prifathro'r Coleg Diwinyddol oedd y Parchedig W R Williams. Er bod WR yn ŵr ysgolheigaidd disglair, roedd yn tueddu i fod yn rhagfarnllyd iawn. Buan iawn roedden ni'n dau wedi croesi cleddyfau a hynny yn bennaf ar faterion gwleidyddol. Cofiaf yn dda ar brynhawn Sadwrn, a'r mwyafrif o'r myfyrwyr wedi gadael am eu cyhoeddiadau, i mi benderfynu cnocio ar ddrws y fflat. Ef ddaeth i'r drws gan fod ei briod yn cadw mor bell ag y medrai oddi wrthym ni'r myfyrwyr. 'Beth ydych chi eisiau?' oedd ei gyfarchiad swrth a digroeso.

Dyma fi'n egluro fy mod am fenthyg agoriad i Lyfrgell Griffith Ellis er mwyn dod o hyd i hunangofiant y Parch. J

H Howard, sef *Winding Lanes*. Roeddwn wedi deall fod J H Howard yn Sosialydd Cristnogol amlwg o fewn yr Hen Gorff yn chwarter cyntaf yr ugeinfed ganrif. Cefais syndod o'r mwyaf pan ddywedodd W R Williams yn ei Saesneg Rhydychenaidd, 'Surely you don't want to waste your time reading a book by a street urchin.' Ni ddeallais ergyd ei sylw rhagfarnllyd tan i mi ddechrau darllen *Winding Lanes* a sylwi fod James Henry Howard wedi cael ei amddifadu rhag byw gyda'i rieni pan oedd yn blentyn, a'i roi yn y Cottage Homes yn y Cocyd, ger Abertawe, cyn cael cartref gan löwr yn Llansamlet. Ar ôl darllen ei hunangofiant roeddwn wedi fy llwyr gyfareddu gan yr heddychwr a'r pregethwr poblogaidd ac ni fûm yn brin o ddweud hynny wrth y Prifathro, a'm bod hefyd wedi darllen ei gyfrolau o bregethau, *Which Jesus?* (1926) a *Jesus the Agitator* (1934). Edrychodd arnaf yn ddig ei wep fel pe bawn yn ynfytyn.

O fewn rhyw flwyddyn ar ôl imi gyrraedd y Coleg, mantra WR o flaen llu o'm ffrindiau yn y dosbarth neu ar y setî fyddai: 'Ben Rees will only serve the Connexion for about two years and Emlyn Richards not much more, but Cledwyn (Williams) will be in charge of churches for the rest of his life.' Cyrhaeddodd Emlyn a minnau ein carreg filltir o 50 mlynedd fel gwŷr traed y Cyfundeb, tra bu Cledwyn yn ŵr amlwg am y rhan fwyaf o'i yrfa ym myd gwasanaethau cymdeithasol. Rhywbeth ymylol iawn i W R Williams oedd ein hyfforddi ni yn yr athrawiaethau Cristnogol. Roedd yn rhy brysur yn llysoedd a phwyllgorau'r enwad ac ym myd eciwmeniaeth. Ef oedd yn gyfrifol am ffurfio a sefydlu Cyngor Eglwysi Cymru yn 1956. Ei awgrym a'i ysgogiad ef a sicrhaodd gyhoeddi Beibl Cymraeg Newydd, ac ef oedd y pŵer y tu ôl i sefydlu Cydbwyllgor i drefnu'r cyfieithu a'r cyhoeddi. Roedd yn ddyn gwirioneddol fawr ac eto'n medru bod yn ddyn bach rhagfarnllyd i'r eithaf mewn rhai materion.

Byddai WR yn absennol yn aml o'r Coleg a bu farw ynghanol ei weithgareddau amrywiol a phwysig fis Rhagfyr 1962, chwe wythnos ar ôl llywyddu yn oedfa'r ordeinio yn Llangeitho lle cefais yr hawl i fod yn 'Barchedig'. A minnau bellach yn weinidog ifanc dibrofiad yn Abercynon, penderfynais yng nghwmni'r cymeriad lliwgar, y Parchedig Robert Jones, Cwmaman (Bob fel y'i gelwid), fynd i'w angladd yn Aberystwyth gan y disgwyliwn y byddai yno nifer dda o fyfyrwyr y cyfnod 1959–62 yno. Cawsom ein rhyfeddu. Ni oedd yr unig ddau o'n cenhedlaeth a dalodd y gymwynas olaf i WR.

Roedd nifer o athrawon eraill tra gwahanol i WR yn y Coleg. Un y des i'n bennaf ffrindiau ag e oedd Samuel Ifor Enoch a ddysgai inni Roeg y Testament Newydd. Roedd hi'n wych cael eistedd o dan ei ysgolheictod a chael clywed ambell ebychiad gwrthsefydliadol a gwrth-Dorïaidd. Bu S I Enoch yn gefnogwr gwych i'm cynlluniau a'm hymgyrchoedd ac nid oedd ganddo ddim i'w ddweud wrth bobl unllygeidiog, gul. Pan soniais wrtho fy mod am ffurfio cangen o NALSO yn y Coleg Diwinyddol ac yn cadw cysylltiad â Sosialwyr ifainc yn y gwahanol golegau, roedd wrth ei fodd. 'Ar bob cyfrif, Ben,' oedd ei eiriau. A dyna a ddigwyddodd. Roedd 34 o fyfyrwyr yn y Coleg a llwyddwyd i gael eu hanner yn aelodau o'r gangen. Byddem yn cyfarfod yn gyson i wrando ar wŷr amlwg y Mudiad Llafur. Cofiaf yn arbennig ymweliadau Niclas y Glais, gweinidog a drodd yn ddeintydd, Cristion croyw oedd yn un o aelodau amlycaf y Blaid Gomiwnyddol yng Nghymru. Roedd gan Niclas ddawn ac egni, a llwyddai i'n cyfareddu â'i huodledd. Bu Sidney Herbert yn ein plith, a'r Athro David Williams, a deuai S I Enoch ei hun, gŵr miniog ei leferydd, i annerch yn ei dro.

Roedd gennym nifer o ymgyrchoedd. Un ohonyn nhw oedd sefyllfa'r bobl dduon yn Ne Affrig a pholisi apartheid a dioddefaint arweinwyr yr ANC megis Nelson Mandela. Trefnais Rali Fawr trwy strydoedd Aberystwyth ar 4 Mawrth 1960 ond siomedig oedd ymateb myfyrwyr y Brifysgol o ran nifer yn yr orymdaith hon. Lluniwyd baneri lu ac fe'u cynhyrchwyd gennym yn y Coleg Diwinyddol gyda sloganau fel y rhain: 'Cyfiawnder nid Gorthrwm', a 'Brodyr i'w gilydd fo dynion pob oes', llinell o emyn heddwch Eifion Wyn. Trefnais Gynhadledd Fawr y noson honno yn Neuadd y Dref, gyda Jake Okat, brodor o Uganda, Keith Lyle o Lundain, a'r Athro S I Enoch i'n hannerch, pob un o'r tri yn pledio arnom ni oll i fod yn gadarn dros y boicot. Bu'r ymgyrch hon yn destun siarad yn Undeb Myfyrwyr y Brifysgol am ddyddiau.

Bydden ni'n dosbarthu rhestr o'r bwydydd o Dde Affrig na ddylid eu prynu, yn bennaf ffrwythau tun, sigarennau, ffrwythau ffres a jam. Braf oedd gweld llythyr yn y wasg gan W J Edwards, Bow Street, myfyriwr yng Ngholeg y Bala yr adeg honno, yn ein canmol. Cyfeiriodd at y ffaith fod 700 o aelodau yng Nghapel Seilo heb gyfrif aelodau capeli Salem, Tabernacl a Bath Street, ac roedd yn llygad ei le:

> Y mae bechgyn y Coleg Diwinyddol a drefnodd y brotest yn erbyn agwedd anghristionogol Llywodraeth De Affrig i'w canmol. Er hynny, buasai'n well pe bae mwy o drigolion Aberystwyth wedi ymuno â nhw.

Un peth mawr oedd ar goll yn eu plith, sef y gydwybod Ymneilltuol oedd mor amlwg yng Nghymru yn nyddiau Gwilym Hiraethog, SR, Llanbrynmair a Hugh Pugh.

Roedd fy ngorwelion wedi ehangu yn ddirfawr ar ôl cyrraedd Aberystwyth, a phenderfynais na fyddwn yn treulio fy ngwyliau yn cynaeafu ar ffarm Abercarfan gan fod cyfleon eraill ar gael i ennill swm sylweddol o arian a fyddai'n rhoddi'r modd i mi fynd ar wyliau. Dewisais weithio ar y ffordd fawr i gwmni Glossops yn rhoddi wyneb newydd i'r hewl. Roedd hwn yn waith brwnt a chawn y dasg o sefyll y tu ôl i'r tancer ac agor y tap fel y byddai'r tar yn llifo ar wyneb y ffordd. Deuwn adref bob nos fel colier, yn ddu i gyd. Diolch fod baddon yn Nythfa erbyn hynny. Gweithiwn gyda chriw o ddynion y pentre, dau ohonynt yn gymdogion, ac un ohonynt, Rhys Tom Morgan, heb y syniad lleiaf am ddaearyddiaeth Cymru na'r byd. Gwyddai mai'r cwestiwn y byddai ei wraig yn ei ofyn iddo fyddai: 'Yn ble roeddech chi'n gweithio heddi?' Dyna fyddai ei gwestiwn ef yn y lorri wrth ddychwelyd adref. Un noson dyma Ifan, 4 Ivy Bush yn ateb – Califfornia. Cerddwn gyda Rhys am ein cartrefi a phan oeddwn wrth ddrws ein tŷ, clywais Mrs Morgan yn gofyn y cwestiwn arferol a Rhys yn ateb 'Califfornia' yn lle Aberteifi. Os do fe – y peth nesaf a glywn: 'Ti a'th Califfornia, cer mas!' a chlywn lestr neu ddau yn ei ddilyn.

Gan fod Gwyn y Trapwr, fel y'i gelwid, yn byw yn fy ymyl, gofynnodd ef imi a fyddwn yr haf ar ôl hynny am weithio ar dir y Comisiwn Coedwigaeth oedd yn talu hyd yn oed yn well. Roedd ganddynt gynllun mawr i blannu coed uwchben y Diffwys ar y ffordd i Soar-y-Mynydd a bûm am ddau haf gyda hwy. Rhoddid tâl ychwanegol am blannu coed a gan fy mod yn heini ac yn gryf ac yn gallu symud fel milgi, bodlonais fod ymhlith y criw bach oedd yn barod i weithio yn egnïol am gyflog da. Gan nad oedd raid imi dalu treth incwm byddwn yn dod adref ar ddiwedd wythnos gydag amlen oedd wedi'i chwyddo ag arian sych. Golygai hyn wyliau bendigedig cyn mynd i'r Coleg. Dyna sut y mwynheais Paris a Versailles a chael fy hun mewn cornel anghyfforddus adeg y terfysg yn 1958. Oni bai fod y Metro gerllaw byddwn wedi cael fy nal. Gwaeddodd fy ffrind o Senegal arnaf i droi yn ôl am yr hostel ar y trên tanddaearol. Gwrandewais arno a dianc yn ddianaf.

Yr haf dilynol cyfandir Ewrop oedd y gwyliau yng nghwmni Wyre Thomas, Geraint Eckley a Gareth Price yng ngofal y gyrru. Ei gar ef wnaeth ein cludo o Geredigion i Wlad Belg, i lawr Dyffryn y Rhein, i Awstria, y Swistir, a'r Eidal mor bell â Milan. Cawsom wyliau bendigedig heb orfod aros noson mewn gwesty. Cysgai dau yn y car a dau arall ohonom mewn sachau cyfforddus o dan y car. Dyna oedd byw yn dda a chwmnïaeth wych a Gareth yn dreifio heb drafferth yn y byd, nes cyrraedd Zürich a gadael y car mewn stryd gefn heb sylwi yn ddigon manwl ymhle. Bu'n rhaid llogi tacsi a dweud wrtho am yrru rownd canol y ddinas. O gornel fy llygad ar ôl rhyw ddeng munud, sylwais fod yr hen gar yn disgwyl amdanom.

Y flwyddyn wedyn enillodd Meinwen Llewellyn wobr am draethawd, gwerth ugain punt, ac roedd arni angen cwmni i'w wario yn Iwgoslafia. Neidiais at y cynnig a chawsom daith hirfaith ar y trên o Ostend i Split a Dubrovnik a chyfarfod â myfyriwr o Gymro o Ddyffryn Nantlle oedd yn mynd i

Wlad Groeg fel darpar archeolegydd. Yn ein blwyddyn olaf fel myfyrwyr, Iwerddon oedd dewis Meinwen a minnau gan fynd y tro hwn ar y Lambretta o borthladd Gwdig i Rosslare. Syrthiodd y ddau ohonom mewn cariad gydag ansawdd bywyd gwerinol y Gwyddelod, a'r cyfeillgarwch a'r caredigrwydd a gawsom wrth deithio o amgylch y wlad. Dim ond ugain punt gostiodd y petrol, ac roedd Iwerddon yn caniatáu cael person ar y sedd ôl er nad oeddwn wedi pasio'r prawf. Nid aiff yn angof ein hamser yn Nulyn, Kerry, Corc na Waterford.

Yn ôl yn y Coleg roeddwn yn ymgyrchu ar fater llosg y bûm yn ymhél ag ef ar fy mhen fy hun am flynyddoedd. Bodlonodd y Gangen Sosialaidd yn y Coleg Diwinyddol fod yn gefn i mi yn yr ymgyrch dros ddileu dienyddio fel y gosb eithaf. Byddwn yn sgrifennu'n gyson i'r *Goleuad* ar y mater hwn gan ddadlau nad oedd gan y wladwriaeth hawl i gymryd einioes neb arall, a gwelwn yr holl fater fel dadl Gristnogol. Erbyn dechrau 1961 roeddwn yn mynnu tynnu sylw at yr ymgyrch. Anfonwyd llythyr agored yn enw'r Gangen i'r *Goleuad*, gan ddweud wrth yr eglwysi:

> Penderfynasom fel Cymdeithas – bron yn unfrydol – i gynnig ein gwasanaeth i drafod y mater. Nid er mwyn codi twrw yn y gwersyll y gwneir hyn, ond oherwydd ein bod ni am roi Cristnogaeth ar waith ym mysg ein byd.

Llofnodwyd y llythyr gan dri ohonom – fi fel Llywydd, a D Geraint Davies, Hirwaun a J Elwyn Jenkins, Pentwyn fel Ysgrifenyddion. Cafodd y pamffledyn 'Na Ladd: Ni Ddylid Crogi y Llofrudd' ei hysbysebu yn *Y Goleuad*.

Yr ymgyrch arall oedd yr ymgyrch dros heddwch. Roedd cangen o Gymdeithas y Cymod gennym, cymdeithas oedd yn ymladd dros heddwch a ddaeth i fodolaeth ar ddechrau'r Rhyfel Byd Cyntaf. John Tudno Williams, a ddaeth yn ddiweddarach yn Brifathro'r Coleg, oedd y myfyriwr a'm cyflwynodd i hanes a strwythur Cymdeithas y Cymod. Daeth ef atom o Rydychen a chefais y cyfle i rannu ystafell gydag ef. Soniodd John fel y bu Cymry Cymraeg yn amlwg yn y Gymdeithas o'r cychwyn cyntaf. Croesawyd Meirion Lloyd Davies aton ni, gweinidog ifanc yn Llanberis ond yn dal yn wirfoddol swydd Ysgrifennydd y Gymdeithas yng Ngholegau Cymru. Dywedodd yn y Coleg yn Ebrill 1960 ei bod hi'n ddyletswydd ar y 'Cristnogion i fod yn heddychwyr'. Credaf hynny o hyd. Ond busnes araf yw argyhoeddi hyd yn oed ein cyd-Gristnogion. Deil rhyfel a rhyfela hanner can mlynedd a mwy yn ddiweddarach yn hynod o gyffredin, a chawn ein cyflyru i gefnogi militariaeth. Yn wir, galwn y rhai sydd yn lladd eu cyd-ddynion yn arwyr. Dyna arwydd pendant fod mwyafrif helaeth o bobl yn ymylu ar wallgofrwydd llwyr.

Erbyn 1960 roeddwn yn cefnogi CND, yr Ymgyrch Diarfogi Niwclear, hyd eithaf fy ngallu. Roeddwn i a Rod Stallard yn sylfaenwyr Cangen CND Coleg y Brifysgol, Aberystwyth. Teithiwn ar hyd a lled y wlad i brotestio, ond yn wir, teimlwn fod angen mynd ymhellach na mudiad CND. Dyna pam yr ymunais â'r Pwyllgor Cant o dan arweiniad Bertrand Russell a fyddai'n trefnu protestiadau cyhoeddus. Roeddwn yn barod i wynebu carchar am hyn, ac eisteddais yn Sgwâr Trafalgar mewn protest a drefnwyd gan Bertrand Russell. Bodlonodd ef i ddod i annerch cyfarfod yn Aberystwyth. Trefnais ei gyfarfod yng Ngwesty'r Belle Vue cyn mynd ag ef i Neuadd y Brenin i annerch. Llanwyd y neuadd fawr i wrando ar yr athronydd byd-enwog yn condemnio llywodraethau'r byd am eu hynfydrwydd.

Braf oedd darllen penderfyniad Henaduriaeth Llŷn ac Eifionydd yn 'cymeradwyo gwrthwynebiad y Pwyllgor Cant i arfau niwclear ac yn mawrygu eu safiad cydwybodol dros egwyddor. Hefyd anghymeradwyaeth o ddulliau'r Llywodraeth wrth drin y gwrthwynebwyr'. Braf oedd gwybod bod gennym gefnogwyr yng nghadarnle'r iaith Gymraeg. Llwyddais i gael Michael Foot i ddod atom – un o areithwyr huawdl y Blaid Lafur – ac euthum i ac Emlyn Richards i groesawu Foot yng ngorsaf Aberystwyth.

Roeddwn yn amlwg wrth weithredu dros y Blaid Lafur yng Ngheredigion a chwaraeais ran flaenllaw yn Etholiad Cyffredinol 1959 dros yr ymgeisydd Mrs Loti Rees Hughes, ail wraig yr Henadur Douglas Hughes, Llanelli ac asiant Jim Griffiths oddi ar 1936. Rhoddais dair wythnos i'r ymgyrch a buom ym mhob pentref yn yr etholaeth yn siarad, weithiau yn hirach na'r disgwyl gan fod yr ymgeisydd heb gyrraedd. Meddai Loti ar ddawn lefaru hwyliog a chanddi ddigon o brofiad a hithau wedi bod yn Gynghorydd ar Gyngor Sir Gaerfyrddin am flynyddoedd lawer. Roedd gennyf feddwl mawr ohoni. Roedd rhai o'm cyd-Lafurwyr yn y sir a edmygwn yn flaenoriaid selog yn yr Hen Gorff, fel yr undebwr brwd a diwylliedig Richard Ll Jones, oedd yn flaenor yng Nghapel Carmel, Llanilar a Caledfryn Evans, blaenor yng Nghapel Nasareth, Tal-y-bont. Rhyfedd oedd gweld Nyrs Jarman, a fu'n lletya gyda ni yn Nythfa, yn mynychu cyfarfodydd y Blaid Lafur yn Neuadd Goffa Aberaeron. Ni wyddwn pan oedd hi'n aros ar ein haelwyd ei bod hi'n cefnogi plaid y werin bobl. Un arall na feddyliais amdano fel Sosialydd oedd y Dr I J Sanders o'r Adran Hanes, gan na fyddai'n dod i gyfarfodydd y Blaid Lafur yn y Coleg. Roedd gen i barch mawr i Lywydd Pwyllgor Gwaith yr Etholaeth, sef D J Davies, Panteryrod, Llwyncelyn. Gellid disgwyl ei weld ef yn rhengoedd Plaid Cymru am ei fod yn un o sylfaenwyr Undeb Amaethwyr Cymru, a daeth yn Is-lywydd y mudiad. Gellid hefyd ei ddychmygu yn rhengoedd y Blaid Ryddfrydol oedd yn llywodraethu yng Ngheredigion gan ei fod yn ffermio 500 erw ar arfordir y sir. Bu'n llywydd y Blaid Lafur yn Sir Aberteifi am 30 mlynedd a chefais innau dair blynedd fel Trysorydd yr Etholaeth gydag E J Bundock, Llanwnnen yn Ysgrifennydd. Roedd ef yn llawn brwdfrydedd, a bu bron iddo fynd i ebargofiant a minnau gydag ef ar un o'r troeon siarp sydd yn disgyn i bentref Lledrod.

Trwy fy nghysylltiad clòs â'r Blaid Lafur cefais gyfle i gyfarfod â rhai o'r Sosialwyr mwyaf atgas y gallaf feddwl amdanynt. Yn gyntaf, yn Aberystwyth, Leo Abse o Bont-y-pŵl oedd mor wrth-Gymreig, ac yn ail, yn Aberaeron, Desmond

Donnelly, Aelod Seneddol Sir Benfro a deryn du ein plaid. Pan welodd fi yn y sêt flaen a bathodyn CND ar fy lapél, credais y byddai'n cael ffit. Defnyddiodd ei anerchiad i fytheirio yn erbyn criw CND er mai fi'n unig a chwifiai'r faner honno y pnawn hwnnw, a bod y mwyafrif mawr o'r gynulleidfa yn bobl y Dde geidwadol. Ar strydoedd Aberystwyth byddwn yn cael sgwrs gyda rhai o'r Blaid Lafur fel y Cynghorydd Jack John a fu'n faer y dref, ac yng Nghapel Salem, Portland Street derbyniwn gyfarchiad cynnes Ben Davies, ysgrifennydd y capel a Sosialydd brwdfrydig hyd ddiwedd ei oes Roeddwn yn gryn ffrindiau gyda'r newyddiadurwr Howard C Jones a wnaeth waith da fel Ysgrifennydd y gangen leol. Pan awn i Lambed braf oedd taro ar draws yr Henadur Watkin Stanley Watkins, Genau'r Glyn, New Street, stryd y daeth fy ewythr Dafydd a'm modryb Mary Evans i ymddeol iddi ar ôl gorffen ffermio yn Llanfair Clydogau. Pobl oedd o ddifrif yn wleidyddol oedd y rhain. Roedd fy mywyd yn llawn o drefnu, cyfarfodydd, darlithiau, pregethu a hybu cyfiawnder cymdeithasol a heddwch byd-eang.

Teimlwn y dylem drefnu cyfarfod heddwch yn Nhregaron yn ymyl cofgolofn Henry Richard ar sgwâr y dref, a gwahoddais bedwar gŵr i annerch: y Parchedig Llywelyn Williams, AS Llafur Abertyleri; Tudor Watkins, AS Llafur Brycheiniog a Maesyfed; Dr Gareth Evans o Goleg Aberystwyth ac ymgeisydd Plaid Cymru yng Ngheredigion; a'r Parchedig D R Thomas.

Roeddwn ymysg y protestwyr yn yr awyr agored yng Nghastell Aberystwyth ar Sadwrn y Sulgwyn 1961. Cerddodd dros ddwy fil ohonom trwy'r dref yn cario baneri'r mudiad heddwch. Roeddwn yn falch o weld tri Aelod Seneddol Llafur yn yr orymdaith, a hefyd E D Jones o'r Llyfrgell Genedlaethol yn Llywydd. Darllenwyd llythyron yn ein cefnogi, a'r un a'n cyffyrddodd fwyaf oedd neges Maer tref Hiroshima yn Siapan. Cafwyd anerchiadau gwych gan yr Athro Glyn O Phillips; Mervyn Jones, Llundain, cofiannydd Michael Foot a Megan Lloyd George; Elaine Morgan, Aberpennar; Dick Beamish, Abercraf o Undeb y Glowyr; a Gwilym Bowyer, Prifathro Coleg Bala-Bangor. Gwilym Bowyer oedd y seren lachar y diwrnod hwnnw, a rhoddodd ddewis i ni yn ei berorasiwn, sef bywyd neu farwolaeth. Galwodd y siaradwyr ar i Brydain beidio â chynhyrchu arfau niwclear, ond syrthiodd y neges ar glustiau byddar. Cytunaf ag W Eifion Powell, cofiannydd Bowyer, a ddywedodd amdano yn 1968: 'Arweinydd o Gristion Cymraeg gyda'r gloywaf a welodd ein canrif ni'. Bu farw yn llawer rhy ifanc.

Gwisgwn fathodyn CND ar fy nghot ddydd a nos, gŵyl a gwaith, a phregethwn yn danbaid ar y Sul am strontiwm-90 a'i beryglon. Dim ond un a gerddodd allan o oedfa, a hynny yn Seion, Baker Street, y capel lle'r oedd E D Jones yn ddiacon a lle byddai Niclas y Glais yn aelod ac yn eistedd yn aml ar y galeri ar nos Sul. Rhyfedd o fyd.

Dau o'r Brifysgol fu'n cynnal fy mreichiau oedd Emyr Llywelyn ac Aled, Parc Nest. Cofiaf inni logi car gan un o'r myfyrwyr i'n cludo ni – Aled Jones, Emyr Llew, Meinwen a minnau – i Rali CND yng Nghaerdydd. Erbyn inni gyrraedd Rhaeadr Gwy roedd yr hen gar yn pwffian ac yn cadw sŵn byddarol. Gyrrodd Aled ymlaen fel pe na bai dim yn bod, ond erbyn inni ddod i Lys-wen roedd yr ecsôst yn crafu wyneb y ffordd. Llwyddwyd i roi cortyn am y bibell a chael siwrnai ddistawach dros Fannau Brycheiniog. Ond erbyn cyrraedd Merthyr roedd hi'n fedlam gyda'r bibell yn neidio lan a lawr a gwreichion yn tasgu ohoni. Doedd dim amdani ond dal i yrru er gwaethaf y crafu a'r gwreichion ac yna gadael y modur yn agos at Deml Heddwch, gan wybod na fyddai modd inni ddychwelyd ynddo fore Llun i Aberystwyth. Gan mai fi a wnaeth y fargen, gwyddwn y byddai'n anodd arna i wynebu perchennog y car. Cawsom ein cludo yn ôl gan ffrindiau o Aber oedd wedi cyrraedd yn fwy diogel na ni, a llwyddais i dawelu'r dyfroedd drwy bledio cyfiawnder yr achos. Erbyn 1960 roedd Cangen Sosialaidd y Coleg yn ddigon bywiog i gael dau ohonon ni i'w chynrychioli yng Nghynhadledd Sosialwyr Ifainc Prydain Fawr yn Sheffield.

Yr haf hwnnw cawsom ein syfrdanu a'n tristáu gan farwolaeth un o wleidyddion mwyaf carismatig y Mudiad Llafur ac un o sylfaenwyr y Wladwriaeth Les, Aneurin Bevan, Aelod Seneddol Glyn Ebwy er 1929. Roedden ni'n meddwl y byd ohono, ac mae ei weithred ryfeddol o greu Gwasanaeth Iechyd Gwladol yn wyrth. Rhoddodd Deddf Gwasanaeth Iechyd Gwladol 1946 wasanaeth meddygol a deintyddol yn rhad ac am ddim i bob aelod o'r cynllun Yswiriant Gwladol. Gwladolwyd yr ysbytai a chrëwyd byrddau rhanbarthol. Bu gweld a chlywed Aneurin ar lwyfan cyngerdd yr Eisteddfod Genedlaethol yng Nglyn Ebwy yn 1958 yn wledd i Meinwen a minnau yn ystod yr wythnos honno.

Teimlem ni, Sosialwyr ifanc y ddau goleg, y dylen ni ei anrhydeddu a'i gofio, a dyna sut y daeth y cylchgrawn *Aneurin* i fodolaeth. Y rheswm cyntaf, yn naturiol, oedd bod angen cylchgrawn i drafod problemau a materion Cymreig. Roedden ni'n sylweddoli bod ymhlith aelodau Plaid Cymru yn y Coleg rai oedd yn coleddu llawer iawn o'n delfrydau ni, a'n bod ni yn rhannu eu delfrydau hwy, sef datganoli, sefydlu'r Swyddfa Gymreig, cael Ysgrifennydd Gwladol i Gymru a chanddo sedd yn y Cabinet. Roeddwn yn dra chyfarwydd â Cynog Dafis, ac roedd yn llawenydd mawr i mi pan ddaeth Cynog yn Aelod Seneddol Plaid Cymru dros Geredigion. Roedd eraill fel Roderick Evans, Gareth Price, Meic Stephens a llawer un arall yn barod iawn i gynnal dialog ar faterion Cymreig o bwys.

Gan fy mod yn ohebydd i *Llais y Lli*, sef papur y myfyrwyr, roedd digon o gyfle i gynnal dialog, a thrafod datganoli a chynulliad er budd Cymru. Roedd hon yn dôn gron gennyf yn *Llais y Lli* a byddwn yn pwysleisio mai trwy'r Blaid Lafur ac nid Plaid Cymru y deuai Senedd i Gymru. Byddai Ieuan Gwent a Peris Jones-Evans yn cytuno â mi'n gyson ond anghytuno a wnâi Gareth Price yn ddieithriad.

Gweithiai'r ddwy gangen, sef y Brifysgol a'r Coleg Diwinyddol, i gynhyrchu cylchgrawn *Aneurin*. Bodlonodd Arfon R Jones a minnau i fod yn olygyddion a chawsom gymorth Norman Ellwood ac Emlyn Richards ar y bwrdd golygyddol, gydag Elfyn Richards, Rhosllannerchrugog ac Alun Howells, Gorseinon yn ddosbarthwyr. O'r chwech ohonom, roedd pedwar yn fyfyrwyr diwinyddol. Penderfynwyd cynhyrchu rhifyn cyntaf y cylchgrawn ym mis Mai 1961, ac roedd y penderfyniad yn bwysig gan y byddai cyfle i goffáu Aneurin Bevan.

Dyfynnwyd englyn o eiddo Tîm Ymryson y Beirdd Ceredigion i Aneurin Bevan yn y cylchgrawn:

> Gwyllt ei eiriau, gwallt arian, – grymus gawr
> Ymysg gwŷr San Steffan,
> Bro Ebwy mwy, dristaf man,
> Heb ofal ei Nye Bevan.

Trafodwyd Plaid Cymru o safbwynt Sosialaidd yn y rhifyn cyntaf hwnnw gydag erthygl wych gan John W Morgan, golygydd y *New Statesman*; astudiaeth gan Cynog Dafis; un arall gan Bill Norton, myfyriwr yn y Brifysgol; yna Arfon a Cledwyn Williams yn rhoi braslun o hanes Plaid Cymru; a minnau'n adolygu llyfryn David Llewellyn, *Nye: The Beloved Patrician* o stabal y *Western Mail*. Doeddwn i ddim yn hapus o gwbl gyda'r papur cenedlaethol, a theimlwn y dylai'r papur hwnnw fod wedi gofyn i James Griffiths lunio llyfryn. Trysoraf y llythyr a gefais gan weddw Nye Bevan, Jennie Lee:

> One of the most dreadful things that can happen to a distinguished man or woman is to have his life, his values, aspirations and activities falsified, when they are no longer with us to defend themselves. Enough lies have been told about Aneurin Bevan. The miracle is that in spite of the crude, false image that was persistently projected of him through many long cruel years, so much of the essential truth of his character managed to emerge. One day, Aneurin will speak for himself, from his own letters and other private papers.

Bu *Aneurin*, y cylchgrawn, yn bwysig, ac fe gawsom gymorth arbennig gan arweinwyr Llafur, fel S O Davies, Jim Griffiths, Cliff Prothero, Tom Jones, Shotton a Ron Mathias, Ysgrifennydd Undebau Llafur De Cymru. Gan fod Arfon wedi priodi ac yn byw mewn fflat yn 5 Marine Terrace ac felly'n reit agos i'r

Coleg Diwinyddol, caem ei gymorth ef i werthu'r cylchgrawn. Llenwai'r pram â'r cylchgrawn a bydden ni'n mynd ar ein taith yn hwylus. Bu'r Undebau Llafur yn garedig yn derbyn ugeiniau o gopïau, ac mewn etholaethau fel Meirionnydd cafwyd llawer o gefnogaeth.

Ymddangosodd nifer o rifynnau o'r cylchgrawn, a chafwyd astudiaeth drylwyr ar gyfraniad *Aneurin* gan yr hanesydd Andrew Edwards o Brifysgol Bangor mewn rhifyn o'r cyfnodolyn *Llafur* yn 2004, o dan y teitl, 'Aneurin: Reinventing Labour, The Voices of a New Generation'. Gwaith caled i mi oedd ei olygu, trefnu ei argraffu, a'i ddosbarthu, ond trwy'r cylchgrawn fe ddes i'n bennaf ffrindiau gydag arloeswyr y Mudiad Llafur, fel David Thomas, sefydlydd *Lleufer*, Niclas y Glais, a'r genhedlaeth iau fel Cledwyn Hughes, John Morris, a Gwyn Evans (Rhosllannerchrugog).

Gŵr arall a ddaeth yn gefn i'r cylchgrawn oedd Huw T Edwards, cymeriad annwyl a hael. Cafodd ei alw'n 'Brif Weinidog Answyddogol Cymru', a gwir oedd hynny. Onid Gwynfor Evans a ddywedodd amdano: 'Diolch am arweinydd Llafur gwir Gymreig'? Cofiaf i Huw T Edwards ddod i lawr yr holl ffordd o Sychdyn i'n hannerch fel myfyrwyr gyda'r bardd-bregethwr Rhydwen Williams yn gwmni iddo. Cawsom noson i'w thrysori yng nghwmni'r ddau. Ychydig o fanteision addysg a gafodd Huw T ond cyfoethogwyd ef yn y gymdeithas werinol ddosbarth gweithiol Gymreig fel llawer un arall o'n dynion dawnus. Cadwodd *Y Faner* yn fyw drwy fuddsoddi ei arian yn y cylchgrawn pwysig hwnnw. Lluniodd goffâd i Aneurin Bevan ar fy nghais i'r cylchgrawn *Aneurin* gan fod y ddau yn bennaf ffrindiau. Pwy all anghofio'i bennill, 'Yn Angladd fy Mam':

Pobol yr hen dyddynnod llwm,
Siân Gruffydd, Pen-cwm a Huwcyn,
Yn croesi'r gweunydd tua'r fan
I hebrwng i'r llan anwylyn.

Ond ni fu *Aneurin* heb ei feirniaid. Ysgrifennodd blaenor dienw o Gwm Rhondda, o bob man, lythyr i'r *Goleuad*, 15 Chwefror 1961, o dan y pennawd 'Ein Myfyrwyr':

> Daeth i'r golwg yn ddiweddar o'r un cyfeiriad fod yna nifer o'n hefrydwyr wedi ffurfio yn gymdeithas i efrydu Sosialaeth. Ni wyddem o'r blaen bod ein Coleg Diwinyddol yn caniatáu unrhyw fath o 'Bolitics' o'i mewn. Ai peth newydd yn hanes ein Coleg yw hyn?

Galwodd y Prifathro fi i'w fflat wedi i'r llythyr ymddangos, ond bu'n ddigon call i beidio ag ymateb iddo. Yn Senedd y Coleg penderfynwyd peidio â gweithredu. Roedd yna gangen o Gymdeithas y Ffabiaid ymhlith myfyrwyr Coleg Diwinyddol y Bala yn 1912, ac felly nid oedd ein hymdrechion ni yn Aberystwyth mor chwyldroadol ag yr awgrymai'r blaenor o Gwm Rhondda!

Trosglwyddais ofal *Aneurin* i ddwylo eraill, ond dim ond un rhifyn a welodd olau dydd yn dilyn fy ngolygyddiaeth. Nid diffyg ar ran y golygyddion newydd oedd hyn; roedd yr amserau yn newid a chredaf fod fy ymateb i gwestiynau Andrew Edwards yn agos i'w le: '*Aneurin* floundered in no small part as a result of Cymdeithas yr Iaith's creation, and the rural attraction of a new cultural/linguistic appeal in Aberystwyth in the early 1960s.' Soniodd Andrew Edwards am resymau eraill wrth gloi ei ddadansoddiad manwl:

> As a result, the 1960s were a disappointment to some of Labour's younger members, so far as cultural aims were concerned, as the Wilson Governments were a disappointment to many Welsh Labour radicals because of 'pragmatic' or 'unprincipled' domestic and foreign policies. Labour's failure to address many of the problems raised by *Aneurin* led the party into stormy waters in subsequent decades.

Mae'n rhaid sôn am ymgyrch arall y bu nifer dda ohonon ni'n rhan ohoni yn 1961, sef y Refferendwm ynghylch agor tafarnau ar y Sul. Er 1881 pan basiwyd y Ddeddf Cau Tafarnau ar y Sul yng Nghymru, un o fesurau pwysig llywodraeth Gladstone, bu Cymru'n wahanol iawn i Loegr, gan fod y tafarnau wedi parhau ar gau ar y Sul. Roedd un o'r athrawon, y Parchedig R Buick Knox, cynnyrch Presbyteriaeth Gogledd Iwerddon, yn frwdfrydig o blaid cadw'r sefyllfa fel yr oedd hi, a gweinidogion yr enwad yng Ngheredigion yr un mor frwd. Teithiem ar hyd gogledd y sir yn gosod posteri ar bolion lamp a lle bynnag arall y gallem, yn galw ar yr etholwyr i barchu hunaniaeth y Cymry. Cafodd pob un ohonon ni brentisiaeth dda mewn ymgyrch galed, a gweld a chlywed arweinwyr y Blaid Lafur, Plaid Cymru a'r Blaid Ryddfrydol yn annerch cyfarfodydd o blaid cau'r tafarndai. Daeth James Griffiths a George Thomas i annerch, a chlywem am weithgarwch Goronwy Roberts a Cledwyn Hughes, T W Jones, Megan Lloyd George a Roderic Bowen yn arbennig.

Amhosibl anghofio cyfarfod tanllyd yn Neuadd y Sir yn Aberystwyth o blaid agor y tafarndai gyda dau o Aelodau Seneddol Llafur Cwm Rhondda, Iorrie Thomas ac Elfed Davies, yn ceisio perswadio'r Cardi i fwynhau Sul 'gwlyb' yn hytrach nag un 'sych'. Aeth o leiaf 30 ohonon ni i'r cyfarfod yng nghwmni Dr R Buick Knox, ac yn ystod eu hanerchiadau bûm yn anghymeradwyo eu dadleuon. Torrodd eraill ar draws sylwadau angharedig Iorrie Thomas ar Ymneilltuaeth a lloriwyd y ddau pan ddaeth hi'n gyfle i ofyn cwestiynau. Bu'r cyfarfod hwnnw'n un tymhestlog; corddwyd y dyfroedd a bu myfyrwyr y Coleg yn dathlu buddugoliaeth fawr ar 9 Tachwedd. Cadwodd y siroedd Ymneilltuol Cymraeg eu hiaith y 'Sul Cymreig', sef siroedd Môn, Caernarfon, Meirionnydd, Caerfyrddin, Ceredigion, Dinbych, Trefaldwyn a Phenfro. Gellid teithio'r holl ffordd o Gaergybi i gyrion Pontarddulais heb weld un dafarn ar agor, ond y gwir oedd mai buddugoliaeth dros dro ydoedd.

Cefais brofiad gwerthfawr fel areithiwr yn y colegau, mewn pulpudau i bob enwad ac ar lwyfannau godre Sir Aberteifi yn yr Etholiad Cyffredinol yn 1959. Yna daeth cyfle inni frwydro am wobr areithio 'Brysgyll y Cymro'. Ymunodd y Coleg Diwinyddol yng nghystadleuaeth areithio Brysgyll y Cymro o'r cychwyn cyntaf. Cynwil Williams a fi oedd aelodau'r tîm y flwyddyn gyntaf a chawsom lwyddiant anhygoel a chyhoeddusrwydd a chefnogaeth. Cipiwyd Brysgyll y Cymro. Gofynnodd Cynwil i Emlyn Richards gymryd ei le yn yr ail flwyddyn. A dyna sut y bu imi gael partner newydd a chawsom hwyl enfawr ar y cyflwyno unwaith eto ac ennill. Daeth Brysgyll y Cymro i'r Coleg Diwinyddol am yr eildro.

Daeth tri o staff *Y Cymro*, Dyfed Evans, Geoff Mathews a Geoff Charles i'm gweld yn Aberystwyth i'm perswadio i ystyried derbyn swydd Golygydd *Y Cymro*. Roeddwn i'n dyheu ar un llaw i dderbyn y sialens, ond ar y llaw arall, yn teimlo bod yr hyfforddiant a'r cwrs diwinyddol wedi rhoi i mi gefndir da i weinidogaethu. Yn y diwedd, glynais wrth yr alwad a ddaeth i mi yn fyfyriwr ifanc. Gallaf amenio geiriau'r efengylydd a'r awdur T Austin-Sparks:

> Cawsoch chi a minnau ein galw i rywbeth, gafaelodd Duw ynom a'n gosod yn rhywle a theimlwn fod Duw wedi gwneud camgymeriad: nid fi yw'r person ar gyfer hyn, ni ddylwn fod yma; does gennyf ddim o'r cymwysterau angenrheidiol. Eto, rywfodd neu'i gilydd, mae Duw yn gwneud hynny ac mae'n eich galluogi. Mae'n cyflawni ei waith, er syndod a rhyfeddod i chi wrth i chi ymddiried yn yr Ysbryd Glân. Trwy'r Ysbryd, cyflawnodd Duw'r gwaith ynoch chi.

Daeth hi'n adeg arholiadau terfynol y BD. Pan ddaeth y canlyniadau roeddwn uwchben fy nigon, wedi ennill gradd BD gydag anrhydedd. Cefais lwyddiant ar hyd y tair blynedd y bûm yn y Coleg trwy dderbyn y brif ysgoloriaeth deirgwaith yn olynol, sef Ysgoloriaeth Pierce. Roeddwn yn awr yn awyddus i wneud rhagor o efrydu diwinyddol a dyma feddwl am ddau le penodol, sef y Coleg Newydd (New College) ym Mhrifysgol Caeredin neu Goleg Westminster yng Nghaergrawnt.

Daeth gwahoddiad i mi fynychu cyfweliad ym Mhrifysgol Caeredin. Erbyn hyn roedd gennyf gar gan fod Mam wedi prynu Ford Anglia i mi, ond ni allwn yrru'r holl ffordd i'r Alban. Bodlonodd Evan Williams, Llwyncelyn, gyrrwr lorïau llaeth yn ffatri Pont Llanio, ddod gen i i rannu'r gyrru. Roeddem am wneud y daith heb letya noson, gan ddechrau gyda'r wawr er mwyn cyrraedd Caeredin erbyn tri o'r gloch y pnawn hwnnw. Llwyddodd y ddau ohonom yn rhyfeddol. Cawsom fwyd yn ymyl y Coleg Newydd a gan ei bod hi'n ddiwrnod braf a'r haul yn tywynnu, penderfynwyd cael rhyw awr o orffwys ar lawnt gerllaw cyn y cyfweliad. Aeth y cyfweliad yn ddi-fai a dangosais yn glir y byddwn wrth fy modd yn dilyn gwaith ymchwil yng nghadarnle Eglwys Esgobol yr Alban. Roedd Caeredin ei hun yn dref ddelfrydol i fyfyriwr. Yna tua phump o'r gloch penderfynwyd gyrru yn ôl o brifddinas yr Alban am Landdewi yn y car dau fis oed. Ond erbyn i ni gyrraedd Warrington roedd hi'n niwl trwchus. Roeddwn bellach wedi blino'n llwyr ac yn Llanidloes dyma ni'n newid gyrrwr ac Evan Llwyncelyn wrth y llyw. Erbyn dod i Langurig roedd y niwl wedi dod 'nôl yn drwchus. Ac felly y bu hi dros Bumlumon ac i Bontarfynach, ac am Ysbyty Cynfyn. Ar y ffordd honno y digwyddodd y ddamwain. Ni allaf hyd y dydd hwn egluro pam.

Yn ôl Evan roedd nifer o ddefaid yn gorwedd ar ganol y ffordd a cheisiodd fynd heibio iddyn nhw, ond yn anffodus aeth y car i fyny'r clawdd a chyn i'r Anglia droi wyneb i waered syrthiodd neu neidiodd Evan allan o'i sêt gan fy ngadael i y tu fewn. Cofiaf hyd fy medd y dychryn a ddaeth drosof. Roedd y car a'i olwynion yn yr awyr a minnau wyneb i waered yn clywed y petrol yn llifo allan ohono. Roedd hi'n banig gwyllt gan fy mod yn ofni y byddai'r car yn mynd ar dân a finnau y tu fewn iddo yn methu dianc. Wn i ddim hyd heddiw sut y llwyddais i ddod allan o le mor gyfyng a gwthio fy hun drwy ffenestr oedd wedi torri'n deilchion. Roedd Evan fel pe bai'n methu gwneud dim, wedi'i sodro i'r ddaear.

Mae'n anodd credu'r peth nesaf a ddigwyddodd. Cydiais yn ochr y car a'i wthio yn ôl ar ei olwynion fel bod y petrol yn cael ei arbed. Roedd y ffenestri wedi'u malu a chorff y car yn dolciau i gyd. Gwthiais Evan i mewn i'r sedd flaen a chymerais y dasg o'i yrru gan fy mod yn gwybod bod lle gwerthu petrol ym Mhont-rhyd-y-groes yn ymyl y bont. Ond erbyn cyrraedd Pont-rhyd-y-groes a chnocio a chnocio ar ddrws y tŷ oedd yn perthyn i'r garej, ni ddaeth neb i ateb. Doedd dim amdani ond gyrru 'mlaen drwy Ysbyty Ystwyth, Ffair-rhos, Pontrhydfendigaid a Thregaron, a chyrraedd Nythfa am bump o'r gloch y bore yn gwbl siomedig fod y ddamwain wedi digwydd, ac am gadw'r newydd rhag trigolion Llanddewi. Agorais ddrws ein garej i'w guddio am o leiaf ddiwrnod.

Pan welodd fy rhieni y galanastra roedden nhw'n ddigon parod i ddiolch am y waredigaeth. Gwnaeth y ddamwain i mi sylweddoli nad oedd hi'n fêl i gyd dal ati i fod yn fyfyriwr a'n bod ni'n dau wedi cael dihangfa ryfeddol. Er hynny, roeddwn am fentro i ystyried Prifysgol Caergrawnt a'r coleg a elwid yn Westminster College. Llenwais ffurflenni Ymddiriedolaeth Pantyfedwen yn Aberystwyth am grant i ddilyn cwrs diwinyddol ym Mhrifysgol Caergrawnt. Hir fu'r disgwyl ond ddaeth dim gair yr haf hwnnw.

Ddiwedd mis Medi roeddwn wedi teithio i fwrw'r Sul yn Abercwmboi, a chawsom syndod o'r mwyaf pan ddaeth y ddau ohonon ni'n ôl o Aberdâr y noson honno i glywed fod un o flaenoriaid Capel Tabernacl, Abercynon wedi galw ym Mans Bethesda i'm gwahodd i ddod i gymryd oedfa. Sut oedd e'n gwybod am fy symudiadau? Mewn rhyw ddirgel ffyrdd roedd y wraig ddawnus, Miss Mary Roberts, oedd yng ngofal Swyddfa Ganolog y Presbyteriaid yng Nghaerdydd, wedi clywed fy mod yn mynd i dreulio penwythnos yng Nghwm Cynon ac wedi cysylltu ag Ysgrifennydd y Cyhoeddiadau yn Abercynon.

Fe es i Abercynon y bore Sul hwnnw a darganfod eu bod yn chwilio am weinidog. Yn oedfa'r nos daeth aelodau o'r Pwyllgor Bugeiliol ac o Gapel Hermon, Penrhiw-ceibr yn yr ofalaeth i glywed y gŵr ifanc. Ar ddiwedd yr oedfa gofynnwyd i mi aros am ryw ddeng munud, a daeth y blaenor craff, Arthur Jones yn ôl i'm hysbysu eu bod yn rhoi galwad imi fod yn weinidog. Rhoddais ystyriaeth ddwys i'r gwahoddiad. Sylweddolwn fod Abercynon yn agos i Abercwmboi a bod Meinwen wedi cael swydd fel athrawes Gymraeg yn Ysgol Rhydywaun ger Aberdâr, ac y medren ni ddechrau ein bywyd priodasol yn weddol fuan. Dyna symbyliad pwysig i dderbyn yr alwad. Pan gyrhaeddais Abercwmboi cafodd Meinwen a'i mam sioc eu bywyd. Felly hefyd fy rhieni drannoeth yn Nythfa, Llanddewibrefi.

Ar ddiwrnod yr ordeinio, daeth amlen drwy ddrws Nythfa gan Ymddiriedolaeth Pantyfedwen, yn cynnig grant hael i mi i astudio yng Ngholeg Westminster, Prifysgol Caergrawnt. Yn anffodus, doedd dim amdani ond gwrthod. Daeth y cynnig yn rhy hwyr. Roedd y dewis i'r Calfinydd ifanc wedi'i wneud.

PENNOD 6

Gwthio i'r dwfn

FIS TACHWEDD 1962 dechreuais ar fy ngwaith fel gweinidog yr Efengyl a hynny mewn dwy dref fechan ar waelod Cwm Aberdâr, sef Abercynon a Phenrhiw-ceibr. Doedd y cwm ddim yn ddieithr o gwbl imi ers Steddfod Aberdâr yn 1956, gan imi gadw cysylltiad dros y chwe blynedd gan yrru ar y Lambretta ac yna'r Ford Anglia o Geredigion i Abercwmboi. Roeddwn wedi dod i adnabod llawer un, yn arbennig rhai o ffrindiau Meinwen yn y cwm, a oedd wedi bod yn gefn i Meinwen yn ei phrofedigaeth fawr wrth iddi golli ei thad, Arthur George Llewellyn, ar 5 Chwefror 1960, ac yntau'n ddim ond 56 mlwydd oed. Bu fy nghyfeillion yn y Coleg Diwinyddol yn garedig iawn wrthi yn ystod salwch ei thad, rhai megis Malcolm Shapland a D Wynford Thomas. Byddai Malcolm yn mynd adref bron bob penwythnos i'w gartref ym Margoed a châi Meinwen ei chludo yn ei gar i Ferthyr pan oedd ei thad yn ddifrifol wael yn yr ysbyty. Un arall a fu'n gymorth hawdd ei gael mewn cyfyngder oedd Gareth Price a ddaeth yn bennaeth y BBC yng Nghymru. Ni fu ei anwylach. Diolch am gyfeillion yn nydd yr argyfwng.

Roeddwn i'n hoff iawn o Arthur Llewellyn, mab i löwr ym Mhentre, Rhondda, a adawodd yr ysgol i weithio fel crydd yn siop y Mudiad Cydweithredol. Er mai yn ei gapel ef, Bethesda, Abercwmboi y sefydlwyd y gangen gyntaf o'r Blaid Genedlaethol yn ne Cymru, Llafurwr oedd ef o reidrwydd oherwydd ei gefndir a'i amgylchiadau, gan mai bychan iawn oedd ei gyflog hyd ddiwedd ei oes. Sut y medrai unrhyw weinidog fod yn ddim byd ond Sosialydd oedd yn ddirgelwch i mi yr adeg honno. Gwelaf bethau'n wahanol erbyn hyn. Meddyliwn yn aml sut y medrai ef a'i briod, Sarah Ann, lwyddo i gael dau ben llinyn ynghyd.

Dywedodd ddau beth wrth Meinwen cyn ymadael â'r byd hwn. Yn gyntaf, nad oedd ef yn poeni amdani hi gan y gwyddai y derbyniai ofal ar hyd ei hoes, ac yn ail, credai y byddai Bethesda, Abercwmboi, yn goroesi'r rhan fwyaf o gapeli Cymraeg Cwm Cynon. Mae'r ddau beth y soniodd amdanynt yn agos ati. Cafodd barch ac edmygedd tyrfa fawr ar ddydd ei angladd ym Methesda ar 9 Chwefror 1960, ac yna yn Amlosgfa Glyn-taf. Bu ef yn Abercwmboi o 1934 i 1960, a theimlwn yn 1962 fy mod yn parhau gyda'i dystiolaeth ef yng Nghwm Cynon.

Fy nhasg gyntaf oedd dod i adnabod teuluoedd, cynnal y gweiniaid, addysgu'r ifanc, cynnal y gymdeithas Gristnogol a chreu partneriaeth gydag enwadau eraill. Roeddwn yn eciwmenydd, nid o argyhoeddiad yn unig, ond wrth reddf.

Yn 1962 roedd yn Abercynon bedwar capel Cymraeg, pedwar capel Saesneg, eglwys Anglicanaidd, eglwys Gatholig a gweinidog ar bob un o'r capeli a'r eglwysi. Gweinidogaethai'r Parchedig George Breeze, llenor Cymraeg, ar yr eglwys Fethodistaidd Gymraeg, y Parchedig Peter Lewis, gŵr cydnerth, a gadwai lygad ar gapel yr Annibynwyr Cymraeg, Bethania, minnau yn y Tabernacl, a John (Jac) James, a'i hoffter mawr o argraffu ar ei beiriant bach yn ei gartref yng Nglancynon, oedd yn cyhoeddi'r newyddion da yng Nghapel Calfaria y Bedyddwyr. Roedd pob un ohonon ni â mwy nag un ddiadell i ofalu amdani a chawsom gwmnïaeth dda ymhlith ein gilydd.

Tref lofaol oedd Abercynon, ac roedd bron pob teulu yn y Tabernacl yn gysylltiedig â'r diwydiant glo mewn rhyw ffordd neu'i gilydd. Roedd y Mans, Teify House, mewn man ardderchog i weld y pwll glo a'r ffordd fawr oedd yn arwain o Gilfynydd i Fynwent y Crynwyr. Rhennid Abercynon yn dair cymdogaeth: Carnetown, lleoliad y Mans; canol y dref lle safai Tabernacl rhwng neuadd anferth y Glowyr a chapel bach Symudiad Ymosodol ein henwad; ac yna Glancynon. Er bod y ddau gapel o'r un Cyfundeb nid oedd unrhyw berthynas rhyngom; yn wir, roedd mwy o gysylltiad gyda'r capeli Saesneg lle ceid gweinidogion. Yng Nghapel Moreia y Bedyddwyr Saesneg, ceid y Cymro Cymraeg, Aneurin Thomas, ac yng nghapel yr Annibynwyr Saesneg weinidog ifanc fel finnau, Colin Bessant. Daethom yn bennaf ffrindiau. Ar draws afon Taf roedd treflan Glancynon. Yno roedd ysgoldy oedd yn perthyn i'r Tabernacl lle cynhelid ysgol Sul i blant y gymuned ac oedolion y capel.

Bu'r ysgoldy hwn o ddefnydd mawr gan i mi'n fuan ar ôl cyrraedd yno ddechrau clwb ieuenctid agored dwyieithog i'r holl gymdogaeth. O fewn tair wythnos, tyfodd y clwb o 20 aelod i 80 o fechgyn a merched, y mwyafrif ohonyn nhw heb gysylltiad o gwbl â chapel na chrefydd o fath yn y byd. Yn ystod yr awr gyntaf bydden nhw'n ymlacio, chwarae, gwrando ar recordiau, sgwrsio a chyfeillachu, ac yn yr ail awr, byddai trafodaeth. Weithiau gwahoddwn rywun lleol i annerch a chael trafodaeth ar ei neges. Cafwyd aml i noson gynhyrfus wrth drafod pynciau'r dydd yng ngoleuni Cristnogaeth, a phawb yn lleisio eu problemau yn gwbl agored.

Tref fechan lofaol hefyd oedd Penrhiw-ceibr ac roedd pobl Hermon gan mwyaf yn dibynnu ar y diwydiant glo. Roedd Hermon yn un o dri chapel Cymraeg Penrhiw-ceibr. Y capeli eraill oedd Jeriwsalem, capel y Bedyddwyr lle gweinidogaethai'r annwyl Dudley Morgan, ac yna Gapel Carmel sy'n dal i berthyn i Gyfundeb Gogledd Morgannwg a Mynwy. Un o brif ddynion Carmel y dyddiau hynny oedd Ieuan Wyn Jones, athro ysgol a drodd at yr Eglwys Gatholig a dod yn offeiriad gweithgar iawn ymhlith Pabyddion Caerdydd a'r cyffiniau.

Gan fy mod yn hoff o gwmnïaeth a gofal, penderfynais aros dros nos ym Mans Abercwmboi gan y byddwn yn medru rhoi help llaw bob bore i Meinwen i gyrraedd Ysgol Rhydywaun. Ar ôl gwneud hynny canolbwyntiwn ar fugeilio. Cerddwn y strydoedd: Carnetown ar fore Llun, Penrhiw-ceibr bnawn Llun, Glancynon fore Mawrth ac Ynys-boeth yn y pnawn. Canlyniad hyn oedd chwyddo'n cynulleidfaoedd yn y ddau gapel a hynny am y gwyddai'r aelodau fyddai'n absennol y byddai'r gweinidog yn galw'n bwrpasol i'w gweld yr wythnos wedyn. Yr unig ffordd i'w gadw fe draw oedd mynd i'r cwrdd!

Roedd gennym ddigon o gyfarfodydd wythnosol: Cyfarfod Gweddi a Seiat, Dosbarth Beiblaidd a Chylch yr Ifanc, Clwb yr Ifanc a'r Gymdeithas Lenyddol. Y gŵr mwyaf hirben a galluog yn y Tabernacl oedd Arthur Jones, hen golier yn wreiddiol o Lanllechid, ger Bethesda. Bu e'n gefn mawr i mi, a byddai'r ddau ohonon ni'n mynychu Cyfarfod Dosbarth Aberdâr a Henaduriaeth Dwyrain Morgannwg gyda'n gilydd. Teulu arall y des i'w hadnabod yn dda oedd teulu'r Rhingyll Evan Edwards yng Nglancynon. Un o Bontrhydfendigaid oedd e, ac ar ôl gadael yr heddlu roedd wedi derbyn swydd yn cadw golwg ar bwll glo Abercynon. Deuai ei briod o Lanbedr Pont Steffan. Tyfodd cyfeillgarwch mawr rhyngon ni o'r diwrnod cyntaf y galwais i'w gweld yn Greenfield Terrace, Glancynon. Yn byw gyda nhw roedd y ferch, Jean, a'i phriod Emrys Edwards, Trysorydd y Tabernacl, ac un o'r anwylaf o blant dynion. Ar ôl i Meinwen ddod i fyw i Abercynon, cychwynnodd hi Gylch y Merched, a daeth y gwragedd hyn yn ffrindiau da iddi. Tyfodd cyfeillgarwch mawr rhwng Jean a Meinwen hefyd. Yng Nglancynon hefyd y trigai rhieni Llinos, priod Gwilym Prys Davies. Dyma ddechrau cyfeillgarwch oes gyda Llinos a Gwilym.

Yn Carnetown y trigai Jennie a Bob Roberts, hen löwr oedd â'i wreiddiau yn Nyffryn Nantlle. Roedd Bob Roberts yn flaenor fel ei frawd-yng-nghyfraith, Dan Humphreys. Roedd cysylltiadau gan deulu'r Humphreys â Charno a chanolbarth Cymru ac roedd llawer o bobl Maldwyn yn byw yng Nghilfynydd ac Aber-fan. Organydd y capel am bron i drigain mlynedd oedd W T Humphreys, un a chanddo chwaer fusneslyd ond diniwed. Byddai hi'n sefyll yn aml ar ben y stryd am oriau i weld pwy fyddai'n galw i'n gweld yn y Mans!

Roedd W T Humphreys wedi cysegru ei fywyd i organ y Tabernacl. Cymerai bythefnos o wyliau bob haf ddechrau Awst a byddai ef a'i chwaer yn mynd i Aberystwyth. Bydden nhw'n teithio yno ar fore Llun yr wythnos gyntaf ac yn dychwelyd ar bnawn Sadwrn ar gyfer oedfaon y Sul, cyn parhau â'u gwyliau, ond gan ofalu dychwelyd y Sadwrn canlynol! Soniodd ar ôl rhyw chwe mis ei fod am gael ei ryddhau a mynnai ein bod yn dewis olynydd iddo. Cofiaf fy mod wedi dweud wrtho, 'Mr Humphreys, mae'r oes wedi newid. Chawn ni neb yn olynydd i chi. Mae gen i dri pherson a all gymryd y swydd am yn ail.' Er nad oedd yn fodlon, dyna fel y bu hi. Cefais dri organydd, Mrs Nansi Maddocks, Bethan James a Haydn Carrington, gŵr ifanc o wehelyth yr enwog Carrington, Coed-poeth. Haydn oedd i chwarae ar fore Sul cyntaf y drefn newydd, a thrwy ryw amryfusedd – cysgu'n hwyr neu rywbeth tebyg – ni ddaeth i'r gwasanaeth. Eisteddai WT yn sidêt ynghanol y llawr fel pe bai'n dweud wrthyf, 'Dywedais i ddigon!' Bu'n rhaid imi fynd i lawr ato o'r sêt fawr a gofyn iddo gynorthwyo unwaith yn rhagor, a chwarae teg iddo, bodlonodd. Yn wir, bodlonodd i ailddechrau fel aelod o'r drefn newydd.

Ym Mhenrhiw-ceibr y prif ddyn oedd Ysgrifennydd y capel, W M Rees, prifathro wedi ymddeol. Roedd ganddo ffordd bell i gerdded i'r capel, a byddwn yn gofalu mynd ag ef adref ar ôl cyfarfod eglwysig yn Hermon i'w arbed gymaint ag y medrwn. Blaenor arall oedd Mrs Prudence Parry. Roedd ei gŵr yn gaeth i'r stafell, hen löwr a gollodd ei iechyd a hynny'n bennaf am iddo gael ei ddal am ddeuddeg awr mewn lifft yn y lofa. Cofiaf ofyn sut y llwyddodd i gynnal ei ysbryd yn ystod yr argyfwng. Ei ateb: 'Llefaru emynau.' Roedd y Llyfr Emynau ar flaen ei fysedd.

Gŵr diddorol oedd y blaenor arall, Cynon Evans a weithiai mewn siop yn Abercwmboi. Aeth ef a'i briod i fyw o Benrhiw-ceibr i dref Rhuthun er mwyn bod yn agos at y mab, David, a galwyd arnaf i roddi'r deyrnged yn ei angladd. Mrs Tipping oedd yn cwblhau tîm y sêt fawr, a hi fyddai bron bob amser wrth yr organ hardd yn Hermon.

Roeddwn mor awyddus i blesio aelodau'r ddwy eglwys fel nad oedd dim byd yn ormod i mi ei gyflawni. Fi fyddai'r tacsi ran amlaf i aelodau Hermon yn fwy na'r Tabernacl pan fyddai ar rywun angen mynd i weld arbenigwr yn Ysbyty Church Village, a manteisiwn ar y cyfle i weld rhai cleifion roeddwn yn eu hadnabod yno. Doedd hi ddim yn hwylus o gwbl i fynd o Benrhiw-ceibr i'r ysbyty ar y bws. Yn fuan iawn roedd trefnwyr angladdau Abercynon a Phenrhiw-ceibr ar fy ôl.

Bu 1963 yn flwyddyn bwysig yn ein hanes. Cynhaliwyd y Cyfarfod Sefydlu yn Abercynon ym mis Ionawr, adeg y tywydd mawr, ac er gwaethaf y cyfan, llwyddodd llond bws o gefnogwyr o Landdewibrefi i gyrraedd a hynny dros Fannau Brycheiniog i ddymuno'n dda. Rhoddais glod mawr i'r chwiorydd o dan arweiniad Mrs Francis Jones, blaenor yn y Tabernacl, am eu croeso i'r dyrfa luosog ac am eu bwydo, a hefyd i'r wyth cyd-fyfyriwr diwinyddol a ddaeth i'm cefnogi. Gwerthfawrogwn eu presenoldeb yn y Cyfarfod Sefydlu, gan wybod y byddai rhai o'r bechgyn hyn yn protestio ychydig ddyddiau'n ddiweddarach yn yr un eira yn swyddfa'r post a swyddfeydd Cyngor y Dref yn Aberystwyth ac yn atal traffig Pont Trefechan – y camau cyntaf cyn creu Cymdeithas yr Iaith Gymraeg.

Ar 10 Chwefror bu un arall o'm ffrindiau coleg, Emyr Llywelyn, gyda dau arall yn niweidio offer trydan drwy ffrwydro bom ar safle adeilad argae Tryweryn. Carcharwyd ef, ond gwrthododd enwi ei ddau gydymaith a lluniodd Gwenallt gerdd odidog iddo am ei weithred. Pan ddaeth allan o'r carchar, braf oedd ei glywed yn datgan ei fod wedi cefnu am byth ar ddulliau treisgar. Gweithredu di-drais yw traddodiad gorau'r Cymry.

Yr ail ddigwyddiad mawr oedd ein priodas ddydd Mercher, 31 Gorffennaf, a hynny yng nghapel y Bedyddwyr, Calfaria, Aberdâr. Gan fod Meinwen wedi colli'i thad, ni allai feddwl am briodi ym Methesda heb ei bresenoldeb ef yno. Felly roedd yn rhaid meddwl am gapel arall, a phenderfynwyd ar Galfaria. Ond ni fu trefniadau'r briodas heb eu problemau. Roedden ni am i Mrs Bronwen Rees, mam yr actores Gaynor Morgan Rees, fod yn organyddes. Aethon ni i weld organydd Capel Calfaria, David de Lloyd, a chawsom ein siomi. Doedd e ddim yn fodlon rhoi caniatâd i neb chwarae'r organ. Byddai'n rhaid defnyddio'r harmoniwm bach ac eisteddodd yn y galeri i ofalu na fydden ni'n defnyddio'r organ.

Y noson cyn y briodas aethom i Plasdraw lle'r oedd y wledd briodas i sicrhau bod popeth yn iawn, ond cawsom ein siomi yno hefyd. Doedden nhw ddim wedi dechrau paratoi a buon ni wrthi am rai oriau yn rhoi trefn ar y stafell fawr. Yna bu'n rhaid imi deithio i Landdewi y noson honno a chyrhaeddais Nythfa rywdro ar ôl deg o'r gloch. Fore trannoeth roedd dau gar yn gadael Llanddewi yn blygeiniol, ond roedd y pentref yn ferw ac roedd o leiaf tair rhaff ar draws y ffordd yn ein hatal. Rhaid oedd taflu arian trwy ffenest y car cyn y byddai pobl yn rhyddhau'r rhaff – hen arferiad 'y gwinten' sy'n dal i fodoli mewn rhai ardaloedd.

Pan gyrhaeddais Galfaria roedd tyrfa gref ger y llwybr i fyny i'r capel, ffyddloniaid capeli Hermon, y Tabernacl a Bethania Abercwmboi. Bu siarad mawr yn y wledd ac yn ôl John Tudno Williams, siaradodd 18 o frodyr a hynny ar brynhawn tanbaid o haf. Darllenodd Wncwl Gwynn fwndel mawr o gardiau a thelegramau o bell ac agos, gan gynnwys cyfarchiad hyfryd gan yr hoffus James Griffiths, AS Llanelli, a fyddai flwyddyn yn ddiweddarach yn Ysgrifennydd Gwladol Cymru, y cyntaf yn y swydd.

Yn dilyn y wledd roedden ni ar ein ffordd yng nghar Gwynn, sef yr Hillman Imp, i Lundain, gan aros y noson honno mewn gwesty yng nghanol Llundain cyn hedfan fore trannoeth am Benidorm yn Sbaen. Un peth dwl a wnaethon ni'r diwrnod cyntaf yno oedd mynd i lan y môr i folaheulo. Cysgon ni'n dau yn y gwres mawr a llosgi, a bu'n rhaid troi at y fferyllydd am gymorth. Buom yn fwy gofalus am weddill y mis mêl.

Ar ein ffordd yn ôl i Abercynon roeddwn wedi addo pregethu yng Nghapel Jewin yn Llundain gan aros yn y Celtic Hotel, Russell Square lle y teyrnasai Evan Evans, pen blaenor y capel a brodor o Langeitho. Y nos Sul honno pwy ddaeth i'r oedfa ond John Morris (yr Arglwydd Morris o Aberafan erbyn hyn), gwleidydd a gyflawnodd gymaint dros Gymru. Roedd yn uchel ei barch gan bob un o'r prif weinidogion o gyfnod Harold Wilson hyd at Gordon Brown. Sonia ef o hyd fy mod fel cneuen o frown yn y pulpud, yn debyg i Tarsan!

Y trydydd digwyddiad mawr oedd cychwyn gwasg Gymreig yn 1963, gan arbenigo ar gyhoeddi llyfrau Cymraeg o dan yr enw 'Cyhoeddiadau Modern Cymreig Cyf', ac roedd hyn yn garreg filltir fawr i ni. Roedd Gwilym Prys Davies yn fawr ei gefnogaeth a'i ddiddordeb o'r cychwyn. Daeth y ddau ohonom yn bennaf ffrindiau, a pharhaodd y cyfeillgarwch am dros hanner canrif ac awn ato i Ben-y-graig ac yna i Don-teg, yn arbennig ar ôl inni sefydlu'r wasg. Y bwriad oedd cyhoeddi llyfrau yn Gymraeg a Saesneg am Sosialaeth, cymdeithaseg a chrefydd er mwyn hybu addysg, dysg a diwylliant a bod yn gyfrwng i gynorthwyo awduron newydd i'w sefydlu eu hunain. Un arall a fu'n hael ei gymorth i'r fenter oedd Tom Jones (Shotton), Ysgrifennydd y TGWU yng ngogledd Cymru. Gwyddwn am ei wrhydri yn y Rhyfel Cartref yn Sbaen pan fu am fisoedd yn garcharor. Gelwid ef am weddill ei ddyddiau yn Twm Sbaen.

Mae hanes y wasg gennyf mewn cyfrol arall, *Dyddiau o Lawen Chwedl: hanner canmlwyddiant Cyhoeddiadau Modern Cymreig 1963–2013*, ond yn fras, ein hathroniaeth oedd arloesi, yn arbennig ym myd llyfrau plant, ac am y deng mlynedd nesaf dyna fu'r stori. Cyhoeddwyd llyfrau lliwgar i blant wrth y miloedd a chaent eu hargraffu yn yr Iseldiroedd, Prag, Budapest, Sofia a hyd yn oed un llyfryn yn Tsieina. Selwyn Jones o Hirwaun, un o bobl y Chwith, a fu'n gyfrwng imi ddod o hyd i'r argraffydd yn Tsieina. Am yr argraffwyr eraill, cysylltais â nhw ar ôl teithio i lysgenadaethau y gwahanol wledydd yn Llundain ac ennill eu nawdd, ac weithiau anfonai swyddogion y llysgennad lythyr o gyflwyniad i mi. Roedd hi'n bwysig cael asiant yn Llundain i ddelio â'r bocsys pren anferthol a fyddai'n gwarchod pum mil o lyfrau ar y tro, a threfnu lorri fawr i'w cludo i Abercynon o ddociau Llundain. Yn anffodus, nid oedd modd cadw'r bocsys yn Teify House; tŷ heb garej ydoedd ac felly byddai'n rhaid eu dadlwytho yn yr ardd a gosod sinc a tharpolin dros y bocsys rhag y glaw a'r eira. Daeth digon o law ac eira yn ystod blwyddyn gyntaf y wasg i greu llond bol o ofn y byddai'r holl lyfrau deniadol yn cael eu niweidio. Ond roedd yn rhaid mynd â'r maen i'r wal oherwydd credwn fod gan y cyhoeddwr rôl allweddol i sicrhau parhad yr iaith. Rwy'n mawr obeithio bod Cyhoeddiadau Modern wedi chwarae rhan bwysig wrth estyn einioes y Gymraeg.

William Rees, fy nhad-cu.

Fy nhad yn Ffrainc adeg
y Rhyfel Byd Cyntaf.

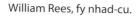

Clawr llyfr sydd yn croniclo
bro fy mebyd trwy luniau.
Hawlfraint Raymond Daniel

Abercarfan, man fy ngeni.
Hawlfraint Raymond Daniel

J Ceredig Davies o Stryd y Felin, Llanddewi.
Fe wnes i fabwysiadu'r enw Ceredig fel
enw barddol yng Ngorsedd y Beirdd.
Hawlfraint Raymond Daniel

Llanddewibrefi yn hirlwm
y gaeaf.
Hawlfraint Raymond Daniel

Ysgoldy Bethesda, lle
cynhelid y Gobeithlu a llu o
gyfarfodydd eraill.
Hawlfraint Raymond Daniel

Capel y Methodistiaid
Calfinaidd, Bethesda.
Hawlfraint Raymond Daniel

Penlôn, Llanddewibrefi,
lle symudodd y teulu ar ôl
Abercarfan.
Hawlfraint Raymond Daniel

Gordon Evans, un o'r carcharorion rhyfel.

Penlôn, Llanio, hen gartref teulu 'Nhad ar
ddechrau'r ugeinfed ganrif.

Marion a Gwyn Francis Evans,
ffrindiau bore oes.

Crud-yr-awel, Llanddewibrefi.

Y llun cyntaf ohonof i, tua wyth mlwydd oed.

Anti Ray.

Ben Tymawr, Llanddewi – gŵr Anti Ray, a physgotwr o'r iawn ryw.

John Defi, Prysg, bardd lleol.

London House, cartref Ray cyn iddi briodi.

Nythfa, cartref fy rhieni a minnau.

Ysgol Gynradd Llanddewibrefi.

Pont Gogoian ac afon Teifi, lle mae'r pwll tro lle bûm i bron â boddi pan oeddwn yn ddeuddeg oed.

Ysgol Ramadeg Tregaron.
Hawlfraint Raymond Daniel

Y Prifathro D Lloyd Jenkins.
Hawlfraint Raymond Daniel

Ysgol Sir Tregaron.
Hawlfraint Raymond Daniel

Yr Henadur W Morgan
Davies, Pont Llanio, blaenor
yng Nghapel Bethesda a
chymwynaswr bro.
Hawlfraint Raymond Daniel

Coleg Prifysgol Cymru, Aberystwyth.
Hawlfraint Raymond Daniel

Y Parchedig R J Rees, tad
Prifathro Coleg y Brifysgol,
Aberystwyth, Goronwy Rees.
Hawlfraint Llyfrgell Genedlaethol Cymru

Meinwen a minnau, tua 1958, yng Ngwersyll yr Urdd, Glanllyn.

Y teulu yn Nhŷ Mawr, Llanddewibrefi. Rhes gefn: Ben W Davies, Meinwen a minnau a 'Nhad. Yn eistedd: Anne Jane Rees, fy ewythr Tommy Reese o Efrog Newydd ac Anti Ray.

Coleg Diwinyddol Unedig Aberystwyth.
Hawlfraint Raymond Daniel

Eglwys Dewi Sant, Llanddewibrefi, eglwys teulu
Ray Davies ar hyd y blynyddoedd.

John Hughes Williams (a gafodd ei lofruddio yn
ddiweddarach) ar gefn ei ferlen, ar y ffordd adref
i Frynambor ar ôl oedfa yng Nghapel Soar-y-
mynydd. Hawlfraint Raymond Daniel

Y Parchedig Brifathro W R Williams.
Hawlfraint Llyfrgell Genedlaethol Cymru

Yr Arglwydd Donald Soper
o Kingsway, Llundain a fu'n
ysgogydd i mi.

Y Parchedig Lemuel Jones, Trecynon. Arferwn fynd
i'w weld yn gyson yn nyddiau Abercynon.
Hawlfraint Llyfrgell Genedlaethol Cymru

Lerpwl ar ei gorau, yn 1968, ar ôl symud o Gwm Cynon.

Y teulu o Lerpwl ar ymweliad â Llanddewi, tua 1970 – Mam, fy mam-yng-nghyfraith, Dafydd a Hefin, Meinwen, a minnau a 'Nhad ar ein traed.

Hawlfraint Raymond Daniel

Meinwen a minnau yn cael ein cyflwyno i'r Frenhines ar adeg agor twnnel Wallasey yn 1972.

Llywydd Cyngor Eglwysi Rhyddion Glannau Mersi 1971–2.

Hawlfraint Michael Jones

Dafydd a Hefin yn Ysgol y Brenin Dafydd, Childwall, Lerpwl.

Dafydd yn canu'r delyn a Hefin yn cael ei swyno gan 'Dafydd y Garreg Wen'.

Gweinidog a blaenoriaid Bethel, Heathfield Road, Lerpwl yn 1982.
Rhes gefn: J Gwyndaf Richards, T M Owens, H Wyn Jones, Glyn Davies, E Goronwy Owen, Dr John G Williams, John Medwyn Jones, Hugh John Jones. Yn eistedd: Nina Hughes, Mary B Owen, Dr R Arthur Hughes, minnau, Bronwen Rogers, y Barnwr J E Jones ac W Elwyn Hughes.

Annerch y gynulleidfa wrth lansio'r gyfrol *Hanes Plwyf Llanddewi Brefi* yn 1984.
Rhes gefn: Dafydd, A J Rees, D Hughes Davies, Geraint Howells AS, Archesgob Cymru George Noakes, Alun Creunant Davies a Ieuan Jones.
Hawlfraint Tim Jones

Llun o Gapel Bethel, Heathfield Road. Diflannodd y cyfan yn 2007.
Hawlfraint Phil Cope

Ateb y ffôn symudol adeg Cymanfa Gyffredinol Eglwys Bresbyteraidd Cymru yng Ngholeg Dewi Sant, Llanbedr Pont Steffan.
Hawlfraint Keith Morris

Croesawu fen y BBC i Penny Lane am sylwadau'r Cymry. Erbyn hyn, dim ond fi sydd ar dir y byw o'r cylch hwn o Gymry Lerpwl (tua 1990). O'r chwith: John Alun Hughes, minnau, W Kyffin Prichard, E Goronwy Owen, Hugh John Jones, Trevor Rees, Eluned Davies, D Emlyn Davies ac Elfed Williams.

Sarah Ann Llewellyn, fy mam-yng-nghyfraith, a wnaeth ei chartref gyda ni o 1963 i 1989.

O flaen drws Bethel, Lerpwl.
Hawlfraint John Mills

Blaenoriaid a gweinidog Bethel, tua 1992. Ceir dau enw newydd ers llun 1982, sef W Meirion Evans yn y rhes gefn, a Mrs Nan Hughes Parry yn y rhes flaen.

Gwahoddedigion i barti pen-blwydd Mam yn 100 oed yn Neuadd y Pentref, Llanddewibrefi, 30 Mehefin 1999.
Hawlfraint Tim Jones

Mam yn torri'r deisen.
Hawlfraint Tim Jones

Pedair cenhedlaeth: Mam, minnau, Hefin a Tomos yn Nythfa yn 1999.
Hawlfraint Tim Jones

Traddodi darlith yn Eisteddfod Genedlaethol yr Wyddgrug a'r Cylch ar Gyhoeddwyr Cymraeg Lerpwl.
Hawlfraint Dr John G Williams

Ar faes yr Eisteddfod Genedlaethol. O'r chwith i'r dde: Meinwen, Siân Arwel Davies, Norma Lloyd Owen, Roderick Owen, Aled Price, Megan a Glyn Davies, minnau a Dafydd Ll Rees.

Prif Weinidog Cymru ar y pryd, Rhodri Morgan, yn llofnodi ei enw yn Neuadd y Ddinas ar ymweliad swyddogol â dinas Lerpwl yn 2005. Yn ei wylio mae Dr Emyr Roberts, David Pritchard, minnau, Meinwen a D A James.

Olwen a Raymond Daniel, Llanddewibrefi.

Dafydd, Meinwen a minnau'n mwynhau'r Brifwyl.
Hawlfraint Keith Morris

Cyngor Eglwysig Eglwys Bethel yn 2012. Rhes gefn: R Owen, Dr J G Williams, Eleanor Bryn Boyd, John P Lyons, R Ifor Griffith, Ben Hughes. Yn eistedd: Mair Roberts, Dr Pat Williams, y diweddar E Goronwy Owen, minnau, Nan H Parry a Mair Powell.

Rhai o'r gwahoddedigion a ddaeth
i ddathlu deugain mlynedd o fywyd
priodasol yn Llangollen yn 2003.

Ar derfyn yr oedfa yn anwylo cleddyf
Eisteddfod Gadeiriol y Glannau, sydd yn fy
meddiant i.

Dafydd, Joshua, Hefin, Tomos, minnau
a Meinwen yn mwynhau atyniadau
Disneyland ger Paris yn 2007.

Y teulu o flaen mosg yn Jerwsalem,
Mehefin 2013.

Joshua a Tomos ar ddiwedd ras
Harpenden.

Plant Ysgol Gymraeg yr Hendre, Trelew, Dyffryn Camwy yn rhan o'r gynulleidfa fawr a orlifodd Neuadd Peel Holdings ar ddydd Sadwrn, 30 Mai 2015, adeg dathliadau Gŵyl y Glaniad.

Dadorchuddio cofeb i arwyr y *Mimosa* ger Doc Princes yn Lerpwl, gyda Carwyn Jones, Arglwydd Faer Lerpwl a'i briod, Llysgennad yr Ariannin ac Ian Pollitt o Gwmni Peel Holdings.
Llun ar y dde: Huw Edwards, BBC, Llundain, a minnau'n llawenhau oherwydd llwyddiant yr achlysur.

Meinwen a minnau ymysg y llyfrau yn fy llyfrgell bersonol.

Erbyn 1963 roeddwn yn weithgar gydag Urdd y Bobl Ieuainc. Deuthum yn ymwybodol iawn o'r sefyllfa yn yr ysgolion uwchradd, yn arbennig pan gafodd Meinwen ei hapwyntio'n athrawes Gymraeg ac yn Bennaeth yr Adran yn Ysgol Gyfun Afon Taf yn Edwardsville. Pan sylweddolodd y Prifathro fod ei gŵr yn weinidog fe gynigiodd gyfle ardderchog imi weithio ymysg yr ieuenctid, drwy arwain addoliad yn yr ysgol, cymryd holl blant y pumed dosbarth mewn Ysgrythur, a bod o gymorth yn ôl y galw.

Roeddwn yn poeni am sefyllfa'r ieuenctid yn yr eglwysi a manteisiwn ar bob cyfle i weithio gyda'r ifanc. Yn y De daeth y Bererindod Flynyddol yn atyniad mawr. Roedd T J Davies, gweinidog Capel Newydd Betws, yn llawn syniadau, ac o dan ei gyfarwyddyd deuthum yn rhan bwysig o'r trefniadau. Cawsom bererindodau na fu mo'u tebyg, wrth i filoedd ymgasglu i fynd i Langeitho a Phantycelyn a Llan-gan. Cofiaf drefnu cyfarfod yng Nghapel Tabernacl, Treforys, sydd yn dal oddeutu 2,000, a'i lenwi wrth gael Dr Donald Soper i annerch. Deuthum yn gyfarwydd iawn ag ef drwy Bwyllgor Gwaith y Mudiad Sosialaidd Cristnogol. Byddwn yn teithio'n fisol i Neuadd Kingsway yn Holborn i bwyllgorau o dan ei lywyddiaeth. Byddai hyd yn oed Soper yn fy ngalw'n 'troublemaker'!

Deuthum i adnabod llu o bobl ddiddorol iawn fel y Canon Stanley Evans, yr hanesydd Paul Derrick, y Canon Charles a'r Cymro a golygydd cylchgrawn Capel Kingsway, James T Williams, a gâi ei adnabod yng Nghymru o dan yr enw barddol 'Iago ap Hewyd'. Yna gofynnodd y Cyfundeb i'm cyd-fyfyriwr yn y Coleg Diwinyddol, Harri Parri, a minnau baratoi Llyfr Gwasanaeth ar gyfer yr Ieuenctid gyda'r bardd-bregethwr William Morris yn olygydd. Bu gwerthiant da iddo am ei fod yn dod o dan nawdd yr enwad.

Deuthum yn gyfarwydd iawn â'r bardd-athronydd y Parchedig L Haydn Lewis, Tonpentre a'i gymydog y Parchedig T Alban Davies, patriarch Cwm Rhondda. Bydden ni'n cyfarfod yn gyson ym Mhontypridd yn enw Pwyllgor Cydenwadol yr Iaith Gymraeg, Dwyrain Morgannwg. Alban Davies fyddai'r

Cadeirydd a minnau'n Ysgrifennydd. Gwnaethom ohebu cryn dipyn a cheisio deffro capelwyr Cymraeg Morgannwg i alw am fwy o gyfiawnder i'n hiaith a'n diwylliant. Roeddwn yn ymwybodol ei bod hi'n frwydr i gadw'r Gymraeg yn y capeli ac felly dyna oedd fy nghrwsâd pennaf. Tosturiwn yn fawr wrth Haydn Lewis a chofiwn am ei ferch Carol a fu farw ym mlodau ei dyddiau yn y Brifysgol yn Aberystwyth. Nid oedd car gan Haydn Lewis a phan fyddai pwyllgorau'r Cyfundeb yn Aberystwyth, a ni'n dau'n aelodau o'r Pwyllgor Heddwch, Dirwest a Chwestiynau Cyhoeddus, gwirfoddolwn i yrru o Abercynon i fyny Cwm Rhondda a galw amdano yn ei gartref yn Nhonpentre, ac i ffwrdd â ni dros y Rhigos a'r Bannau er mwyn bod yn y Coleg Diwinyddol erbyn hanner awr wedi deg. Melys oedd sgwrsio yn y car gyda gŵr mor alluog gan drafod pynciau mor eang â'r dirfodwyr mewn athroniaeth a Dylan Thomas, yr Eingl-Gymro o fardd, y dotiai Haydn Lewis arno.

Gallai Haydn Lewis ein codi weithiau i dir uchel fel y gwnaeth yn Sasiwn Aberdâr ym mis Ebrill 1966. Yn y Seiat, cododd ar ei draed i ddadansoddi'r sefyllfa grefyddol gyda threiddgarwch anghyffredin. Arhosodd gydag un gair, 'Ysbrydoliaeth'. Dywedodd fod dwy garfan o fewn yr Eglwys, sef y modernwyr a'r ffwndamentalwyr. Iddo ef, y rheswm sylfaenol am hynny oedd diffyg ysbrydoliaeth. Angen pennaf y ddwy garfan oedd edifarhau. Dyfynnodd yr emyn 'O anfon di yr Ysbryd Glân', a chyn iddo orffen, bron, torrodd y gynulleidfa o weinidogion a blaenoriaid i ganu'r geiriau. A dyblwyd y gân, ac yna aeth yntau i weddi ddwys. Yng ngeiriau a deisyfiad y weddi y clowyd un o'r seiadau mwyaf ysgytwol a gofiaf.

O fewn yr Henaduriaeth roedd argoelion o ddirywiad i'w canfod, fel y gwyddai Haydn a minnau, er nad oeddwn i'n barod o gwbl i'w dderbyn am fy mod yn ifanc ac yn credu y medrwn droi Cymru wyneb i waered fel rhyw Howell Harris arall. Ennill aelodau oedd y cymhelliad i mi, yn sicr, ac nid cau capeli. Croesawn yr uno oedd yn digwydd yn y cylch, megis rhwng y ddau gapel yn Nowlais sef Hermon a Libanus. Yng ngwanwyn 1966 penderfynwyd dwyn yr achos yn Hebron, Aberaman i ben, ac y dylai'r gynulleidfa ymuno o dan weinidogaeth Robert Jones yn Soar, Cwmaman. Yna dechreuais edrych ar y sefyllfa o ddifri trwy lygaid y cymdeithasegydd. Es ati i wneud astudiaeth o Ymneilltuaeth Gymraeg yn un o gymoedd y De a bûm yn hynod ffodus i gael ysgolhaig cefnogol, yr Athro G F Thomason o Brifysgol Cymru, Caerdydd, i'm cyfarwyddo.

Deuthum i'r casgliad fod Ymneilltuaeth yn dibynnu cryn lawer yn y cymoedd ar y diwydiant glo. Tyfodd Ymneilltuaeth law yn llaw ag agor y pyllau glo a sylweddolwn felly fod y dirywiad yn y maes glo yn hau hadau dirywiad y capeli, a dyna'n fras oedd y casgliad y deuthum iddo. Wrth gwrs, trafodais ddelwedd y capeli, eu ffyrdd o gyfathrebu, cwestiwn yr iaith a'r angen i fod yn llawer mwy mentrus. Roedd yr ystadegau'n ddychryn, yn arbennig ym mywyd yr ysgol Sul. Heddiw, yn ystadegol yr ydym yn lleihau fel enwad rhwng 3% a 5% bob blwyddyn ar gyfartaledd. Yn 1967–68 cofnodwyd bod aelodaeth yr ysgolion Sul yn Henaduriaeth Dwyrain Morgannwg wedi gostwng mewn 10 mlynedd o 4,658 i 2,150. Dyna pam yr es ati i drefnu ysgolion undydd ar gyfer athrawon a swyddogion yr ysgolion Sul a chael fy nghyfaill o Geredigion, Alun R Edwards y llyfrgellydd, i'n hannerch ym Mhontypridd.

Llwyddais i gwblhau yr ymchwil a derbyn gradd MSc (Econ) Prifysgol Cymru trwy Goleg Caerdydd yn 1972. Dair blynedd yn ddiweddarach cyhoeddodd Gwasg y Ffynnon gyfrol hardd, *Chapels in the Valley: A Study in the Sociology of Welsh Nonconformity*. Credwn y byddai fy enwad, ac enwadau eraill yn trefnu cynhadledd i drafod yr ymchwil a'r gyfrol. Ni fu siw na miw ac ni ddefnyddiwyd fy ngwybodaeth gymdeithasegol gan unrhyw fwrdd na phwyllgor o fewn yr enwad na'r enwadau eraill. Roeddynt yn amharod i glywed y feddyginiaeth.

Yng nghyfnod yr ymchwilio, penderfynodd yr Henaduriaeth ofyn i mi gymryd eglwys arall, sef Disgwylfa, Merthyr Vale. Roedd yr eglwys hon wedi uno eisoes gyda Chapel Bethania, Treharris, ac felly golygai hyn ehangu'r maes o ran ymweld a theithio i ysbytai, er bod y ffaith fy mod mewn cysylltiad ag ysgol uwchradd yn Edwardsville yn gymorth. Ond, o fewn blwyddyn digwyddodd trychineb mawr.

Ar fore Gwener, 21 Hydref 1966 roeddwn yn eistedd yn y stafell wely yn y Mans yn Abercynon, gan fod Meinwen yn feichiog ac yn gorfod gorffwys ar orchymyn y meddyg. Roedden ni wedi cael y profiad trist o golli dau blentyn yn y groth ac felly roedd yn rhaid ceisio bod mor ofalus â phosibl. Edrychai'r stafell dros y cwm a gwelwn lawer o draffig a mwy nag un ambiwlans yn crochlefain i fyny'r cwm. Y funud nesaf clywsom ar y radio ei bod yn 'stad o argyfwng' yn Aber-fan, pentref oedd yn rhan o'm gofal. Teimlai Meinwen yn ddiymdroi mai fy lle i fel yr unig fugail ym Merthyr Vale oedd bod yno.

Pan gyrhaeddais y troad i mewn o ffordd Merthyr, heibio Capel Disgwylfa, Merthyr Vale a chroesi'r afon i Aber-fan, gwyddwn ei bod hi'n storom fawr ei grym. Cyrhaeddais Ysgol Pantglas yr un pryd â channoedd o lowyr cydnerth o bwll glo Merthyr Vale. O leiaf roedd rhofiau ganddyn nhw a chefais innau fenthyg rhaw gan un o'r glowyr oedd yn fy adnabod. Y dasg oedd ceisio dod o hyd i 116 o blant a 28 o oedolion o dan y glo oedd wedi llifo i lawr ochor y cwm. Proses araf a thorcalonnus. O fewn hanner awr sylwn fod Byddin yr Iachawdwriaeth wedi dod i baratoi lluniaeth ysgafn a the i'n disychedu – Cristnogaeth ar waith mewn sefyllfa oedd yn ysgwyd ffydd y credinwyr gorau.

Ni chawsom hyd i neb yn fyw, ond trefnwyd bod dau o'r capeli Cymraeg, Bethania yr Annibynwyr, a chapel yr Hen Gorff yn derbyn cyrff y lladdedigion. Roedd ein calonnau'n gwaedu dros y teuluoedd oedd wedi colli anwyliaid. Yn eu plith roedd dau o blant Kenneth Hayes, gweinidog y Bedyddwyr Saesneg, gŵr a arhosodd yn Aber-fan am flynyddoedd ymhlith rhieni a gafodd yr un brofedigaeth ag ef a'i briod. Ar ddiwedd y dydd, collwyd 144 yn Ysgol Gynradd Pantglas a'r stryd gerllaw gan gynnwys y brifathrawes, Miss Jennings (ei chwaer hi oedd Ysgrifenyddes Ysgol Gyfun Afon Taf lle'r oedd Meinwen). Roeddwn yn adnabod rhai o'r athrawon ac yn arbennig y Dirprwy Brifathro, Dai Beynon. Bu farw pob plentyn yn ei ddosbarth ef o 34, a phan ddaethpwyd o hyd iddo, roedd yn llythrennol yn cofleidio cyrff pump ohonyn nhw rhag y llif mawr a ddaeth amdanyn nhw mor ddirybudd. Claddwyd clerc yr ysgol, Nansi Williams, a chafwyd hyd i'w chorff hithau'n amddiffyn pump o blant bach oedd wedi dod ati â'u harian cinio. Heddwch i'w coffa nhw i gyd.

Clywsom yn gynnar y pnawn fod Cledwyn Hughes, Ysgrifennydd Gwladol Cymru, ar ei ffordd i Aber-fan o Ynys Môn. Cofiaf ei weld yn cyrraedd, un o'r gwleidyddion mwyaf annwyl a welodd ein cenedl. Roeddwn wedi troi adref am Abercynon, wedi blino'n lân, cyn i'r Prif Weinidog Harold Wilson gyrraedd Merthyr ac Aber-fan. Roedd y wlad a'r byd wedi clywed bellach am bentre di-nod Aber-fan.

Bellach roedd angen gweinidogaethu Cysur Crist yn y ddau bentref a ysgytiwyd i'r gwraidd. Cysylltais â'm cyfaill, Elfyn Peris Owen, gweinidog Troed-y-rhiw ac Aber-fan, ynghyd â gweinidogion eraill yr ardal i ddechrau ar y broses o baratoi ar gyfer yr angladd fawr ar 27 Hydref, a hynny ar gyfer 82 o'r anwyliaid a fu farw yn y trychineb. Roedd hi'n alar cyffredinol, ingol. Roedd cymaint o'r eirfa yn agor y graith i'r gwrandawyr, geiriau fel 'plant', 'ysgol', 'glo' ac 'athrawon' heb enwi ond ychydig.

Sylweddolwn fod y trychineb nid o law Dduw ond o waith dynion, a bod yr Arglwydd Robens, Cadeirydd y Bwrdd Glo Cenedlaethol, yn gyfrifol am y tomenni gwastraff yn Aber-fan. O dan y domen a lithrodd fore Gwener, 21 Hydref a chreu cymaint o ddiflastod a galar, roedd ffynhonnau dŵr.

Sefydlwyd Pwyllgor Aber-fan i ddelio â'r haelioni mawr a dderbyniwyd oddi wrth y byd benbaladr. Ond roedd hi'n amlwg i mi mai cymuned werinol oeddem, a gofynnais am yr hawl i gysylltu â chwmni o gyfreithwyr a fyddai'n gefn i ni wrth frwydro am gyfiawnder. Gofynnais i Gwilym Prys Davies a fyddai cwmni Morgan, Bruce a Nicholas yn ymgymryd â'r cyfrifoldeb o weithredu ar ran rhieni'r plant a gollwyd. Gwn i bedwar o bartneriaid y cwmni dreulio wythnosau yn y pentref yn chwilota a chasglu tystiolaeth, sef Brynmor John (Aelod

Seneddol Llafur Pontypridd yn ddiweddarach); Graham Jones (barnwr yn ddiweddarach); John Bowen; a Gwilym Prys Davies, o dan arweiniad Cyril Moseley. Cofiaf Gwilym yn dweud wrthyf fod y dystiolaeth yn dweud yn glir i'r Bwrdd Glo fod yn dra esgeulus ac mai nhw oedd ar fai am y trychineb dychrynllyd.

Agorwyd y tribiwnlys i'r trychineb ym Merthyr Tudful ar 29 Tachwedd o dan yr Arglwydd Ustus Edmund Davies. Cledwyn Hughes awgrymodd ei enw a chytunodd yr Arglwydd Ganghellor. Mab i löwr ydoedd Edmund Davies o dref Aberpennar, ac roedd yn adnabod y pentref a'r ysgol. Parhaodd yr achos am 76 o ddiwrnodau a theimlem yn Aber-fan y byddai'n rhaid aros yn hir am yr adroddiad. Ond fe ddaeth yn Awst 1967, ac roedd yn hollol amlwg mai'r Bwrdd Glo Cenedlaethol oedd wedi creu'r gyflafan a beiwyd naw o swyddogion yn benodol. Pobl ddi-glem mewn swyddi allweddol oeddent, swyddogion oedd yn ddall a chlustfyddar i awgrymiadau a wnaed gan Aelod Seneddol yr etholaeth, S O Davies, a wyddai gymaint â neb am fyd y glowyr. Beirniadwyd yr Arglwydd Robens am fod mor ansensitif, ac am anghysondeb ei atebion yn y tribiwnlys.

Ar ôl yr holl gondemnio, ni allem gredu fod y Bwrdd Glo wedi cynnig fel iawndal y swm pitw o £50 i'r teuluoedd a gollodd eu plant. Ar ôl llawer o brotestio, codwyd ef yn y diwedd i bum can punt. Roedd hynny'n gwbl anghyfrifol, ac yn arbennig pan fu'n rhaid defnyddio arian Cronfa Aber-fan i glirio'r tomenni. Bu'n rhaid aros deng mlynedd ar hugain arall tan ddyddiau Tony Blair cyn cael ychydig o gyfiawnder a gwneud iawn am yr hyn a ddylai fod wedi digwydd yn 1967.

Mewn byd sy'n barod iawn i feirniadu arweinwyr Cristnogaeth, gwnaeth nifer ohonom weithio hyd eithaf ein gallu ymhlith y teuluoedd yn ystod y trychineb. Mewn cyfarfod misol yn Ynys-y-bwl yn Rhagfyr 1966, diolchwyd i'r cenhadwr annwyl y Parchedig E Lewis Mendus am ymweld â thrigolion Aber-fan dros y Gymdeithasfa a'r Henaduriaeth. Gwn fod ei ymweliad ef wedi bod yn falm o Gilead i lu o'r teuluoedd Cymraeg, ac rwy'n eu cofio nhw'n dweud hynny. Mynegodd yr Henaduriaeth hefyd ei diolch didwyll i'r Parchedig E

Peris Owen a minnau am y gofal bugeiliol, ac mae hyn yn cael ei gofnodi gan yr Athro John Gwynfor Jones, hanesydd yr Henaduriaeth, yn ei gyfrol *'Her y Ffydd: Ddoe, Heddiw ac Yfory': Hanes Henaduriaeth Dwyrain Morgannwg 1876–2005* (Caerdydd, 2006). Lluniais y datganiad isod ac anfonwyd y penderfyniad at y Prif Weinidog:

> Yr ydym ni fel trigolion De Cymru wedi ein syfrdanu gan brofiad chwerw Aber-fan, ac yn erfyn ar y llywodraeth i ryddhau arian ar unwaith i sicrhau diogelwch yr holl byllau glo a bod deddfwriaeth yn cael ei threfnu i reoli a gwaredu'r ysbwriel hwn yn effeithiol.

Gobeithiaf fod y genadwri hon wedi cael ychydig o effaith, oherwydd dyna fu'r hanes yn y diwedd un.

Soniodd John Haydn Phillips, y cerddor a chyfansoddwr y dôn 'Bro Aber', fod Capel Aber-fan am osod organ newydd yn goffadwriaeth i'r plant a gollwyd ac a fu'n aelodau yn y capel. Roedd e'n flaenor gweithgar yno a chafodd plac ei osod wrth ochr y pulpud i gofio'r trychineb, a hwnnw'n gyfan gwbl yn Gymraeg.

Mewn ymateb i drychineb Aber-fan, rwy'n falch iawn hefyd fod gen i ran mewn datblygiad arall, sef clustnodi swm da o arian a ddaeth o ddinas Toronto (lle mae gennym gapel Cymraeg) i osod symudiad eciwmenaidd ar waith yn y pentref a'r cwm. Dyna sut y daeth Tŷ Toronto i fodolaeth ac y cawsom arweiniad un o arweinwyr eciwmenaidd Cymru, y Parchedig Erastus Jones, cynnyrch bywyd Cymraeg Lerpwl, i weithredu yno.

Fis Mawrth 2014 ymddangosais yng nghwmni John Hardy yn y rhaglen *Cadw Cwmni* yn ail-fyw profiadau trychineb Aber-fan ar S4C. Ac yn wir, y noson honno sylweddolais mor wir oedd y neges a dderbyniais oddi wrth fy nghyfaill, y Parchedig Harri Owain Jones: 'Mae'n amlwg bod creithiau gofid yn aros a phrofiadau a gefaist wedi llywio dy weinidogaeth di.' Deil creithiau gofid yn fy enaid a mawr obeithiaf imi fod yn ddigon gostyngedig ar hyd y blynyddoedd i sylweddoli bod Aber-fan wedi 'llywio' fy ngweinidogaeth.

Blwyddyn anodd felly fu 1966 i ni, ond cyn ei diwedd, daeth newydd da i'n haelwyd, sef genedigaeth ein mab hynaf, Dafydd Llywelyn, yn Ysbyty Aberdâr ar yr 16 Rhagfyr. Pan ddeuthum adref y noson honno o'r ysbyty roedd Miss James, Postfeistres Llythyrdy Carnetown a fy mam-yng-nghyfraith yn llythrennol ar y pafin yn disgwyl yn amyneddgar amdanaf. Cofiaf i mi ganu corn y car Ford Anglia fel pe bawn yn blismon am hanner milltir mewn llawenydd, am fod mab wedi'i eni ar drothwy Gŵyl Fawr y plant. Bedyddiwyd Dafydd gan un o'm cymdogion agos, y Parchedig Emrys Evans, Aberpennar, ef, fel minnau, yn hanu o Ddyffryn Teifi ac yn gynnyrch Capel Maesffynnon, Llangybi. Gwahoddwyd cyfnither Meinwen, Irene Gimblett, a Gwilym Prys Davies yn fam a thad bedydd. Tra buom yn byw yn Abercynon byddem yn teithio'n gyson i weld Irene a'i mam a'i brawd yn Nhreorci, a daeth dyfodiad Dafydd â llawenydd ychwanegol i'r aelwyd honno fel ag i aelwyd fy rhieni yn y wlad.

Yn 1967 bûm yn gweithio'n galed dros y Blaid Lafur yn Isetholiad Gorllewin y Rhondda pan ddaeth Victor Davies yn anghyfforddus o agos at gyflawni'r un gamp dros Blaid Cymru ag a wnaeth Gwynfor Evans yng Nghaerfyrddin chwe mis ynghynt. Yn Isetholiad Caerfyrddin roeddwn wedi bod yn ymgyrchu dros fy nghyfaill, Gwilym Prys Davies, ond buddugoliaeth fawr Gwynfor Evans a Phlaid Cymru oedd honno. Problem fawr i ni yng ngwersyll Llafur oedd diffyg ymroddiad cymaint o gynghorwyr y cwm a swyddogion y canghennau. Roedd peirianwaith Plaid Cymru yn wych, a Cennard Davies, yr asiant wrth y llyw, a Glyn James, Ferndale yn arwain yr ymgyrchwyr o Flaen-cwm i Ben-y-graig ddydd ar ôl dydd gyda'i gorn siarad ar y modur. Roedd hyn yn galw am ymateb. Pe na bai Llafur wedi dewis Alec Jones, ymgeisydd da gyda llaw, gwell o lawer na Iorrie Thomas, byddem wedi colli'r frwydr yn fy nhyb i.

Rywdro yr ystod mis Hydref 1967, cefais alwad ffôn gan y Parchedig William Jones, Bootle – ond cyn hynny Bronnant a dyna sut yr adwaenwn ef – yn gofyn yn blwmp ac yn blaen, 'Ble rwyt ti'n pregethu wythnos i nos Sul nesaf?' Atebais innau, 'Y Tabernacl, Abercynon.' 'O, da iawn,' meddai a gorffen ei neges yn ddiseremoni. Feddyliais i ddim am ei ganiad tan ryw bum munud i chwech ar y nos Sul honno. Roeddwn wrth ddrws y Tabernacl pan welais gar hyfryd, Rover mawr, yn cyrraedd Margaret Street. Erbyn i mi gychwyn yr oedfa roed tri gŵr dieithr yn eistedd yn sedd gefn y capel. Nid oedd hynny ynddo'i hun yn gwbl anghyffredin. Deuai ambell un i oedfa nos Sul yn yr haf ar ei ffordd o Gaerdydd i Geredigion, pobl ran amlaf y byddai gennyf gysylltiad â nhw. Y tro hwn wynebau cwbl anghyfarwydd oedd yno. Croesewais nhw yn y Seiat ac ar ddiwedd y gwasanaeth es allan, yn ôl fy arfer, i ysgwyd llaw â'r gynulleidfa ac i siarad â'r tri dyn dierth. Nid oedd y ddau gyntaf (Howell Vaughan Jones a'r Parchedig Dafydd Hughes-Parry fel y deallais yn ddiweddarach) am sgwrsio o gwbl ond roedd y trydydd, Vincent Roberts, yn un y medrwn yn hawdd gael cyfrinach allan ohono. 'O ble rydych chi'n dod?' holais. Bu iddo bron â dweud, ond cyn iddo gael cyfle i ateb, dyma Dafydd Hughes-Parry yn dweud yn garedig, 'Diolch yn fawr i chi. Nos da.'

Fe fues i'n pendroni llawer yr wythnos wedyn am y tri gŵr doeth. Syrthiodd y geiniog pan gefais wahoddiad i bregethu ar brawf yng Nghapel Heathfield Road, Lerpwl. Felly fis Tachwedd 1967 cychwynnais ar y daith bell – dal trên o Abercynon i Ferthyr Tudful ac yna bws oddi yno'r holl ffordd i Lerpwl. Erbyn i mi gyrraedd dinas Caer roedd niwl trwchus yn gorchuddio pob man ac felly y bu am weddill y daith. Cofiaf yn dda gyrraedd gorsaf bysiau Crosville yn Edge Lane, lle gwelwn ddau ŵr yn fy nisgwyl. Cyflwynodd y ddau eu hunain i mi, Goronwy Davies ac R Glyn Williams. Gydag ef y lletywn a derbyniais groeso gwerinol braf gan un o blant Ynys Môn, Hannah Williams, yn ei chartref yn Allerton. Dyna ddechrau cyfeillgarwch mawr gyda'r ddau.

Ar fy niwrnod prawf roedd cynulleidfa gref o o leiaf dau gant yno. Roedd gennyf bregeth gyfoes a gwahanol ar Eliseus y proffwyd yng Ngilgal yn y bore yn cael gwared o'r gwenwyn yn y cawl. Roedd yr eglurebau a ddefnyddiwn yn gyfoes. Yn wir, dywedodd un o'r gynulleidfa wrthyf ar y ffordd allan, 'Ni chlywsom neb erioed o'r blaen yn cyfeirio at Sydney Silverman o'r pulpud hwn.' Un o Iddewon Lerpwl oedd Sydney Silverman, Aelod Seneddol Nelson a Colne a ffrind mawr i Aneurin Bevan, ond i mi ei bwysigrwydd oedd ei waith fel ymgyrchydd taer yn erbyn y gosb eithaf o grogi.

Ddechrau'r flwyddyn derbyniais yr alwad swyddogol a gofynnwyd i Meinwen a minnau ddod i gyfarfod ag aelodau'r Pwyllgor Bugeiliol. Mae'n amlwg bod peth trafod wedi bod ar y tri ymgeisydd. Derbyniais alwad ffôn gan aelod o'r pwyllgor, yr Athro David Alan Price Evans, yn gofyn imi a fedrwn ateb ei gwestiwn, sef a fedrai fy mhriod siarad Cymraeg. Mae'n amlwg bod rhywun wedi crybwyll mai di-Gymraeg oedd Meinwen. Cefais bleser mawr o ddweud ei bod yn raddedig yn y Gymraeg ac yn Bennaeth Adran y Gymraeg yn Ysgol Gyfun Afon Taf. (Oni bai amdani hi byddai ysgolheictod Cymraeg wedi cael ei amddifadu o gynnyrch eithriadol o bwysig, sef yr Athro E Wyn James, Prifysgol Caerdydd, un o'i disgyblion Safon A, ac mae'n cydnabod hynny ar goedd.)

Trefnwyd i'r ddau ohonon ni deithio i le bwyta yn Hanover Street i gyfarfod ag aelodau'r Pwyllgor Bugeiliol. Ar ôl y pryd bwyd roeddwn i gyfarfod â'r Pwyllgor Bugeiliol yng Nghapel Heathfield Road. Bu'r Pwyllgor hwnnw yn un hwyliog a chefais gyfle i ddatgan fy anawsterau, yn enwedig y ffaith fod fy ngweinidogaeth yn cwmpasu mwy na bywyd y capel. Yn hytrach na gresynu am hynny, cafwyd ymateb gwahanol, yn arbennig gan y prif lenor a'r gwyddonydd O E Roberts. Dywedodd ef: 'Cofiwch, mai Manceinion yn reit agos ac mi fedrwch barhau yn rhan o'r byd teledu Cymraeg o'r fan honno.' Ni allwn gredu fy nghlustiau, oherwydd fel arall y byddai mwyafrif yr eglwysi yn meddwl ddiwedd y chwedegau. Roedd y pwyllgor yn unol am roi fy enw gerbron yr eglwys. Ymgynghorais ag aml un ar ôl derbyn yr alwad, yn arbennig ymhlith fy nghydnabod yn Aberystwyth. Galwais i weld bardd y werin, Niclas y Glais, am ei gyngor, a heb amheuaeth o gwbl dywedodd wrthyf, 'Ar bob cyfrif, ewch. Ni fyddwch edifar. Bydd eich gorwelion yn cael eu hehangu.' Gwir y dywedodd.

Dechreuais ar fy nhasg ar y Sul cyntaf o Orffennaf 1968 a chynhaliwyd y Cyfarfod Sefydlu ar nos Iau, 18 Gorffennaf, o dan lywyddiaeth W D Owen, Wallasey. Roedd y capel a ddaliai 750 yn llawn a daeth bws o'r De ac un o fro fy mebyd. Y Parchedig Glanffrwd Edwards, Cwm-parc oedd yn cynrychioli Dwyrain Morgannwg, ond mae'n debyg mai'r gŵr a siaradodd yn fwyaf cofiadwy oedd Arthur Jones, Abercynon, y cynlöwr diwylliedig, a rybuddiodd aelodau Maesgrug y byddai'r gweinidog newydd yn sicr o ddyfynnu yn gyson yn ei bregethau syniadau a geiriau'r Almaenwr, Dietrich Bonhoeffer. Trefnwyd Cyfarfod Croesawu i ni yn yr Ysgoldy Mawr ar 13 Medi, ac erbyn hynny roeddem wedi setlo.

Roeddwn wedi trefnu mynd i Lundain ar 27 Hydref i brotestio y tu allan i Lysgenhadaeth yr Unol Daleithiau. Daeth chwarter miliwn ohonom ynghyd i ddatgan ein gwrthwynebiad ffyrnig i bolisïau gwallgof yr Unol Daleithiau. Roedd yr ymgyrchu o blaid y difreintiedig a'r diniwed ym mhob rhan o'r byd yn dal yn gryf yn fy nghydwybod a'm cyfansoddiad.

Wrth ymadael ag Abercynon roeddwn yn falch iawn ein bod ni wedi gweithio dros gael addysg Gymraeg yno, o dan nawdd cangen o Undeb Cymru Fydd. Byddai ysgrifennydd y mudiad, T I Ellis o Aberystwyth, yn galw yn gyson yn y Mans ac ef a'm perswadiodd i sefydlu cangen yn Abercynon. Llwyddais i sefydlu Cinio Gŵyl Ddewi yn ogystal o dan nawdd y Gangen. Yn y cinio a gynhaliwyd yn 1967 gwnaed apêl gennyf i sefydlu dosbarth Cymraeg yn y dref. Cafodd yr apêl sylw arbennig yn y papur lleol, yr *Aberdare Leader*. Roedd gan nifer o gynghorwyr Llafur a adwaenwn yn dda ddiddordeb, ac yn arbennig y Cynghorydd dros Abercynon ar Gyngor Sir Morgannwg, D J Bond. Galwais gyfarfod yn y Tabernacl i drafod y sefyllfa drist o ran yr iaith a rhagolygon y bywyd Cymraeg heb addysg Gymraeg. Daeth nifer dda ynghyd, gan gynnwys dau o gynghorwyr Llafur. Roeddwn wedi gwahodd Mr I Morgan, Prifathro Ysgol Gymraeg

Aberdâr, lle bu Meinwen yn ddisgybl, a'r Cynghorydd Sirol, D J Bond. Deliodd y Prifathro ag ofnau'r rhieni:

- All fy mhlentyn ddysgu'r iaith?
- Fyddai'r Saesneg yn cael ei dysgu o gwbl?
- Fyddai plentyn o dan anfantais o ddod o gartref di-Gymraeg?

Siaradodd D J Bond yn dda ar bolisi goleuedig Cyngor Sir Morgannwg, gan bwysleisio mai'r nod a ddylai fod gennym oedd sefydlu ysgol Gymraeg yn hytrach na dosbarth Cymraeg.

Penderfynwyd sefydlu Pwyllgor Gwaith. Cefais fy ethol yn Gadeirydd gyda'r Cynghorydd D J Bond yn Drysorydd a J D Maddox, diacon gyda'r Annibynwyr Cymraeg, yn Ysgrifennydd. Etholwyd 20 yn aelodau'r pwyllgor, 13 o'r capeli Cymraeg. Penderfynwyd ymweld â phob cartref yn Abercynon i wahodd rhieni i ystyried y bwriad. Yn anffodus, ni wnaed y gwaith hwn fel y dylsid gan ei fod yn waith mor anghyfarwydd i'r mwyafrif o aelodau'r Pwyllgor Gwaith. Erbyn yr ail gyfarfod dim ond pedwar enw oedd gennym, a phenderfynwyd cynnal y cyfarfod nesaf yng Nghapel Hermon, Penrhiw-ceibr. Diflas fu'r ymateb, er imi wahodd Eric Evans, Trefnydd Iaith Sir Morgannwg i'r cyfarfod. Agorodd Eric Evans ddrysau'r Cydbwyllgor Addysg ar fy nghyfer, a byddwn yn galw'n gyson i drafod cynlluniau cyhoeddi gydag ef a John Brace ac eraill o'r swyddogion brwdfrydig dros y Gymraeg.

Gwahoddwyd Swyddog Addysg Cwm Aberdâr, Mr Timothy, ac Eric Evans i ddod atom, a phenderfynwyd dechrau dosbarth Cymraeg yn Ysgol Gynradd y Navigation yn Abercynon. Roedd yn rhaid dod o hyd i 12 enw. Llwyddwyd i gasglu'r enwau o dan ofal athrawes o Lwydcoed, Mrs Jean Edwards. Yn ein cyfarfod ar 7 Tachwedd fe'n hysbyswyd fod yna 14 yn y dosbarth. Roedd hi'n edrych yn obeithiol tan i ni gael ein syfrdanu gan yr Awdurdod Sirol. Ni châi plant tair blwydd oed eu derbyn. Cododd hyn nyth cacwn a bu dadlau blin. Gwrthododd y Cyfarwyddwr Addysg dderbyn dirprwyaeth i drafod y sefyllfa, a gwaethygodd pethau. Derbynnid plant yn dair oed mewn ysgolion eraill ond yn bedair oed yn unig yn ein dosbarth Cymraeg ni yn Ysgol Abercynon.

Yn ein cyfarfod ar 23 Chwefror 1968 trawyd nodyn herfeiddiol gan fy nghyfaill, y Parchedig E Peris Owen, Troed-y-rhiw. Roedd e'n dod â'i blentyn ar daith o naw milltir er mwyn cynnal y dosbarth. Cynhaliwyd bore coffi yn y Tabernacl ar 9 Mawrth, o dan nawdd Cymdeithas Rhieni y Dosbarth Cymraeg er mwyn trafod awgrym Peris i gynnal dosbarth yn ei festri, ond ni ddaeth dim ohono. Ychydig oedd nifer y plant a ddeuai o deuluoedd y capeli Cymraeg ac roedd mwyafrif y rhieni heb gysylltiad o gwbl ag Ymneilltuaeth. Plant tai cyngor Bryntirion, Ynys-boeth oedd cnewyllyn y dosbarth ac roedd Awdurdod Addysg Morgannwg yn gosod rhwystrau ar ein ffordd. Dadleuent fod ystad dai Bryntirion o fewn milltir a hanner ac felly na ellid rhoi cymorth i'r plant ddod i'r dosbarth. Mesurodd J D Maddox y ffordd o rif 169 Bryntirion i Ysgol y Navigation. Roedd hi'n 378 o lathenni dros y filltir a hanner. Ym mis Gorffennaf 1968 hysbyswyd y rhieni fod y dosbarth yn dod i ben ond cynigiwyd lle i'r plant yn Ysgol Gymraeg Pont Siôn Norton ger Pontypridd. Erbyn Mawrth 1969 roedd wyth o blant y dosbarth yn teithio i Bontypridd, pump o Abercynon a thri o Ynys-boeth. Teimlai J D Maddox a minnau'n drist ein bod heb lwyddo, ond o leiaf fe heuwyd yr had. Bellach ceir ysgol Gymraeg lwyddiannus yn Abercynon.

Wrth ffarwelio ag Abercynon roeddwn yn gadael ardal a photensial iddi o ran y Gymraeg, ond nid o ran Ymneilltuaeth. Cymuned lofaol ydoedd, yn wahanol i'r gymuned amaethyddol y cefais fy magu ynddi, ac yn hollol wahanol i'r ddinas fawr roeddwn ar fin symud iddi. Bu'r brentisiaeth yn bwysig a bûm yn aml yn meddwl am amrywiaeth bywyd cymoedd glo Morgannwg yn y chwedegau. Gadawn lu o ffrindiau ar ôl, rhai brwd fel yr athro ifanc, Edward Morus Jones, y meddyliwr craff Gwilym Prys Davies, y llyfrgellydd o fardd Harri Webb yn Aberpennar, Tom a Glenys Davies a fu mor garedig wrth Meinwen a'i mam yn Abercwmboi, cyfnither Meinwen, Irene Gimblett yn Nhreorci, a ffyddloniaid y Tabernacl, Hermon a

Disgwylfa. Roedd hiraeth mawr iawn arnon ni fel teulu wrth adael ond roedd byd newydd yn agor i ni. Fy mwriad oedd aros am bum mlynedd a dim mwy, ond cofiaf eiriau'r Parchedig D Hughson Jones, gweinidog Capel Cymraeg yr Annibynwyr, Park Road yn y Dingle, ar ôl imi gyrraedd Lerpwl: 'Os na wnewch chi symud o fewn pum mlynedd, yma y byddwch chi.' Roedd yn siarad o brofiad gan iddo symud i Lerpwl o Dreharris yn 1934, ac roedd yn dal yn Lerpwl yn 1968. Daw ei eiriau'n fyw i'r cof yn gyson. Daliwyd Cymro arall yng nghyfaredd Lerpwl a daeth yn Gymro o Sgowsar, ymhell cyn 2015.

PENNOD 7

Rhoi pob gewyn
ar waith

MOR WAHANOL OEDD bod yn weinidog yn Lerpwl. Roedd ein cartref newydd, 32 Garth Drive, ger parc Calderstones yn lle braf gyda stafelloedd mawr – tŷ braf i deulu, ac rydyn ni'n dal i fyw yn yr un tŷ hyd heddiw. Daeth Tom a Glenys o Gwm Cynon i roddi help llaw yr haf hwnnw a'm rhieni ym mis Gorffennaf, dros gyfnod y Cyfarfod Sefydlu. Yn wir, dyna ddechrau ar groesawu pobl i aros gyda ni. Bu Gaynor Morgan Rees a Beryl Williams, y ddwy actores yn actio gwaith Dylan Thomas yn un o theatrau Lerpwl am fisoedd. Daeth y ddwy i'n haelwyd dros y cyfnod hwnnw. Ar hyd y blynyddoedd pan fyddai rhywun o'r teulu angen treulio mis mêl, neu aros ar y ffordd i Blackpool, Garth Drive oedd y lle i alw. Byddai fy nhad yn treulio mis bob haf yn ein cartref a byddai'r gwerthwr sgidiau a'r llyfrbryf David Harbourne ar ein haelwyd yn gyson am flynyddoedd. Un o bobl y CND oedd ef, pan ddeuthom yn gyfeillion. Mor wahanol i'n cymdogion yng Nghymru oedd y trigolion hyn gan ein bod ni'n byw ymhlith pobl gyfforddus eu byd, darlithwyr ym Mhrifysgol Lerpwl, arbenigwr meddygol, cyfarwyddwr clwb pêl-droed Everton, cynrychiolydd diplomyddol o'r Almaen, a theulu o Iddewon a ddihangodd o afael yr Holocost. Roedd yno ystod eang, gosmopolitan, o bobl hollol wahanol i drigolion busneslyd South Street, Abercynon, ac eto cawsom groeso mawr yn ein cynefin newydd ymhlith y cyfoethogion.

Roedd y symudiad i Lerpwl yn un hynod ar lawer ystyr. Ym meddylfryd y chwedegau o fewn yr enwad roedd cael dod i ddinas fawr fel Lerpwl yn uchelgais i lawer gweinidog ifanc. Ym Morgannwg roedd gennyf dair eglwys i'w bugeilio, yn Lerpwl dim ond un capel, sef Capel Heathfield Road yn ne Lerpwl, adeilad helaeth yn edrych i lawr dros Penny Lane – lle adnabyddus i lu o edmygwyr y Beatles. Y dasg bleserus gyntaf oedd ymweld â'r holl aelodau ar eu haelwydydd yn eu tro yng nghwmni'r blaenoriaid. Gan fy mod yn cymryd yn ganiataol fod pob aelod mewn capel Cymraeg yn medru'r Gymraeg, cyfarchwn hwy yn yr iaith honno. Syndod i mi'n ddiweddarach oedd darganfod mai fi oedd yr unig un a siaradai Gymraeg gyda rhai o'r bobl hyn, ac wrth ddod at ei gilydd bydden nhw'n troi i'r Saesneg. Yn wir, sylwais mai Saesneg oedd yr iaith yn aml ar ddiwedd oedfa fore Sul. Ond buan y newidiodd y drefn gan y byddwn yn sefyll wrth ymyl y drws i gyfarch pob un oedd yn bresennol â llond ceg o Gymraeg Ceredigion – profiad dieithr iawn i lawer un.

Gan nad oeddwn yn gyfarwydd o gwbl â daearyddiaeth dinas Lerpwl, penderfynais dreulio pob bore a phnawn Sadwrn yn crwydro'r maestrefi lle nad oedd yr aelodau yn byw ac ar dro byddwn ar goll yn llwyr. Ond deuai gobaith pan gofiwn fod Queens Drive fel stribyn hir yn croesi'r ddinas. Gofynnwn i hwn a'r llall sut oedd dod o hyd i Queens Drive. Buan y darganfûm fod y Sgowsar yn garedig ac yn barod i helpu gymaint fyth ag y medrai. O fewn tri mis roedd gen i ddigon o hyder i ffeindio Crosby a Bootle ac Anfield heb drafferth yn y byd. Trwy fy ymweliadau â'r aelodau yn Wavertree, Allerton, Childwall, Roby, Woolton a Mossley Hill, yn ne Lerpwl, gwyddwn lle'r oedd y rhan fwyaf o'r strydoedd a adeiladwyd gan y Cymry.

Deuthum yn ymwybodol fel cymdeithasegydd fod aelodaeth y capel yn wahanol iawn i'r capeli y bûm yn gofalu amdanynt yn Nwyrain Morgannwg. Roedd dosbarth cryf o bobl yr adeg honno yn Gymry a anwyd yn Lerpwl – sglein ar eu gwisg, cyfoeth yn eu moduron ac yn y tai crand roeddynt yn trigo ynddynt. Meibion a merched rhai o adeiladwyr pennaf Lerpwl oedd nifer ohonynt. Yno y gwnaeth y Cymry eu harian, digon ohono, er nad oeddynt yn hael iawn eu cyfraniadau. Roedd y rhai mwyaf ffyddlon o'r dosbarth hwn yn meddu ar Gymraeg graenus ac yn gwerthfawrogi gweinidog brwdfrydig a gweithgar. Tueddent i fod yn geidwadol o ran gwleidyddiaeth a syniadaeth ac wedi'u trwytho yn drwyadl mewn dirwest a phurdeb moesol. Yn Saesneg y byddai'r rhai anffyddlon o'u plith yn clebran ond eto roeddent yn falch o'u perthynas â'r capel. Er eu bod yn snobyddlyd, roedd y capel yn bwysig gan fod cymaint o'u plentyndod a'u llencyndod wedi'i dreulio yno, naill ai fel aelod o'r tîm pêl-droed, neu ar gwrt tennis y capel ym marc Calderstone. Daeth llawer o'r rhain yn gryn ffrindiau i ni gan na fyddwn yn anghofio amdanynt yn eu plasau. Roedd rhai'n ceisio fy mherswadio i ymuno â'r clwb golff yn Woolton ac eraill yn ceisio fy nenu i blith y Seiri Rhyddion. Sioc imi oedd canfod fod y gweinidog Sosialaidd, y Parchedig J H Howard, yn aelod o'r Seiri Rhyddion. Yn wir, roedd Cyfrinfa Gymraeg ei hiaith o'r Seiri Rhyddion yn y ddinas, sef Cyfrinfa Dewi Sant, ond gwrthodais y gwahoddiadau. Ni allwn fforddio tâl y clwb golff ac ni chredwn y dylai unrhyw fudiad fod yn gyfrinachol.

Yr ail ddosbarth yn y capel oedd y Cymry alltud, y rhai a anwyd ac a fagwyd yn y Gymru wledig ran amlaf. Hwy oedd yn y mwyafrif, yn dod o bron bob sir yng Nghymru ar wahân i Faesyfed. Ceid dau fath o Gymry alltud. Y grŵp cyntaf oedd plant y werin a fu mewn coleg hyfforddi neu yn y brifysgol, ac oedd wedi gwella'u byd, a dod yn rhan o'r dosbarth canol. Addysgwyr oedd y rhelyw ohonynt, athrawon ysgolion cynradd neu uwchradd, rhai'n brifathrawon, eraill yn ddarlithwyr, a gweinidogion yn dilyn galwedigaethau eraill. Ond ceid hefyd gyfreithiwr, fferyllwyr, meddygon teulu ac ysbyty, a nyrsys a gweinyddesau. Roedd doniau amrywiol ymhlith y dosbarth hwn o Gymry alltud.

Grŵp arall oedd y gwerinwyr na fu mewn coleg ond a weithiai fel seiri coed a seiri maen yn y diwydiant adeiladu, nifer ohonynt yng nghwmni adeiladu J W Jones oedd yn gysylltiedig â'n capel a'r tri chyfarwyddwr yn aelodau o'r ddiadell. Roedd eraill yn gweithio yng ngwaith mawr ffatri Ford yn Haelwood ac mewn cwmnïau amrywiol. Er bod rhai yn ddigon llwm eu byd gwnaent eu gorau i ymddangos yn barchus. Nid ffenomenon newydd mo hyn, mae'n amlwg, gan yr atgoffwyd fi yn ystod fy Nadolig cyntaf fod cronfa ar fy nghyfer i'm helpu ar fy ymweliadau â'r cyfryw bobl. Yn ystod y blynyddoedd daeth y rhain i ddibynnu llawer arnaf gan y gwyddent fy mod fel y banc am gadw cyfrinach. Y rhain oedd y praidd roeddwn i'n gyfrifol amdanynt yn ysbrydol, a gan fy mod yn ymwelydd o'r funud y cyrhaeddais Lerpwl daethom yn bennaf ffrindiau â'n gilydd. Fel rhan o'm gweledigaeth credwn yn offeiriadaeth yr holl saint ac euthum ati yn ystod y tymor cyntaf i rannu cyfrifoldebau, yn arbennig ar noson waith, ac yn y seiadau a gynhelid ar nos Lun. Trefnais seiadau ar lyfr o'r Beibl a chael gwahanol bobl i agor y drafodaeth. Gan fod saith gweinidog yn perthyn i'r gynulleidfa, heblaw'r blaenoriaid a'r darlithwyr, roedd gennyf ddeunaw o bobl i roddi help llaw gydag addysg Feiblaidd yr eglwys, heblaw'r athrawon ysgol Sul. Roedd hi'n braf arnaf gan y gwelais o'r funud gyntaf wedi imi gymryd yr awenau fod yna gefnogaeth, ac mae wedi parhau dros y blynyddoedd.

Ar fore Sul roedd cynulleidfa gref a phlant yn cadw traddodiad a gychwynnwyd ar derfyn yr Ail Ryfel Byd o ddweud eu hadnodau o flaen y gynulleidfa, a minnau'n diolch ac yn gwneud sylw neu adrodd stori. Cawn wyth i ddeg o blant o leiaf i ymateb, a golygai hyn fod deng munud o'r gwasanaeth yn hedfan ac nid oedd angen i'r bregeth fod yn fwy nag ugain munud. Er bod y gynulleidfa ar fore Sul yn gref, yn y nos y ceid y gynulleidfa gryfaf. Yn y pnawn ceid yr ysgol Sul i'r oedolion a'r plant a cheid dosbarthiadau o ddynion a merched. Gwelid rhai yn ffyddlon ym mhob gwasanaeth.

Ar nos Sul llwyddais yn wyrthiol i gynyddu nifer y bobl ifanc a ddeuai i'r oedfa. O fewn tair i bedair blynedd roedd y nifer wedi dyblu, a chawn 60 o ieuenctid rhwng dwy ar bymtheg a phump ar hugain oed i fynychu'r oedfa. Roedd hi'n ysbrydoliaeth paratoi pregethau a'u traddodi gyda chymaint o arddeliad ag y medrwn i gynulleidfa gref o bobl o bob oed.

Cawn wahoddiadau o bob rhan o Gymru i gyfarfodydd pregethu ar y Sul a dyddiau gwaith. Doedd teithio'n mennu dim arna i a byddwn yn aml yn teithio ar fore Sul i Bwllheli, cymryd pedair oedfa, ac yna teithio'n ôl nos Sul, taith o 220 o filltiroedd i gyd. Mewn wythnos arall teithiwn i Gwm Nedd a Dyffryn Ogwr a Chwm Tawe i oedfaon prynhawn a hwyr, ac yna aros noson, a theithio'n ôl fore trannoeth. Ond roedd yn rhaid cofio fy mod wedi fy ngalw i ddinas Lerpwl a Henaduriaeth Lerpwl, i gylch lle'r oedd llu o gymdeithasau Cymraeg a chrefyddol. Mae'n anodd credu heddiw fod cymaint o dystiolaeth Ymneilltuol Gymraeg yn Lerpwl a Glannau Mersi yn 1968.

Fe gyrhaeddais Lerpwl yng Ngorffennaf 1968, dros 47 mlynedd yn ôl. Fy nod oedd cyrraedd erbyn dydd Sadwrn, 6 Gorffennaf ar gyfer Dydd y Cymry a gynhelid ar gae chwarae Fferm Jerico ger Otterspool. Cofiaf yn dda un o'r Cymry yn dweud wrthyf y gallwn weld Moel Famau o'r cae hwnnw – ffordd i liniaru fy hiraeth am gymoedd glo y De a bro fy mebyd, a Chraig y Foelallt yn Llanddewibrefi. Roedd yno dros ddau gant o Gymry yn mwynhau'r mabolgampau ar lan yr afon fawr, a chofiaf yn dda fod yna gystadlaethau ar gyfer pob oedran gan gynnwys ras i'r mamau a'r tadau.

Fy mlaenoriaeth gyntaf yn 1968 oedd trefnu a gosod gwaith yr ifanc ar sylfeini cadarn. Ond roedd rhai arweinwyr o fewn y gymdeithas Gymraeg ac Urdd y Bobl Ieuainc yn yr Henaduriaeth yn dymuno canoli'r gweithgarwch yng nghanolfan yr eglwys Babyddol yn Seel Street ynghanol y ddinas. Penderfynais hysbysu'r gynulleidfa yn nechrau Medi ein bod yn darparu cyfarfodydd ein hunain a lluniaeth ar gyfer yr athrawon ifanc, y myfyrwyr a'r ieuenctid yn yr Ysgoldy Bach ar nos Sul. Talodd hyn ar ei ganfed a chymerodd Meinwen y cyfrifoldeb am y lluniaeth mewn ymgynghoriad â'r gwragedd ifanc. Daeth y cyfarfod ar gyfer yr ifanc ar derfyn oedfa nos Sul yn un o weithgareddau pwysicaf y deng mlynedd nesaf.

Roeddwn yn llythrennol yn rhoi pob gewyn ar waith ar y Sul. Byddai gennyf oedfa'r bore am hanner awr wedi deg, yna yn y prynhawn gan amlaf disgwylid imi bregethu yn un o'r capeli cenhadol yng nghyffiniau Lerpwl fel Runcorn, Ellesmere Port, West Kirby, St Helen's Junction, Huyton Quarry, Blackburn, Ashton-in-Makerfield a Southport; yna cynhelid oedfa'r hwyr am chwech yn Heathfield Road, ac yn dilyn hynny Gylch Trafod yr Ifanc o hanner awr wedi saith i naw o'r gloch. Weithiau byddai'r drafodaeth yn parhau am ddwy awr, yn arbennig pan fyddai siaradwr lliwgar o Gymru yn dod atom. Cofiaf yn dda y seiciatrydd, Dr Dafydd Alun Jones, yn hedfan yn ei hofrenydd o Fôn i faes awyr Speke er mwyn dod atom ac yn siarsio'r blaenoriaid i dalu am wersi hedfan ar fy rhan.

Yn fuan iawn ar ôl cyrraedd cefais fy nghyflwyno, mae'n debyg, i 'Mistar Cymry Lerpwl' y cyfnod hwnnw, sef Henry Humphrey Jones. Un o Faenan, ger Llanrwst ydoedd, yn un o saith o blant ac roedd tri o'r brodyr wedi cydoesi yn Lerpwl, pob un yn flaenoriaid gydag Eglwys Bresbyteraidd Cymru. Fe ddes i gysylltiad ag H Humphrey Jones yn y Gymdeithas Gymraeg un nos Wener, a chafwyd cryn ddathlu yn 1969 gan ei fod ef yn 90 y flwyddyn honno. Lluniodd Elfed Owen (Pencerdd Silyn), organydd Capel Laird Street, Penbedw benillion i'w longyfarch:

Beth yw'r Orsedd a'r Welsh Choral
Heb fferyllfab, mawr ei fri,
Pa gymdeithas a all hawlio
Llywydd fel ein llywydd ni?

Os oedd 1969 yn flwyddyn fawr i Humphrey Jones roedd hi'n flwyddyn arbennig iawn i ni fel teulu'r Mans oherwydd ar y dydd olaf o Fehefin yn Ysbyty'r Mamau yn Oxford Street ganwyd yr ail fab, Hefin Ednyfed, i gyfoethogi ein haelwyd. Y tro hwn penderfynwyd fy mod i fedyddio Hefin mewn gwasanaeth a gofynnwyd i'n ffrindiau o Abercynon, Emrys a Jean Edwards, fod yn fam a thad bedydd ac roedden nhw wrth eu bodd. Bu bedyddio plant yn y sacrament yn un o orchwylion hyfrytaf fy ngweinidogaeth, ond aeth hi ddim yn dda ym medydd Hefin.

Ni chlywais gynt na wedyn ddim un plentyn a lefodd fwy nag ef yn fy mreichiau a bu'n rhaid i'w fam ei suo i gysgu.

Blynyddoedd braf oedd blynyddoedd cynnar bywydau'r plant, a byddai Dafydd, ein mab hynaf, ar ddiwedd oedfa yn rhedeg o sedd ei fam i fyny grisiau'r pulpud ataf. Munudau i'w trysori ydynt gan eu bod yn diflannu mor fuan a hwythau'r bychain yn tyfu i fwynhau eu byd nhw eu hunain. Pan fyddai'r Parchedig John R Roberts, Pen-y-cae yn dod i bregethu i'n capel byddai'n aros gyda ni, a gan ei fod mor fach o gorff, byddai'r plant yn edrych arno fel un y medren nhw chwarae gydag ef. Yn aml byddai'r tri ohonynt ar ôl cinio a chyn ein te ar lawr yr ystafell orau yn chwarae â'r teganau. Ar ddiwedd yr ysgol Sul byddai Dafydd a Hefin yn mynd i chwilio am yr annwyl John bach, y cawr bregethwr, yn yr Ysgoldy Mawr ac yn dod ag ef law yn llaw i'r car.

Roeddwn wrth fy modd yn ystod y cyfnod hwnnw yn anfon erthyglau byr i gylchgrawn y Cymry ar y Glannau, *Y Bont*. Cefais fy rhwydo i lunio pytiau gan y golygydd, cyd-weinidog yn y ddinas, R Maurice Williams. Yr adeg honno enillais wobr gyntaf ar y cyd yn Eisteddfod Genedlaethol Fflint am baratoi portreadau o wŷr llengar yng Nghymru yn yr ugeinfed ganrif, a chyhoeddwyd y gwaith dair blynedd yn ddiweddarach. Digwyddiad arwyddocaol arall oedd cyhoeddi cyfrol yn 1969 ar fywyd a gwaith Mahatma Gandhi yn y Gymraeg. Dyma ddechrau ar lenydda o ddifrif. Ysgrifennodd y Gwir Anrhydeddus Cledwyn Hughes air o gyflwyniad gan y bydden ni'n cael gair yn achlysurol ar y ffôn. Gwerthwyd y gyfrol yn llwyr, ac ni welir heddiw gopi yn unman, dim ond mewn siop lyfrau ail-law. Dylid ailgyhoeddi'r cofiant i genhedlaeth newydd.

Gwnaethom ymgartrefu cystal am fod pobl y capel mor awyddus i groesawu'r ddau ohonom i'w cartrefi i gael pryd o fwyd. Gan fod fy mam-yng-nghyfraith yn byw gyda ni roedd gennym y rhyddid i dderbyn y gwahoddiadau. Cofiaf yn dda Howell Vaughan Jones a'i briod Gwen yn dod heibio i fynd â ni i gartref Dr Goronwy Thomas a Morfudd ei briod ar noson o niwl trwchus. Ni wn sut y llwyddodd yr adeiladydd i gyrraedd cartref y llawfeddyg. Ond fe wnaeth. Gwyddwn fod yna dipyn o siarad ymhlith aelodau capeli eraill am fy nghredo gwleidyddol. Yn ôl pob si, fe ddywedodd un o organyddion capeli'r cylch wrth aelod amlwg yn Heathfield Road, a hynny yn Saesneg ar drothwy Penny Lane, 'I don't know what has happened in Heathfield Road. They have gone for a bloody Communist.' Efallai mai hynny oedd y rheswm y bu i'r gynulleidfa gynyddu, ond go brin. Roedd rhesymau ysbrydol mwy pwysig na hynny, greda i.

Sylweddolais na ddylai capel Cymraeg fod yn werddon yn unig ond y dylai gymryd rhan yn y gymuned o'i amgylch. Ymunais â brawdoliaeth gweinidogion ac offeiriaid eglwysi cylch Mossley Hill, pob un ohonynt fel finnau yng ngofal capeli ac eglwysi cryfion. Roedd naw o eglwysi a naw o arweinwyr. Cofiaf offeiriad Eglwys St Barnabas, sydd yn llythrennol ar draws y ffordd o Heathfield Road, yn fy nghroesawu ac yn dweud iddo gyrraedd ei eglwys i weinidogaethu yr un pryd â'm rhagflaenydd, ond na chawsant gyfle i gyfarfod dros yr holl flynyddoedd hynny. Deuthum yn un o sylfaenwyr Cyngor Eglwysi Mossley Hill a'r Cylch ac agorwyd drysau imi na fyddai wedi agor pe na bawn wedi ymuno, a chefais gyfle i atgoffa'r rhai go anwybodus fod gan y Cymry hefyd eu hysbrydolrwydd.

Byddai William Jones, Meldum Road yn fy ngwahodd yn gyson i ddweud gair neu i annerch y Gymdeithas Gymraeg, ac wedi'i ddyddiau ef gwnaeth Mrs Norma Lloyd Owen yr un fath yn ystod y deng mlynedd ar hugain diwethaf. Y cyn-ringyll oedd yr ysgrifennydd gweithgar ac roedd yn gymeriad gwych. Daeth y ddau ohonom i ddeall ein gilydd i'r dim. Roedd hyn yn rhoi cyfrifoldeb arall arnaf y tu allan i ffiniau'r capel, ac yn gyfle imi ddod i adnabod pobl o enwadau a maestrefi eraill.

Roedd Cymdeithas Gymraeg Lerpwl yn ffynnu, felly hefyd Aelwyd yr Urdd ar nos Fawrth ac Urdd y Bobl Ieuainc ar nos Fercher, ac ar nos Sul ceid y Cylch Trafod ym Maesgrug, a rhoddi'r enw Cymraeg ar Heathfield. Roeddwn yn ymuno yn Lerpwl â theulu mawr o weinidogion Ymneilltuol Cymraeg, y brodyr oedd yn gwarchod fel finnau y capeli Cymraeg. Anodd heddiw yw credu i mi fod yn un o ugain o weinidogion Cymraeg ar y Glannau yn y cyfnod cynnar, ac mai fi yw'r unig un ohonynt sydd yn dal yn y tresi heb laesu dwylo.

Un peth roeddwn yn benderfynol o'i gyflawni oedd cadw'n fyw yr ymwybyddiaeth o'r Gymraeg drwy'r Henaduriaeth newydd a'm sefydlodd yn weinidog o'i mewn. Roedd hynny'n golygu, yn gyntaf, gynorthwyo hyd eithaf fy ngallu y capeli cenhadol ar gyrion dinas Lerpwl nad oedd ganddynt fugail. Mae rhamant yn perthyn i'r rhain a chwith meddwl fod pob un ohonynt wedi peidio â bod. Brwydrais dros Gapel Cymraeg Runcorn. O 1973 tan 1976 bu'r capel yn dioddef yn enbyd oherwydd y cynllun i ad-drefnu oherwydd y bont dros afon Merswy. Roedd tri Awdurdod y bu'n rhaid imi eu herio fel Ysgrifennydd Henaduriaeth Lerpwl (swydd y deuthum iddi yn 1972). Bu'n rhaid imi ymgyrchu'n galed i gael cyfiawnder i'r capel bach ond roedd gennyf gyfreithiwr profiadol tu cefn imi, sef D T Gruffydd Evans, Penbedw, Rhyddfrydwr amlwg yng Nghilgwri, a ddyrchafwyd i Dŷ'r Arglwyddi fel yr Arglwydd Gruffydd Evans o Claughton. Bu farw yn gynamserol a chefais y fraint o lywio'r arwyl a thalu teyrnged i un o Gymry mwyaf nodedig Penbedw yn ei ddydd. Capel arall y bûm yn ei gynrychioli oedd Capel Cymraeg Blackburn, ac yno y deuthum i adnabod y blaenor unigryw, Evan Roberts. Ar ôl cau capel Blackburn byddai ef a'i briod yn teithio 57 o filltiroedd i Gapel Cymraeg cenhadol Carmel, Ashton-in-Makerfield. Coffa da amdanynt, halen y ddaear.

Daliwn i lenydda a chyhoeddi llenyddiaeth yn yr iaith Gymraeg a minnau'n dal yng ngofal gwasg Cyhoeddiadau Modern Cymreig. Cychwynnais gwmni i recordio grwpiau Cymraeg hefyd o dan label 'Recordiau'r Ddraig'. Yr adeg honno, 1969–1970, roedd gŵr yn Wallasey yn meddu ar gyfleusterau recordio a stiwdio ganddo yn ei gartref, ac ar y Sadyrnau byddwn yn gwahodd unigolion a grwpiau yno i'w recordio ac yna'n creu label a record a fyddai ar y farchnad yng Nghymru. Dyna sut y bûm mor ffodus â chael recordio record gyntaf y Tebot Piws gyda Dewi Pws yn ei lawn hwyliau, a bydd e bob amser yn cydnabod hyn ar y cyfryngau. Pan symudodd y stiwdio o Wallasey i Swydd Hertford daeth Recordiau'r Ddraig i ben, ond ymgais fer oedd hon i hybu'r bywyd newydd Cymraeg.

Byddwn yn dal i ymweld â chleifion o Gymru yn ysbytai'r ddinas ac yn croesawu Cymry ifanc i'n plith. Braint oedd cael fy ngosod yn Gaplan yr Eglwysi Rhyddion yn yr hen Ysbyty Brenhinol yn Pembroke Place, a chael cynnal gwasanaethau yn y capel hardd yno. Roedd gennyf gyswllt da gydag Ysbyty Broadgreen trwy'r Metron, Miss Hilda Jones, merch o Drefor a fyddai'n ffonio bob wythnos i ddweud pan fyddai rhywun o Gymru yn yr ysbyty. Un arall a fyddai'n gwneud hynny oedd Glyn Davies, Roby (Rhuthun bellach) a oedd yng ngofal Labordy Broadgreen, yn olynydd i O E Roberts, ac yn un o flaenoriaid ymroddedig ein capel. Roedd gennyf berthynas agos â'r meddygon, ac yn eu plith yr arbenigwyr Wil Lloyd-Jones a Goronwy Thomas a oedd yn aelodau gennyf. Ar ôl cau Capel Anfield daeth Howell Hughes yn un o'r praidd, tra deuai Emyr Wyn Jones i'n tŷ ni'n rheolaidd gan ei fod ef yn awyddus i goffáu ei briod athrylithgar, Enid Wyn Jones, a fu farw yn 1967 yn yr awyren ar ei ffordd yn ôl o Awstralia. Cyhoeddodd gyfrol ar ei liwt ei hun yn Saesneg, *In Memoriam*, a bodlonodd Meinwen gyfieithu rhannau helaeth o'r gyfrol honno i'r Gymraeg ac fe'i cyhoeddais yn enw Cyhoeddiadau Modern – *Cyfaredd Cof*, cyfrol hardd a graenus o waith y meddyg annwyl a diwylliedig.

Yn ddiweddarach yn, 1975, ailgychwynnwyd Eisteddfod Gadeiriol Glannau Mersi, mewn cydweithrediad â myfyrwyr Cymraeg y Brifysgol yn nyddiau'r myfyriwr meddygol Hywel Morris o Uwch Aled a'r bardd Cynan Jones, Nanmor, ger Beddgelert. Cofiaf yn dda Hywel Morris yn dod i'm gweld a gofyn am gefnogaeth. Braint fu cadeirio'r Pwyllgor Gwaith a chydweithio gyda'r myfyrwyr ifanc yn yr eisteddfodau llwyddiannus a gynhaliwyd yn y Brifysgol, gan roddi cyfle i'n plant a'n hieuenctid gystadlu.

Denwyd cystadleuwyr o bob rhan o ogledd Cymru ac enillodd beirdd cenedlaethol fel Selwyn Griffith y Gadair mewn seremoni liwgar. Cynhelid yr Eisteddfod ar bnawn a nos Sadwrn yn Undeb Myfyrwyr Prifysgol Lerpwl a deuai torf fawr ynghyd. Swcrwyd doniau plant ac ieuenctid Cymry'r Glannau, fel Owain Ellis Roberts, y darlledwr gwych ar newyddion S4C, a'i chwaer Gwenan sydd yn paratoi bwletinau ar gyfer y cyfryngau yn Llundain, Lowri Williams sydd ar staff y BBC yng Nghaerdydd, a Carys ei chwaer sydd yn gweinyddu rhaglen cwmni theatr yn Llundain.

Bu bri mawr ar yr Eisteddfod o 1976 i 1981, ond gwnaeth Terfysg Toxteth y flwyddyn honno ddrwg mawr i'r sefydliad ac i'n delwedd fel dinas i Gymry Cymraeg Gwynedd a Chlwyd. Ofnai Cymry'r Gogledd deithio i'r Eisteddfod ar ôl Terfysg Toxteth, ond, bu'r Eisteddfod yn ysgogiad i ni ym Methel barhau i baratoi partïon plant, ieuenctid ac oedolion. Yn wir, bu côr adrodd oedolion o dan gyfarwyddyd Meinwen yn hynod o lwyddiannus a mentrodd gystadlu yn Eisteddfod Genedlaethol Caernarfon yn 1979. Parhaodd yr Eisteddfod hyd ddiwedd yr wythdegau, ond lleihaodd ei hapêl wrth i'r blynyddoedd gilio.

Gallaf dystio fod cryn weithgarwch Cymraeg yn digwydd yn y cyfnod hwn yn Sir Gaerhirfryn gan fod cymdeithasau Cymraeg yn bodoli yn Wallasey, Penbedw, Lerpwl, Ellesmere Port (roedd hyd yn oed Aelwyd yno), Southport, St Helens a Runcorn. Roedd pob capel yn naturiol yn meddu ar gymdeithas lenyddol a phobl dalentog iawn ar gael o fewn y capeli. Ffurfiwyd Parti Maesgrug a bodlonodd Gwynfryn Evans fod yn arweinydd. Bu galw am wasanaeth y grŵp ar hyd a lled Sir Gaerhirfryn. Yn ddiweddarach, gan fod cymaint o alw, fe wnaethon ni fel teulu ffurfio parti bychan a'i alw yn 'Parti'r Mans'; Meinwen yn adrodd a minnau'n arwain, a'r meibion Dafydd a Hefin yn chwarae offerynnau ac yn canu unawdau a deuawdau.

Deuai'r cyfryngau Cymraeg ataf yn gyson ar ôl imi gyrraedd Lerpwl fel yn Abercynon. Ddechrau 1970 daeth y BBC yng Nghaerdydd i wneud rhaglenni am y ddinas a daeth cwmni sgaffaldau i adeiladu llwyfan helaeth o fewn y capel ar gyfer y camerâu. Recordiwyd dwy raglen deledu, un rhaglen ar Gymry Lerpwl a minnau a'r llall ar 'Ganu Mawl' yng nghwmni Undeb Corawl Cymreig Lerpwl. Roedd gan yr Undeb gysylltiad agos â ni fel capel gan fod nifer dda o'r aelodau yn perthyn i'r côr.

Blwyddyn lawn a hynod o bleserus oedd 1971 pan ddaeth cyfrifoldeb ychwanegol i'm rhan fel Llywydd Cyngor Ffederal Eglwysi Rhyddion y Glannau. Yng ngolwg yr Arglwydd Faer yn Neuadd y Ddinas a'i swyddogion, roedd y Llywydd ar yr un tir ag Archesgob y Catholigion ac Esgobion yr Anglicaniaid, sef Esgob Lerpwl ac Esgob Warrington. Dyma sut y cafodd Meinwen a minnau wahoddiad i gyfarfod a chael ein cyflwyno i'r Frenhines Elisabeth a Dug Caeredin pan ddaethon nhw i agor yn swyddogol dwnnel newydd Wallasey.

Yr Arglwydd Faer, yr Henadur Charles Cowan, oedd yn cyflwyno'r gwahoddedigion, ond pan ddaeth hi'n fater o gyflwyno'r Archesgob Pabyddol aeth hi'n dywyll arno. Methai'n lân â chofio'i enw. Distawrwydd llethol. Roedd hi'n amlwg bod y Frenhines yn gwybod ei enw. Torrais ar y distawrwydd a thorri pob confensiwn gan ddweud yn uchel ddigon, 'Archesgob Beck yw e'. Daeth chwarter gwên i wyneb Dug Caeredin ond doedd dim gwên ar wyneb y frenhines, dim mwy nag a welid ar wynebau fy nghyd-wahoddedigion. Beth oedd fy marn am y Frenhines? Ei bod hi'n wraig go fach o ran maint, yn gwisgo'n dda ac yn cyflawni ei gwaith diflas yn berffaith.

Yn niwedd y flwyddyn roedd Pwyllgor Bugeiliol Eglwys Gymraeg St John's Street, Caer wedi anfon llythyr ataf i ofyn imi ystyried dod yn weinidog arnynt hwy a chapel Saltney Ferry. Nid oedd unrhyw awydd arnaf ac felly y bu hi dros y blynyddoedd, er imi dderbyn llu o wahoddiadau dros y cyfnod o Lanelli, Pontarddulais, Tregaron, Llanddewibrefi a Rhosllannerchrugog. Euthum â'r teulu gennyf i weld Mans Capel y Gopa, Pontarddulais, ond doedd y fynwent yn ei ymyl ddim yn denu'r bechgyn o gwbl. Y gwir oedd nad oeddent am adael Lerpwl, na ninnau eu rhieni chwaith. Roedd y Cymry a'r ddinas yn ei holl amrywiaeth yn tyfu yn ein serch a'n bywydau o flwyddyn i flwyddyn.

Ynghanol yr holl weithgarwch dinesig ac eglwysig hwn cefais fy mherswadio i ystyried sefyll etholiad fel ymgeisydd seneddol i'r Blaid Lafur. Daeth Frank Price Jones o Fangor ar y ffôn i ofyn a fyddwn yn barod iddo gynnig fy enw ar gyfer etholaeth Conwy, a bodlonais. Deuthum ar y rhestr fer a llwyddo i ennill y dydd er bod ymgeiswyr cryf yn fy erbyn, fel Emlyn Sherrington, darlithydd ym Mangor a gŵr fel finnau a chwifiai'r faner goch a'r ddraig goch. Dewiswyd ef wedyn i sefyll yn Sir Gaernarfon. Roeddwn wedi hysbysu'r swyddogion ym Methel am fy mwriad gan sylweddoli fy mod yn cymryd cam unigryw yn hanes Eglwys Bresbyteraidd Cymru. Disgwylid i mi'n naturiol gyflawni'r ymgyrchu yn fy oriau hamdden, ac yn ystod y tair wythnos ar ôl galw'r etholiad roedd yn rhaid imi gadw fy nghyhoeddiadau ar y Sul yn fy eglwysi ac eglwysi'r Henaduriaeth.

Cefais dderbyniad da yn y canghennau, yn arbennig Dolanog, Dolwyddelan a Bethesda, ac roedd amrywiaeth mawr o fewn yr etholaeth. Yng nghanghennau Bangor, Conwy a Llandudno daeth nifer dda i gyfarfodydd a doedd dim angen yngan gair o Saesneg yng nghangen Dolwyddelan. Roedd yr ohebiaeth yn y Gymraeg bob amser. Cefais gyfle i ddod i adnabod Aelod Seneddol Môn, Cledwyn Hughes, a bydden ni'n dod at ein gilydd yn gyson i le bwyta ym Mhorthaethwy amser cinio ddydd Sadwrn. Yn wir, bu e'n gaffaeliad mawr. Pan fyddwn yn ymgyrchu ym Mangor, clywn yn aml y frawddeg hon gan bobl: 'Pobl Cledwyn ydan ni', hynny yw, nid pobl y Blaid Lafur, ond pobl oedd yn gefnogwyr i Cledwyn Hughes. Pleidlais bersonol oedd hi'n amlwg ym Môn. Roedd pobl wedi ymserchu yn ei bersonoliaeth a'i ffordd werinol o wneud pawb yn gysurus yn ei gwmni.

Roedden ni'n credu fod gennym gyfle da i adennill Conwy wedi i'r Ceidwadwr Wyn Roberts ennill y sedd o afael Ednyfed Hudson Davies yn 1970 gyda dim ond 903 o bleidleisiau. Camgymeriad o'r mwyaf. Doedd Wyn Roberts ddim yn rhych y Ceidwadwyr traddodiadol, ond yn hytrach yn yr un traddodiad â minnau, yn Gymro twymgalon ac yn hoff o bobl. Dyma gyfathrebwr effeithiol a fu am flynyddoedd ym myd y cyfryngau, a go brin y byddai neb yn llwyddo i gael y gorau arno tra safai e yng Nghonwy. Dyna a ddigwyddodd.

Pan alwodd Ted Heath yr etholiad ar gyfer 28 Chwefror 1974, roedden ni'n ddigon awyddus a pharod am yr ymgyrchu. Trefnwyd fflat imi yn Stryd Fawr Bethesda dros y tair wythnos. Roedd asiant ardderchog gennyf, sef Bryan Owen o Fethesda, ac ef a John Morris, Cadeirydd yr etholaeth, fyddai'n fy nhywys o amgylch. Bu ardal Bethesda, Llanllechid a Rachub ar un adeg yn un o gadarnleoedd y Blaid Lafur, er, yn amlwg, roedd Plaid Cymru yn ennill gwrogaeth bendant trwy waith diflino cenedlaetholwyr o ymroddiad Dafydd Orwig a'r gweinidog, John Owen, ymgyrchwyr brwd dros yr iaith a ddaeth yn ffrindiau da iawn.

Yr adeg honno roedd cyfarfodydd cyhoeddus yn bwysig a byddai tyrfaoedd yn dod ynghyd. Doedd annerch y cyfarfodydd hyn ddim yn boen yn y byd a llwyddwyd i gael nifer dda o siaradwyr da i'm cefnogi. Ym Mangor roedd ein swyddfa ganolog a byddai o leiaf pedwar cynghorydd Llafur, yn cynrychioli ardaloedd megis Maesgeirchen a Chefn-mawr. Cnociais ar bob drws yn yr ardaloedd hyn, ond nid oedd unman yn debyg i bentref Dolgarrog. Yno roedd teuluoedd lawer yn weithgar, fel teulu'r undebwr Walter Jones. Rhoddwyd llun ohonof yn ffenestr pob tŷ yn y pentre!

Cawsom glywed fod y cyn-Brif Weinidog, Harold Wilson, am roi help llaw drwy annerch cyfarfod ym Mangor. Dyma gyfle i rannu llwyfan gydag ef, Cledwyn Hughes a Wil Edwards, Meirionnydd. Siaradodd Wilson yn ddigon di-hwyl. Yn wir, aeth yr Athro Huw Morris-Jones i drwmgwsg o'i flaen, ond ni allai Dafydd fy mab dynnu ei lygaid oddi arno. Ar ddiwedd y cyfarfod y peth cyntaf a wnaeth Harold Wilson oedd dod i lawr o'r llwyfan i gyfarch Dafydd a gofyn pwy oedd e. Ond y frawddeg ddeifiol a ddaeth o enau'r bychan oedd: 'Dad isn't going to do it. But I will.' Profodd y rhan gyntaf o'i broffwydoliaeth yn wir, ond ni wireddwyd yr ail ran gan fod yn well gan Dafydd erbyn hyn holi a pharatoi bwletinau ar wleidyddiaeth a phynciau'r dydd na bod yn wleidydd.

Un o'r gwleidyddion y cefais i hyfrydwch mawr o fod yn ei gwmni oedd Denis Healey. Roedd e'n wleidydd mawr, mor wybodus ac mor gadarn ei ddadl. Gwleidydd ifanc a roddodd oriau o'i amser i mi oedd Neil Kinnock, Aelod Seneddol Bedwellte. Bu'r ddau ohonon ni mewn cysylltiad yn achlysurol byth oddi ar hynny.

Daeth George Thomas o Gaerdydd i annerch cyfarfod ym Methesda a'r neuadd yn gysurus lawn. Cawsom ddarn o'i hunangofiant, am ddyddiau anodd ei blentyndod yn y Rhondda Fawr ac aberth ei fam. Aeth i berorasiwn ar ddiwedd ei araith rymus, yn llinach y pregethwr Methodist, gan ddyfynnu yn Saesneg bennill William Blake:

Ni chwsg fy nghleddyf yn fy llaw,
Ni ddianc f'enaid rhag y gad,
Nes codi mur Jerwsalem
Ar feysydd gwyrddlas Cymru fad.

Gosododd Miall Edwards y gair 'Cymru' yn y llinell olaf yn lle 'Lloegr', ond 'Lloegr' ddaeth o enau George!

Bu aelodau'r Blaid Lafur yn brysur; roedd ein posteri ym mhob twll a chornel, ac roedd y wasg, yn arbennig y *Daily Post*, yn dod i gredu ein bod yn mynd i gipio'r sedd. Credaf fod Wyn Roberts ei hun yn dechrau poeni am y canlyniad, oherwydd pan ddaethon ni wyneb yn wyneb â'n gilydd ynghanol sgwâr Dolwyddelan nid oedd ganddo amser i ysgwyd llaw â mi.

Wrth i'r ymgyrch ddatblygu, gwawriodd dau beth amlwg oedd yn darogan yn glir i mi na fyddwn yn cipio'r sedd. Yn gyntaf, y gwrthwynebiad pendant yn y papurau lleol i'm hymgeisyddiaeth am fy mod yn weinidog yr Efengyl. Ymddangosodd o leiaf un llythyr yn y papur lleol yn gofyn i mi ymddiswyddo, llythyr mae'n debyg oddi wrth gefnogwr un o'r pleidiau eraill. Lluniodd un o feirdd y fro englynion cas amdanaf a'u hanfon yn ddienw i'r Tŷ Capel yn Lerpwl. Cythruddwyd gŵr y Tŷ Capel, R Emrys Jones, gymaint â minnau gan iddo roddi help mawr imi. Cariodd ugeiniau o Gymry o fro ei febyd, ardal Pentir a Rhiwlas, yn ei fodur i orsafoedd pleidleisio y ddau dro y bûm i'n ymgeisydd. Flynyddoedd yn ddiweddarach darganfyddais mai y Parchedig Elis Aethwy, mab un o weinidogion amlwg Lerpwl, oedd y gwalch. Roedd ef a Caradog a Mati Prichard yn rhannu tŷ yn ardal Bethesda.

Roedd grym amlwg gan y Torïaid yn Neganwy a Bae Penrhyn, Conwy a rhannau o Landudno. Doedd dim pwrpas aros yn hir ym Mae Penrhyn, a golygfa anhygoel oedd gweld heddychwr amlwg a gŵr cyfrifol a adwaenwn yn dda yn rhedeg allan o'i dŷ yn Llandudno a'i ddyrnau yn yr awyr pan oeddwn ar y corn siarad yn mynd heibio i'w gartref. Ymgyrchodd y meddyg, Dr David T Jones, yn galed dros y Rhyddfrydwyr ac roedd arweinydd y Rhyddfrydwyr yn boblogaidd ymhlith y wasg. Meddai Plaid Cymru ar ymgeisydd cryf sef y bargyfreithiwr Michael Farmer o Ddyffryn Nantlle. Bu'r ddau yn llwyddiannus dros ben a gwnaeth eu pleidlais sicrhau bod Wyn Roberts yn enillydd cysurus.

Pan gyrhaeddwyd y neuadd yng Nghonwy lle cyfrifid y pleidleisiau, roedd y newyddiadurwyr lleol yn credu fy mod i ar fin cael buddugoliaeth. Ond dyma'r canlyniad:

Wyn Roberts	C	16,763
D Ben Rees	Llaf	12,214
Dr David T Jones	Rh	8,546
Michael Farmer	PC	4,203
Mwyafrif		4,549

Cynhaliwyd parti i'r swyddogion a'r rhai fu'n gweithio dros y Blaid Lafur yn yr etholaeth yn un o westai Llandudno. Gadawodd Meinwen a minnau am dri o'r gloch y bore am Lerpwl, a phan oedden ni ym Mae Colwyn fe'n stopiwyd gan yr heddlu. Roedd y rosét fawr goch yn dal ar lapél y gôt ac fe gafodd y plisman dipyn o syndod. Roedd rhywun wedi torri i mewn i dŷ moethus yn Llandudno ac roedden nhw'n ceisio dod o hyd i'r lladron gan gredu fod y drwgweithredwyr o Lerpwl, a gan fod rhif car Lerpwl gennyf, nid rhyfedd i'r heddlu fy atal.

Y Sul canlynol roeddwn yn fy eglwys fy hun. Braf oedd cael cynulleidfa gref ynghyd, a theimlwn yn ddiolchgar ac eto'n flinedig ar ôl yr holl lafur. Ond roedd brwydr arall ar y gorwel gan na chafodd Llafur ond mwyafrif bach. Yng Nghymru roedd hi'n dra gwahanol – ennill 24 sedd allan o 36, ond yn Lloegr roedd y Ceidwadwyr ymhell ar y blaen.

Roedd hi'n drwm arnon ni fel ymgeiswyr seneddol oherwydd disgwyliai'r canghennau gryn lawer o weithgarwch oddi wrthym, a doedd dim treuliau ar gael o fewn y Blaid Lafur. Oni bai am yr undebau fyddai dim ymgyrchu dros y Blaid Lafur mewn etholaethau ymylol fel Conwy y dyddiau hynny.

Ym mis Medi cyhoeddwyd etholiad arall ar 10 Hydref. Yr un rhai oedd yn sefyll yng Nghonwy ag a safodd ym mis Chwefror. Gwyddai pawb nad oedd gen i siawns o gwbl yr eildro gan fod gan Wyn Roberts bellach fwyafrif boddhaol dros ben. Daeth gwleidyddion o'r Gogledd fel T W Jones (Arglwydd Maelor) a'i frawd James Idwal Jones a gweithwyr o Gapel Heathfield Road fel Dafydd Hughes-Parry a Humphrey Wyn Jones a chyfeillion fel Emlyn Richards ac Elfed Williams (Aberystwyth) i gynorthwyo, ac mae'n debyg mai'r cyfarfod mwyaf arbennig a gafwyd oedd hwnnw yn Llandudno pan ddaeth Michael Foot i annerch un pnawn yn ystod yr wythnos. Roedd y neuadd yn orlawn ac ymhlith y rhai oedd yn bresennol gwelais yr eisteddfodwr pybyr, y bardd Gwyndaf. Addawodd ei bleidlais imi. Dyma ddedfryd etholwyr Conwy, 76.2% ohonynt am yr eildro o fewn wyth mis:

Wyn Roberts	C	15,614
D Ben Rees	Llaf	12,202
Dr David T Jones	Rh	6,344
Michael Farmer	PC	4,668
Mwyafrif		2,806

Anodd oedd ffarwelio â'r cefnogwyr ar ddiwedd yr ymgyrchu caled yn yr etholaeth am gyfnod o ddwy flynedd. Roedd y mwyafrif ohonyn nhw'n awyddus imi ddal ati yng Nghonwy, ond fe wyddwn mai ffolineb fyddai hynny ac roedd gennyf ddigon o gyfrifoldebau yn magu teulu, yn cychwyn ymchwil am fy noethuriaeth, yn gwarchod yr eglwys, ac yn llenydda a chyhoeddi.

Ym mis Tachwedd 1974, hysbysais y blaenoriaid o'm bwriad i beidio â sefyll eto fel ymgeisydd seneddol yn etholaeth Conwy. Trosglwyddais i'r Trysorydd siec am £40 i gydnabod y rhwyddineb a ddangoswyd tuag ataf gan yr eglwys adeg y ddau etholiad cyffredinol. Penderfynwyd yn unfrydol fod y siec i'w dychwelyd i mi a chofnodwyd gwerthfawrogiad o'r weithred. Ond ni chollais fy niddordeb. Bu nifer o etholaethau yn sôn amdanaf, fel Edge Hill yn Lerpwl a sedd ymylol Caerfyrddin lle y bu fy nghyd-heddychwr Gwynfor Evans yn Aelod Seneddol. Roeddwn yn un o chwech yn y rownd derfynol yn Sir Gâr, oedd yn cynnwys Gwilym Roberts, brodor o Ddeiniolen, a fu'n cynrychioli Cannock yn Senedd San Steffan. Enillwyd yr enwebiad gan y Dr Alan Williams, asiant yr etholaeth, ac ef a etholwyd. Er ei fod o ddifrif fel gwleidydd roedd yn anobeithiol o safbwynt Cymreictod. Cefnogai elfen Brydeinig adweithiol y Blaid Lafur yng Nghymru a byddwn yn gwrido wrth ei glywed yn pardduo Plaid Cymru mor gyson. Roedd ef a gwleidyddion y Ceidwadwyr yn peri tristwch oherwydd eu hymateb i gwestiynau cyfansoddiadol Cymreig. Byddai ennill Conwy wedi bod yn fonws a byddwn wedi bod yn aflonyddwr ar y meinciau cefn o blaid datganoli i Gymru a'r Alban, heddychiaeth a gwrthfilitariaeth. Byddwn hefyd wedi bod yn gefn i'r dosbarth gweithiol ac yn ffrind i'r dirmygedig, y di-waith, yr anabl a gwragedd gweddwon cyfandir Affrig ac Asia, ac yn arbennig y gwledydd Comiwnyddol. Cofiaf imi ddweud mewn cyfarfod cyhoeddus yn Llanfairfechan fy mod yn rhyfeddu nad oedd un Aelod Seneddol yn Senedd Prydain yn cael ei gyfrif yn lladmerydd dros anghenion y gweddwon. Rwyf yn dal i ryfeddu ddeugain mlynedd a mwy yn ddiweddarach.

Ar Sul cyntaf 1975 cefais golled bersonol enfawr yn Lerpwl gyda marwolaeth sydyn R Glyn Williams a fu mor agos ataf o'r diwrnod cyntaf y deuthum i'r ddinas. Syrthiodd ar ei ffordd adref o'r capel ar gornel Allerton Road a Garthdale Road a gwelodd un o stiwardiaid y sinema gerllaw ef yn disgyn i'r palmant. Galwyd yr ambiwlans a'r heddlu, a chan fod casgliad oedfa nos Sul yn ei gôt fawr daeth yr heddlu i'n tŷ ni i ofyn imi fynd i dorri'r newydd i'w briod, Hannah Williams. Fe es yno a'i hymateb, druan, oedd, 'All e ddim marw. Rwy wedi paratoi swper iddo fe.' Fe es i â hi i lawr i Ysbyty Sefton i weld ei gorff a dyna sut y daeth i sylweddoli'r golled enfawr, iddi hi yn bersonol, ac i'n cymuned. Roeddwn fel mab iddo. Bydden ni'n dau'n mynd gyda'n gilydd i weld Lerpwl yn chwarae pêl-droed yn Anfield. Sgowsar o Gymro oedd Glyn. Ar ôl oriau o drafod penderfynwyd cael oedfa ym Maesgrug ac yna fynd ymlaen i Amlosgfa Anfield. Hanner awr cyn y gwasanaeth yn y tŷ daeth y trefnwr angladdau, Pat Pearson, ar y ffôn a dweud fod banc yn y dref wedi'i ffonio i ddweud eu bod wedi dod o hyd i ewyllys R Glyn Williams a'i fod yn dweud yn bendant nad oedd am gael ei losgi ond, yn hytrach, ei gladdu ym mynwent Allerton. Euthum i weld Mrs Williams ar fy union. Roedd yr ystafell fyw yn llawn o berthnasau. Galwais hi i'r ystafell gefn a datgelu'r wybodaeth. Nid oedd ganddi air i'w ddweud. Ar ôl pum munud o droi a throsi dyma hi'n dweud, 'Mae'n rhaid i ni wireddu dymuniadau Glyn.' Golygai hyn gysylltu â'r amlosgfa yn Anfield gan y gwyddwn fod yna bobl yn bwriadu mynd yno o Bootle a Crosby yn hytrach na dod ar draws y ddinas i Penny Lane. Daeth tyrfa fawr i'r capel. Cymerais fy amser yn traddodi'r deyrnged ac ar ddiwedd yr oedfa cyn yr emyn olaf hysbysais y bobl na fyddem yn mynd i Anfield ond y ceid manylion yn y papur mewn deuddydd am y trefniadau newydd. Roedd croeso i bawb ddod i'r te claddu ar ddiwedd yr oedfa. Cododd Miss Doris Thomas, Allerton Road, oedd yng ngofal y te gyda chwiorydd eraill y capel heb ffws yn y byd a mynd ymlaen â'r ddarpariaeth. Trefnais yr angladd o fewn tridiau a threfnu'r garreg fedd a'r geiriau arni ar ran y teulu. Dyma un o'r profiadau na allaf ei anghofio. Cofiaf y tynnu coes a ges gan aml i Sgowsar ar y ffordd allan o'r capel: 'Rydach chwi wedi gorfod gohirio am fod eich teyrnged mor hirwyntog.' Ni allwn ond gwenu. Byddai Glyn yn gwerthfawrogi'r hiwmor oedd yn pefrio yn gyson o'i enau, er bod yn well ganddo siarad Saesneg gyda geiriau Cymraeg fel cyrens yn ei frawddegau.

Y mater a lenwai feddwl Glyn a'n meddyliau ni'r arweinwyr y dyddiau hynny oedd cael un capel ar gyfer pedair eglwys Gymraeg Bresbyteraidd yn Ne Lerpwl. Cawsom gyfarfodydd di-ri a chroniclwyd y drafodaeth yn fanwl gan Ysgrifennydd y Cyfarfod Dosbarth, y Parchedig Dafydd Hughes-Parry, un â'i wreiddiau'n ddwfn yng Nghapel Heathfield. Bu'r bleidlais ar ddydd Sul, 8 Mehefin 1975 a chafwyd mwyafrif mewn tri chapel, ond gwrthododd Capel Garston, er mawr siom i'r blaenor, E Goronwy Owen, ymuno yn yr uniad. Penderfynodd E Goronwy Owen a'i deulu adael Garston ac ymuno â'r eglwys newydd, a mawr fu ein hennill. O fewn deunaw mis ef oedd ein Trysorydd. Ond golygodd yr uniad waith enfawr i mi gan imi benderfynu ymweld â phob aelod o eglwysi'r Drindod ac Edge Lane i'w croesawu i'r eglwys newydd. Bu llawenydd mawr yn oedfa ymgysegriad y capel newydd ar 4 Ionawr 1976 a daeth y Parchedig Griffith Owen, Abergele, llywydd Cymdeithasfa'r Gogledd, i gyflwyno'r siars i'r eglwys unedig newydd. Gwibiai pennill Gwenallt drwy fy meddwl:

> Pebyll ar ochr Mynydd Y Gweddnewidiad ydyw'r Eglwys,
> Pebyll lle y mynnodd Pedr i'w bebyll fod,
> Y Mynydd lle y tywynnodd Y Crist fel yr haul yn yr eira,
> Heb i'r eira oeri'r haul a heb i'r haul ddadmer yr ôd.

Roeddwn yn hyderus a ffyddiog ac yn llawn brwdfrydedd wrth wynebu sialens newydd, er bod y ffaith i'r Henaduriaeth ddewis 27 o flaenoriaid newydd yn y cyfnod rhwng 1970 ac 1976 a bod 10 wedi gwrthod ymgymryd â'r swydd yn ysigo hyder unrhyw weinidog. Am ganrif a hanner a mwy, uchelgais cyfoethogion Cymraeg iawn a daniwyd ymhlith Cymry Lerpwl oedd cael bod yn flaenoriaid. Roedd y miliwnydd Owen Elias, Everton yr un mor awyddus i eistedd yn y sêt fawr ag roedd Matthew Jones lwm ei fyd a werthai lo yn yr un cyffiniau. Roedd y dyddiau hynny'n amlwg wedi darfod a byddai mwy a mwy o gyfrifoldeb yn gorffwys ar lai a llai o ysgwyddau.

Estyn cortynnau, gan ennill a cholli angor

Roedd aelodaeth Bethel ar ôl yr uniad yn 1976 yn 456 o oedolion a 67 o blant, gyda 60 yn mynychu'r ysgol Sul, ac roedd Duw yn amlwg yn ein defnyddio yn helaeth. Nid oeddwn yn gwbl hapus gan fod mwy nag un o'r to ifanc wedi dweud wrthyf yn haf 1975 na fyddent yn dychwelyd i Lerpwl ar ôl y gwyliau ond eu bod, yn hytrach, yn meddwl symud i brifddinas Cymru i fyw ac ennill bywoliaeth. Roedd y cylch wedi ehangu'n fawr ar gyfer ymweliadau, a rhannau o Lerpwl nad oeddwn yn gyfarwydd o gwbl â hwy bellach yn rhan o'm cyfrifoldeb bugeiliol. Bu gwerthu capel hardd Eglwys y Drindod ac Eglwys Edge Lane ar 16 Mawrth 1976 yn boen meddwl gan mai ar fy ysgwyddau i roedd y gwaith trefnu, a siomedig iawn oeddwn â'r prisiau a gafwyd am yr adeiladau helaeth. Ni chawsom ond pum mil ar hugain am Eglwys Gadeiriol y Cymry, fel y gelwid Eglwys y Drindod, a hanner hynny a gafwyd am Edge Lane a aeth i ddwylo'r Hindŵiaid, yr ail gapel Cymraeg y gwn i amdano a drodd yn deml i'r Indiaid. Roedd India yn isgyfandir y buom yn Lerpwl yn anfon cenhadon iddo o 1840 hyd 1969. Pan fûm ar ymweliad â'r adeilad ar ei newydd wedd yn Edge Lane, rhyfeddais o weld pob man yn gyffyrddus braf gyda charped moethus ar ei loriau, o gofio bod y Cymry wedi bodloni ar loriau llwm a dodrefn yr oes o'r blaen. Derbyniais feirniadaeth lem fel Ysgrifennydd yr Henaduriaeth ar dudalennau'r *Goleuad* gan rai o'r blaenoriaid cul eu gwelediad yr ochr draw i'r afon am ganiatáu i Edge Lane fynd i ddwylo crefydd amldduwiol, ond nid oedd dewis gennym. Nid oedd gan neb arall ddiddordeb yn ei bwrcasu a byddai Capel y Drindod wedi mynd â'i ben iddo gan nad oedd pobl Eglwys y Cleddyf a'r Gwaed yn meddu ar ddigon o gyfalaf i warchod un o'r capeli harddaf a godwyd gan gyfoeth marsiandwyr Cymreig Lerpwl.

Beirniadaeth gyffredin ar y capeli Cymraeg yn y cyfnod hwn oedd eu bod nhw'n anfodlon newid i gwrdd â gofynion y bobl ifanc. Wedi'r cyfan, roeddwn wedi chwarae rhan amlwg iawn ym mywyd ieuenctid yr enwad fel Ysgrifennydd Urdd y Bobl Ieuainc, Sasiwn y De ac yna yn Ysgrifennydd Pwyllgor Urdd y Bobl Ieuainc yn y Gymanfa Gyffredinol, gan ddilyn Dafydd Owen, Caergybi. Naturiol oedd imi sefydlu Clwb yr Ifanc yn Ysgoldy Mawr y capel i gymdeithasu ar nos Wener ar ôl y Gorlan yn hytrach na 'thrafod dyfnion bethau'r ffydd' yn unig. Prynwyd offer chwaraeon addas, cafwyd rhodd o fwrdd biliards a bûm wrthi gydag eraill yn casglu stampiau Green Shield i sicrhau bwrdd i chwarae tennis bwrdd. Cafwyd peiriant chwarae recordiau yn rhodd gan gronfa hen Glwb y Cymry a arferai ymgynnull yn Upper Parliament Street. Yn yr haf, trwy garedigrwydd ysgol enwog Bluecoat, cafwyd hawl i ddefnyddio pwll nofio'r ysgol a chyfle i chwarae criced ar barc Calderstones. Fe es i a Mrs Mair Oswy Davies, gweddw gweinidog Capel y Drindod, Princes Road â'r bobl ifanc hyn am wythnos gyfan i wersyll y Cyfundeb yn Nhre-saith ar y cyd â phobl ieuainc Eglwys Salem, Pwllheli, lle'r oedd fy nghyfaill Meirion Lloyd Davies yn weinidog, a chael amser i'w gofio.

Erbyn hyn roeddwn yn gaplan yn Ysbyty Mossley Hill, ac yn ddiweddarach fe'm gwahoddwyd i gyflawni mwy o waith bugeiliol yn yr Ysbyty Brenhinol yn enw'r Eglwysi Rhyddion. Gan fod yr ysbyty o fewn milltir a hanner i'm cartref, medrwn ymweld â phawb mewn dau brynhawn ac mor braf oedd hynny. Pan agorodd Ysbyty Brenhinol newydd yn 1979, fe ddes i'n un o dîm o gaplaniaid yr ysbyty newydd a threblwyd y cyfrifoldeb. Roeddwn yn derbyn cydnabyddiaeth ariannol am y dasg ond roedd cannoedd yn fwy o gleifion yno nag yn Ysbyty Mossley

Hill, a mwy nag oedd yn Ysbyty Brenhinol Pembroke Place.

Daeth profiadau cyfoethog i'm bywyd fel caplan a byddwn yn cael fy ngalw'n aml i offrymu gweddi wrth ymyl claf oedd yn gorffen teithio'r ddaear hon. Lawer tro teithiais i lawr drwy Wavertree ac Edge Hill am ddau o'r gloch y bore i gynnal oedfa'r ymddatod yn yr Ysbyty Brenhinol a chael fy synnu o weld plentyn neu ddau, tua wyth i naw oed, ar y strydoedd. Teimlwn i'r byw drostyn nhw o'u cymharu â'n plant ni oedd yn ddiddig yn eu gwelâu.

Cofiaf amdanaf un noson yn ymweld â theulu mewn profedigaeth yn Anfield. Pan ddes allan sylwais fod yna fachgen chwech i saith oed yn dawnsio ar ben fy nghar. Teimlwn fel gweiddi arno i ddod i lawr ond cyn imi gael cyfle i ddweud dim, dyma fe'n dweud, 'Fedri di ddim cyffwrdd ynof fi, dw i ddim ond yn saith oed.' O ble yn y byd y cafodd e'r wybodaeth yna ond yn ei gartref? Gwir y gair fod ein hymddygiad ni'n dibynnu llawer ar ein magwraeth.

Fel arfer byddwn mewn rhyw ysbyty neu'i gilydd bob dydd o'r wythnos. Treuliwn ddau brynhawn cyfan fel caplan, yna awn i weld y Cymry oedd yn glaf mewn ysbytai ar hyd a lled y ddinas. Bob wythnos yn ddi-ffael derbyniwn gais i ymweld â chleifion gan weinidogion o Gymru oedd yn gweld y ffordd yn faith ac yn gostus; cofier ei bod hi'n 200 milltir 'nôl a 'mlaen o ganol Ynys Môn i Ysbyty Alder Hey. Y gweinidog cyntaf i ofyn imi oedd y Parch. Gwynfryn Evans, Moelfre. Gofynnodd imi fynd i weld John Owen, aelod yn Eglwys Brynrefail, Môn, gyda siars, 'Cofiwch ddweud mai fi ofynnodd i chi ymweld â nhw'. Byddai'r cleifion yn gwerthfawrogi'n fawr a nifer dda ohonyn nhw'n mynychu oedfa pan bregethwn mewn cyfarfod pregethu yng ngogledd Cymru. 'Bwrw dy fara ar wyneb y dyfroedd...'

Roeddwn yn sylweddoli'r angen am ddosbarthiadau dysgu Cymraeg i blant ac oedolion. Bu Dr Pat Williams, y Parch. R Maurice Williams a minnau yn ymgyrchu o blaid sefydlu ysgol Gymraeg. Llwyddwyd i berswadio Pwyllgor Addysg Lerpwl i ganiatáu hynny ar yr amod ein bod yn cael deuddeg enw, ond methwyd dod o hyd i'r nifer.

Doedd y Cymry Cymraeg a hanai o ogledd Cymru ddim mor awyddus i'w plant yn Lerpwl gael addysg a allai fod yn eilradd i'r addysg a dderbynient mewn ysgolion preifat ac ysgolion o safon uchel fel Bluecoat a Merchant Taylors'. Cefais berswâd ar Gydbwyllgor Addysg Cymru i dderbyn cynllun a fyddai'n caniatáu i Gymry ifanc Lerpwl sefyll arholiadau Safon O, ac yn ddiweddarach, Safon A yn y Gymraeg. Roedd gyda ni ddigon o athrawon o Gymry yn brifathrawon a dirprwy brifathrawon i'n cynorthwyo i gynnal yr arholiadau yn yr ysgolion. Bodlonodd Meinwen gymryd y dosbarth yn y blynyddoedd cynnar ac ar ei hôl, fe fodlonodd Dr Pat Williams. Bu'r tri ohonon ni'n aelodau hefyd o Adran Geltaidd Prifysgol Lerpwl yng nghyfnod yr ysgolhaig annwyl D Simon Evans. Rhwydwyd fi i'r tîm gan Simon Evans am fy mod wedi cael fy nerbyn i wneud gradd MA ar fywyd a gwaith Dr Owen Thomas, hanesydd a phregethwr grymus yn Lerpwl rhwng 1865 ac 1891. Roedd yr Adran yn denu llu o fyfyrwyr i astudio am radd a bu'r profiad o ddarlithio ar lenyddiaeth y bedwaredd ganrif ar bymtheg a'r ugeinfed ganrif yn brofiad da iawn i mi. Llwyddais i ennill gradd MA yn 1976 a chael yr Athro T J Morgan yn arholwr allanol. Edmygwn bob amser ei ysgrifau ef a hefyd y ffaith iddo gael ei fedyddio gan fy hen ffrind, Niclas y Glais.

Rhan o'r strategaeth oedd gennyf i ddatblygu'r Gymraeg ymysg yr ifanc a'r myfyrwyr oedd cychwyn dosbarth i ddysgu Cymraeg fel ail iaith i oedolion. Cychwynnodd y dosbarth hwn, a fyddai'n cwrdd am ddwyawr ar y tro, ym mis Hydref 1977, a bu dan fy ngofal am 23 blynedd. Roedd Dr Bobi Jones wedi darparu cynllun rhagorol a manteisiais ar y casetiau a'r cylchgronau oedd wrth law i diwtoriaid yr iaith. Rwy'n ymfalchïo fod cannoedd o Gymry di-Gymraeg a Saeson rhonc wedi cael hyfforddiant a bod nifer ohonynt wedi dod yn rhugl yn yr iaith. Aeth o leiaf dau ohonynt yr holl ffordd o Lerpwl i Landdewibrefi am fy mod yn sôn gymaint am y lle yn y gwersi. Roeddwn yn fwy fyth o arwr ar ôl iddynt ddychwelyd gan fod Llanddewi iddynt fel Ynys Afallon a minnau wedi cael nid yn unig fendith Dewi Sant ond y Brenin Arthur ei hun.

Pan fethwn â bod yno ar dro oherwydd galwadau deuai eraill i lenwi'r bwlch – yn ddiweddarach Rachel Gooding, un a ddysgodd yr iaith ei hun. Deuai dau neu dri offeiriad oedd am gymryd plwyfi yn y Gymru Gymraeg. Rhoddwn hanner awr ychwanegol i'r rhain, a gwneud iddyn nhw ddarllen yn uchel rai o'r Salmau a darnau cyfarwydd o'r Testament Newydd gan y byddai hynny'n rhan bwysig o'u cyfrifoldeb wrth arwain y gwasanaethau dwyieithog.

Ni lwyddai'r rhai a ddeuai'n achlysurol, ond daliai'r ffyddloniaid i gryfhau eu gafael ar yr iaith. Byddent yn hynod o barod i brynu llyfrau a chylchgronau Cymraeg, i fynychu'r cyngherddau a drefnwyd gennyf, a chinio Gŵyl Ddewi Bethel. Byddwn yn medru cael byrddaid cyfan o ddysgwyr i fynychu swper Gŵyl Ddewi yn yr Ysgoldy Mawr.

Gorchwyl pwysig arall oedd cychwyn papur bro ar gyfer Glannau Mersi yn 1979, gan fod *Y Bont* wedi dod i ben, a hynny pan symudodd y golygydd i Ddyffryn Conwy. Galwais gyfarfod cyhoeddus a gwaith anodd fu argyhoeddi'r rhai a fu'n weithgar gyda'r *Bont* i sicrhau papur bro arall. Dewiswyd *Yr Angor* yn enw iddo ac ers 1979 ymddangosodd *Yr Angor* yn ddi-fwlch a minnau'n olygydd ar bob rhifyn hyd yn hyn. Mae'n bapur llawer mwy ei faint ac yn gan mil mwy diddorol nag a fu'r *Glannau* na'r *Bont*, y ddau bapur a wasanaethodd y cymunedau Cymraeg ar y Glannau am ddeugain mlynedd, ac yn rhifyn Rhagfyr 2014/Ionawr 2015 cawsom am y tro cyntaf erioed dipyn o liw mewn pedair o'r tudalennau.

Yn 1987 estynnwyd dalgylch *Yr Angor* gan bontio'r gagendor rhwng Cymry Manceinion a Chymry Lerpwl. *Yr Angor* yw'r unig bapur bro Cymraeg y tu allan i Gymru; Sbaeneg a Chymraeg a geir ym mhapur y Wladfa; Saesneg yw *Ninnau* (papur misol Gogledd America) â cholofn neu ddwy yn unig yn y Gymraeg; ac am gylchgrawn Cymry Llundain, Saesneg yw'r cyfrwng bron yn llwyr. Mae cyfraniad *Yr Angor* wedi bod yn un pwysig ac wedi ein clymu ni wrth ein gilydd yn Sir Gaerhirfryn.

Daeth profedigaeth fawr i'm bywyd ar ddechrau Rhagfyr 1979 pan fu farw fy nhad yn yr hen gartref ac yntau'n 80 mlwydd oed. Gŵr oedd yn caru'r encilion oedd John Rees, yn ddarllenwr mawr ac yn ddirwestwr selog ar hyd ei oes, efallai fel protest yn erbyn llymeitian ei dad anghyfrifol yntau. Nid âi ar gyfyl y ddwy dafarn yn y pentref am bris yn y byd. Boregodwr na fu mo'i well ydoedd a byddai yn ei wely toc wedi naw, haf a gaeaf. Carai ei gartref, yr ardd a'r caeau lle bu ef a Mam yn cadw bustych am dri neu bedwar mis bob blwyddyn, cyn wynebu'r gwaith enbyd o'u cerdded ar un adeg i'r farchnad yn Nhregaron. Cerddai fy nhad o flaen y pedwar i bump bustach a minnau o'r tu ôl. Cofiaf wneud hynny pan oeddwn yn dychwelyd am fy ail flwyddyn i'r brifysgol. Aeth popeth yn ddidrafferth ond tua wythnos ar ôl hynny ymddangosodd crachen ar fy ngwegil oedd yn cosi yn ddi-baid. Euthum at y meddyg lleol yn Aberystwyth a chynigiodd eli digon brwnt na fu o gymorth yn y byd. Euthum adref a dangos y grachen i Mam. Dyma hi'n dweud yn syth, 'Mae gen ti y ddaroden.' Aeth ati'n hyderus i wneud eli o ddail oedd yn llechu ym môn y cloddiau ar y ffordd i fyny am Rysgog, gan ei bod hi eisoes wedi iacháu cymydog i ni, John Williams, Cwm Carfan. Un o'r bustych y bûm yn ei hebrwng gyda 'Nhad i farchnad Tregaron roddodd y ddaroden i fi.

Roedd hi'n rheol y Mediaid a'r Persiaid y byddwn ryw ben neu'i gilydd bob dydd Sul yn ffonio gartref i gael sgwrs. Y Sul hwnnw yn Rhagfyr 1979 sylweddolais wrth sgwrsio gyda fy mam fod fy nhad yn gwaelu'n arw ac yn gwaethygu. Amser te ffoniodd Mam gan ddweud y byddai'n well i mi ddod lawr nos Sul yn hytrach nag ar fore Llun fel roeddwn wedi bwriadu. Gan fod gennyf oedfa yn yr hwyr am chwech o'r gloch roedd hi wedi wyth o'r gloch arna i'n gadael y Mans.

Nid wyf yn meddwl i mi erioed deithio mor gyflym. Cyrhaeddais y cartref yng Ngheredigion ac roedd Mam yn fy nisgwyl. Roedd hi'n hanner awr wedi un ar ddeg. Fe es lan i'r stafell wely a chofleidio 'Nhad, rhywbeth nad oeddwn wedi'i wneud cyn hynny, a dyma fe'n troi ata i ac yn dweud, 'Ben, diolch iti am ddod.' Dyna'i eiriau olaf. Fel y dywedodd Mam, 'Roedd yn dy ddisgwyl di, Ben bach, ac wedi aros i ti gyrraedd cyn mynd adref.'

Trefnais yr angladd fore trannoeth. Hon oedd angladd gyntaf Stephen Morgan fel gweinidog Bethesda a chyflawnodd ei waith yn raenus gan bwysleisio cryfderau fy nhad fel gwerinwr. Daeth tyrfa ynghyd i'r angladd ond sylweddolais y bore hwnnw fod pentref Llanddewi, a olygai gymaint i mi, wedi newid. Roedd teulu di-Gymraeg wedi symud i fy hen gartref, Crud-yr-awel, a chofiaf glywed un o'r plant yno'n gofyn yn Saesneg: 'Beth sydd 'mlaen heddiw, a'r holl bobl wedi'u gwisgo mewn du?' Doedd Crud-yr-awel ond deg llath o gartref fy rhieni. Ie, y pentref a fu yn fy mhlentyndod yn gymdogaeth glòs, wareiddiedig, bellach yn swbwrbia ar ei waethaf.

Aethom i'r capel fore trannoeth fel y byddai 'Nhad yn dymuno. Cofiais englyn y Prifardd R Bryn Williams i'w frawd-yng-nghyfraith William Jones yn Lerpwl, ac englyn perffaith i 'Nhad hefyd:

Cerdded a wnâi i'r cyrddau – yn selog
  Y Sul a'r nosweithiau;
 Yn gaeth i swyn pregethau
 Yn ei gof bu'r rhain yn gwau.

Y noson honno roedd yn rhaid troi'n ôl am Lerpwl, ac anghofia i byth y profiad o weld fy mam, yn amddifad hollol ar garreg y drws, yn ffarwelio â ni. Dyma'r noson gyntaf yn ei bywyd, a hithau bellach yn 80 oed, y byddai'n gorfod byw a chysgu heb gwmni yn y cartref. O'i blynyddoedd cynnar yn Swyddffynnon hyd ddyddiau Abercarfan a Llanddewi roedd hi bob amser wedi cael cwmni ei theulu, yna ei chymar a minnau, ond bellach rhaid oedd addasu i sefyllfa newydd hollol. Ac fe wnaeth hynny'n ardderchog. Fyddai hi byth yn cwyno am unigrwydd na llesgedd. Roedd ei ffydd yn Nuw mor gadarn, ei chof fel cyfrifiadur a'i lleferydd yn dwyn cysuron iddi hi ac i bawb a ddeuai i gysylltiad â hi.

Yr un flwyddyn â'r brofedigaeth derbyniais Wobr Ellis Jones Griffith, Prifysgol Cymru am fy nghyfrol *Pregethwr y Bobl: Bywyd a Gwaith Dr Owen Thomas* fel cyfrol orau'r flwyddyn o ran ysgolheictod. Mor bwysig â'r clod oedd derbyn llythyr oddi wrth Saunders Lewis, ysgolhaig o'i gorun i'w sawdl, yn diolch am y llyfr y byddai hi'n anodd cael ei well yn Gymraeg. Roedd sylwadau caredig ein beirniad llenyddol pennaf yn golygu llawer iawn i mi; cadwyd y llythyr yn ofalus am 36 mlynedd ac ni welodd olau dydd tan yr hunangofiant hwn:

Yr wyf wedi darllen 'Pregethwr y Bobl' drwodd ers pythefnos ac wedi ail-ddarllen rhannau, ond bûm yn wael ac yn methu ysgrifennu. Yr ydwyf heddiw yn ddigon gwell i fedru eistedd wrth fy nesg ac ymroi i ateb llythyrau.

Yn fy marn i mae'r llyfr yn gyfraniad sylweddol a phwysig i'n gwybodaeth am y ganrif ddiwethaf. Dyma'r astudiaeth gyntaf o yrfa a gwaith Owen Thomas. Mae'r rhan gyntaf, y 'Cofiant' yn gryn gampwaith, heblaw bod yn drwyadl ddarllenadwy. Mae'r astudiaeth o'r 'Llenor' sy'n dilyn yr un mor werthfawr. Ar arddull y ddau gofiant, tybed nad oes rhagor i'w wneud na dilyn beirniadaeth Tom Parry? Ystyriwch eich dyfyniadau da ar dudalen 195. Gallasent yn hawdd fod yn waith Charles Edwards. Ac fe geir pethau tebyg yng Nghofiant John Jones, yn enwedig wrth iddo ddisgrifio pregethwyr a chymeriadau.

Roedd Cymraeg Owen Thomas wrth bregethu yn llawer iawn Cymreicach na'i arddull hanesyddol yn y Cofiant. 'Ti a thithau' oedd hi ganddo yn y pulpud wrth annerch ei wrandawyr, ond ni ddefnyddiodd ef erioed 'ti' wrth siarad wrth ei blant. Safonau moes dosbarth canol cefnog Llundain a Lerpwl (a blaenoriaid Princes Road) oedd ei safonau ef a safonau ei blant, ie a'i unig ŵyr sy'n fyw, – nid dewis mohono ond ffaith.

Mae eich astudiaeth o'i gyfraniadau ef i'r 'Traethodydd' yn wir bwysig ac yn agor maes newydd a diddorol. Rhaid fod gennych ddeunydd i nifer o ysgrifau eto a bydd golygydd y Traethodydd yn falch o'u cael. Chwi yw'r cyntaf i ddangos safon uchel ysgolheictod diwinyddol y Traethodydd dan Lewis Edwards ac O[wen] T[homas]. Yn wir, mae'ch llyfr yn gryn gampwaith.

Gyda'm diolch mwyaf a'm dymuniadau gorau,
Yr eiddoch yn gywir,
Saunders Lewis.

PENNOD 9

Lerpwl yn ddinas barhaus

YN LERPWL CEFAIS gyfle ardderchog i ddatblygu'r awydd oedd ynof i addysgu ar wahanol lefelau. Digwyddodd y newid aruthrol yma yn fy hanes yn union ar ôl imi gyrraedd y ddinas. Gwelais y newid oedd yn agwedd pobl tuag at wybodaeth, a'r mwynhad a gawn o gael cyflwyno pwnc neu gyfres o ddarlithiau yn bennaf trwy gyfrwng y Saesneg yn y ddinas ei hun. Sylwais fod y cyfleon yn ddiddiwedd ar Lannau Mersi ac roedd yn gwbl amlwg na chawn fywyd mor llawn o ysgolheictod ar dir Cymru. Gwahoddwyd fi gan Gymry oedd yn ddarlithwyr ac athrawon i baratoi cyrsiau, ac roedd trefnydd Mudiad Addysg y Gweithwyr yn ei swyddfa yn Bluecoat yn hael ei ganmoliaeth o'm gallu i gynnal diddordeb dosbarth. Mynnai fy mod yn cynnal ysgol undydd o dan ei drefniant o leiaf deirgwaith y flwyddyn ar themâu cyfoes, a deuai dros hanner cant o oedolion ynghyd ar ddydd Sadwrn. Pan roddais ysgol undydd ar yr ocwlt bu'n rhaid defnyddio neuadd fwyaf y Royal Institution yn Colquitt Street gan fod dros ddau gant wedi dod ynghyd i glywed am yr UFOs a sectau od yr Unol Daleithiau.

Datblygais dechneg arbennig o gyflwyno darlith, sef datblygu paragraff ac yn sydyn reit gwneud gosodiad fyddai'n cyffroi'r gwrandawyr a'u corddi i ymateb a dadlau. Yna ymhen deng munud, clec o osodiad ysgubol nes bod yr ystafell yn deffro i ddadl arall. Roedd y dull yn ennyn cyffro, ymateb a hwyl yn y dysgu. Yn wir, yn nosbarthiadau y Coleg Diwinyddol y cefais y patrwm a ddaeth yn adnodd hwylus imi ym mhob cylch y darlithiwn ynddo. Cofier fy mod yn darlithio'n wythnosol i Adran Efrydiau Allanol Prifysgol Lerpwl, i'r WEA, i'r Coleg Addysg Bellach mewn dau gampws ac i'r Brifysgol Agored, heb sôn am y cymdeithasau hanes ym mhob treflan ar Lannau Mersi o Southport i Runcorn. Roedd fy niwrnod yn bedair awr ar ddeg o hyd, saith niwrnod yr wythnos. Cefais fy apwyntio'n ddarlithydd rhan-amser mewn Cymdeithaseg pan gychwynnwyd y Brifysgol Agored yn 1970. Yn wir, pan oedd pennaeth Cymdeithaseg y Brifysgol, yr Athro Michael Drake, yn ymweld â'r Gogledd-orllewin trefnwyd imi fod yng ngofal dosbarth yng nghanolfan Wigan fel y medrai gael syniad o ansawdd y rhai a benodwyd yn ddiwtoriaid. Ond ychydig o'i gwmni a gefais oherwydd salwch. Cefais ganmoliaeth a bu'n gefnogol iawn imi ar hyd y blynyddoedd. Gwasanaethais y Brifysgol Agored am 21 mlynedd a gwnaeth hynny fy nghymell i ddarllen gwaith y cewri. Roedd y myfyrwyr a astudiai Gymdeithaseg yn gwerthfawrogi'r trafodaethau yn y dosbarthiadau yn Lerpwl ac ar ôl hynny yng Ngholeg Hyfforddi Edge Hill, Ormskirk sydd bellach yn Brifysgol. Bûm am rai blynyddoedd yn arholwr i'r Brifysgol a golygai hyn deithio i'r ganolfan yn Milton Keynes ac i'r ganolfan ranbarthol yn Chorlton-cum-Hardy ym Manceinion. Ni allaf gytuno o gwbl â geiriau Goethe yn ei gerdd *Faust* a gyfieithwyd gan T Gwynn Jones:

Astudiais, och! Ffilosoffi,
A chyfraith, do, a Meddyginiaeth,
A Diwinyddiaeth – gwae fyfi! –
Drwy lafur mawr a garw driniaeth.
A dyma fi'r ynfytyn plaen,
Cyn ddoethed bob tipyn ag oeddwn o'r blaen!
Fe'm gelwir yn Athro a Doethur, mae'n wir,
A minnau ers deng mlynedd hir
Yn tynnu 'nisgyblion ar hyd ac ar draws
Gerfydd eu trwyn, heb fod ronyn haws,
I weld nad oes dim y gallwn ei wybod!
Mae hynny agos â llosgi 'nghydwybod.

Yn 1979 enillais ddoethuriaeth o Adran Gymdeithaseg Prifysgol Salford o dan gyfarwyddyd yr Athro Lorraine Baric, merch alluog a anwyd ac a fagwyd yn Awstralia. Fe es ati i ailwampio'r cyfan ar gyfer ei gyhoeddi ac yn 1982 ymddangosodd y gyfrol drwchus, *Preparation for Crisis: Adult Education 1945–80* o wasg Hesketh yn Aughton. Balch oeddwn o dderbyn cerdyn o law Neil Kinnock yn diolch am glamp o gyfrol bwysig yn ei farn ef. Cyflwynais y gyfrol i ddau berson o Lerpwl a fu mor gefnogol i mi fel darlithydd dan nawdd y WEA. Y cyntaf oedd Sgowsar go iawn, J R Ryno, Webster Road, gŵr a ddaeth adref o frwydrau'r Somme a Passchendaele. Gŵr gweddw ydoedd a ddywedai yn aml wrthyf fy mod 'fel mab iddo'. Y llall oedd Dr Montague Solomon, Iddew a meddyg teulu adnabyddus iawn yn ardal Walton. Byddai e'n dod i fy nosbarth ar Faterion y Dydd. Fe'i cynhelid am un ar ddeg o'r gloch ar fore Llun yng nghanol y ddinas a bûm yng ngofal y dosbarth am bron i 30 mlynedd. Deuai rhwng 40 a 50 o bobl i'r dosbarth yn wythnosol o bob rhan o Lerpwl a Chilgwri.

Cerfiwyd y dyddiad 5 Gorffennaf 1981 ar ein calonnau fel dyddiad na ddylen ni fel dinasyddion Lerpwl byth ei anghofio. Bu'n rhaid i'r heddlu'r diwrnod hwnnw gydnabod fod y terfysg wedi cael y llaw drechaf arnynt am rai dyddiau. Erbyn 10 Gorffennaf roedd y terfysgwyr ifanc wedi creu hafog ar hyd y strydoedd yn ward Granby ac yn Lodge Lane, ardal ddifreintiedig Toxteth. Dyma oedd calon y gymuned Gymraeg cyn yr Ail Ryfel Byd lle y lleolid y Clwb Cymraeg yn Upper Parliament Street, a hyd yn oed yn 1981 roedd gennyf ychydig o aelodau yn dal i fyw yn y rhan yna o Toxteth. Cefais fy holi'n gyson y dyddiau hynny gan y cyfryngau ar gornel Upper Parliament Street a Catherine Street, a sinema'r Rialto ar draws y ffordd yn sgerbwd trist. Y pensaer a'i cynlluniodd oedd D J Lewis a fu'n Arglwydd Faer Lerpwl yn 1962. Brodor ydoedd o Aberystwyth a Chynghorydd Torïaidd a siaradodd gydag arddeliad yng Nghaerdydd yn erbyn boddi Cwm Tryweryn. Trist felly oedd gweld adeilad a fu'n bwysig yn ei yrfa yn diflannu yn y fflamau. Dyma'r unig adeg y bûm yn dyheu am fyw ymhell o Lerpwl, wrth weld adeilad hardd a gynlluniwyd gan Gymro Cymraeg fel y Rialto yn ulw.

Bu dadlau mawr yn ein plith am y rhesymau y tu ôl i'r difrod disynnwyr, a deuthum i'n bersonol i'r casgliad fod diweithdra mawr, tensiwn hiliol, ideoleg dilynwyr Trostky sef y Militants, a diffyg cyfleusterau i'r ifanc yn rhannol gyfrifol am y dinistr. Roedd y rheswm arall i'w ganfod yn y galon ddynol bechadurus oedd yn cofleidio ffyrdd dinistriol a threisiol o weithredu. Hwnnw oedd yr unig reswm am losgi swyddfa'r cyfreithiwr goleuedig, Phil Canter. Bu'n rhaid i'r Cymro o Abertawe, Michael Heseltine, ddod â gobaith i ardal dlawd fel Toxteth yn rhan o gynllun llywodraeth y dydd.

Roedd yr wythdegau yn ddyddiau o brotestio yn erbyn llywodraeth Margaret Thatcher, snob o wraig a anghofiodd ei gwreiddiau. Ar un o'r protestiadau hyn y des i gysylltiad â Tony Booth (tad-yng-nghyfraith Tony Blair) a'i gydymaith Pat Phoenix ac, yn fwy pwysig fyth, Tony Benn. Pan ddeallodd Benn fy mod yn weinidog Presbyteraidd roedd e'n hynod o gyfeillgar a siaradus, ac yn mynnu cerdded fraich ym mraich trwy Stryd Grove o un pen i'r llall am fod ei fam yn llywydd enwad yr Annibynwyr Saesneg, y bobl a wrthododd ymuno ag Eglwys Bresbyteraidd Lloegr yn 1973, i greu enwad o'r enw'r 'Eglwys Unedig Ddiwygiedig'.

Roedd llawer o gymeriadau yn Lerpwl yn yr wythdegau, ac un o'r rhai mwyaf diddorol oedd y diddanwr Ken Dodd. Ymddangosais mewn rhaglen deledu o'r Adelphi yn fuan ar ôl cyrraedd Lerpwl a gynhyrchwyd gan Teleri Bevan. Ymddangosodd Stan Boardman a Millicent Martin o'r rhaglen deledu *That Was the Week that Was* ar yr un rhaglen. Ar ddiwedd y rhaglen dyma Ken Dodd yn fy ngwahodd i gael paned gydag e a doedd dim taw ar ei leferydd, wrth adrodd straeon am ei ddyddiau fel faciwî ym Mhenmachno ac fel cyfarwyddwr tîm pêl-droed Runcorn. Adroddai un stori ddigri ar ôl y llall, a dyma'r adeg y bu imi sylweddoli cymaint o athrylith oedd y digrifwr o Knotty Ash. Rwy'n falch bod cerflun ohono bellach o fewn gorsaf reilffordd Lime Street – ef yn ei afiaith yn wynebu'r ferch danllyd Bessie Braddock.

Fel cymuned o Gymry roedd gennym ein hanwyliaid hoffus, a chollwyd dau ohonynt yn 1982. Yn ddisymwth iawn yn 67 mlwydd oed bu farw Lena Jones, Centreville Road ar 22 Ionawr, hithau'n wreiddiol o Lanbedrog ac wedi rhoddi oes o wasanaeth fel nyrs yn Ysbyty Sefton. Lluniodd y bardd Llanowain englyn iddi:

> I lu, bu'n weinyddes lon – un a rodd
>   Hanner oes yn Sefton;
>   Tirion a hael – trwy wên hon
>   Dôi goleufyd i gleifion.

Yr haf cynt, yn ystod Eisteddfod Genedlaethol Machynlleth, roeddem wedi rhannu bynglo yn ymyl pont Llanwrin gyda hi a'i phriod Hughie John, arweinydd cymanfaoedd canu.

Y cymeriad arall oedd y Cymro naturiol, gwerinol Emrys Jones, NFS fel y'i hadnabyddid. O Nanmor y deuai ac atgoffai Emrys fi o'r bardd a'r llenor Carneddog a ddeuai o'r un cyffiniau. Ni fu neb tebyg i Emrys am werthu tocynnau cyngherddau'r Cymry a byddai'n rhyfeddu yn aml fod y Saeson yn sylweddoli yn syth ei fod ef yn Gymro diledryw. Os cofiaf yn iawn ei ail enw oedd Annwyl, a gwelir y gair hwnnw yn y deyrnged iddo gan y bardd Llanowain:

> Prysurwas a chymwynaswr – hwyliog,
>   Anwylaf gwmnïwr,
>   Bu' siriol, egnïol ŵr,
>   Yn feunyddiol fonheddwr.

Roedd hi'n bleser bob amser cyfarfod â David Sheppard yn ystod ei gyfnod fel Esgob Lerpwl gan ein bod yn coleddu yr un argyhoeddiadau gwleidyddol, a byddai ef a'i briod Grace mor gyfeillgar. Yr hyn a wnaeth yr Esgob amryddawn oedd tynnu sylw at gyflwr truenus Lerpwl. Dyna sut y daeth y sect wleidyddol o'r enw 'Milwriaethus' (Militant) i fri yn y ddinas. Croesais gleddyfau gyda'r arweinydd, Derek Hatton, ar y teledu mewn rhaglen a drefnwyd gan HTV yn Abertawe. Defnyddiodd

Hatton ei ddawn lithrig i drin geiriau ar y teledu i daflu pob llysnafedd a fedrai ataf y noson honno fel gweinidog Cymraeg. Ni allai ddweud dim yn erbyn fy argyhoeddiadau Sosialaidd, gan fy mod yn cefnogi ymgyrch fy ffrind Peter Kilfoyle i gael y llaw drechaf ar y giwed afreolus oedd yn tanseilio arweinyddiaeth Kinnock a Hattersley, eto ni chefais bardwn ganddo.

Roedd arweinwyr y Milwriaethwyr yn meddwl eu bod yn gwybod yn well na phawb arall yn y Mudiad Llafur sut roedd gweithredu mewn dinas yr oedd arni angen cael ei hadfywio. Arweinydd y Cyngor oedd yr annwyl John Hamilton, Sosialydd Cristnogol, Crynwr cydwybodol o ran magwraeth ac argyhoeddiad, ac athro ysgol o ran galwedigaeth. Credai y medrai lwyddo i wareiddio'r sect wleidyddol ymfflamychol, ac i gymedroli eu polisïau dros ben llestri. Ond eithafwyr digymrodedd a dilynwyr Leon Trotsky oedd Hatton, Terry Fields a Tony Byrne, a gwnaethant lawer o ddrwg yn Lerpwl gyda'u polisïau milwriaethus, eithafol. Yn nechrau'r wythdegau, roeddwn yn gyfrifol am gychwyn a chynnal cangen o fudiad y Ffabiaid ar y Glannau a byddem yn dod at ein gilydd bob mis mewn ystafell yn Swyddfa'r Eglwysi Rhyddion yn Tarleton Streeet yng nghanol y ddinas. Y gŵr mwyaf arbennig yn ein plith oedd yr Athro Kenneth Muir, o Adran Saesneg y Brifysgol. Trigai Muir yn Mhenbedw a deuai hanner dwsin o'r etholaeth honno yn gyson i'n cyfarfodydd. Mwynheais y blynyddoedd hyn yng nghwmni'r Ffabiaid a chael gwahoddiad i alw i weld un o brif ladmeryddion y mudiad, Margaret Cole, yn ei fflat moethus yn Ealing. Roedd hi wedi ysgrifennu hanes y mudiad ac roedd ei gŵr G D H Cole yn fawr ei ddylanwad ym Mhrifysgol Rhydychen ac yn gyfrifol am ddenu pobl fel Hugh Gaitskell a Douglas Jay i ymuno yn rhengoedd y Blaid Lafur. Un o'r sêr a wahoddwyd gennyf i gyfarfod cyhoeddus oedd David Owen a drodd ei gôt a chychwyn plaid newydd yr SDP. Ysgrifennais ato i ofyn iddo annerch cyfarfod cyhoeddus yn Neuadd Undeb yr AEU yn Mount Pleasant ar nos Wener, a byddwn yn trefnu iddo aros yng ngwesty'r Adelphi lle y safai Harold Wilson pan ddeuai i'w etholaeth yn Huyton. Cefais ateb buan yn derbyn y gwahoddiad gan fod ganddo hefyd gyfarfod yn y Brifysgol gyda'r myfyrwyr. Llywyddais y cyfarfod a chawsom ymateb da. Hebryngais David Owen i'r Adelphi gan ddiolch iddo a dymuno siwrnai dda y diwrnod wedyn. Cyn diwedd yr wythnos cefais lythyr ac anfoneb am dreuliau oddi wrtho am bron i ddau gan punt. Cythruddais, gan ei fod yn gofyn arian am ei docyn trên, a chafodd ei atgoffa mewn iaith gref ei fod fel Aelod Seneddol yn cael teithio am ddim a beth bynnag, roedd trefniant ganddo i ddod i Lerpwl cyn imi ei wahodd. Ni chlywais air ganddo wedyn.

Yn y cyfnod hwn roeddwn fel bugail Bethel yn cael yr hyfrydwch bob dwy flynedd o dderbyn rhwng 7 a 12 o ieuenctid yn gyflawn aelodau. Roedd hyn yn rhan o'm gweithgarwch fel gweinidog. Paratown gwrs addysgol diwinyddol syml ar eu cyfer gan ddilyn eto arweiniad Eglwys Bresbyteraidd yr Alban. Trefnwn wersi ar yr Ysgrythurau, diwinyddiaeth yr Eglwys, hanes yr Eglwys a'r enwad, y gamp o gredu a gweithredu. Yr unig un o blith ugeiniau a fu yn y dosbarthiadau derbyn a ddangosodd ei anfodlonrwydd ynghylch cynnal y ddarpariaeth oedd Gareth Griffiths, Halewood. Roedd yn fachgen deallus a gwn iddo wneud ymchwil ar syniadau gwleidyddol George Bernard Shaw cyn ymfudo i Awstralia. Y siom fwyaf bosibl, ar ôl llafurio am dri mis a mwy, a chyflwyno mor glir ag y gellir gyfrifoldebau bod yn gyflawn aelodau, ydyw gweld nifer ohonynt yn ddibris o'r hyn a addunedwyd ganddynt. Fel y dywed y Prifardd Einion Evans:

> Dyrnaid heb syched arnynt; o'u cymell
>   Rhoir y Cymun iddynt,
>   Wedi hyn aelodau ŷnt,
>   Aelodau anwel ydynt.

Ceisiem fagu ein plant yn Gymry Cymraeg Cristnogol. Ond erbyn dyddiau'r Dosbarth Derbyn roedd hi'n amlwg fod y dasg honno wedi bod yn gryn gamp gan mai ychydig ohonon ni oedd yn llwyddo i'w cael i sgwrsio yn Gymraeg. Roeddwn i'n pwysleisio wrth ein bechgyn ni mai Cymraeg oedd iaith yr aelwyd. Doedd dim cyfaddawdu ar hynny, a dyna ffordd sicr o lwyddo i'w cael i siarad Cymraeg graenus. Hyn oedd fy arferiad yn y Gorlan ar nos Wener. Byddwn bob amser yn cyfarch y plant yn Gymraeg a dim ond Cymraeg. Byddai rhai o'r plant nad oedden nhw'n rhugl yn y Gymraeg yn dod ymlaen ar ddiwedd y cyfarfod i ofyn a fedrwn roi'r cyhoeddiadau iddyn nhw yn Saesneg. Ond erbyn heddiw mae'r rhai a wnaeth hynny'n gwbl rugl yn y Gymraeg.

Credaf fod y gweithgareddau ar gyfer y plant a'r ieuenctid yn rhywbeth y dylai pob capel ei baratoi er mwyn cadw'r to ifanc mor hir ag y medrwn. Cawsant bob math o brofiadau o fyd yr eisteddfod, gwaith Undeb yr Ysgolion Sul a'i Chymanfa Flynyddol, y cyngherddau llewyrchus a drefnwyd ar y cyd â'r Iddewon, a'r teithiau cerdded i godi arian at achosion da. Mae un cyngerdd wedi aros yn fy nghof am byth, sef cyngerdd a gynhaliwyd ym Mai 1988 pan ddaeth côr o Goleg Wesleaid Kentucky, yr Unol Daleithiau i'n diddanu o dan arweiniad Dr Robert McIver. Bonws arall oedd trip blynyddol yr ysgol Sul i fannau diddorol yn Lloegr a Chymru a hefyd gwrs penwythnos yng Nghanolfan Ieuenctid y Bala yn nechrau Medi.

O fewn yr Henaduriaeth bûm yn Ysgrifennydd ers 1972 ac roedd y trysorydd, J Tudor Owen o Gapel Laird Street, Penbedw yn barod i wario arian i hybu'r dystiolaeth. Gwahoddais ei gwmni i fod yn archwilwyr Cyhoeddiadau Modern gan mai cyfrifydd ydoedd wrth ei alwedigaeth. Trysorydd arall gwerthfawr yn fy ngolwg i oedd E Goronwy Owen o'n capel ni a phan ddaeth ef yn Llywydd yr Henaduriaeth yn 1984 talodd deyrnged a'm cyffyrddodd yn fawr:

Mae ein dyled i Dr D Ben Rees yn amhrisiadwy. Beth bynnag yw'r Gymraeg am dynamo – dyna yw'r Gweinidog ymroddedig hwn. Dywedaf hyn hefyd, diolch bod gennym fel Henaduriaeth a Chyfundeb 'y dynamo hwn' o blaid yr Achos Mawr, ac yn para felly am 1985 fel yn 1984 ac yn wir ar hyd y cyfnod y bu yn Lerpwl. Tu ôl i holl weithgareddau'r Henaduriaeth yn trefnu'n gwbl drwyadl ac yn gofalu am bob agwedd i'r gwaith – mae ôl ei law ef.

Pwy fyddai'n dymuno symud o Lerpwl i Gymru ar ôl y fath deyrnged? Yn ei *Hanes yr Achos* pan ddaeth Cymdeithasfa'r Gogledd i'n plith ym Methel ar 17 Mai 1989, llefarodd y Barnwr John Edward Jones y deyrnged hon i mi:

> Mae angen talu teyrnged arbennig i Dr Rees. Ef yn anad neb sydd wedi bachu ar lawer o'r gweithgareddau a nodir ac wedi tynnu allan a chreu rhaglenni sylweddol sydd yn ein diddori, yn ein goleuo, ac yn ein denu, Gymry'r Glannau o bob enwad i deimlo ein hundod, i ymhyfrydu yn ein tras a'n gorffennol, ac yn ychwanegol at hyn, i ddwyn rhai gwrthgilwyr yn ôl i'r bywyd Cymraeg.

Gosododd yn gryno fel y medrai fy athroniaeth sylfaenol. Wedi'r cyfan, y Cymry yn Penny Lane oedd y bobl a'm galwodd i'w bugeilio a braint oedd eu hysbrydoli i weithredu dros egwyddorion y Deyrnas. Ni allwn adael unrhyw faes fel Cristion heb ymyrryd a chymryd diddordeb ynddo. Dyna pam y bu imi ddwyn perswâd ar awdurdodau Carchar Walton i gofio am anghenion y Cymry oedd yno. Ar ôl i'r Parchedig William Jones, Stanley Road ymddeol fel caplan gwirfoddol y Cymry nid oedd neb yn barod i gymryd ei le, a bu'n rhaid imi ymateb gan fy mod wedi brwydro mor galed dros hawliau'r Cymry Cymraeg.

Roedd disgwyl felly i mi ymweld â Charchar Walton yn rheolaidd a byddai'r dasg honno'n gofyn amynedd aruthrol. Byddai'n rhaid i mi ffonio i drefnu ymweliad, ac ar ôl cyrraedd rhaid fyddai aros i un o'r staff fy nghludo at ffenestr cell y carcharor. Roedd y carcharorion oedd yn Gymraeg eu hiaith yn falch o sgwrs Gymraeg, er bod Cymraeg rhai ohonyn nhw'n chwithig i mi oherwydd eu tafodiaith. Ond roedd hi'n braf eu gweld a'u clywed yn dweud y drefn, yn arbennig am y bwyd. Fel dameg y Mab Afradlon, teimlai aml un ohonynt fod y moch yn cael gwell bwyd nag roedden nhw'n ei gael yn Walton. Camp fawr oedd cael digon o bynciau i'w trafod, ond gan fy mod yn hoff o focsio a phêl-droed, doedd hi ddim yn anodd cynnal sgwrs gyda'r werin ifanc ddigapel y tu ôl i'r bariau heyrn. Dro arall byddai'r sgwrs yn hawdd pan ymwelwn â Chymry fel Ffred Ffransis oedd wedi torri'r gyfraith er mwyn mynnu hawliau i'r iaith Gymraeg, a phobl o'r dosbarth canol oedd yno am fod yn fethdalwyr. Teimlwn ei bod hi'n bwysig bod y Cymry a ddeuai i garchar, ysbyty, neu goleg yn cael gofal bugeiliol.

Ar bnawn Llun 22 Medi 1987 ganwyd yn Lerpwl bedwar o blant i Lynda a Dilwyn Pritchard, Rachub. Roedd un ohonynt yn farwanedig, ond bu gofal arbennig am y tri arall yn Ysbyty Oxford Street. Enwau'r plant a fedyddiais yn enw'r Arglwydd oedd Rhys Gwilym, Elin Angharad a Huw Tomos. Gwahoddwyd fi gan yr ysbyty a'r rhieni i fedyddio'r babanod hyn yn Oxford Street a braint oedd cael gwneud hynny mewn sacrament mor unigryw y diwrnod hwnnw. Profiadau a cheisiadau fel y rhain oedd y prif ysgogiad i greu Caplaniaeth Glannau Mersi yn nechrau'r wythdegau. Canlyniad hyn fu penodi John Sam Jones, brodor o'r Bermo ac un a fu o dan gyfarwyddyd diwinyddion adnabyddus yng Nghaliffornia. Trefnwyd fflat iddo yn ardal Parc Sefton ac fe ddaeth yn aelod o Bethel. Ymdaflodd i'w waith a daeth yn ymwelydd â'r Cymry yn yr ysbytai. Nid oedd hi'n hawdd cydweithio ag e gan fod ganddo safbwyntiau a fyddai'n creu tensiynau, ond llwyddwyd i weithredu'r cytundeb oedd rhyngddo a'r enwad.

Yr ail gaplan oedd fy mab hynaf, Dafydd, ac yntau wedi cwblhau ei radd ym Mhrifysgol Rhydychen. O fewn tri mis roedd BBC Cymru wedi cynnig swydd iddo ond bu ei gyfnod byr yn brofiad gwerthfawr iddo. Ar ei ôl ef penodwyd Ms Rachel Gooding, merch o Stalybridge a ddysgodd Gymraeg yn rhugl yn ystod ei chyfnod yn fyfyrwraig yng Ngholeg yr Annibynwyr Cymraeg yn Aberystwyth. Ar ei hôl hi buom yn ffodus i gael, o Drefeca, Eleri Edwards, a dreuliodd ugain mlynedd fel cenhades yn Madagasgar. Y caplan olaf a gawsom oedd y Parchedig Nan Powell-Davies a newidiwyd hanfod y gwaith gan ei ganoli ar Garchar Altcourse. Ni ellir gorbwysleisio cyfraniad personol pob un o'r caplaniaid hyn, nac yn wir, waith y mudiad eciwmenaidd Cyngor Eglwysi Cymraeg Lerpwl a'r

Cyffiniau. Erbyn heddiw mae'n amhosibl cynnal caplaniaeth fel y gwnaethpwyd ar Lannau Mersi am ddeng mlynedd ar hugain am fod yr ysbytai mor gyndyn i groesawu gweinidogion na chawsant eu hapwyntio yn benodol gan yr Ymddiriedolaethau i'r swydd. Mae'n amlwg nad yw'r nyrsys yn gwerthfawrogi'r gwasanaeth fel roedd eu rhagflaenwyr ddeng mlynedd ar hugain yn ôl.

Trefnais yn 1986 fws mawr a bach o'n gofalaeth i ymweld â'r ŵyl Gristnogol yn Llanelwedd a hynny ar faes y sioe amaethyddol ddiwedd mis Mai. Y thema oedd Teulu Duw a chawsom gyfle i gydgyfarfod â Christnogion o bob rhan o Gymru i weld a chlywed yr arweinydd carismatig o Dde Affrica, yr Archesgob Desmond Tutu, yn ein cyfarch yn ei ddull dihafal ei hun.

Pan ddaeth y diwinydd o Dde America, Dom Hélder Câmara, ar ymweliad â Lerpwl fe dderbyniais wahoddiad personol i gyfarfod â'r esgob dewr a charismatig hwnnw. Trafodais yn ei gwmni oblygiadau'r ffydd mewn cyfandir lle'r oedd diwinyddiaeth rhyddhad yn ennill tir, yn arbennig yn ei wlad ef sef Brasil. Estynnais wahoddiad i nifer fawr o bobl ddawnus o bob math o gefndir ddod atom i Bethel, megis y Tad Gheorghe Calciu-Dumitreasa a ddioddefodd lawer am ei ffydd yng ngharchardai Rwmania a'r Rabbi Hugo Gryn a ddaeth atom i sôn am ei ddihangfa wyrthiol o grafangau'r Natsïaid yng ngwersyll-garchar Auschwitz. Roedd yr Ysgoldy Mawr yn dal 300 o bobl ac o dan ei sang a dwy ran o dair ohonynt yn Iddewon Lerpwl. Ymhyfrydais yng nghwmni'r Tad Gerard W Hughes, awdur y gyfrol eneiniedig *God of Suprises*, a ddaeth o Birmingham i'r ysgol undydd a drefnais. Roedd llawer o'r ysgolion undydd hyn o dan nawdd Coleg Diwinyddol Gohebol Greenwich. Cofiaf drefnu un cyfarfod yn Belfast a chysgwn cyn y gynhadledd mewn tŷ gyferbyn â chartref arwr mawr Unoliaethwyr eithafol Gogledd Iwerddon, y Dr Ian Paisley. Llwyddais i gael fy hen athro Dr Buick Knox i draddodi un o'r darlithiau. Roedd yn ei elfen. Trefnais ysgol undydd arall yn enw'r Coleg yng Nghapel Jewin, Llundain a chofiaf i'r Parchedig Gwylfa Evans o Harrow ddod atom. Deon y Coleg

oedd yr anfarwol Barchedig D Byron Evans o Clarborough
ger Retford. Trwy ei weledigaeth ef a'i briod Peg datblygodd
y gwaith a llwyddwyd i ddod o dan aden un o brifysgolion
mwyaf safonol De Affrig, sef y North-West University. Braint
fawr fu gweithredu ymhlith yr ysgolheigion hyn ac anrhydedd
oedd cael fy nyrchafu yn Athro ar sail fy ngwaith fel tiwtor ac
arholwr.

Roedd y cyfrifiadur mor gyfleus a gall y myfyrwyr anfon eu
penodau ataf fesul un am gyfarwyddyd. Llwyddais i berswadio
Llyfrgell Deiniol Sant ym Mhenarlâg i roddi ystafell ar gyfer
traethodau MA a PhD y Coleg. Parhaf, ar ôl deng mlynedd ar
hugain, i fod yn un o lywodraethwyr y Coleg, i addysgu ac i
fwynhau'r cyfarfod graddio yn South Africa House yn ymyl
Sgwâr Trafalgar a bod mewn cysylltiad wythnosol â hwy yn
Clarborough a Potchefstroom. Bu nifer o Gymry yn gweithredu
fel arholwyr a thiwtoriaid, a deil y Dr Brinley Jones, Porth-y-
rhyd ei gysylltiad fel cefnogwr y Coleg.

Yn 1988 trefnais ddathlu pedwar can mlwyddiant
cyfieithu'r Beibl i'r iaith Gymraeg. Gofynnais i T Gwynn Jones
o Borthaethwy ddod yn arweinydd y Gymanfa, ac i'r ysgolhaig
yr Athro R Geraint Gruffydd o Aberystwyth annerch ar fywyd
a gwaith William Morgan. Cysylltais â'r Deon Derrick Walters
er mwyn inni fel Cymry'r ddinas groesawu'r *Beibl Cymraeg
Newydd* yn yr Eglwys Gadeiriol. Bu prynu mawr ar *Y Beibl
Cymraeg Newydd* a chyflwynwyd copi i bulpud Bethel er cof am
y gwerinwr John Morgan Davies, darllenwr awchus y papurau
Cymraeg a chymeriad gwreiddiol. Ar ei farw lluniodd Norman
Roberts, Mynytho yr englyn hwn iddo:

> Er yn alltud o'r hen elltydd – Gwalia
>   Sy'n ei galon beunydd:
>   Adlais hon, heb ddadl sydd
>   Yn nodau'r pêr-ganiedydd.

Ymdrech fawr arall a wnaed oedd cynorthwyo ein mab,
Hefin, yn ei awydd ar ôl cwblhau ei arholiadau Safon A i

dreulio blwyddyn yn gwneud gwaith gwirfoddol cyn mynd yn fyfyriwr yn y gyfraith i Brifysgol Durham. Awydd Hefin oedd mynd i Affrica a chofiais am fugail o Nairobi o'r enw Ephraim M Muthuri y deuthum ar ei draws yng Nghynhadledd Billy Graham yn Amsterdam. Anfonais air ato a chael ateb gyda throad y post. Roedd croeso i Hefin ddod i'w plith, ond nid eglurodd fwy na hynny. Pe baem yn gwybod am y math o fyd y byddai Hefin yn byw ynddo mewn gwirionedd, fydden ni ddim wedi gadael iddo fynd.

Cafodd Hefin ei daflu i ganol cyfrifoldebau mawr. Yn gyntaf, disgwylid iddo gymryd rhan amlwg yn yr efengylu a'r pregethu. Llwyddodd yn rhyfeddol. Roeddwn wedi gosod rhai canllawiau iddo a rhai o bregethau dynamig Billy Graham, Martin Luther King a Charles Spurgeon yn ei fag. Bu'r rhain yn bwydo ei enaid cyn iddo sefyll ar ei draed yn yr awyr agored i gysuro'r bobl. Yn ail, roedd yn aros yng nghartref Muthuri, ond bod ei leoliad mewn slym a heb y cyfleusterau roedd yn gyfarwydd â hwy ers ei eni. Doedd dim carthffosiaeth o fath yn y byd a rhedai'r carthion ar ochr y stryd. Ar ôl deufis o fyw yn y fath amgylchiadau, roedd Hefin yn fwy na bodlon dychwelyd i gysur ei gartref. Aeth allan i Genia yn llanc ifanc, ond dychwelodd yn ddyn profiadol ar dân dros wella'r byd trwy rym yr Efengyl.

Roedd yn awyddus i annerch capeli a chymdeithasau a threfnais hynny o dan y teitl 'Apêl Prosiect Nairobi'. Casglwyd cyfanswm o £3,203.51. Adeiladwyd ysgol feithrin yn y slym a elwid Korogocho lle trigai 8,000 o bobl a'i henwi'n Ysgol Feithrin Hefin. Teimlwn fod angen sefydlu elusen a threfnais hynny o dan yr enw 'Gobaith mewn Gweithrediad', i fod yn gyfrifol am y dasg o gynnal yr ysgol, bwydo'r plant a thalu'r athrawon. Cafodd y ddwy chwaer annwyl, Adelaide Jones a Mary Jones, Kingsdale Road, Allerton, eu dwysbigo gan yr adroddiad a rhoddi swm haelionus at y gwaith. Daeth y Pastor Ephraim Muthuri i aros aton ni yn 1989 am wythnos gyfan. Ond chawsom ni mo'r cymorth a ddisgwyliem ganddo oherwydd ei fod ynghanol diwylliant y llwgrwobrwyo. O fewn tair blynedd bu'n rhaid torri perthynas ag e oherwydd fod yr arian a ddylai fynd at gyflogau'r athrawon yn mynd i ddwylo eraill oedd ynghlwm â'r fenter yng Nghenia. Ugain mlynedd yn ddiweddarach daeth i gysylltiad â ni eto, ond erbyn hynny roedd Hefin wedi dod yn Gadeirydd mudiad o'r enw Harpenden Spotlight on Africa, a bu ein helusen yn gefn i'r elusen honno. Cyflawnodd Hefin a'i briod Bethan waith aruthrol gydag ysgolion ac ysbytai yn Uganda, a bu allan ugain o weithiau mewn saith mlynedd yn gorchwylio'r gwaith a chodi arian mawr i gyflawni'r weledigaeth. Rwyf mor falch ohono ef a'i deulu yn rhoddi gobaith i bobl sydd ar ddarfod amdanynt. Deil 'Gobaith mewn Gweithrediad' i dderbyn cefnogaeth nifer fechan ohonom o hyd, a hoffwn yn fawr weld mwy yn cofio amdanom.

Erbyn canol Awst 1990 roedd y ddwy chwaer Mary ac Adelaide Jones wedi marw. Roedd y ddwy yn Gymry Lerpwl o'u magwraeth yng Nghapel Chatham Street, eu gwreiddiau yn ardal Nercwys, Sir y Fflint. Un tro es i a dau o'r blaenoriaid i gartref yr olaf o'r ddwy, Mary, a hithau'n dadfeilio'n gorfforol. Cawsom syndod o'r mwyaf o weld mai llun o'i gweinidog a'r blaenoriaid dros gyfnod o chwarter canrif oedd lluniau ei hystafell orau. Nyni oedd canolbwynt ei bywyd a'i diddordeb, hi a'i chwaer Adelaide yn ei chartref yn Kingsdale Road, Allerton. Braint i mi oedd trefnu gosod gweddillion y ddwy ym mynwent Nercwys.

Yr un flwyddyn bu farw cymeriad annwyl arall ymysg Cymry Lerpwl, sef Mary Boyle, Parc Newsham, unig ferch y seraff-bregethwr Thomas Williams, un o ddoniau mawr Môn. Roedd Mary wedi priodi Gwyddel ond byddai e'n ei churo'n gyson a dihangodd hi yn ei hofn i Lerpwl. Am 17 mlynedd bu'n lletya yn hostel Byddin yr Iachawdwriaeth. Un diwrnod pan alwais i'w gweld soniodd fod y cartref yn cau, a gofyn a fedrwn gael lle arall iddi. Yr unig le iddi, yn fy nhyb i, oedd Cartref Abbeyfield, lle'r oedd annibyniaeth ar y naill law a chymorth warden ar y llaw arall. Llwyddais i gael stafell ar ei chyfer.

Y broblem nesaf oedd dodrefnu'r ystafell. Doedd Mary yn berchen ar ddim ond y bag mawr brown y byddai hi'n ei gario i bob man a'r dillad a wisgai. Gofynnais i'm priod gael gair â nifer o ffrindiau, er mwyn cael llwyau a chyllyll, llieiniau ac ati iddi. Yn gynnar yn 1982 bu farw aelod yn ein capel, a chefais air â'i theulu ac adrodd y stori. A dyna sut y cawsom wely a chadeiriau cyfforddus, set deledu a radio, ac aml i eitem arall. Deuai'n gyson i'r cwrdd ar fore Sul a phan ddaeth yr alwad olaf iddi yn Ysbyty Sefton, doedd dim unrhyw arian wrth law i dalu am yr angladd. Ond doedd dim rhaid ofni. Cefais alwad gan warden y cartref i fynd trwy'r bag brown mawr a warchodai Mary. Pan euthum i grombil y bag roedd £750 yno, £30 yn fwy na phris yr angladd. Cafodd angladd fel brenhines, ac fe es i â'i llwch i fedd ei rhieni ym mynwent Gwalchmai.

Pan fyddwn yn sôn am dlodi teuluoedd, sôn rydyn ni ran amlaf am dlodi cymharol, ond profodd hi dlodi materol gwirioneddol am ei bod hi'n credu na ddylai'r wladwriaeth ofalu amdani o gwbl. Hi oedd yr unig un o'r ugain yn y cartref a wrthodai gymorth lwfans tŷ. Ar ben hyn cyfrannai'n anrhydeddus tuag at y weinidogaeth i'r capel. Roedd hi'n medru byw ar ei phensiwn am ei bod yn ysbrydol mor gyfoethog, a dywediadau a phregethau ei thad a phregethwyr eraill Môn ar ei chof. Soniai amdanyn nhw yn ein seiadau.

Roedd Lerpwl wedi tyfu'n ddinas barhaus i ni fel teulu. Ni allwn adael, a phan fyddwn yn cael fy nhemtio roedd y bechgyn yn gwbl gytûn fod Lerpwl wedi dod yn ddinas barhaus i'w rhieni. Roedd Cymry Lerpwl a dinas Lerpwl yn fy nghlymu yn dynnach o hyd. Ni allwn ystyried ymddihatru o'i gafael.

PENNOD 10

Y pererindodau
a'r teithio

AGWEDD BWYSIG DROS ben yn fy mywyd fu'r pererindodau a'r teithiau a drefnais o ddyddiau Llanddewibrefi, yna yn Abercynon ac yn arbennig yn nyddiau Lerpwl. Pan fu farw y Parchedig David James Jones, gweinidog Capel Bethania, Treforys, teimlwn y dylem fel pentrefwyr drefnu bws i'w gynhebrwng. Er mai myfyriwr oeddwn, llwyddais i gael digon o enwau i lenwi a thalu am y bws a dangos ein cefnogaeth a'n cydymdeimlad i'w briod. Wedi'r cyfan, un o blant y pentref ydoedd ac o gefndir digon cyffredin. Daeth yn ŵr amlwg yn yr enwad ac yn feirniad llenyddol pwysig. Mae ei ysgrifau yn *Y Traethodydd* yn werth eu darllen.

Nid oedd car modur yn eiddo i lawer o bobl ac yn aml iawn roeddent yn byw ar eu pen eu hunain ac yn gwerthfawrogi cwmnïaeth a chyfle i weld mannau diddorol, fel roedd fy nheulu i. Trefnais bererindodau i fannau hanesyddol ar ôl symud i Abercynon, fel ffermdy Pantycelyn yn ardal Llanymddyfri a bedd yr emynydd William Williams ym mynwent Llanfair-ar-y bryn. Dro arall, taith i Ddolwar Fach a Llanfihangel-yng-Ngwynfa yng nghefn gwlad Maldwyn. Ni chawn drafferth o gwbl llenwi llond bws o bobl Cwm Cynon ar y teithiau hyn, y mwyafrif mawr ohonynt heb syniad yn y byd am fanylion bywydau'r ddau emynydd Methodistaidd Calfinaidd, na fu mo'u tebyg. Teimlwn fy mod yn cyflawni fy ngweinidogaeth mewn ffordd hollol ymarferol o ddiddanu ac addysgu yr un pryd.

Ar ôl cyrraedd Lerpwl sylweddolais fod gennyf well cyfle nag erioed i agor llygaid pobl i'r byd mawr gan fod awyrennau wrth law ym Manceinion a Llundain i'n cludo i wlad roeddwn wedi ymserchu ynddi ers fy mhlentyndod, sef Israel, neu fel y deuthum i'w galw hi, Gwlad yr Iesu. Dros gyfnod o ddeugain mlynedd mae Meinwen a minnau wedi ymweld â Gwlad yr Iesu ugain gwaith. Erbyn 1970 roeddwn yn amlwg yng nghymdeithas yr Iddewon – Cristnogion Lerpwl, ac yn wir, fe aeth ein meibion i ysgol Iddewig – yn gyntaf i Ysgol Gynradd y Brenin Dafydd yn Childwall, ac ar ôl hynny i Ysgol Uwchradd y Brenin Dafydd. Damwain hollol oedd hynny. Ar ddydd olaf tymor yr haf ffoniodd athrawes o Gymraes, Miss Mairwen Hughes o Ysgol Dovedale lle bu John Lennon yn ddisgybl, i ddweud yn garedig, oherwydd atgyweiriadau na ellid derbyn ein mab hynaf ym mis Medi ac y byddai'n rhaid iddo aros tan fis Ionawr. Roedd hyn yn newydd cwbl ddiflas gan fod Dafydd yn barod i dderbyn addysg ffurfiol. Y pnawn hwnnw galwais i weld un o'r blaenoriaid, Owen Evans, a phwy oedd yno ond y mab, yr Athro David Alan Price Evans. Soniais am ein trafferth a dyma ei eiriau: 'Pam nad ewch chwi i gysylltiad ag Ysgol y Brenin Dafydd?' Euthum adre a ffonio prifathro'r ysgol gynradd, ond nid oedd ef yn hapus o gwbl, ac awgrymodd fy mod yn cysylltu â hanner dwsin o ysgolion eraill yn y gymdogaeth. Dyna fu. Daeth ffôn o Ysgol y Brenin Dafydd fore trannoeth am naw o'r gloch a'r Prifathro yn fy ngwahodd i ddod i'w weld, gan ychwanegu y byddai'n 'fraint i'r ysgol gael ein mab'. Ymyrraeth y Ddirprwy Brifathrawes, mae'n amlwg oedd yn gyfrifol, sef Mrs Jones, gwraig John Medwyn Jones, blaenor yng Nghapel Cymraeg Eglwys y Drindod, Princes Road. Nid oeddwn yn ddieithr i'r gymuned Iddewig oherwydd galwai'r Iddewon arnaf i annerch eu cyfarfodydd. Cofiaf imi ddweud mewn anerchiad ar ôl i Dafydd gychwyn yn yr ysgol yn Childwall ei fod wedi dod adref o'r ysgol un prynhawn gan ofyn, 'Dad, sut y medra i fod yn Iddew?' Yna, gwaeddodd Iddew yn y rhes gefn yn neuadd fawr Sant Siôr, 'Dywedwch wrtho am beidio â thrafferthu. Mae'n rhy anodd.'

Trefnais y daith gyntaf yn 1973 ac ni chefais drafferth o gwbl i ddenu pererinion. Gwirfoddolodd fy ewythr o'r Unol Daleithiau, Wncwl Tommy, i ddod gyda ni o Brooklyn. Ef oedd un o gymeriadau lliwgar y daith honno. Y gŵr arall a fu'n gydymaith ardderchog iddo ef ac i ninnau oedd y Parchedig John Owen, gweinidog Llanbedr yn Nyffryn Ardudwy. Roedd John Owen yn ddigon llesg o ran cerdded a byddai'n dweud yn aml, 'Os bydda i farw, Ben, cladda fi ar Fynydd yr Olewydd.' Ond gwyddwn fod y fynwent ar ochr Mynydd yr Olewydd ar gyfer yr Iddewon uniongred a'r Iddewon cyfoethog, tra bo'r Cristnogion yn cael eu claddu i lawr yn y dyffryn a'r Moslemiaid ar y llechweddau yr ochr draw sydd yn cyrraedd muriau'r ddinas.

Gwnaeth Jerwsalem argraff fawr arnaf, yn arbennig yr hen ddinas hanesyddol a'i muriau a adeiladwyd fwy nag unwaith dros y canrifoedd. Gwelir ôl methiant y ddynoliaeth yn y muriau hyn, ac nid rhyfedd i'r Iesu ei hun wylo wrth edrych ar y Ddinas Sanctaidd, ac yntau wedi marchogaeth i mewn i'r ddinas honno i gymeradwyaeth y dyrfa fel Tywysog Tangnefedd yn hytrach nag fel Meseia rhyfelgar gan sylweddoli fod y trigolion dall yn dal i wrthod ffordd tangnefedd. Dyna'r drasiedi o hyd.

Roedd hi'n braf troedio'r tir a gerddodd yr Iesu yn y ddinas, cerdded ffordd y Via Dolorosa, a'r grisiau niferus, a gweld yr holl fynd a dod ar y llwybrau ac o fewn yr eglwysi hardd. Roedd hi'n braf hefyd teithio i'r mannau hanesyddol pwysig fel Emaus a Bethania a Bethlehem, a hyd yn oed i Hebron a Beersheba. Erbyn heddiw mae'n amhosibl mynd i Hebron a Beersheba ac, yn wir, trafferthus ar y naw yw'r daith i Fethlehem.

Rhoddodd y daith honno arweiniad da i ni gan ein bod wedi ymweld â Qumran lle daethpwyd o hyd i Sgroliau'r Môr Marw yn 1947, a theithio i waelod y graig anferthol, Masada. Am ganrifoedd wyddai neb lle'r oedd Masada cyn i'r Prydeinwyr ddod o hyd i'r fangre yn 1850. Roedd Masada yn ddiarffordd i'r archeolegwyr a rhyfedd deall mai yn 1963 y cyraeddasant yno, a datgelu'r modd yr adeiladodd Herod Fawr balas y gallai ddianc iddo ar ben y graig fawr bedwar can troedfedd o uchder.

I Masada y dihangodd tua mil o Iddewon rhag y Rhufeiniad yn OC 66, ac am bum mlynedd, gwrthod ildio. Pan ddaeth hi'n amser ildio, yn OC 72, ni wnaed hynny heb gymryd llw o aberth a hunanladdiad. Selotiaid cenedlaetholgar brwd oedden nhw, a phenderfynodd deg o ddynion ladd pob un oedd yno a'u lladd eu hunain wedyn. Ond yn ôl yr hanesydd Josephus, dihangodd pump o blant a dwy wraig rhag y lladdfa.

Dibynna Israel ar un afon i'w chadw'n ffyniannus, sef yr Iorddonen, sy'n llifo o fynydd Hermon i'r Môr Marw. Yn wir, llifa drwy Lyn Merom yn gyntaf, yna Llyn Gennesaret neu Fôr Galilea wedyn a chyrraedd pen ei thaith yn y Môr Marw sydd yn 50 milltir o hyd a 10 milltir o led. Mae Galilea bob amser yn atyniadol. Y mannau pwysig yw Nasareth a Tiberias. Byddwn bob amser yn dewis Tiberias fel lle i aros ar y teithiau. Adeiladwyd y dref yma yn oes yr Iesu gan Herod Antipas i anrhydeddu'r Ymerawdwr Rhufeinig Tiberius. Doedd dim sôn am dref Tiberias yn nyddiau'r Iesu; ei bencadlys ef oedd Capernaum, ac awn yno i weld olion y synagog a'r dref ac oddi yno hawdd iawn yw ymweld ag Eglwys y Gwynfydau lle bydden ni bob amser yn cynnal Cymun cyn mynd am Gesarea Philipi neu Banias, a gweld olion yr ymladd rhwng Syria ac Israel ar y darn tir a elwir yn 'Ucheldiroedd Golan'. Fel ymwelydd cyson cawn groeso mawr gan y lleianod yn eglwys hardd y Gwynfydau. Byddent yn pwyso arnaf i gynnal y Cymun Sanctaidd yng nghorff yr eglwys ac yn cau y drysau fel na allai neb darfu ar ein cyfarfod. Gofalent fy mod yn gwisgo yn nillad y brodyr Ffransisgaidd a chawn dragwyddol heol i lefaru pob gair yn y Gymraeg. Dyna oedd eciwmeniaeth ar ei gorau, yr Eglwys yn Gorff Crist yng ngwir ystyr y gair.

Yn 1981 trefnais bererindod i Lydaw ac mae'r daith yn gofiadwy oherwydd i ni gael gyrrwr bws o Felixtowe nad oedd yn gallu darllen mapiau! Sylweddolais hynny yn y milltiroedd cyntaf o Penny Lane i Runcorn – doedd dim syniad ganddo am y ffyrdd. Bu'n rhaid i Dafydd, fy mab, eistedd yn y sedd flaen ar ôl cyrraedd Ffrainc i ddarllen y map iddo. Gwelsom Carnac a'i feini urddasol er gwaethaf y glaw mawr, ac mae'n sicr mai'r siom fwyaf a gawson ni'r Cymry brwd oedd mai dim ond un neu ddau o bobl a glywson ni'n siarad Llydaweg.

Ar y ffordd yn ôl i borthladd Calais roedd angen diesel ar y bws, ac aeth y gyrrwr ati i lenwi'r tanc. Sylwais ei fod yn rhoi petrol i mewn ac nid diesel. Neidiais allan o'r bws ond roedd hi'n rhy hwyr! Llwyddodd i yrru'r ychydig filltiroedd i'r porthladd a'r llong ond bu'n rhaid i ni aros am oriau ym mhorthladd Southampton i gael arbenigwr o Lundain i ddod ar fore Sul i gael y petrol allan o'r tanc er mwyn rhoi diesel ynddo, felly yn hwyr y diwrnod hwnnw y cyrhaeddon ni Lerpwl a diflannodd Roger y gyrrwr o'n byd. Costiodd gannoedd i Gwmni Teithio David Houseley yn Felixtowe oherwydd esgeulustod llwyr.

Yna'r haf hwnnw trefnwyd pererindod arall i Wlad yr Iesu a daeth nifer dda o bobl ifanc o Gapel Bethel ar y daith honno. Buan y sylweddolwyd nad oedd diwedd Awst yn gyfnod da i fynd yno gan ei bod hi'n llawer rhy boeth. Er gwaethaf hynny bu hi'n daith gofiadwy a daliwn i siarad amdani dros 30 mlynedd yn ddiweddarach.

Y flwyddyn wedyn trefnais daith ym mis Awst i'r Eidal a chael criw da unwaith eto. Y bwriad oedd troedio yn ôl traed O M Edwards, a gwelsom ddinasoedd hanesyddol y wlad. Roedd Rhufain yn wefreiddiol: y Fforwm a'i golofnau; y Coliseum a'r stori am ferthyrdod disgyblion yr Iesu; ond y Fatican a Chapel y Sistine oedd y rhyfeddod mwyaf. Aethom i Fflorens, dinas y dinasoedd, ac yn ôl rhai o'r pererinion, dinas hardda'r byd. Fel O M Edwards aethom i Eglwys Fair y Blodau, a syllu ar dŵr Giotto, a chael ein hatgoffa o'r mawrion, Galileo a Michelangelo. Gwelsom gerflun Dafydd yn syllu ar y ddinas. Cawsom gyfle i weld Naples a chael rhai dyddiau ar ynys fendigedig Capri. Lluniodd Mair Gruffydd o Fôn un ar ddeg o benillion ar gyfer y noson lawen ar y nos Lun, yn Hotel La Residenza:

Ymlaen i Assisi,
A'r ceiliogod yn canu,
A hithau ond tri o'r gloch y bore
Fe gysgodd y Doctor

A chlywodd ddim rhagor
Dim ond chwyrnu wedi blinder y siwrne!

Talodd O T Gruffydd, cyn-brifathro Ysgol Bodorgan, deyrnged inni fel teulu pan ysgrifennodd am y daith a dweud: 'Teimlo'n ddiogel a hyderus yng nghwmni'r Dr Ben a'i deulu hynaws, a'u consýrn am bawb.'

Braf oedd cael gwasanaeth yn eglwys Gatholig hardd Capri gyda'r Parchedig Hugh Humphreys o Gaerllion yn fy nghynorthwyo. Byddai ef, ei chwaer Eluned a'i ffrind mawr Miss Cassie Williams, Manceinion, yn dod yn gyson ar fy mhererindodau.

Trefnwn ddwy bererindod bob blwyddyn drwy'r wythdegau, ac roedd Israel yn uchel o ran blaenoriaeth. Trefnais ddwy daith yn yr wythdegau i Oberammergau, yn 1980 ac 1984, ac roedd cyfaredd i'r amgylchiad bob tro. Arhosem mewn pentref bychan ym mynyddoedd Awstria o'r enw Lans. Nid oedd dim yno ond gwesty, eglwys Gatholig a rhyw hanner dwsin o gartrefi. Felly, rhaid oedd trefnu diddanwch bob nos ar ôl cyrraedd yn ôl o'n teithiau yn ystod y dydd. Cawsom Noson Lawen, yna noson o Frethyn Cartre a noson o Pwy Fasa'n Meddwl. Uchafbwynt y daith, yn naturiol, oedd y ddwy noson yn aros yn Oberammergau a gweld Pasiant y Pasg. Ond cawsom uchafbwynt arall, sef yr oedfa yn yr eglwys Gatholig yn Lans ar fore Sul gyda Gwyneth Evans o Southport yn cyfeilio'r emynau ar yr organ hynafol. Codwyd y canu gan Trefor Williams, Llanfairfechan ac yn yr hwyr cafwyd Cymanfa Ganu gyda Hughie John Jones yn arwain. Ein gyrrwr ffyddlon oedd Jock Baxter o Ipswich, Sgotyn balch ac agos atom a hawdd delio ag ef. Yn 1984 bu galw arnaf i drefnu taith arall gan fod y trefniant deng mlynedd yn cael ei newid y flwyddyn honno. Daeth 36 o bererinion ar y daith yn 1984 a buom yn aros mewn gwahanol dai yn y pentref, ac yna ar y Sul buom yn gwylio'r ddrama. Er bod y cyfan mewn Almaeneg, roedd hi'n bosibl inni ddilyn y ddrama yn weddol hawdd.

Wedi'r ddrama aethon ni ar daith trwy'r Almaen ac i Awstria. Gwelsom dref Munich, gan feddwl am Hitler ym mhrifddinas Bafaria, cyn mynd ymlaen i dref hardd Salzburg. Tipyn yn amhersonol ei hagwedd tuag atom oedd ein tywysydd ar y bws a phan siaradai â ni'n gyhoeddus roedd hi, yn ôl un o'r pererinion, fel petai'n darllen darn heb ei atalnodi! Ar ddiwrnod arall aethon ni i fyny afon Danube i Krems ar y ffordd i Fienna. Roedd Fienna yn werth ei gweld, a buom yn Grinzing ar gyfer noson Fiennaidd o ganu hwyliog.

Cawsom syndod fod y cyfandir, yr adeg honno, mor grefyddol. Ar Ddydd Iau Dyrchafael, rhyfeddod oedd sylwi bod pob siop ar gau yn Awstria a'r Almaen, a ninnau am gyrraedd Nuremberg cyn nos. Dau ŵr a ddaeth yn ffrindiau mawr ar y daith oedd yr Annibynnwr pybyr Elfed Williams, Lerpwl, a'r Presbyteriad Cymraeg, y Parchedig John Curig Thomas, Cymau, dau gwmnïwr heb eu hail. Cafodd y ddau brofiad digri mewn lle bwyta yn Nuremberg, a hwythau wedi gorffen pryd bwyd. Gofynnodd Elfed i'r weinyddes am ddau fil er mwyn talu, ac ymhen ychydig dyma hi'n dod â dau wydraid o gwrw Pils i ddau oedd wedi cael eu magu yn y Band of Hope. Ond roedd y gair 'bil' iddi hi'n gyfystyr â chwrw Pils. Aeth ag ef yn ôl heb rwgnach ac ni fu'n rhaid i'r ddau ddirwestwr dalu ceiniog.

Yn 1985 trefnais bererindod i'r Aifft ac aeth 30 ohonom i weld y pyramidiau ac aros am ddwy noson yn ninas brysur Cairo. Wrth fwynhau'r haul yn y prynhawniau wrth ymyl y pwll cafodd rhai o'r pererinion wledd wrth wrando ar y Parchedig Ridley Williams o'r Fron-goch ger y Bala yn darllen o'r Ysgrythurau. Cawsom ein cludo mewn cwch ar afon Nîl i Memffis, a bu hynny'n agoriad llygad. Methai'r Parchedig Evan Lynch o Garrog ddioddef cael caban o dan y dŵr er iddo ddechrau ei fywyd fel morwr, a bu'n rhaid iddo roddi'r gorau iddi. Ym Memffis cawsom westy braf ond edrychai'r ystafelloedd dros y slym mwyaf echrydus a welwyd erioed, a theimlwyd yn euog. Yn Luxor, wrth ddod allan o'r awyren roedd hi'n annioddefol o boeth, y gwres yn 129 gradd, a rhaid fu cilio rhag tanbeidrwydd yr haul i'r cysgodion.

Y flwyddyn ganlynol bu pererindod i Balestina a Gwlad yr Iorddonen, ac aeth 24 ohonom dros y Pasg a chael gweld Amman a Phetra ac yna groesi'r Iorddonen i Wlad yr Iesu. Profiad mawr oedd ymuno â'r miloedd yng Ngardd y Bedd Gwag yn Jerwsalem am 6.30 y bore i wrando ar bregeth Dr Donald Coggan, cyn-Archesgob Caergaint, a cherdded gyda'n gilydd ar hyd y Ffordd Ddolurus i Eglwys Calfaria Fryn, sef Eglwys y Beddrod. Wylodd tair gwraig o Lanfaethlu ar y Via Dolorosa, gan ddweud wrthyf: 'Onid oedd y Rhufeiniaid yn greulon wrth ddisgwyl i'r Iesu gario'i groes ar y ffordd arw yma? Diolch fod Simon o Cyrene wedi dod i'w helpu.' Cawsom ddarlleniad a gweddïwyd ym mhob un o'r llecynnau cysegredig, a chawsom y sacrament Swper yr Arglwydd ar Fynydd y Gwynfydau.

Anghofia i byth y bugail o Gerrigydrudion, Willis Bonner Jones, yn ysgwyd llaw â bugail o linach y Druze a fugeiliai ar lechweddau Ucheldiroedd Golan. Dim gair yn cael ei lefaru gan un o'r ddau ond crefft gyntaf dynol ryw yn uno'r Cymro o Uwch Aled ag un o wehelyth y Druze, pobl y caiff eu hawliau dynol eu gwarchod yn yr Israel fodern. Mae dirgelwch mawr yn perthyn i'w crefydd, sect o fewn Islam, sydd yn hawlio teyrngarwch di-ildio pob un a enir i'r ffydd, ond a gedwir yn gyfrinach heblaw am nifer fechan o etholedig rai.

Bu'r daith yn yr haf i Rwsia yn agoriad llygad wrth inni gael gweld dinasoedd Moscow a Leningrad a'r holl drysorau. Sylwem fel roedd biwrocratiaeth yn ymyrryd ym mhob dim – caem ein cofrestru yn y gwestai ac wrth gael pryd bwyd, hyd yn oed. Anodd oedd credu bod cyflwr yr awyrennau mor drychinebus, yr olwynion yn gweiddi am deiars newydd. Gwelais fwy nag un olwyn wedi gwisgo bron i'r eithaf.

Yn 1987 mewn ymgynghoriad â chwmni teithio Richards, Llanelli, trefnais daith unigryw i ymweld â Chymry'r Amerig. Bu perthynas dda rhyngom ac Ellis a Margaret Richards, dau a wnaeth gymwynas fawr â ni'r Cymry yn ystod eu cyfnod fel trefnwyr teithiau. Ni fu eu gwell i ddelio â nhw a gwerthfawrogwn eu cyfeillgarwch mawr a'u cydweithrediad. Roedden ni fel teulu wedi bod yn yr Amerig fwy nag unwaith gan fod teulu gennym yno, ac yna yn 1985, trwy drefniant arbennig, cawsom gyfle i dreulio chwe wythnos yn byw ym Mans Eglwys Bresbyteraidd yr Unol Daleithiau, Oak Hill, Akron, Ohio drwy gyfnewid mans ac eglwys gyda theulu'r Parchedig Ddr Harold Kelly. Roedd y chwe wythnos yn cynnwys mis o'n gwyliau ac felly yng nghanol Gorffennaf aeth y pedwar ohonon ni i Ohio. Roedd maes parcio mawr yn ymyl y Mans a'r peth cyntaf a wnes i oedd ymarfer gyrru'r car ynddo, yna ar ôl ennill digon o hyder, mynd ag e allan i ganol tref Akron.

Cawsom groeso mawr gan arweinwyr ac aelodau'r capel ond disgwylid llawer mwy oddi wrthyf i nag a ddisgwylid i Dr Harold Kelly a'i briod ei wneud yn Lerpwl. Roedd rhesymau am hyn. Eglwys Gymraeg ei hiaith oedd Bethel, tra mai eglwys lewyrchus Americanaidd cyfrwng Saesneg oedd Oak Hill. Roedd gan y capel weinidog arall heblaw Dr Kelly. Ef oedd yr ail weinidog a'i briod waith ef oedd bugeilio. Disgwylid i mi baratoi ar gyfer y pulpud a'r gwasanaeth ar fore Sul ac roedd ysgrifenyddes lawn-amser ar fy nghyfer. Hi fyddai'n teipio fy mhregeth a threfn yr oedfa. Roedd gweinidogaethu yn yr Amerig yn llawer haws nag ymhlith y Cymry Cymraeg gan fod disgwyl i'r gweinidog o Gymro fugeilio, gweinyddu ac arwain yr holl ddigwyddiadau o fewn y capel.

Ar fore Sul trefnid brecwast yng Nghapel Akron am naw o'r gloch, yna byddai'r ysgol Sul yn dilyn ac oedfa'r dydd am 10.30 o'r gloch. Tref hynod o grefyddol yw Akron ac mae gan bob enwad eglwysi anferthol. Roedd un fil ar bymtheg o aelodau gan Eglwys y Bedyddwyr a byddai bysiau yn casglu'r aelodau ar fore Sul. Roedd capeli o fewn yr adeilad mawr ar gyfer grwpiau gwahanol megis yr ifanc, yr anabl, y mamau a'r parau priod, ac yna anferth o gysegr ar gyfer y gynulleidfa ar fore Sul. Byddai'r oedfa honno yn cael ei darlledu'n fyw ar gyfer gwylwyr y teledu. Disgwylid i mi dreulio pob bore Llun yn y *fraternal* Presbyteraidd gan fod yn y dref naw eglwys o'r enwad. Ar bnawn Gwener rhoddid cyfle i mi fynd gyda'r gweinidog a ofalai am waith bugeiliol Oak Hill i chwarae golff. Ni fu clybiau golff yn fy llaw byth oddi ar hynny.

Aethom ni fel teulu yn y car i weld Rhaeadrau Niagra a phentref Geneva oherwydd fy nghysylltiad â Choleg Diwinyddol Gohebol y bûm yn arolygu rhai myfyrwyr fel arholwr allanol yno. Cawsom ddiwrnod ym mhrifddinas talaith Ohio, Columbus, a chefais gyfle i yrru i ddinas fawr Cleveland ganol nos i gyfarfod â Dafydd, a aeth ar ei liwt ei hun ar draws y cyfandir i Los Angeles a dychwelyd yn ôl ar fws Greyhound. Gwnaethom ni 2,500 o filltiroedd yn y car yn ystod y cyfnod hwnnw. Yn ffodus, caem ein gwahodd yn aml i fwynhau barbeciw gyda'r nos a phrydau bwyd amser cinio a gyda'r hwyr yng nghartrefi'r aelodau ffyddlon. Gwelais aml i gêm bêl-fas a threfnwyd mwy nag un wledd i ni'n pedwar yn festri'r capel.

Pan benderfynais drefnu taith i drefedigaethau Cymraeg yr Unol Daleithiau, yn naturiol es yn ôl i Akron. Cawsom fws ein hunain o faes awyr New Jersey i ddinas fawr Efrog Newydd, a thrannoeth ein cludo i Albany i fwynhau cinio gyda Chymry'r dref ac yna treulio penwythnos yn Remsen-Steuben. Un o'r profiadau mawr i ni'r Cymry oedd cael Leonard a Dorothy Wynne i fynd â ni i weld y mannau hanesyddol sydd ar hyd a lled Oneida County. Gwelsom Gapel Cerrig, Bethel ac Enlli, a'r mynwentydd lle gorwedd y Cymry fel mynwentydd Uchaf, Isaf, Nant, Sixty a'r Bont; gweld y cerrig mawr a godwyd i arwyddo lle bu capeli Penycaerau, Penygraig a Bradwell a chael cyfle i gerdded i Benymynydd.

Gwrandawsom ar ddarlith ardderchog gan yr Athro David Ellis yng Nghapel Moriah, Utica yn adrodd hanes y Cymry yng nghanolbarth talaith Efrog Newydd. Fore trannoeth roeddwn yn pregethu yng Nghapel Plymouth Bethesda yn Utica, a dewisais adnodau o Lyfr Josua, sef 'Codi Meini Coffa' (Josua 4:1–9). Arhosais gyda'r ymadrodd 'Beth yw ystyr y meini hyn i chwi?'. Soniais fod yr hyn a welsom, yn y ffermydd, y capeli, y mynwentydd, yn feini coffa i ni'r Cymry a bod y meini hyn yn ein hatgoffa o'r etifeddiaeth a'r ffydd sydd yn gyffredin rhyngom. Yn ei ragair i *Memory Stones: A History of Welsh-Americans in Central New York and their Churches*, dywed Jay G Williams:

The preacher's voice rose and the room was filled with a spirit I had never felt before. This was the 'hwyl' I had heard so much about. This was the spirit and fervour which swept over Wales in the nineteenth century and led many Welsh to seek a new home in America … Images of all these 'memory stones' filled my head as Rev. Rees continued. As the preacher captivated the congregation, the significance of the Welsh chapels, monuments and cemetries which he had visited became clear. Those structures and stones, while not grand in appearance are significant in that they mark the passage of the Welsh into a new land.

Bûm wyth gwaith yn yr Unol Daleithiau gan ofalu ymweld â'r cymdeithasau Cymreig megis yr un yn Utica. Cefais gyfle i alw yng nghartref Arturo Roberts, cyhoeddwr *Ninnau*, gan fy mod ar un adeg yn derbyn papurau'r Amerig, sef *Y Drych* a *Ninnau*. Gwelsom ddinasoedd lle ceir llu o Gymry fel Philadelphia, San Francisco, Los Angeles a Washington.

Pregethwn yn gyson ar fy nheithiau i'r Amerig a chyfarfod â Chymry amlwg y Gymanfa Ganu megis Nelson Llewellyn, y Parchedigion Richard Baskwill o Delta ac I D E Thomas o Galiffornia. Gallaf ddeall apêl yr Unol Daleithiau i bregethwr dawnus o Gymro fel ef. Lle da i bregethu yw Capel Rehoboth, Delta, un o'r capeli lle mae'r awyrgylch ddisgwylgar Gymreig yn dal yn fyw.

Yn 1989 trefnais daith i Galiffornia, i Universal Studios yn Hollywood, yna i Arizona a Phoenix yn y gwres mawr, oddi yno i'r Grand Canyon a Llyn Powell ac ymlaen i Las Vegas. Dyma'r ail waith i mi fod yn Las Vegas, lle anhygoel i Gymro oedd wedi bod yn lladmerydd Ymneilltuaeth Gymreig. Cofiaf hefyd fynyddoedd y Sierra Nevada, a chyrraedd Llynnoedd Mammoth i aros noson mewn canolfan sgio 9,000 o droedfeddi uwchlaw'r môr. Gwelwyd golygfeydd Parc Yosemite a mwynhau atyniadau dinas gyfeillgar San Francisco. Cawsom wahoddiad yno i gartref y Parchedig John Evans a'i briod i gyfarfod â'r Cymry. Galwyd yn Carmel er na welsom y Maer, Clint Eastwood, ac oddi yno aethom i Monterey a Los Angeles.

Cawsom grwydro ar long enwog y *Queen Mary* yn Long Beach ac yna fynd ymlaen i Disneyland. Cymerais yr oedfa ymhlith y Presbyteriaid Cymraeg ar fore Sul yn Los Angeles. Yn ei hadroddiad am yr oedfa, dywedodd Brenda James o Rydaman: 'Fel y llifai dyfyniadau o emynau Cymraeg o'i enau, felly hefyd y llifai'r dagrau ar ruddiau y Cymry Americanaidd.'

Yn 1990 roedden ni'n cyfeirio ein golygon tua'r Dwyrain Pell a dyna'r adeg y cawsom deithiau i Tsieina ac i Hong Kong, yna i Singapore a Malaysia. Roedd pob un o'r teithiau hyn yn agoriad llygad. Roedd y Tsieineaid yn gymysg oll i gyd. Gwelsom Gristnogaeth yn ennill tir ar ôl yr hirlwm; gwelsom dros 2,000 o bobl, a'r mwyafrif ohonyn nhw'n ifanc, yn yr oedfa yn Beijing. Nid yw'r cyfryngau ym Mhrydain yn sôn ryw lawer am y cynnydd yn y teulu Cristnogol, ond rhaid cydnabod hynny wrth weld y cynnydd â'ch llygaid eich hun.

Trefnais deithiau i'r rhan fwyaf o wledydd Ewrop yn ogystal, yn arbennig Dwyrain Ewrop. Bu'r teithiau i Budapest yn Hwngari, Prag a gwledydd y Baltig, Latvia, Estonia, Lithuania a'r Ffindir, yn hynod o bleserus. Yn fyfyriwr roeddwn wedi cael taith i Ddenmarc a Sweden, a hefyd i Barcelona a'r Costa del Sol yn Sbaen.

Nid yw hi'n hawdd trefnu pererindod, oherwydd y broblem fwyaf i'r trefnydd yw rhoi sicrwydd i'r ymholwyr y bydd y bererindod yn sicr o gael ei chynnal. Roedd yn rhaid cael pymtheg enw ar gyfer y teithiau i Wlad yr Addewid, ugain ar gyfer teithiau i wledydd eraill fel yr Unol Daleithiau, Rwsia a'r Eidal. Mewn mater o bythefnos byddwn wedi llenwi'r bws neu gyrraedd y nifer roedd y cwmni yn dymuno ei weld yn teithio, ac wedi derbyn y blaendal.

Ond gogoniant y pererindodau oedd mai Cymraeg oedd yr iaith gyntaf i gyfathrebu yn ein plith ni. Roeddwn yn barod i baratoi diddanwch gyda'r nos, ac yn medru helpu'r pererinion gyda'u bagiau yn y maes awyr a'r gwestai. Byddai carfan uchel o bobl nad oedden nhw'n arfer teithio yn dod gyda ni a rhai'n teithio am y tro cyntaf erioed i wlad dramor. Ond wrth fynd i Wlad yr Iesu roedd dimensiwn gwahanol bob tro yn dod i'n plith. Yn bersonol, nid taith wyliau i wlad nodedig mohoni, ond pererindod yn ôl llwybrau Iesu Grist. Byddai awyrgylch yr Efengyl yn treiddio trwy'r teithiau a byddem yn cynnal epilog, ac ar y Sul yn cynnal oedfa, neu'n mynychu oedfa fel y gweid pan oedden ni yn Lloegr Newydd, ar y ffordd i Salem. Ond yn Israel roeddwn yn darllen y Gair ac yn dilyn llwybr gweddi.

Gallaf ddweud mai yn Jerwsalem y cefais y profiad mwyaf bythgofiadwy ar nos Sul y Sulgwyn. Yn yr ail bennod o Lyfr Actau'r Apostolion sonnir am ddyfodiad yr Ysbryd Glân: 'Ar ddydd cyflawni cyfnod y Pentecost roeddent oll ynghyd yn yr un lle, ac yn sydyn fe ddaeth o'r nef swn fel gwynt grymus yn rhuthro ac fe lanwodd yr holl dŷ lle'r oeddent yn eistedd.' Gallaf dystio i hynny ddigwydd i ni ar nos Sul y Sulgwyn. Roeddwn wedi gofyn i Miss Ann Roberts, athrawes ac un o Gymry Lerpwl, ddarllen yr ail bennod o'r Actau, adnodau 1 i 21. Yna euthum i weddi, ac ar ôl munud neu ddwy fe ddaeth swn mawr i'r ystafell, fel pe bai'r drws yn agor a gwynt grymus yn rhuthro ac yn llenwi'r holl ystafell lle'r oeddem. Fel roeddwn yn gweddïo teimlwn fod y gwynt yn cryfhau fy llais a pharhaodd felly hyd ddiwedd y weddi. Pan beidiais â gweddïo o'r frest fe ddistawodd y gwynt grymus, sef yr Ysbryd Glân.

Ar ddiwedd yr oedfa aeth pawb ohonon ni allan i'r balconi – wedi'r cyfan roedden ni ar lawr uchaf y gwesty – ond roedd Jerwsalem yn dawel braf. Fe holais wrth y ddesg a fu storm o wynt ryw ugain munud ynghynt, ond negyddol oedd yr ateb. Sut y medr unrhyw un ei esbonio? Gellir dweud ein bod yn y lle iawn yn y Ddinas Sanctaidd, lle digwyddodd y Pentecost cyntaf. Hefyd roedd pob un ohonon ni, deg ar hugain o Gymry, yn y cywair iawn wedi clywed y darlleniad, yn meddwl am y wyrth a ddigwyddodd yn Jerwsalem i Pedr a'r apostolion a'r miloedd o alltudion oedd yno ar ddydd y Pentecost.

Bob tro y bydda i'n traethu ar y Sulgwyn byddaf yn adrodd hanes anhygoel yr hyn a ddigwyddodd yn Jerwsalem i'r apostolion ac yna ddwy fil o flynyddoedd yn ddiweddarach i ddeg ar hugain o bererinion, a'r un grymusterau ar waith. Ni all neb amau yr hyn a brofwyd gan griw mawr ohonon ni.

Profwyd yr Ysbryd Glân yn ei rymusterau ar waith, a hynny yn y Ddinas Sanctaidd ar Sul y Pentecost. Daeth profiadau gwerthfawr o'r teithiau hyn a chyfeillion gwerth eu cael sy'n dal mewn cysylltiad. Diflannodd rhagfarn a chulni crefyddol, a chefais gyfle i gynnal dialog ac i weinyddu sacrament Swper yr Arglwydd yn fy mamiaith bob tro ar Fynydd y Gwynfydau.

Yn y man, daeth gwahoddiad arbennig imi bregethu yng Nghymanfa Ganu Cymry'r Unol Daleithiau a Chanada. Cynhaliwyd yr ŵyl ar gyrion Vancouver ar 28–31 Awst 2003, mewn dinas fawr fodern o'r enw Richmond, rhyw ddwy filltir o'r maes awyr. Deiniol Price, gŵr gweithgar ymysg Cymry Birmingham, oedd arweinydd y daith ar ran Cymru a'r Byd ac ymunodd Meinwen a minnau â hwy ar y ffordd i'r ŵyl. Bu'r daith yn hir ac yn ddigon trafferthus ym maes awyr Vancouver gan iddi gymryd hanner awr i'r bws gyrraedd i'n cludo i Westy Richmond Inn. Drannoeth roedd hi'n braf cael diwrnod cyfan i fynd o amgylch dinas hardd Vancouver. Cyflwynwyd stori'r ddinas yn ddiddorol gan yrrwr y bws a sylweddolais mai un o fechgyn Huddersfield, John Morton, oedd sylfaenydd y ddinas.

Treuliwyd dydd Mercher yn gwrando ar ddarlithwyr o Gymru a'r Unol Daleithiau, a braf oedd cyfarfod ag aelodau o gymdeithasau eraill fel un Orlando, Florida. Y diwrnod canlynol roeddem ar daith i Ynys Vancouver. Dyma'r ail dro inni fod yno i weld y gerddi hardd. Cawsom gwmni Glyn Evans, Prestatyn, newyddiadurwr goleuedig, ynghyd â John Phillips, Llanbedr Pont Steffan, cyn-Gyfarwyddwr Addysg Dyfed. Ar ddydd Iau, 28 Awst, diwrnod agor yr ŵyl yn swyddogol, dyma gofrestru yn y bore a disgwylid i bawb dalu am y sesiynau. Yr unig gyfarfod am ddim oedd oedfa bore Sul a disgwylid tâl hyd yn oed am gofrestru, 154 doler yr un. Sylweddolais ein bod ni yn Lerpwl mor haelionus yn medru cynnig rhaglen dda bron am ddim i'n cefnogwyr. Fore Sadwrn cefais gyfle i wrando ar Rufus Adams, y Rhyl, ond yn enedigol o Gwm Gwendraeth, yn darlithio'n feistrolgar ar David Lloyd George, ac yn yr hwyr aeth criw o Gymry am bryd o fwyd i bentref y pysgotwyr.

Fore Sul, fi oedd wedi paratoi y gwasanaeth boreol. Roedd hi'n wefreiddiol gweld y gynulleidfa hardd. Roedd dros 700 o bobl yno erbyn deg o'r gloch, un o'r cynulleidfaoedd mwyaf i mi bregethu iddynt yn fy holl weinidogaeth. Daeth pawb o'n grŵp Cymraeg ni i'r gwasanaeth heblaw am Hafina Clwyd, a minnau wedi cyhoeddi ei chyfrol gyntaf! Wedi dod yn ôl o Lundain i Ddyffryn Clwyd mabwysiadodd Hafina agwedd ymosodol tuag at grefydd gyfundrefnol ei chynefin. Braf oedd clywed John Pritchard, oedd yn wreiddiol o Ddyffryn Nantlle, yn darllen y Gair yn iaith ei febyd mor bwyllog. Chwith clywed am ei farwolaeth yn 2013. Seremoni hardd oedd gosod rhosynnau coch er cof am ffyddloniaid y Gymanfa a'n gadawsai er y Gymanfa y flwyddyn cynt. Yn eu plith clywais enw y newyddiadurwr o Chicago, John O Morgans, ffrind mawr i'm hewythr, Thomas H Reese, a fabwysiadodd yr enw Reese yn ystod ei flynyddoedd yn yr Amerig. Cefais gryfder llais yng ngrym yr Ysbryd Glân i gyhoeddi neges, ond naw deg y cant ohoni'n anorfod yn Saesneg. Er dirfawr siom, ciliodd yr iaith o enau'r Americanwyr Cymreig, gan gynnwys fy wncwl. Gadawodd Landdewibrefi am Efrog Newydd yn 1927 a'r Gymraeg ar ei wefusau ond daeth yn ôl i weld ei deulu yn Americanwr Cymreig heb feddu ar yr hyder i lefaru yn y Gymraeg, eto'n benboeth fel ei dad dros sicrhau Senedd i Gymru.

Yn y prynhawn aethom i'r Gymanfa Ganu yn Richmond, mewn sied anferth lle cynhelid gornestau hoci iâ, a'r arweinydd oedd Haydn James o blith Cymry Llundain. Hwb i'r Gymanfa oedd presenoldeb Côr Meibion Dyfnant a chanwyd deunaw o emynau a thonau, ac yna yng Nghymanfa'r hwyr canwyd pymtheg emyn. Fore trannoeth roedd ein grŵp ni'n gadael am Calgary a'r Rockies a chwech ohonom, dau o Gymry Birmingham a Catherine a William Williams a ninnau, wedi penderfynu mynd ar daith mewn llong braf i dalaith Alaska. Dinas o long ar y môr, a 2,300 ohonom yn cael digon o ddewis o weithgareddau ar ein taith bleserus. Ond a minnau'n dioddef o glefyd y galon roedd Alaska dipyn yn rhy oer i mi. Deuai'r angina yn gyson i'm blino. Braf felly oedd cyrraedd yn ôl yn ddiogel ar ôl bod yng Nghanada unwaith yn rhagor. Gellid amenio'r dyhead:

> God keep our land glorious and free!
> O Canada! We stand on guard for thee.

Ond gwell gen i 'Hen Wlad fy Nhadau'.

PENNOD 11

Y pregethwr

YR ATHRO J Oliver Stephens o Goleg Presbyteraidd Caerfyrddin ddywedodd, 'Y Bregeth, yn ddiau, yw cynnyrch rhagoraf athrylith Cymru. Traethwyd dysg, dawn, a diwylliant ein cenedl a thrwyddi hi'n bennaf y goleuwyd ein gwlad.' Dweud go fawr, ac eto, po fwyaf mae rhywun yn dadansoddi'r gosodiad, rhaid cytuno i'r bregeth fod yn ganolog ym mywyd Cristnogaeth ar hyd y canrifoedd.

Yn ei lythyr cyntaf at yr Eglwys yng Nghorinth dywed yr Apostol: 'Gwae fi os na phregethaf yr Efengyl!' Ac wrth ddarllen y Testament Newydd yn ofalus, ni all neb amau fod bron popeth o fewn cloriau'r llyfrgell honno'n ymwneud â phregethu. Mae'n amlwg fod Iesu yn bregethwr ac eto ni chofnodwyd ei bregethau. Detholiad o'i ddywediadau yw'r Bregeth ar y Mynydd ac mae'r un peth yn wir am yr Apostol Paul. Meddai ef ar yr angerdd i bregethu i'r cenedl ddyn yr Efengyl sy'n cyhoeddi fod Iesu wedi'i groeshoelio ac wedi atgyfodi. Mae'n rhaid astudio Actau'r Apostolion i ddod o hyd i bregethau cenhadol Paul a Phedr, a gwelwn yr un patrwm ym mhob pregeth, sef parch cynhenid i'r Ysgrythurau, a bod y broffwydoliaeth o'r Hen Destament, o eiddo Eseia neu un o'r proffwydi eraill, wedi'i gwireddu ym mywyd Iesu Grist.

Wrth baratoi fy llyfr ar Owen Thomas, Lerpwl, a elwid yn ei ddydd yn 'Bregethwr y Bobl', fe ddes i sylweddoli'r bri a roddwyd gan y Cymry ar bregethu yn Oes Fictoria. Canlyniad y Diwygiad Methodistaidd yn y ddeunawfed ganrif oedd hyn. Trechwyd yr anterliwt, a bellach yn yr oedfaon pregethu y câi'r genedl Gymreig ei difyrrwch a'i dysg a thestun ei thrafodaethau.

Cofiaf i'r gwleidydd J Lloyd Williams ddweud wrthyf mai'r siarad i gyd yn ei gartref ef a chartrefi eraill ym Mhantperthog yn niwedd Oes Fictoria oedd pregethau a phregethwyr, ac fel roedden nhw'n edrych ymlaen at glywed y 'doniau a daniwyd'. Roedd hyn yn wir i raddau helaeth yn fy nghartref cyntaf yn Abercarfan drigain mlynedd yn ddiweddarach, ac am flynyddoedd ar ôl hynny hefyd. 'Pregethwyr y Cyrddau Mawr' yn defnyddio'r hwyl Gymreig oedd yr arwyr yn y Gymru Gymraeg. Dyma a ysgrifennais yn y cofiant i James Griffiths, y gwleidydd, am y cyfarfodydd hyn:

> Yn y cyfarfodydd hyn roedd elfen o boblogeiddio a cheid huodledd gorfoleddus yn y pregethu. Roedd y pregethau yn cyffroi ac yn ysgwyd cynulleidfaoedd fel corwynt ac yn eu gorfodi i drafod neges y bregeth am wythnosau. Daeth y math hwn o bregethu i'w lawn dwf yn rhan gyntaf y bedwaredd ganrif ar bymtheg ond fe'i ceid yng nghyfnod plentyndod James Griffiths, ac yn wir parhaodd hyd at yr 1960au.

Nid oes ryfedd yn y byd fod James Griffiths wedi cyffesu mewn cyfweliad gydag Aneirin Talfan Davies ei fod ef wedi meddwl unwaith mynd yn bregethwr, a chlywsom dinc y pregethwr yn ei huodledd ar lwyfan ac yn y Senedd. Roeddwn innau yn saith mlwydd oed o dan gyfaredd pregethu. Ddwywaith yn ystod fy mhlentyndod y cefais wyliau. Trefnodd Wat, gwas yn Abercarfan, fy mod yn cael mynd i aros gyda theulu ei fam yn Nhre-boeth, un o faestrefi dinas Abertawe. Cofia'r teulu i mi ddringo cangen coeden yn yr ardd a phregethu i blant nad oedden nhw'n deall bron dim Cymraeg. Dyna'r tro cyntaf imi deimlo'r awydd i ddweud gair fel y pregethwyr y gwrandawn yn astud arnynt ddwywaith y Sul ym Methesda.

Angen pennaf pregethwr ym mhob oes yw llais da. Astudiodd rhai o'r pregethwyr anhygoel o ddyddiau John Elias i Jiwbili Young areithyddiaeth, fel y gwnaeth gwleidyddion fel Aneurin Bevan a Jim Griffiths. Credid hefyd y dylid pregethu'n Feiblaidd, ond gyda neges gyfoes. Dim ond felly, ym marn y meistri, y gellid llefaru a chymhwyso meddwl Crist i bobl sydd wedi gweld erchyllterau na ellid eu hamgyffred yn llwyr. Rhaid hefyd wrth gefndir eang, sy'n esbonio pam roedd y Coleg Diwinyddol yn y pumdegau yn disgwyl i'r myfyrwyr astudio Hebraeg yr Hen Destament a Groeg y Testament Newydd fel y gallent gloddio am drysorau yn yr ieithoedd gwreiddiol y lluniwyd yr Ysgrythurau ynddynt. Agwedd arall ar bregethu yw argyhoeddiad cryf y pregethwr ynghylch yr hyn y mae ef am i'w gynulleidfa ei ddeall a'i dderbyn gan lywio eu hymateb drwy newid cyfeiriad meddwl a buchedd, neu adeiladu ffydd Gristnogol y gwrandawyr a'u gwneud yn wneuthurwyr y Gair ac nid yn wrandawyr yn unig. Bûm yn ffodus i gael llais cryf, clywadwy, ond trueni na roddodd y Coleg Diwinyddol wersi areithyddiaeth i'n paratoi. Mor dawel ac undonog y gall ambell gennad fod ac yntau'n trafod y Gair a ddaeth 'yn gnawd ac a drigodd yn ein plith'.

Testun canolog pob pregeth yn fy marn i a barn y Calfiniaid Cymraeg yw Iesu Grist y Dioddefwr, yr Heddychwr, ein Gwaredwr personol. Dyna ganolbwynt y traddodiad efengylaidd a chymdeithasol. Rhyfeddais ryw dair blynedd yn ôl wrth dderbyn gair o ddiolch gan y digrifwr Ifan Gruffydd, sy'n flaenor ym Mwlch-gwynt, Tregaron, am imi roddi lle dyladwy yn fy mhregeth i Iesu Grist. Ychwanegodd: 'Byddech chi'n synnu gymaint o bregethwyr sy'n rhoddi pregeth ar fore Sul heb gyfeiriad o gwbl at yr Iesu.' Pregethwyr ar dân ydoedd y bobl a elwid yn 'Dadau Methodistiaeth', a phan euthum i'm gofalaeth gyntaf yn 1962 roeddwn yn ymwybodol iawn o hyn. Byddwn innau yn seinio gorfoledd yr Efengyl mor huawdl ag roedd modd a rhoddi pwyslais mawr ar efengyl gymdeithasol. Parhaodd hynny ar hyd y chwedegau. Felly yr arferai y Dr Katherine Jenkins dystio yn hanes ei thad a ddaeth o dan fy ngweinidogaeth danllyd un Sul yn ei gapel yn Nhonypandy. Erbyn y saithdegau daeth pregethu mwy Beiblaidd yn rhan o'm cyflwyniad – trafod yn fanwl gefndir a chynnwys yr adran gysylltiedig ag adnod y testun – ond erbyn yr wythdegau roeddwn yn cyfuno'r pwyslais efengylaidd gyda'r elfen gymdeithasol. Dywed aelodau imi yn Lerpwl fy mod yn y blynyddoedd hyn yn pregethu'n llawer symlach ac yn treiddio i fyd y gwrandawr yn fwy nag a wnawn yn y degawdau cynt. Braf yw clywed hynny ar derfyn oes o gyhoeddi'r gwirionedd.

Ni allaf ddweud fy mod yn byw i bregethu fel y byddai rhai o'r meistri fel Herbert Evans, Caer a J R Roberts, Pen-y-cae, gan gyfyngu fy hun yn hollol i waith y pulpud, ond byddaf yn paratoi fy mhregethau yn ofalus gan ddefnyddio fy llyfrgell helaeth. Gwridais pan glywais ŵr a fu'n ofid mawr i lawer ohonom, sef y Parchedig Emyr Owen (Emyr Da ac Emyr Drwg fel y gelwid ef) yn ymffrostio mewn *fraternal* yn Lerpwl ei fod ef yn medru llunio pregeth mewn hanner awr. I'r lleygwr a'r blaenor John Lyons o Eglwys Bethania yng ngogledd Lerpwl mae'n rhaid cael chwe wythnos i baratoi neges. Rhydd hynny syniad o bwysigrwydd saernïo'r neges yn ofalus. Fel prentis byddwn wrthi am ddau i dri bore yr wythnos yn llunio pregeth.

Yn ystod y cyfnod yn Abercynon cefais air â Dewi Eirug Davies i drafod y posibilrwydd o gyhoeddi cyfrol o bregethau 24 o weinidogion ifanc dan y teitl *Ffolineb Pregethu* a gyhoeddwyd gan ein gwasg yn 1967. Y bregeth a roddais i'r golygydd oedd 'Barn Duw', pregeth roeddwn wedi'i pharatoi yn arbennig ar gyfer oedfaon pregethu Cymdeithasfa'r Gogledd ym Mhwllheli yn 1966. Traddodais hi yng Nghapel Penmount o flaen cynulleidfa gref ac ynddi lond gwlad o weinidogion, yn cynnwys gweinidog yr eglwys, R Gwilym Hughes, y diwinydd galluog S O Tudor a'r seicolegydd Gwilym O Roberts y deuthum i'w anwylo fel ffrind. Mae'r bregeth yn cynnwys hanfodion fy nghred Gristnogol o hyd, sef:

> Fe'n bernir yn ôl ein tosturi, a chyda'r math o gariad tuag at yr anghenus a'r drylliedig o galon ag oedd gan y Gwaredwr. Yr anghenus yw fy mrodyr, meddai'r Iesu; a'r hwn sy'n gofalu amdanynt mae gofal hefyd am Waredwr Byd.

Derbyniais wahoddiadau yn y blynyddoedd ar ôl hynny i aml Sasiwn fel yr un yn Weston Rhyn ger Croesoswallt ac, yn wir, i Oedfa'r Gymanfa Gyffredinol yn Llangefni yn 1968 a chael rhagor o gwmni un o'r gwreiddiolaf o'n cenhadon, y Parchedig Eliseus Howells, Pen-y-bont ar Ogwr. Croesawodd ef fi i'w gartref pan bregethais mewn cyfarfodydd pregethu yn Hermon, Pen-y-bont y flwyddyn honno a chwith meddwl fod pob capel y bu ef yn weinidog arnynt wedi cau eu drysau erbyn hyn, sef Henffordd, Lewisham a Hermon. Nid yw'n haeddu hynny mwy na minnau pan gofiaf fod capeli Tabernacl, Hermon, Disgwylfa a Garston yn perthyn i'r ddoe na ddaw yn ôl.

Pan ymwelodd Sasiwn y De â bro fy mebyd yn Llanddewibrefi yn 1969 cefais fy ngwahodd i bregethu, yn ogystal ag un arall o blant y fro, sef Lewis Dewi Richards, Cwmafon. Daeth cynulleidfaoedd mawr ynghyd wedi i'r gweinidog, Thomas Roberts, fynd ati i hysbysebu'r Sasiwn trwy osod posteri a welid mor bell â Thregaron ac ar hyd y ffordd fawr i Aberystwyth, Llambed ac Aberteifi. Yn y Sasiwn cefais sgwrs gyda'r hoffus D Jacob Davies, Alltyblaca, un o arweinwyr yr Undodwyr, gŵr a'm croesawodd i Gwm Cynon a'm cyflwyno i'r llyfrbryf, W W Price. Daeth Jacob i'n cefnogi ni ym mro Dewi. Yn wir, pan gafodd ef ei ddyrchafu yn Llywydd yr enwad dros Gymru a Lloegr fe es i ar brynhawn Sul i wrando arno yntau yn yr Eglwys Undodaidd yn Ullet Road, Lerpwl. Roedd Jacob yn ddyn agos atoch, mor amryddawn, a chawn hyfrydwch mawr yn ei gwmni.

Erbyn diwedd y chwedegau roeddwn yn weinidog yn Lerpwl ac am y 30 mlynedd nesaf byddwn yn derbyn nifer helaeth o wahoddiadau. Yn wir, yn fuan iawn ar ôl cyrraedd Lerpwl bu'n rhaid i mi dreulio wythnos gyfan ar daith bregethu gan ddechrau ar nos Lun yng Nghefncoedycymer, treulio nos Fawrth a dydd Mercher ym Mhen-y-bont ar Ogwr, a mynd oddi yno i gyfarfodydd diolchgarwch Llangybi ar nos Iau a Phennant ar nos Wener cyn cyrraedd St Helens Junction erbyn nos Sadwrn a'r Sul i gyhoeddi'r gair. Yr unig ddau gapel sydd â'u drysau yn dal ar agor yw Llangybi a Phennant yng Ngheredigion.

Yr hyn sy'n ddychryn yw bod arweinwyr ein henwadau yn rhoi'r argraff eu bod yn gwbl gysurus â'r sefyllfa adfydus sydd ohoni heddiw yng Nghymru ac mewn cymunedau Cymreig yn Lloegr; yn wir, mae rhyw gapel neu'i gilydd yn cau bob pythefnos. Gan fy mod wedi cadw cownt, gallaf dystio fy mod erbyn 2015 wedi pregethu neu annerch mewn 1,012 o gapeli ac eglwysi gwahanol o bob traddodiad oddi ar y Sul cyntaf hwnnw yng Nghwmystwyth. Deallaf fod gennyf y record orau am bregethu mewn gwahanol ganolfannau o blith gweinidogion yng Nghymru a ordeiniwyd oddi ar 1960.

Fy Sul cyntaf swyddogol oedd y cyntaf o Chwefror 1957. Roedd eira trwchus ar y ffordd a chyrhaeddais Siloam ar gefn motor-beic fy ffrind, Cynwil Williams. Daeth ef i fy nôl y noson honno. Yn y bore cefais gynulleidfa o ddau ac yn yr hwyr gynulleidfa o dri, felly roedd y sefyllfa'n ddigon bregus yr adeg honno. Mae Ymneilltuaeth mewn argyfwng dwys heddiw ac yn galw am uno cynulleidfaoedd, addasu capeli i ofynion oes lai capelyddol a gweddïo a gweithredu am adfywiad yn lleol a chenedlaethol. Y newid mwyaf aruthrol yw'r gostyngiad arswydus yn nifer y rhai sy'n ymdeimlo â galwad i fynd i gyhoeddi'r newyddion da i bob creadur. Ni oedd y genhedlaeth niferus olaf i'n hordeinio i'r gwaith, ond ar ôl 1962 bu hi'n frwydr cael y goreuon yn eu cenhedlaeth i ystyried y llwybr gan fod byd y teledu mor atyniadol. Pe bawn heb symud i Lerpwl mi fyddwn innau, mae'n sicr, wedi cyrraedd canolfannau'r byd teledu neu goridorau Tŷ'r Cyffredin.

Yn y pumdegau byddwn yn mynychu ysgol haf yr ysgol Sul bob mis Awst yn y Coleg Diwinyddol, magwrfa i lawer iawn ohonom a dderbyniodd y sialens. Yn y fan honno deuthum yn ffrindiau â chriw o fechgyn dawnus, pob un yn gynnyrch capeli Annibynwyr ardal y glo carreg fel Arwyn Phillips, Garnant, Eirian Rees, John S MacLaughlan, Brynaman a Dyrinos Thomas ac Irfon Jones, Cwm Gwendraeth. Cedwais mewn cysylltiad achlysurol â hwy a rhannu profiadau ar aelwydydd Arwyn a John ar hyd y blynyddoedd. Pan fyddwn yn mynd i bregethu i Gapel Mawr, Rhosllannerchrugog byddwn yn aros ar aelwyd Arwyn ac Iris a phan awn i Orllewin Morgannwg byddwn yn galw heibio John MacLaughlan yn Ystradgynlais. Chwith meddwl fod y ddau wedi ein gadael yn ddynion cymharol ifanc ac mae hiraeth mawr amdanynt.

Duw sydd yn galw, a dynion a merched yn ymateb. Yn ôl yr Epistol at yr Hebreaid, fe'n gelwir fel y galwodd Duw Aaron, brawd Moses. Pam Aaron? Am fod angen rhoi cyfrifoldeb ar rai unigolion i ymateb i anghenion yr offeiriadaeth. Dyma'r bobl a alwyd. Disgwylir llawer oddi wrthyn nhw. Mae'n rhaid iddyn nhw fod yn bobl o gydymdeimlad a dyna nodwedd y rhai a alwyd gan Dduw i'r weinidogaeth Gristnogol: cydymdeimlo â phobl yn eu hadfyd a'u gwae, gweld cyfle i ddweud gair o gysur wrth glaf ar ei wely cystudd, a llywio gwasanaeth ysbrydol, gorfoleddus ar derfyn ein harhosiad daearol.

Ni ddylai'r rhai a alwyd yn bregethwyr ac offeiriaid fod yn flin wrth gyfathrebu â phobl nad oes ganddynt yr un cefndir addysgol a diwylliannol. Yn sicr, ni ddylen ni golli ein hamynedd fel y gwnâi Howell Harris, y diwygiwr o Drefeca yn y ddeunawfed ganrif, gyda phobl sydd wedi crwydro'n bell yn ysbrydol, neu trwy amryfusedd ysgeler. Fe sonia awdur anhysbys yr Epistol at yr Hebreaid fod pob offeiriad, ac yn arbennig archoffeiriaid, yn cael eu dewis gan ddynion ond eu galw gan Dduw. Mae'r alwad yr un mor ystyrlon o hyd ond mae'r newid cymdeithasol yn golygu bod pob un ohonon ni yn gorfod bod yn hyblyg, yn gyfathrebwyr ac yn barod i ddefnyddio strwythurau technolegol newydd.

Mae hi'n her o hyd. Mae'r sefyllfa'n dal i ofyn ymroddiad, ymgysegriad a brwdfrydedd. Braint fawr i mi oedd derbyn dros y blynyddoedd lythyrau cyson, cefnogol gan rai gweinidogion hŷn na'm cenhedlaeth i fel D Idwal Jones, Casnewydd, Idris Lewis, Llechryd, J E Davies, y Gopa, A Meirion Roberts, Pwllheli a Huw Ethall, Caerdydd. Ceir pregeth nodweddiadol gan yr annwyl Huw Ethall yn *Ffolineb Pregethu* o dan y teitl 'Y Dirgelwch', ac yn niweddglo ei bregeth dywed:

> Rhaid hysbysu'r 'archwilwyr golud' hefyd gan bob un a'i darganfu, ac nid oes hawl gan neb i'w gadw iddo'i hun, gan mai eiddo'r 'Brenin' yw hwnnw hefyd. Rhodded Duw yn ei Fab, arweiniad i'w Eglwys heddiw i hysbysu dirgelwch yr Efengyl fel y gwnaeth yr Apostol ei hun, fel y gall hithau ddweud '... fel y traethwyf yn hyf amdani, fel y perthyn i ni draethu.'

Ceisiais wireddu hyn yn fy mywyd: traethu yn hy y dirgelion sy'n perthyn i Dduw ac sydd yn ei Fab a'r Ysbryd Glân, a thrwy gyfrwng pulpudau amrywiol enwadau o fewn yr Eglwys. Pan deithiais i Lechryd yn niwedd Hydref 2012 i'r milfed capel neu eglwys neu ganolfan genhadol y bûm yn pregethu ynddi ers y Sul cyntaf hwnnw yng Nghwmystwyth, ni allwn ond diolch o waelod calon am y nerth corfforol, meddyliol, emosiynol, ac ysbrydol a'm cynhaliodd dros yr holl flynyddoedd ac a'm cynhalia o hyd ar y Suliau i wasanaethu'r Duw a'm galwodd. Bu cadw cyhoeddiad i bregethu ar dro yn anodd ar y naw. Roeddwn yn Tiberias am wyth o'r gloch un bore Sadwrn ac yn teithio oddi yno i gyrion Tel Aviv i faes awyr Ben Gurion. Hedfan oddi yno wedyn i Fanceinion, yna trwy'r maes awyr a theithio deng milltir ar hugain arall i Allerton. Y noson honno am naw teithio eto yn y car, y tro hwn am Landdewi, taith o gan milltir a hanner bron. Cyrraedd cartref fy rhieni wedi hanner nos a chael cwsg cyn cychwyn fore Sul am wyth o'r gloch am Tabor, Llansamlet i'w cyrddau pregethu. Faint o genhadon heddiw fyddai'n dychmygu ceisio cyflawni addewid o'r fath? Ni allwn gyflawni'r fath daith bellach; er hynny, cofiaf bob amser mai braint yw sefyll yn y pulpud dros ddaioni Duw ac erlid y drygioni yng ngrym Crist a'r Ysbryd Glân. Cysur yw clywed dyhead y bardd Iddewig: 'Deffro di, ogleddwynt, a thyred di, ddeheuwynt, chwyth ar fy ngardd, fel y gwasgared ei pheraroglau.' Peraroglau gras a chariad, tosturi a chydymdeimlad, cyfiawnder a daioni ydynt, ac mae gwir angen y rhain arnom yn ein cyfnod cythryblus ni fel tystion y Gair.

Gofidiaf fod y diwrnod a neilltuodd yr Eglwys ar gyfer addoli ac addysgu a phregethu wedi newid mor aruthrol mewn chwarter canrif. Dyma'r diwrnod hefyd i ddathlu'r Atgyfodiad yn ei ddirgelwch a'i wyrth ryfeddol fod y Crist yn fyw yn ein bywydau o awr i awr.

Rwyf wedi sefyll gyda chriw bach o Gristnogion dros gadwraeth Dydd yr Arglwydd ers 1962. Ie, ers fy nyddiau cynnar yn y weinidogaeth, pan ddeuthum i adnabod R J Jones,

Minny Street, D Myrddin Davies, Emlyn G Jenkins, Morgan R Mainwaring, R T Gregory ac Ysgrifennydd llawn-amser y mudiad, T H Griffiths, yr Eglwys Newydd, Caerdydd. Sefais yn y bwlch gyda hwy ac ugeiniau eraill dros y blynyddoedd a dadlau ar y cyfryngau gyda lleygwyr a chyfeillion y bragwyr a'r siopau. Ni fu'n edifar gennyf gan fy mod yn hyn o beth yn gwbl ysgrythurol. Ar y dydd cyntaf o'r wythnos, yn ôl yr Efengylau, cyfododd yr Arglwydd Iesu oddi wrth y meirw. Y diwrnod hwnnw yn Emaus daeth dau o'i ganlynwyr i adnabod y Crist Atgyfodedig ar doriad y bara, a byth oddi ar hynny bu ei ddilynwyr yn ymgynnull ar y diwrnod hwn i addoli'r Tad yng nghwmni'r Mab ac yn llawenydd yr Ysbryd Glân. Fe'i galwyd yn Ddydd yr Arglwydd a'i gysylltu gan hynny â'r Sabath a ordeiniodd Duw yn y Creu. Dywedodd y diwinydd, y Parchedig Gwyndaf Jones, y geiriau hyn pan oedd yn olygydd *Y Tyst*:

> Nid yw'r gorchymyn i'w anrhydeddu wedi'i ddiddymu dan yr Oruchwyliaeth Efengylaidd. Rhodd Duw i'w greadigaeth ydyw: mae er lles a bendith i ddyn, ac fe ddaw'r fendith pan orffwyso dyn, yn ystyr Feiblaidd y gair, oddi wrth ei lafur.

Crwydrais lawer dros Gymdeithas Dydd yr Arglwydd fel Ysgrifennydd Pwyllgor y Gogledd, ac ar ôl marwolaeth J D Herbert Evans cymerais gyfrifoldeb am Gymru gyfan. Golygodd hyn gyfarch henaduriaethau, sasiynau, cyfundebau a chymanfaoedd ar y cwestiwn o barchu'r Dydd a'i ddefnyddio i adeiladu pobl Dduw. Trefnwyd cyfarfodydd cyhoeddus a deuai'r Parchedig W Eifion Powell gen i weithiau, pan oedd yn weinidog yn Wrecsam, i ardaloedd yng Ngwynedd i seinio nodyn brwdfrydig. Deuai'r ffyddloniaid ynghyd a byddai'r ddau ohonom yn mwynhau'r sgyrsiau wrth ddod yn ôl dros y Crimea a thrwy Bentrefoelas am Wrecsam a Lerpwl. Trefnir hyd heddiw gymanfaoedd y Sul i geisio atgoffa'r Cristnogion am ein cyfrifoldeb, ond ofnaf ein bod wedi cyrraedd cyfnod lle y dilëwyd arbenigrwydd y Sul. Am ba hyd y deil pwyllgorau'r De a'r Gogledd o Gymdeithas Dydd yr Arglwydd a'r cylchgrawn a ymddengys ddwywaith y flwyddyn o dan fy ngolygyddiaeth dan yr enw *Etifeddiaeth*? Ofnaf fod ein dyddiau fel cymdeithas yn dirwyn i ben a byddwn yn falch o weld gweinidog o dan hanner cant yn cymryd fy lle. Pwy a ddaw i'r adwy tybed? Tybed wedi hyn i gyd nad yw un o'r beirdd mwyaf a welodd y Cymry, sef R Williams Parry, wedi rhoddi ei fys ar ddiflaniad y pregethwr tanbaid mewn cerdd mor nodweddiadol o'i athrylith:

Duw gadwo'i weinidogion
Nad ydynt gyfoethogion,
Ond sy'n gorfod profi hyd fedd
Drugaredd Cristionogion.

Rhwng ambell fwli o flaenor
Sy'n waeth nag arglwydd maenor,
Ac ambell gecryn sydd mor gas
Ei slas â Modryb Gaenor.

Rhwng Israel a'r Asyriaid,
Y saint a'r pechaduriaid;
Rhwng byddarol stêm y brwd
A rhwd y cysgaduriaid.

Duw a ŵyr pa fodd y mae ar
Eu ffydd drwy boeth a chlaear,
Caffont nef heb awel chwern:
Cânt uffern ar y ddaear.

Mae'n dda gennyf ddweud na phrofais wae, gofid, ing na phryder y gweinidogion hynny a welodd R Williams Parry yng Ngwynedd yn ystod ei fywyd.

PENNOD 12

Bugeilio'r praidd

AMDDIFADWYD EIN CENHEDLAETH ni yn y Coleg Diwinyddol yn fawr gan na chawsom flwyddyn i ddysgu hanfodion bugeilio, yr hyn a elwid yn Pastoralia. Newidiodd y sefyllfa yn fawr pan apwyntiwyd y Parchedig Harri Williams, gweinidog profiadol a gŵr hynod o ddiwylliedig, yn Athro'r Adran Fugeilio yn y Coleg Diwinyddol yn Aberystwyth. Y cwbl a gafodd fy nghenhedlaeth i oedd cyfarwyddyd gan un o fugeiliaid tref Aberystwyth, yr hoffus J E Meredith, gweinidog y Tabernacl. Byddwn yn mynd i'r Tabernacl yn rheolaidd i'r Seiat yn yr ysgoldy tanddaearol i weld y meistr wrth ei waith. Roedd J E Meredith mor gelfydd a bonheddig ac yn denu'r gorau o'i braidd.

Mae bugeilio yn grefft erbyn hyn mewn cymaint o feysydd ac yn hynod o bwysig yng ngolwg yr awdurdodau gwladol. Roedd y gair 'bugail' yn air cyfarwydd yng Ngheredigion yn fy ieuenctid. Bugail Llangeitho oedd yr ymadrodd am weinidog Capel Gwynfil tra gelwid y gŵr a ofalai am ganolfan y Methodistiaid Calfinaidd yn Nhregaron yn fugail Bwlch-gwynt. Pan gychwynnais i ar y gwaith o fod yn fugail gofalaeth eglwysig yn ne Cymru roeddwn yn un o gannoedd o weinidogion yn ein henwad ni'n unig. Roedd dros bum cant ohonom, ond erbyn 2014 nid oes ar ôl ond 41 yn llawn-amser. Trychineb mawr crefydd gyfundrefnol yng Nghymru yw hynny. Pan euthum yn weinidog i Henaduriaeth Dwyrain Morgannwg roedd 21 ohonom yn gwasanaethu gofalaethau fel bugeiliaid. Erbyn heddiw un gweinidog sydd ar ôl yn nalgylch Dwyrain Morgannwg. Ei faes ef yw dau gapel Methodistaidd yn ninas Caerdydd. Diflannodd y rhan fwyaf o gapeli'r cymoedd.

Methwyd â chodi pontydd gyda'r ysgolion Cymraeg ar wahân i rai eithriadau, gan fod cyfartaledd uchel o'r plant yn dod o gartrefi digapel a di-Gymraeg.

Pan ddechreuais yn Abercynon a Phenrhiw-ceibr yn 1962 roedd gennyf ddigon o ganllawiau ar gyfer bod yn fugail ymroddedig. Cofiaf y Parchedig D Jacob Davies yn dweud wrthyf mai gogoniant y weinidogaeth oedd bod gennym ryddid i drefnu ein holl waith fel y dymunem. Y patrwm a fabwysiadais hyd y medrwn oedd neilltuo'r bore i baratoi a myfyrio, ysgrifennu ac ymateb, cadw cofnodion pwyllgorau ac ymwneud â threfniadaeth. Yna ar ôl cinio ymweld â'r cleifion, y llesg a'r hen, ac yna gyda'r hwyr arwain mewn Cyfarfod Gweddi a Seiat, gofalu am ddosbarth Cymraeg a Chlwb yr Ifanc. Sylweddolwn fod ymweld â'r ysbytai a chartrefi'r henoed yn gwbl allweddol i'r fugeiliaeth, ac yn y cyfnod hwnnw roedd hi'n haws ymweld â'r ysbytai nag yw hi bellach. Mewn ardal boblog fel Cwm Cynon roedd galw cyson arnaf i weinidogaethu mewn cynebryngau, a bûm hyd heddiw yn rhoddi'r pwys mwyaf ar hyn.

Gofalaf ymweld â'r cleifion yn gyson, ac os yw'r claf yn gwanhau ac yn araf ddarfod, mae'n bwysig ymweld i'w baratoi ar gyfer y bererindod fawr ei hun. Gwerthfawrogir hyn gan y claf a'i deulu. Yn y cyfnod anodd hwn ceisiaf ymweld o leiaf ddwywaith â'r teulu a chysylltu â hwy bob dydd ar y ffôn. Yn fy ngofalaeth gyntaf, cefais brofiad anodd iawn pan ddaeth heddwas i'r Mans i'm hysbysu fod un o'n pobl ieuainc anwylaf wedi'i ladd ar y ffordd, ac roedd am i mi fynd i dorri'r newydd i'r teulu yng Nglancynon. Nid oedd modd dianc rhag y cyfrifoldeb. Roedd Nansi a Dewi Maddocks yn byw ryw filltir oddi wrthyf; Nansi oedd un o'n horganyddion ac roedd Dewi yn ŵr dylanwadol yn y dref ac yn ddiacon gyda'r Annibynwyr Cymraeg. Meirion oedd y cyw melyn olaf, yn ŵr ifanc llawn ynni, yn gymorth mawr i mi yn y Clwb Ieuenctid, a deuai gyda'i fam i'r oedfaon. Deuthum wyneb yn wyneb â phroblem dioddefaint, anwylyn wedi ein gadael ym mlodau'i ddyddiau. Deallais y foment honno nad oes modd deall, nac esbonio, na chyflwyno ateb boddhaol i'r galarwyr. Ni cheisiais y noson honno wneud dim ond torri'r newydd, ac yn lle siarad, gofyn am gyfle i arwain y rhieni i lwybrau gweddi gan fy mod yn credu y byddai hynny'n llawer mwy o gymorth na cheisio damcaniaethu. Nid hwn oedd yr unig achlysur a gefais yn Abercynon i gydymdeimlo mewn argyfwng yn enw'r Iesu. Daeth trasiedi Aber-fan yn 1966, fel y gwelwyd, â'i sialens fawr i bawb oedd yn arwain a bugeilio.

Gŵr ifanc daionus yng Nghapel Heathfield Road pan ddeuthum yno yn niwedd y chwedegau oedd Daniel Jones, Wavertree a weithiai yn siop fawr Owen Owens. Roedd ganddo lais hyfryd a byddai ef a Meira Owen (Caerdydd bellach), yn ein swyno â'u caneuon. Symudodd Danny i fyw i Gwernaffield gyda'i briod Carole. Brawychwyd ni pan ddaeth y newydd ar 28 Medi 1981 fod ein cyfaill wedi marw yn 36 mlwydd oed. Nid oedd Danny bellach yn aelod ym Methel, ond ni allwn beidio â mynychu ei gynhebrwng yng Nghapel Cymraeg Gwernaffield. Pan gyrhaeddais y capel, roedd tyrfa fawr yno a phwy a ddaeth i'm cyfarfod ond gweinidog yr eglwys, y Parchedig R R Evans. Gofynnodd i mi yn y fan a'r lle i dalu'r deyrnged. Ni wyddwn beth i'w wneud gan y byddwn yn barotach pe bawn wedi cael awr neu ddwy o leiaf i baratoi teyrnged yng ngŵydd ei anwyliaid a'i gydnabod. Gweddïais am arweiniad a gallaf dystio imi dderbyn cymorth i dalu teyrnged haeddiannol i un o blant Capel Cymraeg Heathfield Road. Erbyn dechrau'r wythdegau myfi oedd yr unig weinidog Presbyteraidd llawn-amser yn ninas Lerpwl, a deuai gwahoddiadau cyson i mi gysuro teuluoedd yn eu galar ac arwain yn yr arwyl ym mhob rhan o Lannau Mersi.

Merch ifanc dair ar hugain oed oedd Diane Williams o Bootle, a'i thad Elfyn Williams yn gwbl gefnogol i Gapel Stanley Road, Lerpwl. Cefnder iddo oedd y dramodydd John Gwilym Jones. Pan fu farw Diane ar ôl gwaeledd ym mis Mawrth 1985 bûm ar yr aelwyd yn cysuro'r fam, Joan, ac yn arwain yn y gwasanaeth i un a gollodd ei bywyd mor ifanc. Gŵr ifanc addawol arall a fu farw yr un flwyddyn oedd Lewis Edwards, Blundellsands. Roedd Lewis yn fyfyriwr ym Mhrifysgol Caeredin, yn alluog dros ben ac yn ysgrifennwr treiddgar. Mab ydoedd i Menna ac Alun Edwards, dau o'r bobl anwylaf, yn gefnogol i bopeth a wnawn. Roedd Alun yn flaenor yng Nghapel Cymraeg Waterloo. Gwyddwn fod Lewis yn mynd am archwiliad i Ysbyty Brenhinol Lerpwl ar y diwrnod arbennig hwnnw, ond ni feddyliodd neb ohonom, ei rieni na'i ffrindiau, y byddai'r sefyllfa'n newid o fewn ychydig oriau.

Y pnawn hwnnw roeddwn am chwilio am rai manylion yn Llyfrgell Sidney Jones (ger hen Gapel Chatham Street), Prifysgol Lerpwl, ac euthum yno tua dau o'r gloch. Roeddwn wedi dweud hyn wrthynt gartref, a thua phedwar o'r gloch daeth un o'r llyfrgellwyr, oedd yn fy adnabod yn dda, i ddweud bod fy mhriod ar y ffôn. Torrodd y newydd. Roedd Alun Edwards wedi bod ar y ffôn i ddweud bod Lewis yn bur wael yn un o wardiau'r ysbyty. Gan fod y llyfrgell mor agos i'r ysbyty, roeddwn yn ystafell y claf ifanc mewn fawr o dro. Roedd hi'n amlwg bod Lewis yn ddifrifol wael. Arhosais gyda'i rieni ac yntau i'w cysuro ac o fewn awr a hanner roedd y gŵr ifanc athrylithgar wedi ein gadael gan amddifadu ein byd o'i ddoniau amlwg.

Roeddwn yn fy nhrallod yn ddiolchgar am gael bod o gymorth i'w rieni, a phenderfynais fynd yn ôl i'w cartref yn Blundellsands. Profiad rhyfedd oedd dilyn eu modur o'r ysbyty i'w cartref gan feddwl amdanynt yn gadael y bore hwnnw gyda'u mab ac yn dychwelyd adref yn waglaw, hebddo, mewn ing a hiraeth dirdynnol. Daeth ei chwaer Jennifer atom yn ei galar a chawsom gyfle i gyflwyno'n gilydd i gysuron yr Efengyl. Gofynnwyd i mi lywio'r gwasanaeth o ddiolchgarwch iddo yn ei gapel yn Waterloo. Daeth ei gyfoeswyr ynghyd o Brifysgol Caeredin ac o Ysgol Merchant Taylors', Crosby, y teulu, ei berthnasau o Gaergybi, a'r Rhyl a'i edmygwyr o Gymru, a ninnau, Gymry Lerpwl, yn uniaethu ein hunain gymaint ag y medrem â hwy yn eu trallod. Ar ôl y cynhebrwng paratôdd ei dad ddetholiad o ysgrifau Lewis ac fe'i cyhoeddwyd o dan y teitl *Symbols of Resurrection*. Mae hi'n gyfrol arbennig iawn y mae'n werth troi ati, dro ar ôl tro.

Yn 2013 daeth profedigaeth fawr i deulu ym Methel pan fu farw Huw Thomas Gwilym Kenyon yn ugain mlwydd oed o gancr. Fi oedd y gweinidog a'i bedyddiodd, ac felly gofynnodd ei rieni, Sioned a David Kenyon, imi baratoi'r deyrnged iddo yn eglwys hynafol Childwall ym mis Medi. Y noson gynt bu hi'n stormus iawn, y gwynt yn udo a'r glaw yn disgyn, ond erbyn naw o'r gloch fore Llun distawodd y storm – natur fel pe bai'n cydymdeimlo â'r teulu yn eu hing. Teithiais i Eglwys yr Holl Saint a derbyn croeso'r Canon Gary Renison. Llanwodd eglwys fawr yr Holl Saint a rhoddais deyrnged iddo gerbron ugeiniau o'i gyfoedion. Diolchais am ei fywyd byr ond llawn ynni, ei frwydr fawr am ddwy flynedd a hanner, a'i ddewrder a'i anwyldeb. Gofalwyd amdano yn dyner gan ei fam, oedd yn nyrs brofiadol, a chafodd gwmni ei frodyr a'i ffrindiau yn ei afiechyd. Ni fyddwn wedi llwyddo i lunio coffâd mor llawn heb dreulio oriau yng nghwmni ei anwyliaid a gwahodd ei ffrindiau i gyfrannu hefyd at y darlun o'r gŵr ifanc na fu'n un o bobl ieuainc ein capel ni. Mae llunio coffâd cyflawn sydd yn cymryd rhyw ugain munud i'w gyflwyno yn dasg sy'n gofyn am baratoi manwl.

Gŵr a fu'n hynod o garedig tuag ataf yn Lerpwl oedd y llawfeddyg orthopaedig Goronwy Thomas. Yn fuan ar ôl inni gyrraedd Lerpwl, derbyniodd Meinwen a minnau wahoddiad i'w gartref yn Mossley Hill. Roedd ei briod, Morfudd, yn wraig annwyl a charedig, ac yn hynod o ffyddlon yn oedfaon nos Sul. Ond ni thywyllai Goronwy Thomas y capel. Aelod ar y llyfrau ydoedd ef. Pan ddeuem ynghyd byddai gennym gymaint yn gyffredin: diddordeb mewn llenyddiaeth Gymraeg, hanes Cymru, hanes Lerpwl a chwestiynau'r dydd, a byddwn yn dysgu'n gyson yn ei gwmni. Roedd ganddo ddiddordeb yn hanes William Price, Llantrisant a gychwynnodd yr arfer o amlosgi. Yn ei gwmni ef y dysgais bwysigrwydd genynnau a dylanwad ein hynafiaid arnom fel unigolion. Tristwch mawr, felly, oedd y modd y dirywiodd iechyd y cyfaill diwylliedig wedi iddo gael trawiad, ei leferydd yn afrosgo ac yntau'n gorfod defnyddio cadair olwyn. Derbyniais alwad yn hwyr un noson i ddweud bod Goronwy Thomas yn Ysbyty Lourdes yn y ddinas a'i ddiwedd yn agosáu. Bûm yn ymweld ag ef yn ddyddiol, a'r noson honno a hithau'n tynnu at hanner nos, roedd hi'n amlwg bod yr alwad olaf wedi dod iddo. Trodd ei feddyg, Dr Walker, ataf a dweud, 'Nid oes mwy y gallaf ei wneud drosto. Mae hi i fyny i chwi yn awr.' Sylweddolais fod yr arbenigwr ar y galon yn cyflwyno i mi gyfle i droi at lwybr gweddi. Dyna fel y bu. Gweddïais yn daer ar Dduw i estyn einioes Goronwy Thomas gan y gwyddwn oddi wrth fy sgyrsiau ag ef ei fod ymhell o fod yn barod i'r 'anturiaeth fawr olaf'. Darfu'r anadlu trwm a chlywn ef yn araf ymlacio o dan gyfaredd y weddi. Gadewais ei ystafell oddeutu un o'r gloch y bore ac yntau'n anadlu'n llawer mwy cyffyrddus. Y noson ganlynol pan euthum i'w weld roedd hi'n amlwg bod y llawfeddyg enwog wedi symud o'i wely angau i 'wely'r byw'. Dyna fu'r hanes: estynnwyd ei einioes, a bu fyw dair blynedd yn ychwanegol, er syndod i'w deulu, ac yn arbennig i'r staff nyrsio a meddygol. Arferai Dr Walker ddweud wrthyf bob tro y gwelwn ef yn Ysbyty Lourdes, 'Eich gweddi chwi sy'n gyfrifol fod Dr Goronwy Thomas ar dir y byw.' Gweddïais, fel y mae'r annwyl Dr W T Pennar Davies, yn ein hatgoffa y dylem weddïo: 'Gweddïa nes bod y chwys yn llifo; dyna'r unig ffordd i achub enaid a chenedl a byd. Methu a wna pregethu nad yw'n tarddu o weddi ac yn ymollwng mewn gweddi. Ni fu Pentecost heb oruwchystafell.'

Nid Dr Goronwy Thomas yw'r unig un yr estynnwyd ei einioes o ganlyniad i weddi o'm heiddo. Athrawes ymroddedig, yn enedigol o Carno, oedd Mrs Margaret Morris, Aigburth, a chofiaf i'w phriod, Berwyn, un o Gymry Lerpwl, ddweud wrthyf y tu allan i'r ystafell fod y meddyg wedi'i hysbysu nad oedd gobaith i'w anwylyd. Roedd hyn un pnawn yn Ysbyty Brenhinol Lerpwl lle'r oeddwn yn gaplan yr Eglwysi Rhyddion. O amgylch ei gwely, arweiniais y teulu yn ddwyieithog ar lwybr gweddi, gan weddïo'n daer am arbed y ferch o Faldwyn a wireddai yn ei bywyd 'fwynder' y sir honno.

Cafodd Margaret estyniad einioes a daeth yn ôl i'n plith i weithredu'n greadigol. Onid oedd hi ymhlith yr hanner dwsin o athrawon a roddai wythnos o'u hamser i ofalu am blant difreintiedig dinas Lerpwl drwy gael gwyliau yn ymyl Moel Famau bob mis Awst? Cawsom flynyddoedd o'i chwmni a'i gwasanaeth er budd ein cymdeithas fel Cymry. Onid Pennar eto a ddywedodd:

> Ymdrech yw gweddi. Ni allwn weddïo'n iawn heb geisio'r adnabyddiaeth lwyraf o Dduw. Mae'n bosibl i ddyn ymfodloni ar yr athrawiaethau a'r arwyddluniau a etifeddwyd ganddo, neu a ddyfeisiwyd ganddo, heb erioed fynd i'r afael â gwir ddirgelwch gogoniant Duw.

Ni chefais erioed amheuaeth wrth ymddiried yn Nuw a bu hyn yn gysur i mi ar hyd y blynyddoedd. Mae hi'n fraint cynrychioli Duw ymysg y praidd, a dyna pam fy mod y dyddiau hynny a heddiw yn gwisgo'r goler gron o fewn yr ysbytai. Hon yw'r iwnifform. Ffydd yw'r hanfod i gyflawni'r dasg. Yr agwedd odidocaf ar ffydd yw pan fyddwn yn cydweithio â Duw. Nid oes grym mewn ffydd ac eto hebddi ni ellir boddhau Duw. Mae'r nerth sydd mewn ffydd yn gorffwys yn ymateb Duw i ni, ac yn ymateb y claf i'r weddi ac i Dduw. 'Dy ffydd a'th iachaodd,' meddai'r Iesu yn gyson, a'r hyn a olyga yw bod y ffydd oedd yn yr unigolyn wedi ei gwneud hi'n bosibl i Dduw ei adfer a'i gryfhau, ac weithiau ei lwyr iacháu. Heb ffydd y gweinidog sy'n gweddïo a ffydd y claf sydd yn ymwybodol fod Duw am gyflawni'r weithred, ac yn wir, yn ei chyflawni, nid yw'n bosibl gweld y Weinidogaeth Ddwyfol ar waith.

Myfyrwraig ifanc o Gymraes oedd Sarah Edwards, Caeathro a gafodd lid ar yr ymennydd a bu'n rhaid iddi wynebu cyfnod hir yn yr Ysbyty Brenhinol. Galwn bron yn ddyddiol gan fod ei rhieni yn ffyddlon yn yr ysbyty ac roedd ei chariad, ei phriod bellach, yno'n gwmni ac yn ymgeleddu Sarah. Bu staff yr ysbyty yn fendigedig a chofiaf ei chariad yn dod i'n tŷ ni i ofyn i mi eiriol ymhellach drosti. Daeth trwy'r cyfan a goresgyn ei hanabledd a bu ei ffydd gadarn yn gynhaliaeth. Deil i wasanaethu yn Lerpwl fel ei phriod sydd yn feddyg teulu yn ne'r ddinas. Yn sicr, nid oes modd esbonio'r wyrth a ddigwyddodd yn rhesymegol. Mae'r gallu i iacháu, i adfer, i gysuro a chymodi yn deillio oddi wrth Dduw trwy'r eiriolwr. Dyna yw'r Iesu gerbron Duw, a dyna ydym ninnau o flaen Duw a'r Iesu. Ac felly mae'r syniad o weinidogaeth iacháu trwy ffydd yn cymhlethu'r darlun; y teitl cywir yw Iacháu Dwyfol. Duw y Cysur yw'r Duw a wasanaethwn, Duw sydd â gofal amdanom ac yn ein caru ac yn ein cofleidio yn ein hangen.

Felly mae angen gwir ffydd ar y bugail sydd yn gweinidogaethu, yn fwy felly nag ar neb arall o arweinwyr yr Eglwys. Un y cefais lawer o'i gwmni yn Lerpwl oedd y Parchedig H Islwyn Davies, diwinydd ac ysgolhaig. Bu'n ddarlithydd yn Nigeria, yn ficer Llanelli, ac yn Ddeon Eglwys Gadeiriol Bangor. Colled fawr i'r Eglwys Esgobol yng Nghymru yw na chafodd ei ethol yn Esgob. Yn ei waeledd olaf, a minnau yn ei fugeilio yn yr Ysbyty Brenhinol, gofynnodd i mi ofalu am ei wasanaeth angladdol. Yn ei ymddeoliad yn Lerpwl bu'n ffyddlon iawn yn pregethu ar y Suliau yn y capeli Cymraeg a daeth yn ôl at ei wreiddiau. Magwyd ef yn fab i weinidog Presbyteraidd, ond trodd at yr esgobaeth fel offeiriad. Dywedais wrtho fy mod yn ei theimlo hi'n anrhydedd cael y cyfle i arwain yr oedfa arfaethedig. Ychwanegodd, 'Yr wyf am i chwi dalu'r deyrnged i mi yn hytrach nag unrhyw ddeon neu esgob. Gwn y daw cynrychiolydd o'r Eglwys yng Nghymru i'm cynhebrwng, ond chi yw'r un rwyf am iddo fy nghyflwyno ar derfyn fy ngyrfa.' Felly y bu.

Ar hyd y blynyddoedd yn Lerpwl bûm yn gweini cysur yr Efengyl i lu o bobl arbennig iawn ar derfyn yr yrfa. Dyna Miss Margaret Owen, cenhades a metron Ysbyty Dr H Gordon Roberts yn Shillong o 1948 i 1968. Bu'n gweithio yn Ysbyty'r Merched, Catherine Street, Ysbyty'r Northern ac Ysbyty Walton, yn Lerpwl, ond cyflawnodd waith mawr ei bywyd yn Ysbyty Shillong a daeth yn ôl o'r India yn 1968. Daeth yn glaf yn 1971 i Ysbyty Brenhinol Lerpwl a byddwn yn ymweld â hi'n feunyddiol. Roedd yn llawn o rasusau'r Efengyl, yn ddiolchgar ac yn gofidio am salwch pobl eraill. Llwyddwyd i'w symud o'r ysbyty yn Lerpwl yn ôl i Gymru, ac ym Mae Colwyn yr hunodd ym Medi 1971. Yn 1986 rhoddwyd plac ar fur Capel Moriah, Dolwyddelan, er cof am bump o enwogion yr ardal: yr Athro John Lloyd-Jones, Dulyn, yr heddychwr George M Ll Davies a theulu Glan Ddôl – y Parchedig Robert Owen, John Owen a Margaret Owen.

O blith arweinwyr a blaenoriaid yr eglwys, rhaid nodi'r Dr Robert Arthur Hughes, y meddyg cenhadol a wnaeth ysbyty Shillong yn un o ysbytai pwysicaf isgyfandir India, a thyrrai cleifion iddo. Ac yntau'n fab i heddychwr, y Parchedig Howell Harris Hughes, roeddem ar yr un donfedd y funud y daeth ef atom i'r capel yn 1969. Gŵr naturiol swil ydoedd, ac anodd, yn aml, fyddai cynnal sgwrs hir ag ef. Pan fyddem yn teithio gyda'n gilydd i bwyllgor, byddwn tua Phont Runcorn yn sôn am India neu Gasia neu Shillong, ac wedyn am y tair awr nesaf ni fyddai taw ar ei sgwrs. Roeddwn wedi mynd i'w fyd oherwydd ni allodd anghofio India eang, fras yn Lerpwl o 1969 i 1996.

Bu farw, fel y bu fyw, a hynny yn llawn hyder ffydd, ym Mehefin 1996, yn Ysbyty Broadgreen. Gofynnodd imi drefnu gwasanaeth o baratoad i'r bywyd tragwyddol a dilynais yr hyn a drefnwyd gan Eglwys Bresbyteraidd yr Alban. Ef yw'r unig un a ofynnodd am hynny a braint oedd cael cynnal oedfa unigryw yng nghwmni ei briod ffyddlon, ei fab a'i gyd-flaenor, Dr John G Williams. Cawsom fudd ysbrydol wrth ffarwelio ag un a alwyd yn 'Schweitzer Assam'.

Ddwy flynedd yn ddiweddarach torrwyd cadwyn bwysig iawn â marwolaeth y Barnwr John Edward Jones, cefnogwr di-ail i fugail Bethel. Un o blant Lerpwl ydoedd. Gwnaeth ddiwrnod da o waith yn y ddinas ac i'r Cymry. Dyrchafwyd ef yn Farnwr Llys Sirol yn 1969, ac yna'n Farnwr Cylchdaith tan 1984. Mae ei astudiaeth o'n capeli, sef *Antur a Menter Cymry Lerpwl* (1987), yn hynod o werthfawr. Weithiau yng Nghyfarfod y Blaenoriaid byddai hi'n ddadl galed a minnau'n benderfynol o gael y maen i'r wal. Er ei fod ef weithiau yn anghytuno â mi byddai bob amser yn dweud ar ôl rhyw ddeng munud, 'Os fel yna mae'r gweinidog yn credu, rwyf yn barod i'w gefnogi.'

A dyna fyddai diwedd y ddadl. Roedd ganddo feddwl mawr o'i frawd, y Parch. Trefor Davies Jones, Ynys Môn, gweinidog Presbyteraidd. Dywedodd aml un wrthyf, 'Dylai John Edward fod wedi mynd yn weinidog a Trefor yn Fargyfreithiwr.' Ac mae'n debyg fod y rhan fwyaf a adwaenai'r ddau yn deall yr ergyd. Roedd hiraeth mawr arnaf pan ddaeth yr alwad i John Edward Jones ym Mehefin 1998 yn Ysbyty Lourdes. Lluniais goffâd iddo i'r papur dyddiol, *The Independent*, yr unig dro erioed i mi orfod dangos yr hyn a sgrifennais i'r teulu cyn iddo ymddangos, ar gais ei ferch. Trwy drugaredd roeddynt uwchben eu digon pan welsant y coffâd – un o'r ugeiniau a luniais mewn hanner can mlynedd i amrywiol bapurau.

Gŵr anghyffredin arall y bûm yn cydweithio ag ef ar hyd y blynyddoedd oedd Humphrey Wyn Jones. Daeth ef a'i briod Louie i Lerpwl yn niwedd y pumdegau, a magu tair merch, Sioned, Gwenan a Bethan. Clymwyd ni fel teulu pan briododd Bethan â'n mab ieuengaf, Hefin, a ganwyd dau o feibion, Tomos a Joshua. Roedd cymaint gennym yn gyffredin – roedd Humphrey yn daid i Tomos a Joshua a minnau yn dad-cu. O adeg geni Tomos yn 1998 a Joshua yn 2000, byddem yn ymhyfrydu yng nghampau'r ddau.

Humphrey Wyn oedd Ysgrifennydd yr eglwys ers yr wythdegau ac roedd yn Ddirprwy Brifathro ar ysgol gyfun fawr yn Roby. Wedi ymddeol yn gynnar, canolbwyntiodd ar waith tribiwnlysoedd a'r ynadon. Dyrchafwyd ef i swydd allweddol fel Cadeirydd Mainc Ynadon Dinas Lerpwl, gydag oddeutu 350 o ynadon o dan ei ofal, a pherchid ef ar sail ei fedrusrwydd wrth ddeall goblygiadau'r gyfraith. Pan ymddeolodd Humphrey o'r fainc, cymerodd at y dasg o fod yn oruchwyliwr adeiladau Bethel i'w haddasu i oes newydd. Roedd cynnal a chadw'r adeilad mawr yn ein llethu. Ond gwyddai yn union beth oedd ei angen, a chludodd ni yn ei gar i brynu cadeiriau a dodrefn i'r cysegr newydd a'r Ganolfan o Fanceinion ac Aintree.

Cafodd driniaeth go fawr am gancr yn 2006, ond yn niwedd 2011 daeth y llwynog yn ôl drachefn, ac yn niwedd Chwefror aeth i'r Ysbyty Brenhinol ac yna i Ysbyty Clatterbridge. Pan alwais ar bnawn Sul, ddechrau Mawrth 2012, yn Clatterbridge, roedd yn gadarnhaol dros ben a blasus oedd y sgwrsio. Y Sul canlynol roeddwn yno am gryn amser ac yn falch o weld ei wyres Rhian, oedd ar ei blwyddyn olaf fel meddyg, a'i mam Sioned yn dod o'r Wyddgrug i'w galonogi – er mai'r gwir oedd mai ef oedd yn calonogi eraill.

Wedi i'r cancr ymledu i'r asgwrn cefn symudwyd ef i Hosbis Marie Curie yn Woolton. Galwn yn gyson i'w weld fel y gwnaeth llu mawr o Gymry Lerpwl. Gwerthfawrogai Humphrey Wyn hyn, ynghyd â gofal teuluoedd ei ferched. Un o'r ymweliadau mwyaf tyner oedd hwnnw ym mis Ebrill, pan aeth y tri ohonom, Meinwen, yr ŵyr Joshua a minnau i'w weld. Roedd Humphrey mewn gwewyr mawr gan ei fod wedi colli pob teimlad yn ei ddwy goes. Ond daeth tro ar fyd pan ddywedodd ef wrth Joshua, 'Diolch am ddod, Joshua, i'm gweld', a heb foment i feddwl, atebodd y bychan, 'Mae'n anrhydedd i mi i gael dod i'ch gweld, Taid.' Cyflwynwyd iddo gyfrol o waith un o'i hoff feirdd, T H Parry-Williams, gan iddo gyflwyno darlithiau cofiadwy gyda chymorth lluniau o dirluniau Eryri a Chymru.

Ar ddydd Gwener y Groglith, yn ôl fy arfer ar hyd y blynyddoedd, roeddwn yn cyflwyno'r Efengyl a hynny yng Nghapel Nercwys. Braf oedd gweld tri gweinidog yn yr oedfa, y Parchedigion Huw Powell-Davies, Eirlys Gruffydd a Robert Parry. Cyn diwedd y dydd roeddwn gyda Humphrey a hyfryd oedd cyfarfod â'i deulu o Gaeredin. Daeth ein teulu ni o Harpenden ar Sadwrn y Pasg, ac aeth Bethan, Hefin, Tomos a Joshua i'w weld. Ar Sul y Pasg aethom fel teulu i Bethel i oedfa o dan ofal y Dr Goronwy Prys Owen, y Bala. Cawsom neges ysbrydoledig ganddo fel y gellid disgwyl. Bonws mawr i ni y Pasg hwnnw oedd cael cwmni Joshua am ddeng niwrnod a Tomos am bum niwrnod.

Ar noson yn Ebrill y bu'r sgwrs gyda Humphrey am y byd tragwyddol. Ciliodd y nodyn cadarnhaol; gwyddai fod yr alwad i ddod iddo'n fuan. Eglurodd yn gryno nad oeddem yn cofio dod i'r byd, ac nad ydym chwaith yn mynd i gofio'r ymadael. Gwyrth yw geni a gwyrth yw marw i fywyd newydd. Gadewais ef yn eiriolaeth a gweddïau ei gyfaill. Nos Fawrth, 17 Ebrill, roeddwn yn Parbold yn traddodi darlith i Gymdeithas Hanes Dyffryn Douglas. Pan gyrhaeddais adref torrodd y newydd fod H Wyn Jones yn rhydd o'i boen a'i flinder. Nid cyfaill a swyddog eglwysig a gollais, ond un cystal â brawd. Daeth y geiriau i'm cof:

> Rwyf wedi gweld angau yn rhy fynych i gredu mewn marwolaeth. Nid diwrnod yw, ond ymgilio: fel teithiwr yn cyrraedd pen ei daith, yn distewi modur, diffodd y goleuadau, camu o'r car, a throedio'r llwybr i'w gartref tragwyddol.

Lluniais deyrnged i'w thraddodi ym Methel, i'r *Goleuad*, i wefan Cymry Lerpwl, i'r *Angor*, ac i bapur dyddiol y *Guardian*. Mae'n wir mai'r *Times* oedd hoff bapur Humphrey, ond i mi y *Guardian* bob tro. Yn ein Cyfarfod Blaenoriaid ar 23 Ebrill, roedd hi'n rhyfedd cyfarfod hebddo, gan y byddai ei gyfraniad bob amser yn gryno a grymus, a bodlonodd y Dr Pat Williams gymryd yr ysgrifenyddiaeth, un sy'n abl i gyflawni'r gwaith gyda'r un medr â chynt.

Daeth dydd yr arwyl, a daeth ein teulu i ginio, y ddau fab, yr wyrion, Dr Bethan a ni ein dau, a pharatôdd Meinwen, yn ôl eu harfer, fwrdd yn llawn danteithion. Darllenais englyn y bardd Hilma Lloyd Edwards o'r Bontnewydd iddo – man geni Humphrey:

> Mae arswyd dros Lannau Mersi i gyd
> a gwaedd drwy Eryri,
> cyllell i'r Bont fu colli
> y gorau o'n 'hogiau ni'!

Roedd y capel dan ei sang, a derbyniais gymorth y Parchedigion Robert Parry, Huw Powell-Davies, Eleri Edwards a Rhys Ogwen Jones, cyfaill ers ei ddyddiau ym Mhrifysgol Bangor. Y noson ar ôl hynny treuliodd Hefin a Bethan, Meinwen a minnau ddwyawr yn diolch am ein perthynas dros y blynyddoedd, ac fel roedd troeon yr yrfa wedi ein clymu ni gyda'n gilydd.

Yr un penwythnos paratois deyrnged i ŵr arall a fu'n gymorth mawr i mi, sef E Emrys Jones (1914–2012), Hen Golwyn. Ef oedd yr un a'm cynorthwyodd i gofnodi canolfannau'r Cymry ar Lannau Mersi yn y cyfrolau a luniais ar ein treftadaeth. Roedd Emrys yn ffotograffydd amatur o safon uchel. Deuai'n gyson gennyf ar hyd a lled y Glannau i dynnu lluniau'r canolfannau a ddefnyddiais yn fy nghyfrolau. Ar 1 Mai, roeddwn yn gwasanaethu yn arwyl Emrys Jones, a'i ŵyr Aled a'i wyres Bethan yn barod i gofio Taid a'i ddoniau cerddorol. Daeth chwech ohonom o Fethel i Amlosgfa Bae Colwyn i fod yn gefn i'r ddwy ferch, Wena o Lerpwl a Siân o Hen Golwyn.

Cyn troi yn ôl y pnawn hwnnw am Lerpwl, galwais yng nghartref yr henoed yn Llandrillo-yn-Rhos, i fugeilio aelod hynaf y praidd, Miss Dilys Griffiths, a hithau'n 101 mlwydd oed. Am ugain munud gofynnai un cwestiwn ar ôl y llall, yn benodol am Bethel, fy mhregethu, fy hoffter o geir modur ac am Meinwen a'r bechgyn. Roedd hi ymhlith y rhai a gofiai adeiladu Bethel; yn wir, cofiai ddyddiau pan oedd Duw nid ar drai ond ynghanol y darlun. Roedd hi a'i chenhedlaeth yn haeddu pob gofal gan ein cenhedlaeth ni, a dyna reswm digonol am y fugeiliaeth Gristnogol yn fy hanes i am dros hanner canrif.

PENNOD 13

Diolch am gael byw

PAN OFYNNAIS I arloesydd y Mudiad Llafur yng ngogledd Cymru, David Thomas, lunio hunangofiant fel y medrwn ei gyhoeddi yn enw Cyhoeddiadau Modern, bodlonodd. Rhoddodd y teitl *Diolch am Gael Byw* ar y gyfrol, ac arhosodd y teitl a'i gyfraniad ef a phobl debyg iddo'n fyw i mi ar hyd y degawdau. Oherwydd nid hawdd yw goresgyn afiechydon a damweiniau, a byw am dros ddeugain mlynedd mewn dinas fawr fel Lerpwl lle mae cymaint o broblemau, lle ceir trais cyson nid yn unig rhwng gangiau a'i gilydd ond gan bobl ddieflig o bob cred a chefndir. Awn allan bron bob nos o'r wythnos; eithriad prin fyddai i mi gael noson yn y tŷ, hyd yn oed ar nos Sadwrn. Yn aml iawn byddwn yn sylweddoli pa mor ddiolchgar y dylwn fod yn fy ngwaith rhag bod yn y lle anghywir ar y funud anghywir.

Roeddwn yn barod iawn i deithio. Cefais wahoddiad gan T Gwynn Jones (Tregarth) i ymuno â'i bererindod i Batagonia ond bu'n rhaid ei gohirio oherwydd Rhyfel y Malvinas. Siarsiodd Cledwyn Hughes ni i beidio â mentro a bu'n rhaid aros saith mlynedd cyn i'n mintai fynd yno yn 1988. Roedd yr Eisteddfod yn Nhrelew yn ddigwyddiad pwysig; Cymraeg oedd iaith seremoni'r cadeirio a chefais fod yn un o'r beirniaid adrodd a llenyddiaeth a Gwynn Tregarth yng ngofal y canu. Cymerodd nifer o'n grŵp ni ran yn y cadeirio a chyflwynodd y bardd a'r Archdderwydd Geraint Bowen gyfarchion o Gymru.

Roedd y croeso a gawsom ym mhob cymuned Gymraeg yn gynnes ac nid anghofiwn y croeso tywysogaidd gan deulu Elan Jones, a fu'n cadw Tŷ Capel Bethel ac yn un o aelodau ffyddlonaf holl gapeli Lerpwl. Braf oedd gweld chwiorydd

Arturo Roberts, ffrind yn yr Eisteddfod dros y blynyddoedd, Luned González a Tegai Roberts yn y Gaiman, a chael cwmni'r chwiorydd Freeman yn Nhrefelin. Braf hefyd oedd cael mynd i gartref Fred Green ar odre'r Andes gan y bu ei blant ef am gyfnod yn lletya ar ffarm Wern Newydd, Llanio ym mhlwyf Llanddewibrefi ac yn mynychu Ysgol Uwchradd Tregaron. Gallaswn fod wedi aros am fis yng nghwmni Fred Green, gŵr diddorol a dyfeisgar.

Deil y cof am yr asado yn y Gaiman ac Esquel, cael mynd i Ysgol R J Berwyn yn Rawson, ymweld â Phorth Madryn a gweld y morfilod, ac ymweld â bedd Malacara, y ceffyl a achubodd fywyd John Daniel Evans pan laddwyd ei gyfeillion yn 1885. Ni ellir ond edmygu'r Cymry yn y Wladfa – yn Nyffryn Trelew ac yng Nghwm Hyfryd – a'u dycnwch yn mynnu byw. Edmygaf hwy am drosglwyddo'r Gymraeg o un genhedlaeth i'r llall a hynny pan oedd y Cymry yn yr hen wlad bron ag anghofio amdanynt.

Daeth dau beth yn amlwg i mi o'r daith i'r Wladfa. Yn gyntaf, fod arnaf awydd gwybod mwy am yr anturiaethwyr a'r gwladfawyr cyntaf ac am gyfraniad Pwyllgor Lerpwl i'r fenter o hwylio ar y *Mimosa* yn 1865. Rwyf yn falch o'm harweiniad i Ŵyl y Mimosa (29–31 Mai 2015) a fy mod wedi llwyddo i gael lle da, trwy haelioni Peel Holdings, ar lan afon Merswy i gofio'r arloeswyr a hwyliodd i Borth Madryn. Llwyddwyd i godi deg mil o bunnoedd i dalu am y plinth ger Doc Princes, mangre pererindodau i'r dyfodol. Dysgais lawer am y Wladfa yng nghyfrolau R Bryn Williams. Gan fod Glenys Jones, chwaer R Bryn Williams a'r teulu, yn aelodau gennyf, deuthum i'w adnabod. Rhoddodd ei ferch a'i fab-yng-nghyfraith, Merfyn Griffiths, gefnogaeth i wasg Cyhoeddiadau Modern ar ddechrau'r daith yn Abercynon. Pan fu Bryn farw es i gapel yr Annibynwyr, Aberystwyth i'w gynhebrwng, gymaint oedd fy edmygedd ohono.

Un o'r rhai y cefais gryn lawer o'i chwmni yn y Wladfa oedd Irma Hughes de Jones. Byddwn yn eistedd yn ei hymyl ar y bws wrth deithio o amgylch dyffryn Chubut a minnau'n ei holi'n fanwl am ei chefndir a'r dylanwadau arni. Lluniodd lu o delynegion hyfryd, yn arbennig 'Y Capel Unig':

> Mae'n sefyll wrth fin y briffordd
> Yn unig a llwm,
> Rhwng tyfiant dilewyrch y paith
> Mewn mudandod trwm.

> Pob ffenestr ynghudd dan ddirgel
> Gaeadau pren;
> Neb yn y golwg yn unman,
> Dim chwa uwchben.

> Edrychais yn ôl arno eto,
> Mor unig ei lun,
> A synnais mor bell y daw'r Arglwydd
> I gwrdd â dyn.

Byddaf yn meddwl am Gapel Soar-y-mynydd yn fy hen blwyf pan adroddaf delyneg Irma Hughes de Jones. Ond rhyfeddaf innau a synnu 'mor bell y daw'r Arglwydd i gwrdd â dyn'.

Yr ail brofiad a adawodd argraff arnaf oedd cael gwahoddiad yng nghwmni Gwynn Tregarth i Glwb Rotari'r Gaiman i'w ginio wythnosol. Y ddwy iaith a ddefnyddid yng ngweithgareddau Clwb Rotari'r Gaiman oedd Cymraeg a Sbaeneg. Bellach, ers mwy na chwarter canrif, bûm yn weithgar yn y mudiad hwn sy'n llwyddo i godi arian aruthrol i leddfu poen a blinder y byd. Gofynnais i'm cyfaill, E Goronwy Owen, a fedrai ef gefnogi fy ymgeisyddiaeth am gael perthyn i Glwb Rotari Toxteth gan fy mod yn bugeilio yn gyson yn yr ardal a bod nifer dda o'm haelodau o fewn y dreflan honno. Cefais fy nerbyn i Glwb Rotari Toxteth yn 1990 lle'r oedd pedwar ohonom yn Gymry Cymraeg, a chael cyfle ardderchog i wasanaethu fel Llywydd a gwneud cyfeillion oes. Dechreuais gystadleuaeth siarad cyhoeddus ar gyfer ysgolion uwchradd y cylch a sefydlu cyngerdd carolau yn ein capel yn enw Bethel a Chlwb Rotari Toxteth, gan ddenu ysgolion cynradd ac uwchradd iddo. Deuai'r rhieni i gefnogi'r plant a dyna sut y byddem yn codi swm sylweddol er mwyn cyfrannu at achosion da. Y drafferth fawr gyda'r clwb oedd denu aelodau newydd yn sgil terfysg Toxteth, a phan ddaeth hi'n fater o gau'r gangen penderfynais ymuno â Chlwb Rotari Lerpwl oedd yn cyfarfod yng ngwesty'r Adelphi. Rwy'n dal yn aelod.

Derbyniais yng nghanol y nawdegau y cyfrifoldeb o fod yn Ddirprwy Lywodraethwr ar gylch penodedig am dair blynedd, ac rwy'n olygydd ers ugain mlynedd bellach ar gylchgrawn Rhanbarth 1108 sy'n cynnwys clybiau gogledd a chanolbarth Cymru, a chlybiau'r ffin – cyfanswm o 64 o glybiau a thros ddwy fil o aelodau. Gofynnwyd imi annerch cinio blynyddol y clwb yn Noson y Siarter, a bûm yn annerch clybiau'r Wyddgrug, Rhuthun, Dinbych, Llanfairfechan a Phenmaenmawr, Wrecsam, Llanidloes a Toxteth. Gwahoddwyd fi fwy nag unwaith i gynnal oedfa'r gynhadledd flynyddol ac i roddi neges, ac anrhydeddwyd fi wrth gyflwyno imi Gymrodoriaeth Paul Harris, y fraint uchaf y gall unrhyw aelod o'r mudiad ei derbyn. Ysgrifennais lyfryn ar hanes Toxteth a chyfrol go hardd ar ganmlwyddiant Clwb Rotari Lerpwl yn 2013. Unwyd yr adeg honno gyda chlwb a sefydlwyd ryw dair blynedd ynghynt o dan y teitl Clwb Rotari Dinas Lerpwl, a cheir cyfarfod bellach am 7.30 y bore. Anodd ar y naw, ond cawn gwrdd unwaith y mis ar yr hen amser – 12.45 y pnawn. Felly mae pawb yn hapus, y bobl ieuainc a'r hynafgwyr. Cyfoethogodd y mudiad fy mywyd gyda'r gweithgarwch dyngarol hwn, a gychwynnwyd gan gyfreithiwr o'r enw Paul Harris oedd yn teimlo'n ddigon unig yn 1905 yn ninas fawr Chicago.

Gwelais y mudiad Rotari ar ei orau yn yr Unol Daleithiau lle y cychwynnodd. Fe'm gwahoddwyd i draddodi tair darlith flynyddol yng Ngholeg Caldwell yn nhalaith Idaho yn 1989, ac yn ystod fy arhosiad mynychais y Clwb Rotari lleol. Gwefreiddiol oedd gweld tua 250 o bobl yn eistedd i ginio a sylwi fod pob un oedd yn dal swydd gyfrifol yn bresennol. Wedi'r cyfan, roeddwn i wedi mynd fel ffrind i Brifathro'r Coleg a'r Cofrestrydd. Caplan y Coleg a estynnodd y gwahoddiad a threfnwyd i mi bregethu ar y Sul ym mhentref Roswell yn Idaho gerbron cynulleidfa a'r mwyafrif yn ffermwyr. Ond hanner ffordd trwy'r bregeth fe ddigwyddodd rhywbeth na welais erioed fel pregethwr cyn hynny. Dyma ddyn canol oed yn cerdded i lawr o'r oriel a chamera yn ei law, sefyll rhyw ddeg llath o'r pulpud a thynnu fy llun. Yna trodd ar ei sawdl a mynd yn ôl i gefn y capel. Wn i ddim beth ddigwyddodd i'r llun!

Roedd y darlithiau yn Caldwell dros y penwythnos, ac ar nos Sul dyma un o'r gynulleidfa ar y diwedd yn dweud, 'Rwy'n ofidus iawn am eich dinas.' Ffoniais adref y noson honno i glywed am drychineb Hillsborough a ddigwyddodd ar y Sadwrn. Trodd cae pêl-droed Anfield yn lle i bererindota, ac yn wir, ysigwyd seiliau'r ddinas. Roeddwn yn adnabod rhai o'r teuluoedd, ac fe gefnogais y teuluoedd oedd yn erfyn am gyfiawnder – trasiedi a fu'n boen ac yn flinder iddynt am chwarter canrif.

Cawsom ninnau fel teulu golled y flwyddyn honno pan bu farw mam Meinwen, Sarah Ann Llewellyn, un a fu'n gaffaeliad mawr i ni yn Abercynon a Lerpwl am flynyddoedd ac a gafodd ofal arbennig gennym ninnau pan fethodd ofalu amdani ei hun oherwydd dementia. Brwydrodd y pedwar ohonom am flynyddoedd i'w chadw gartref ond bu hi'n frwydr ddydd a nos, ac yn y diwedd bu'n rhaid ildio. Cafodd y cartrefi a'r ysbytai y bu hi ynddynt law drom ganddi gan ei bod am grwydro yn barhaus. Un cais fu ganddi, sef cael ei chludo yn ôl ar ddiwedd ei hoes i Amlosgfa Glyn-taf ger Trefforest ym Morgannwg fel y medrai ei llwch gael ei osod yn yr un fangre â'i phriod. Cadwyd yr addewid, a gofynnais i weinidog oedd yn ei hadnabod yn dda, y Parchedig Raymond Williams, Tabernacl, Caerdydd lywio'r oedfa. Cawsom gwmni ffyddloniaid Abercwmboi ac Abercynon a'n teulu ninnau o Landdewi a chael ein croesawu yn ôl i de angladd yn festri Tabernacl, Abercynon. Roedd y ferch o Bont-y-gwaith, cyfnither Mansel Thomas, yn ôl ymhlith ei phobl.

Yn 1990 clywsom fod ein mab Hefin wedi'i ddewis yn Llywydd Undeb Myfyrwyr Coleg Van Mildert ym Mhrifysgol Durham. Roedd yn dipyn o bleser i mi ein bod yn yr un traddodiad! Bûm i'n Llywydd Undeb Myfyrwyr y Coleg Diwinyddol, bu Dafydd yn Llywydd yng Ngholeg St Catherine's yn Rhydychen a bellach roedd Hefin yn dal swydd debyg yn Van Mildert.

Erbyn hyn roeddwn yn sylweddoli bod yn rhaid addasu'r adeiladau helaeth a drudfawr oedd gennym yn Lerpwl i fod yn rhan o'n rhaglen yn ystod y degawd nesaf. Yn 1990 cafwyd adroddiad cynhwysfawr i'w ystyried a oedd yn gofyn am weithredu creadigol. Yr argymhelliad oedd cadw capel helaeth Bethel fel man addoli mewn partneriaeth â'r eglwys Fethodistaidd Saesneg, Elm Hall Drive; ein bod fel dwy eglwys yn defnyddio adeiladau Elm Hall Drive fel canolfan ein gweithgareddau cymdeithasol a'r capel ym Methel fel cysegr i addoli trwy gyfrwng y Gymraeg a'r Saesneg, ac ar gyfer cyfarfodydd helaeth. Ond yn anffodus, nid oedd Eglwys Fethodistaidd Elm Hall Drive yn ddigon mentrus i dderbyn awgrym yr adroddiad.

Erbyn dechrau'r nawdegau hefyd, roeddwn wedi cael fy newis yn Ysgrifennydd Cymdeithasfa'r Gogledd a golygai hynny gryn dipyn o drefnu, pwyllgora a chofnodi. Yna penderfynodd aelodau Capel Garston uno â ni ar Sul cyntaf 1992 a bûm yn weinidog ar y ddiadell hon am bymtheng mlynedd. Yr un Sul bu uniad rhwng capeli Stanley Road, Bootle a Crosby Road, South Waterloo, ac o fewn blwyddyn, ar ddechrau 1993, fe'm sefydlwyd yn weinidog ar yr eglwys honno, sef Eglwys Bethania yn ardal Waterloo yng ngogledd Lerpwl, ddeng milltir ar draws y ddinas o'm cartref. Bellach roeddwn yng ngofal ardal helaeth iawn, o ganol Southport i dref Widnes. Byddwn yn bugeilio dinas Lerpwl, bwrdeistref Sefton a bwrdeistref Halton. Rwyf yn dal i ofalu amdanyn nhw dros ddwy flynedd ar hugain yn ddiweddarach, er ein bod yn llawer llai mewn nifer. Rydym fel Iddewon Cairo yn mynd o un i un ac ychydig iawn sy'n cymryd ein lle.

Roeddwn yn dathlu chwarter canrif yn Lerpwl yn 1993 a bûm wrthi'n cymharu ein sefyllfa â'r hyn ydoedd yn 1968 pan gyrhaeddais y ddinas. Go brin y byddai unrhyw sylwebydd yn proffwydo yn Lerpwl yn 1968 y byddai cystal graen ar bethau o

du plant y Cymry Cymraeg. Mewn rhai cyfeiriadau roedd hi'n
well yn 1992 nag yn 1968. Roedd yr ymdrech i helpu 'Gobaith
mewn Gweithrediad' yn dangos consýrn ac ansawdd y to oedd
yn codi. Yr ail beth oedd parhad ein hymdrechion fel cymuned
Gymraeg mewn dinas estron. Enghraifft arall oedd adfywio'r
arfer, a beidiodd â bod yn Lerpwl yn 1960, o fynd allan i
ganu carolau. Cychwynnwyd hyn gennyf adeg Nadolig 1968
a threfnwn ddwy i dair noson o ganu carolau cyn y Nadolig.
Trefnwn gyda chartrefi'r henoed ac ysbytai yn arbennig, fel
Ysbyty Brenhinol Lerpwl pan oeddwn yn gaplan yno, a gydag
unigolion mewn oed, fel Miss Myfanwy Jones a'i chwaer Winnie
yn Calderstones Road, teulu meibion J W Jones a gwŷr eraill a
adwaenwn, fel Syr Douglas Crawford (1904–81), Sgotyn oedd
yn berchennog ar gwmni Crawford Biscuits tan y chwedegau.
Bu aelod o'n capel, Miss Mary Jones, yn forwyn i'r teulu am
dros hanner canrif ac roedd Syr Douglas a'i chwaer Miss Little
yn meddwl y byd o Mary. Yno byddai cysur a chroeso mawr i'r
carolwyr a minnau ond heb i mi agor fy ngheg i ganu.

Talodd W R P George deyrnged a werthfawrogais mewn englyn
i Gymry Lerpwl pan ddaeth atom fel gŵr gwadd Gŵyl Ddewi:

I deg iaith drefedigaethodd – ym Mers,
　　Yn eich mysg gartrefodd,
　Henffych! Tra bych boed eich bodd
　I'w harfer hi o'ch gwirfodd.

Bu dathlu'r chwarter canrif fel bugail a gweinidog y Cymry
yn llawn gorfoledd, a chawsom siaradwyr lu mewn cinio
dathlu yng ngwesty'r Anchorage sydd bellach wedi diflannu
yn yr ailwampio a fu o amgylch Paradise Street a Lerpwl 1.
Roeddem, y noson honno'n llythrennol yng nghanol y ddinas
roeddwn mor hoff ohoni. Ond i mi a Meinwen, y cyfraniad
a'n cyffyrddodd fwyaf oedd teyrnged ein mab Dafydd i'w
fagwraeth a chyfraniad ei dad a'i fam i'w fywyd ef a'i frawd
Hefin, i'r Cymry ac i'r ddinas. Daeth dros gant ac ugain i'r cinio
dathlu. Ar y Sul, dwy oedfa a gynhaliwyd. Diolchodd y Barnwr

J E Jones i deulu'r Mans gan ddweud amdanaf: 'Nid arbedodd ei hun. Bu'n driw i'w bobl ac yn barod ei gefnogaeth i bob achos yn ymwneud â'r Cymry.' Yn yr hwyr cawsom gwmni fy nghyfaill, y Parchedig O R Parry, Rhuthun, a dawn Môn ar ei gorau yn ei gyflwyniad grymus. Bu'r eglwys yn hael ei thysteb, yn ogystal ag eglwysi'r Henaduriaeth a holl eglwysi'r enwadau Cymraeg eraill.

Ond ni fu'r flwyddyn heb ei gofid. Bu'n rhaid i Meinwen dreulio dros dri mis yn Ysbyty Broadgreen yn dioddef o septicaemia. Bu'r meddygon yn ofalus gan eu bod, am rai wythnosau, yn methu deall ei dolur, a chafodd Hefin y mab drawsblaniad i'w lygad yn Ysbyty Southport a Formby. Mis Ionawr oedd hi a bu hi'n galed arnaf. Ond bu testun diolch a phan ddaeth Meinwen adref cofiais deitl y gyfrol *Diolch am Gael Byw*. Y flwyddyn honno hefyd bu llofruddiaeth James Bulger a daflodd gysgod dros ein dinas.

Cawsom golled fawr yn Awst pan fu farw Cymraes hynaf Cymry Lerpwl, Miss Laura Jones, o fewn pythefnos i fod yn 103 blwydd oed. Hi oedd ein cymdoges agosaf o blith y Cymry. Roedd hi'n wraig gwbl unigryw, un o'r prifathrawon gorau a welodd Lerpwl, a dewisodd y Gorfforaeth hi i weithredu fel arolygydd ysgolion. Teimlwn yn gyson hiraeth amdani hi a'i chwiorydd – Cymry Lerpwl ar eu gorau. Perswadiais i hi a'i dwy chwaer yn eu henaint i symud i stryd yn ymyl ein cartref er mwyn imi gadw llygad arnyn nhw. Bu farw Margaret yn 1973 a Winifred Ann Jones ar ddydd Gwener y Groglith 1989 pan oeddwn i yng Ngwlad yr Iesu. Gwyddwn ei bod hi'n gwaelu a rhoddais y cyfrifoldeb ar Hefin i gadw cysylltiad ac i wneud y trefniadau priodol pe digwyddai farw.

Rwy'n sylweddoli, wrth ysgrifennu'r hanes hwn, gymaint mae fy nheulu wedi rhannu fy maich fel gweinidog. Bûm yn ffodus iawn i gael cefnogaeth Meinwen a'i mam, fy rhieni yng Ngheredigion a'r meibion drwy'r blynyddoedd. Ni allwn fod wedi ymdopi heb eu cefnogaeth nhw. Doedd dim eisiau i mi ofidio yn achos Winifred Jones – daeth Hefin i'r adwy a dilyn fy nghyfarwyddiadau yn berffaith.

Yn nechrau'r nawdegau bu galw wythnosol am fy ngwasanaeth i gysuro'r teuluoedd ac i arwain y gwasanaethau angladdol. Cofiaf amdanaf yn parcio fy nghar un bore yn Heathfield Road y tu ôl i gar arall gan fod y llinell felen yn gorffen, ond pan ddychwelais roedd rhywun wedi parcio mor agos i gefn fy nghar fel y bûm wrthi yn stryffaglan am ugain munud. Roedd angladd gennyf yn Amlosgfa St Helens mewn hanner awr a dyma fi'n mynd mor gyflym ag y medrwn am Knotty Ash a Dovecot. Wrth fynd trwy bentref Knowsley, gwelwn gar yr heddlu yn dod ar ras y tu ôl imi, ei olau'n fflachio ac yn arwyddo arnaf i aros. Gwelodd fy ngholer gron a dyma fe'n fy atgoffa o'r cyflymdra y dylwn i fod yn ei barchu. Dywedais fy mod ar frys i fynd i arwain angladd yn yr amlosgfa ac atebodd yn ddiymdroi: 'Os nad ewch chi'n arafach byddwch chi'n mynd i'ch angladd eich hun.' Cefais fynd gyda'r frawddeg honno yn fy nghlustiau. Cyrhaeddais pan oedd y cerbyd a gariai'r elor yn cyrraedd mynedfa'r amlosgfa.

Roedd gennyf berthynas dda iawn gyda threfnwyr angladdau de Lerpwl, cwmni Pearson Collinson. Dau frawd oedd yn gyfrifol am y cwmni yn Allerton Road, Henry a Pat Pearson, a'r ddau yn rhugl yn y Gymraeg gan iddynt dreulio rhai blynyddoedd yn ystod y rhyfel fel ifaciwîs ym Mhen Llŷn. Am eu bod yn gefnogol i'r gymdeithas Gymraeg, nhw fyddai'n cael y fraint o drefnu angladdau mwyafrif y Cymry Cymraeg. Erbyn y nawdegau cawn fy ngalw i gymryd angladdau aelodau o bob enwad Ymneilltuol Cymraeg gan mai fi oedd yr unig weinidog Presbyteraidd yn y ddinas. Felly, cawn fy ngwahodd hefyd i gymryd angladdau teuluoedd a ddymunai gael gwasanaethau Presbyteraidd, pobl o'r Alban a Gogledd Iwerddon.

Sefydlais fudiad eciwmenaidd yn y cyfnod hwn, sef Cyngor Eglwysi Cymraeg Lerpwl a'r Cyffiniau. Roedd gan yr Annibynwyr a'r Bedyddwyr gapeli a'u gweinidogion wedi ymddeol. Rhoddodd y Parchedig R J Môn Hughes, Penbedw ei gefnogaeth fel Annibynnwr i'r mudiad ac fe'i perswadiais i ddod yn Gadeirydd. Cynhelid oedfaon ar ddydd Gwener y Groglith, y Nadolig a hefyd ar achlysuron eraill. Bu'r Parchedig

Geoffrey Davies yn gefnogwr brwd arall a thrwyddo ef y cawsom gysylltiad da gyda'r Anglicaniaid Cymraeg fyddai'n cyfarfod yn Eglwys Dewi Sant yn Hampstead Road ac ar ôl hynny yn Sheil Road. Bellach bûm yn Ysgrifennydd CECLAC ers 35 mlynedd. Tasg anodd oedd cael pawb i gydweithio ac amheuwn weithiau y byddai'n well gan Ymneilltuaeth farw ar wahân na byw gyda'i gilydd.

Awgrymais y gallai'r Eglwys Fethodistaidd oedd yn addoli yn y Central Hall, Lerpwl ddod yn rhan o'n hadeiladau ni ym Methel. Gan fod mwyafrif yr aelodau yn byw yn y maestrefi ac yn pasio Bethel ar eu ffordd i addoli a chymdeithasu, bum milltir i ffwrdd, yn y Central Hall, roedd hi'n gwbl amlwg y dylem addoli gyda'n gilydd gan arbed arian a cholli'r boen o lenwi'r pulpud. Derbyniwyd yr awgrym ac ymgartrefodd yr Eglwys Fethodistaidd o dan ofal eu gweinidog, E Gwyn Hughes, yn ein capel ni. Cadwodd y ddwy eglwys eu hunaniaeth ond roedden ni'n cydaddoli ar y Sul ac ar noson waith; hyfrydwch oedd cydweithio â chyfeillion yr Eglwys Fethodistaidd.

Uchafbwyntiau'r cyfnod hwn oedd y cyfarfodydd a gawsom i wyntyllu problemau mawr y byd. Trefnwyd ysgolion undydd i drafod y maes cenhadol a sylwi nad oedd y tân a arferai losgi'n danbaid mor rymus bellach. Roedd Cristnogion Mizoram a Bryniau Casia yn cael eu cyflyru gan broblemau a deniadau'r Gorllewin. Po fwyaf y cawn gyfle i bwyso a mesur ein gwareiddiad, mwya i gyd y teimlwn fod gwareiddiad Ewrop wedi methu'n arw. Un o'r Cristnogion dewr yn yr Almaen a wrthwynebodd Adolf Hitler oedd Martin Niemöller, a gosododd ef y sefyllfa yn gofiadwy:

> Yn gyntaf daethant i gyrchu'r Iddewon. Cedwais yn dawel. Doeddwn i ddim yn Iddew. Yna daethant i gyrchu'r Comiwnyddion. Cedwais yn dawel. Doeddwn i ddim yn Gomiwnydd.
>
> Yna daethant i gyrchu aelodau'r Undebau Llafur. Cedwais yn dawel. Doeddwn i ddim yn perthyn i Undeb Llafur. Yna daethant i'm cyrchu i. Doedd neb ar ôl i siarad drosof.

Ond rhaid llefaru. Dywedodd yr Esgob David Sheppard wrthym yn Lerpwl: 'Mae'r alwad i gyfiawnder yn merwino clustiau.'

Llawenydd mawr inni fel cynulleidfa yng Nghapel Bethel ar 14 Ionawr 1995 oedd priodas un o ferched yr eglwys, Dr Bethan Wyn Jones, merch Louie a Humphrey Wyn Jones, a'n mab Hefin Ednyfed Rees. Dyma ddigwyddiad anghyffredin ac aethai blynyddoedd lawer heibio ers cael priodas o'r fath. Roedd y ddau wedi'u bedyddio yr un flwyddyn, yn mynychu'r un ysgol Sul a'r un Gorlan, wedi eu derbyn yn gyflawn aelodau ac yn awr yn priodi, a minnau wedi cael y fraint o'u harwain yn yr ordinhad. Ni chawsom briodas debyg ers hynny chwaith, sef cael dau o'r eglwys i ymrwymo i'r bywyd priodasol. Trefnwyd y wledd briodas yn Derby Lodge yn Roby, ac am hanner nos, fe es i allan i'r drws am awyr iach. Yno roedd gŵr a gadwai drefn a dau arall oedd yn fy adnabod. A dyma un ohonyn nhw'n gofyn i mi, 'Pa ddarlith sydd gennych i'w thraddodi'r wythnos nesaf?' 'O,' meddwn i, 'rwyf am roi darlith ar "Lofruddiaeth y Cameo" yn 1949 yn y sinema yn Webster Road.' Ar y nos Sadwrn honno aeth dau ŵr i'r sinema a herio'r *cashier*, ac yn y digwyddiad hwnnw, saethwyd e'n farw. Cyhuddwyd Kelly a Connolly. Crogwyd Kelly ond arbedwyd Connolly am iddo ddatgelu'r hanes. Cafodd bardwn. Dyma'r bownser yn troi ataf a dweud, 'Rwy'n sicr o un peth, 'mod i'n gwybod llawer mwy am lofruddiaeth y Cameo nag y'ch chi'n ei wybod.' 'Tybed,' meddwn i. Ac o dan ei anadl meddai, 'Wedi'r cyfan, fi yw Connolly.'

Am yr hanner awr nesaf bûm yn sgwrsio ac yn holi'r dyn oedd yn destun y ddarlith. Soniodd fel roedd wedi bod yn gwarchod yn y blynyddoedd diwethaf glybiau nos a gwestai, ac roedd yn dal i wneud hynny, er ei fod wedi cyrraedd oed yr addewid. Ar noson priodas fy mab, cwrddais ag un o Sgowsars caled y ddinas. Gallwn gau'r adwy'n gysurus.

PENNOD 14

Torri cwys arall

O 1995 HYD 2007 bûm yn torri cwys yn fy ngweinidogaeth i danlinellu pwysigrwydd hanes y Cymry ar y Glannau, a cheisio datblygu'r freuddwyd o gapel llai a chanolfan newydd i'r Cymry. Un o'r symudiadau pwysig oedd sefydlu Ymddiriedolaeth Gogledd-ddwyrain India/Cymru. Y rheswm sylfaenol am hyn oedd gweld rhaglenni S4C am faes cenhadol y Presbyteriaid Cymraeg yn yr ardal yr arferid ei galw yn Assam yn yr India, ymateb a fynegwyd yn fy ngholofn reolaidd yn *Y Goleuad* o dan y teitl 'Ar Ben Arall y Bont'. Un a ddarllenodd yr erthygl oedd Gwyn Phillips, Ystrad Mynach a brawd y cenhadwr T B Phillips. Ysgrifennodd ataf yn cytuno â'm beirniadaeth o bobl y cyfryngau a fu allan ar fryniau Casia, ac yna addawodd gyfrannu swm sylweddol o arian i sefydlu ymddiriedolaeth a fyddai'n ymchwilio i hanes yr holl genhadon o bob enwad a fu yn India.

Rwyf yn hynod o ddiolchgar i Gwyn Phillips, a bûm yn ei gartref yn casglu deunydd defnyddiol, a hefyd i'w ferch Dr Elin Jones a'r teulu am ein gosod ar ben ffordd i dorri cwys newydd. Lluniwyd dogfen gyfreithiol ar gyfer yr ymddiriedolaeth gan Raymond Williams i ofalu am yr adnoddau ariannol a bodlonodd J Tudor Owen, Penbedw fod yn Drysorydd gyda Rachel Gooding yn Ysgrifennydd a minnau'n Gyfarwyddwr Academaidd. Sefydlwyd bwrdd golygyddol, sef gweinidogion yng Ngheredigion oedd yn byw yn ddigon agos i'r Llyfrgell Genedlaethol – J Elwyn Jenkins, Stanley G Lewis, Ieuan S Jones, Stephen Morgan a'r blaenor Brynmor Jones a minnau. Ffrwyth y cyfan oedd dwy gyfrol sylweddol o dan fy ngolygyddiaeth, sef *Llestri Gras a Gobaith: Cymry a'r Cenhadon yn India* (Lerpwl, 2001) a chyfrol Saesneg o dan y teitl *Vehicles of Grace & Hope: Welsh Missionaries in India 1800–1970* (Pasadena, 2002). Cyhoeddwyd y gyfrol Saesneg gan William Carey Library a chafwyd cyhoeddusrwydd helaeth yn Shillong a dinasoedd eraill y maes cenhadol. Ysgrifennais naw deg y cant o'r cofnodau, gan dderbyn gwerthfawrogiad Bwrdd Cenhadaeth y Cyfundeb. Mae holl gynnwys y gyfrol Saesneg bellach ar y rhyngrwyd. Ar y clawr mae llun arbennig a dynnwyd yn Ebrill 1969 o dan ofal myfyrwyr diwinyddol Khasi-Jaintia yn Shillong yn dymuno'n dda i'r Dr R Arthur Hughes a'i briod Mrs Nancy Hughes, y Parchedig T B Phillips a Miss Gwen C Evans, Llundain, a hwythau ar eu ffordd adref o'r maes cenhadol. Cawsom gyfarfod i lansio'r gyfrol yng Nghapel Morfa, Aberystwyth a hefyd yn Lerpwl ei hun a bu galw mawr am y cyfrolau. Chwith oedd cynnal y rhain heb bresenoldeb un o aelodau'r Ymddiriedolaeth, y Dr R Arthur Hughes.

Symudiad pwysig arall oedd cychwyn elusen o'r enw Cymdeithas Etifeddiaeth Cymry Glannau Mersi. Daeth Hugh Begley, Penbedw ataf i drafod sut y gellid gwarchod ein hanes cyfoethog. Dyn diddorol iawn oedd Hugh; doedd dim gwaed Cymraeg yn ei wythiennau ond roedd wedi syrthio mewn cariad â'r iaith Gymraeg a bu'n diwtor Cymraeg i laweroedd ym Mhenbedw a Chilgwri. Daeth y ddau ohonon ni'n sylfaenwyr yr elusen. Ein gweithred gyntaf oedd gosod plac ar 6 Wilton Street, Liscard, sef y tŷ lle magwyd Saunders Lewis yn Wallasey, a hynny yn Chwefror 2001. Daeth yr Esgob Daniel John Mullins i'r cyfarfod arbennig a chafwyd merch Saunders, Mair Jones, i ddadorchuddio'r plac a chael y drydedd a'r bedwaredd genhedlaeth yno. O ganlyniad i'r seremoni cafwyd cyfrol arall o dan fy ngofal sef *Ffydd a Gwreiddiau John Saunders Lewis*, ychwanegiad pellach at ein dealltwriaeth o'r unig Gymro oedd yn haeddu Gwobr Nobel am Lenyddiaeth yn yr ugeinfed ganrif. Wrth baratoi'r gwasanaeth o ddiolch am ei fywyd a'i waith cefais fy syfrdanu gan y rhagfarnau sydd gan grefyddwyr Ymneilltuol tuag ato. Rhyfedd oedd sylweddoli fod cryn wrthwynebiad iddo ymhlith Cymry Penbedw, yn arbennig ymhlith y rhai a fagwyd o dan weinidogaeth y Dr Moelwyn Hughes yng Nghapel Parkfield. Cofiwn i Moelwyn wrthwynebu ymdriniaeth yr ysgolhaig â William Williams o Bantycelyn. Cadwodd y rhain draw o'r cyfarfod a gawsom wrth y tŷ lle magwyd Saunders Lewis ac yng nghapel yr Eglwys Ddiwygiedig Unedig (gan fod capel tad Saunders wedi hen gau).

Yr ail dasg y flwyddyn ganlynol oedd trefnu a gosod carreg fedd i'r bardd William Thomas Edwards ('Gwilym Deudraeth', 1863–1940) ym mynwent Allerton. Llwyddais i daro bargen dda gyda Henry Pearson, y trefnwr angladdau, i brynu'r garreg fedd oddi wrth ei gwmni. Methwyd ddwywaith yn Lerpwl â gwireddu'r dyhead i nodi bedd y bardd. Codais ddigon o arian i dalu am yr holl gostau a dod i ddealltwriaeth gyda Chorfforaeth Lerpwl. Daeth y Prifardd Dic Jones a'i briod atom o Geredigion am y penwythnos ynghyd â nai Gwilym Deudraeth o Lundain, sef Mr Trefor Edwards, a'i briod. Clywsom lawer o'i englynion y diwrnod hwnnw, rhai na welwyd mohonynt yn ei ddwy gyfrol *Chydig ar Gof a Chadw* ac *Yr Awen Barod*. Cynhaliwyd ymryson y beirdd ar nos Sadwrn gyda thîm o feirdd o'r Bala yn erbyn tîm o Lannau Dyfrdwy, a Dic yn Feuryn. Da oedd gweld ffrind coleg, Dr Iwan Bryn Williams, a ffrind o ddyddiau Abercynon, Dr Aled Rhys Wiliam, ymhlith yr wyth bardd a ddaeth i'n diddanu. Yr englyn sydd yn aros yn y cof yw 'Beddargraff Bwci' o waith Gwilym Deudraeth, y meistr arnynt i gyd. Tueddai'r bardd i fynychu siopau betio er gwaethaf ymbil ei briod Harriet:

> Euog wyf wrth ei gofio, – ar y slei
>   Rhois lawer swllt iddo,
>   Trwy yr aflwydd a llwyddo,
>   Dihiryn o ddyn oedd o.

Rhoddwyd plac hefyd ar Gapel Chatham Street i gofio'r pregethwr dawnus Henry Rees (1798–1869), ac un arall i gofio'i frawd William Rees (Gwilym Hiraethog) ar adeilad Robert Robinson y Brifysgol lle'r arferai Capel yr Annibynwyr

Grove Street sefyll. Daeth teulu Gwilym Hiraethog i'n plith i fwynhau Gŵyl y Ddau Frawd. Gwahoddwyd Côr Meibion Bro Aled, dan arweinyddiaeth Mair Selway, i'n plith ar ddiwrnod olaf yr ŵyl. Roedd gweld cynulleidfa mor gref yn ymyl bedd y polymath William Rees ym mynwent Toxteth, yn canu ei emyn cyfarwydd 'Dyma gariad fel y moroedd', yn brofiad a erys yn ein cof.

Teimlwn y dylid rhoi plac am i gofio cyfraniad nodedig Cymry Bootle gan fod yr wyth capel Cymraeg oll wedi darfod. Bu cymdeithas gref o Gymry yn Bootle ac ym mis Hydref 2003 dadorchuddiwyd plac ar wal Capel Stanley Road. Un oedd yn gynnyrch bywyd Bootle, Miss Eirian Roberts o deulu Kate Roberts, a ddadorchuddiodd y plac gan lefaru'n ddiddorol am y byd y cofiai hi amdano: Eisteddfod y plant, Capel Stanley Road yn ei holl ogoniant a Chymdeithas Gymraeg y dref yn denu R Williams Parry, Elfed, Dyfnallt a Chynan i ddarlithio. Daeth plant Capel Stanley Road yn ôl atom ac yn eu plith fy ffrind o ddyddiau Aber, Hywel Roberts, sydd fel glöyn byw ar hyd tref Caernarfon.

Rhoddwyd sylw yn ogystal i'r brodyr Davies, y bardd John Glyn Davies a'i frawd George M Ll Davies. Dadorchuddiwyd plac i'w cofio yn yr hen gartref yn Devonshire Road a dyma'r un olaf i ni ei osod, oherwydd mae pob plac yn costio tua £600. Gan fy mod wedi rhoddi cryn lawer o amser i Gymdeithas y Cymod yn Lloegr a Chymru, roeddwn yn awyddus i gael cofio'r heddychwr George M Ll Davies. Ef oedd un o swyddogion cyflogedig cyntaf FOR fel y gelwid y gymdeithas, Fellowship of Reconciliation, ac ni ellir ond rhyfeddu at ei ymroddiad o blaid cymod a heddwch. Braf oedd cael Cledwyn Jones, un o hogiau Triawd y Coleg, i ddarlithio a gwych oedd ei glywed yn trafod awdur 'Fflat Huw Puw'.

Rhoddwyd sylw i long y *Mimosa* yn 2005 a gwariwyd £3,000 gan inni gael crefftwr yn ne Lloegr i wneud model ohoni. Wedi'r cyfan, roedd y *Mimosa* yn bwysig yn hanes Cymry Lerpwl a Chymru a chyflwynwyd hi i'r Amgueddfa Forwrol ar lan yr afon lle mae'n atyniad mawr byth oddi ar hynny.

Cyhoeddwyd llyfryn ar y *Mimosa* gan y gymdeithas mewn tair iaith, Cymraeg, Saesneg a Sbaeneg. Fel rhan o'r cofio daeth Susan Wilkinson o Doronto aton ni i draddodi darlith gan fod gan Susan gysylltiad diddorol â'r *Mimosa*. Hen ewythr i Susan oedd Dr Thomas Green, y Gwyddel a'r unig feddyg ar fwrdd y *Mimosa*. Hi bellach yw'r awdurdod ar y llong, a chyhoeddwyd cyfrol o'i gwaith gan wasg y Lolfa.

Un o Gymry nodedig Lerpwl yn yr ugeinfed ganrif oedd Alun Owen, y llenor a'r dramodydd Eingl-Gymreig, a rhoddwyd sylw i'w gyfraniad ef fis Hydref 2006. Yn 2008 golygais gyfrol, *Alun Owen: A Liverpool Welsh Playwright*, yn rhoi ei hanes ef a'i berthynas â Lerpwl, y Beatles yn arbennig, a chyhoeddwyd ei ddrama, *After the Funeral*. Mae'n debyg mai ei ffilm ar y Beatles yn 1964, *A Hard Day's Night*, a'i gwnaeth yn ffigwr adnabyddus. Gwerthwyd pob copi o'r gyfrol – newyddion da i'r gymdeithas ac i wasg Cyhoeddiadau Modern.

Yn 2007 dathlwyd pen-blwydd dinas Lerpwl (1207–2007) wyth can mlynedd wedi iddi dderbyn ei Siarter Brenhinol, a rhoddwyd sylw hefyd i'r ymdrech o eiddo Cymru a Chymry Lerpwl i ddileu caethwasiaeth. Daeth y Dr E Wyn James o Brifysgol Caerdydd i draddodi'r ddarlith a daeth ei briod, Christine, yr Archdderwydd, yn gwmni iddo. Cafwyd bron ugain o gyfarfodydd, gan gynnwys wythnos o weithgareddau 'Dinas Diwylliant Lerpwl', a chael help ariannol gan y ddinas ar gyfer ein rhaglen lawn.

Roedd 2009 yn flwyddyn i gofio John Gibson (1790–1866), y cerflunydd byd-enwog, ac eto anghofiedig o ran Cymry Lerpwl, ac yn fwy felly o ran hanes Cymru. Symudodd yn naw oed gyda'i rieni o Gonwy i fyw yn Lerpwl yn un o dri brawd galluog. Daeth William Roscoe i'w adnabod ac fe'i cynghorodd i ddod bob wythnos i'w blas yn Springwood ac yna'n ddeunaw oed i deithio i Rufain i gael hyfforddiant trwyadl fel cerflunydd. Yn y ddinas honno yr ymgartrefodd tan ei farwolaeth. Deuai yn ôl i Lerpwl yn achlysurol ond syrthiodd mewn cariad â'r cyfleusterau a dderbyniai fel artist yn yr Eidal. Trefnwyd y darlithiau yn adeilad Llyfrgell Ganolog Lerpwl a chawsom gwmni Maer Conwy ac Arglwydd Faer Lerpwl gan fod y cerflunydd byd-enwog yn perthyn i'r ddwy dref. Cafodd ei gladdu ym mynwent Brotestannaidd dinas Rhufain, ac ymaelodais yn un o gefnogwyr y fynwent lle gorwedd rhai o gewri gwledydd Ewrop fel John Keats a'r Arglwydd Byron.

Pedrog (y Parchedig J O Williams), y bardd-bregethwr, a gafodd ein sylw yn 2010, a threfnais i gael sesiwn ar fore Sadwrn yn Neuadd y Ddinas gan fod y Gadair a enillodd y bardd am ei awdl yn Eisteddfod Genedlaethol Lerpwl yn 1900 wedi'i lleoli wrth y fynedfa. Er na chynhyrchodd Pedrog awdl gofiadwy, mwy na'r rhelyw o feirdd ei gyfnod, eto ei gadair yw'r fwyaf sylweddol o ran maint a chrefft a roddwyd erioed am awdl. Teilynga Pedrog ein sylw gan ei fod yn hynod o dderbyniol yn y Gymdeithas Gymraeg yn Lerpwl ac wedi gweinidogaethu gyda'r Annibynwyr yn Kensington am ddegawdau, a'r capel bellach ymysg y pethau a fu.

Moelwyn, y bardd a'r emynydd, oedd gwrthrych ein gŵyl ym Mehefin 2011, a'r tro hwn cawsom ddarlithiau yn y bore yn Laird Street, Penbedw. Rai wythnosau cyn yr ŵyl bu farw Gareth James, Aintree oedd wedi derbyn gwahoddiad i ddarlithio ar Moelwyn. Cawsem ddarlith ganddo ar gefndir Pwyllgor Lerpwl yn anturiaeth y Wladfa yn 1865. Gwelaf golli Gareth yn fawr iawn gan ein bod yn bennaf ffrindiau. Daeth y Barnwr Eifion Roberts i'r adwy a chyflwyno portread arbennig iawn o Moelwyn ac roedd ganddo gof plentyn ohono. Bonws arall oedd cael ŵyr Moelwyn i lywyddu, sef Ifan Moelwyn Hughes o Aberystwyth, gŵr annwyl a chefnogol i waith cyn-fyfyrwyr y Coleg ger y Lli. Yr un flwyddyn ym mis Tachwedd rhoddwyd sylw i ddau gerddor. Harry Evans (1873–1914) oedd arweinydd Côr Meibion Dowlais a enillodd yn Eisteddfod Genedlaethol Lerpwl, 1900. Yn 1903 derbyniodd wahoddiad Undeb Corawl Cymreig Lerpwl i fod yn arweinydd y côr, ac ar ôl ei farw cynnar, daeth Thomas Hopkin Evans (1879–1940) yn arweinydd. Ar y nos Sadwrn yn Eglwys Dewi Sant, Childwall cawsom ein cyfareddu gan Undeb Corawl Cymreig Lerpwl, a llanwyd yr eglwys eang.

Ym Mehefin 2012 rhoddwyd sylw i'r arloeswr o ffotograffydd John Thomas, Cambrian Gallery, Everton a buom yn ffodus o gael cwmni Anne a Geraint Ffrancis Roberts, Rhuthun i gyflwyno'r teulu diddorol a gyflawnodd gymaint yn Lerpwl. Rhoddais innau ddarlith am ei gefndir yn mro Cellan yn Nyffryn Teifi a'i gyfraniad helaeth fel llenor i'r cylchgrawn *Cymru Coch*, a'i waith yn magu ymwybyddiaeth o bwysigrwydd crefydd ac eisteddfodau'r Cymry. Y noson honno dangoswyd un o ffilmiau cynharaf S4C am John Thomas a chawsom gwmni Wil Aaron, cynhyrchydd y ffilm.

Ym mis Tachwedd 2012 cofiwyd am y ddau frawd, Owen Thomas (1812–1891) a John Thomas (1820–1893) a fu'n gweinidogaethu yn ystod Oes Fictoria ymhlith Cymry Lerpwl. Gan fy mod wedi ysgrifennu cofiant sylweddol i Owen Thomas nid oedd dim amdani ond ei gyflwyno. Gwahoddwyd Mike Benbough-Jackson o Brifysgol John Moores i ddarlithio ar gyfnod y brodyr. Fel hanesydd o wir faintioli oedd yn hanu o Lanybydder, bu ef yn gryn help inni ar aml i amgylchiad. Pwysleisia Dr Huw Walters wrthyf yn gyson yr angen i ysgolhaig ifanc wneud yr un gymwynas â John Thomas ag a wneuthum i ag Owen ei frawd. Oes rhywun yn Adrannau Cymraeg y prifysgolion yn gwrando, tybed?

Rhoddwyd sylw i'r cyhoeddwyr yn hanes Cymry Lerpwl yn 2013 gan fod nifer o gwmnïau wedi bodoli yn y ddinas, ynghyd â'r ffaith fod Cyhoeddiadau Modern yn dathlu hanner can mlynedd. Gwahoddwyd Mel Williams, Llanuwchllyn, golygydd *Y Casglwr* ac un o gynheiliaid Cymdeithas Bob Owen, i draddodi darlith a chawsom atgofion Alun H Evans, Crosby, ŵyr Hugh Evans, Gwasg y Brython. Mae gan Alun lu o atgofion am y byd cyhoeddi Cymraeg yn nyddiau'r wasg pan fu ef yn gyfarwyddwr arni. Cawsom wledd gan yr athrylith Robat Arwyn yng nghyngerdd yr hwyr. Rhoddwyd gwrogaeth i'r Cymry a fu'n adeiladu Lerpwl ym mis Mehefin 2014, a llwyddais i gael cyn-aelod, Dr Gareth Carr, Wrecsam i ddatgelu cyfraniad Richard Owen, y pensaer, i fyd adeiladu Lerpwl. Rhoddais innau ddarlith ar deulu o adeiladwyr â'u gwreiddiau yng Nghaergybi, sef Hugh Jones ac E R Jones. Ted Clement-Evans a gadeiriodd y sesiwn gyntaf. Wyres i J W Jones a Tegla Davies a merch Gwen a Howell Vaughan Jones a ddaeth fel un o'r tri ysbïwr i Abercynon yn 1967 a gadeiriodd yr ail sesiwn, sef Nia Antonia.

Wrth lunio'r bennod hon rwy'n sylweddoli gymaint yw cyfraniad Cymdeithas Etifeddiaeth Cymry'r Glannau a'n bod wedi cynnal 16 gŵyl goffa i fawrion ein cenedl o 2001 hyd Fehefin 2014.

Cawsom benwythnos o ddathliadau penigamp ddiwedd Mai 2015 adeg Gŵyl y Glaniad a dadorchuddio cofgolofn ar lan afon Merswy i'r 162 o arloeswyr a hwyliodd am Borth Madryn. Aeth yr Apêl i'm cyfeillion a'r cymdeithasau am £5,000. Ac felly y bu.

Canlyniad yr holl weithgarwch hwn fu croesawu Cymry wrth y cannoedd i Lerpwl i weld y mannau sy'n gysylltiedig â'r genedl. Gofynnir imi yn aml i arwain pererinion o Gymru ar y teithiau hyn ac mae tair i bedair awr yn diflannu wrth deithio yn y bws o amgylch canol Lerpwl, beth bynnag fo'r tywydd. Rhyfeddodd Hafina Clwyd pan ddaeth hi ar fws Cymdeithas Hanes Sir Ddinbych ar 17 Mai 2003:

Nid oeddwn wedi sylweddoli pa mor hardd yw hi (Lerpwl) hefo'i therasau Sioraidd, gan gynnwys y nodedig Stryd Rodney, a'i pharciau helaeth. Ac roedd y coed ar eu gorau wedi glaw.

A chwarae teg iddi, cyfeiriodd at fy neges yn ei hysgrif i'r *Western Mail*, fod y 'Cymry mentrus a wnaeth gyfraniad i dwf a chyfoeth Lerpwl' yn haeddu eu cofio gan ein cenhedlaeth ni.

Gan fod y manylion am y gwŷr da hyn ar flaenau fy mysedd, hyfrydwch yw croesawu Cymry da, cefnogol o bob rhan o Gymru. Cyrhaeddodd byseidiau o Gymru benbaladr, heb anghofio Cymdeithas Hanes y Meddygon Cymraeg. Rwy'n trysori'r teyrngedau o ddiolch ac yn arbennig yr englyn yma gan y bardd Machraeth o Fôn, dan y teitl 'Ein Tywysydd':

Un annwyl ac arweinydd, – un â dawn
    Hynod yw, a beunydd
  Â sêl mae yn Gymro sydd
  Yn hynawsaf hanesydd.

Bu hyn rhwng 2000 a 2013, ac felly mae'r cyfanswm o Gymry a ddaeth aton ni ymhell dros 3,000 i werthfawrogi cyfraniad eu cyd-wladwyr, nid yn unig i ddinas Lerpwl, ond i Gymru yn ogystal.

PENNOD 15

Casglwr llyfrau, cofnodwr cyfeillion ac edmygwr artistiaid

Bu SYMUD O'R ffarm i'r pentref yn agoriad llygad imi yn blentyn a newidiodd fy holl fyd am imi gael llu o ffrindiau newydd oedd yn barod i freuddwydio breuddwydion ac yn cefnogi pob syniad a chynllun a ddeuai i mi. Ni wn sut y cychwynnodd yr awch i gasglu, ond gwn mai cardiau sigarennau oedd fy obsesiwn cyntaf. Byddai eraill yn eu casglu a deuthum yn gyfarwydd â gweld lluniau Stanley Matthews, Stanley Mortensen, Tom Finney a Nat Lofthouse a dod i wybod am dimau Blackpool a Preston North End a Bolton Wanderers. Llwyddais i gasglu rhai ugeiniau o gardiau pêl-droed a llongau, gan fod smocio yn hynod o boblogaidd ymhlith dynion Llanddewi. Gan fy mod yn adnabod y rhain a hwythau'n sefyll ran amla ar sgwâr y pentref yn sgwrsio, cawn gyfle i dderbyn y cardiau. Pan beidiodd y cardiau, i lenwi fy mryd meddyliais am stampiau'r gwledydd pell, a byddwn yn anfon am gyflenwad at y gwerthwyr stampiau. Daw Bridgnorth yn ôl i'r cof a Yeovil fel dau gyfeiriad y gallwn ddibynnu arnynt am gatalogau. Anfonwn bostal order i'r rhain o'r arian poced a ddeuai i mi, a hefyd y sylltau a delid i mi am ddosbarthu papurau newydd o dŷ i dŷ. Sylwais fod gan y *News Chronicle* glwb a elwid *I Spy* ac ar fy union ymunais ag ef, a chael bathodyn i'w osod ar fy nghôt. Daeth casglu bathodynnau yn rhan o'm bywyd tan i mi adael y Coleg. Anaml y gwelai neb fi heb fathodyn CND, Cymdeithas y Cymod, Urdd Gobaith Cymru, Urdd Siarad Cymraeg, heb enwi ond carfan fach ohonynt.

Heb unrhyw amheuaeth, y nwyd anorchfygol a'm meddiannodd yn yr ysgol uwchradd oedd casglu llyfrau. Cartref llwm oedd fy nghartref o'i gymharu â chartrefi meibion a merched y Mans, fel fy mhriod Meinwen, o ran llyfrau. Yr unig dŷ lle gwelwn i lyfrau yn y pentref oedd yn y Mans a stydi'r Parch. John Ellis Williams. Roedd gan Wncwl Ben yn Nhymawr ryw ddau gant o lyfrau, y mwyafrif ohonynt yn gyfrolau barddoniaeth. Ni fûm erioed yn Nhŷ'r Ysgol lle trigai tad-cu y bardd Gwyneth Lewis, ac felly ni wn am y sefyllfa yn y fan honno. Mae'n debyg mai ymateb wrth weld cynifer o lyfrau gan y gweinidog a'm cyffrôdd i fod yn gymaint o gasglwr, ac erbyn heddiw i fod yn un o brif gasglwyr Lerpwl a chenedl y Cymry.

Deuthum o hyd i fwndeli o lyfrau mewn ocsiynau a gynhelid yn Llanddewi a Thregaron. Roeddwn wrth fy modd mewn ocsiwn ac weithiau byddai hi'n troi yn gyffro mawr, yn arbennig pan fentrais gynnig pris am das o wair yng ngwerthiant stoc Cwm-du gan obeithio y byddai rhywun arall yn cynnig pris uwch. Ni ddaeth neb i fy arbed rhag bod yn berchen ar das wair, ond nid oedd hi'n ddiwedd y byd gan fod fy rhieni yn cadw bustych i'w pesgi. Daeth y das wair yn fonws er gwaethaf syndod fy nghyfoedion a'm rhieni. Yn aml iawn, byddaf yn cael fy atgoffa o'r stori hon o enau Gwilym Williams, Pentyrch, un a anwyd yn ardal fy mam, Swyddffynnon.

Ar ôl cyrraedd y Brifysgol yn Aberystwyth daeth llyfrau o fewn fy nghyrraedd, gan fod siop ail-law dda gan Galloway a siop Gymraeg John Williams yn 23 Great Darkgate Street, lle y ceid croeso a chyflenwad o'r llyfrau diweddaraf yn y Gymraeg. Gŵr ychydig yn gloff oedd I J Williams, ond â gwên groesawus. Ni chredaf ei fod yn darllen llinell o'r iaith na llyfr o fath yn y byd, ond roedd yn siopwr o'i gorun i'w sawdl. Gwnaeth gymwynas â mi drwy agor fy llygaid i awduron a fu'n bwysig yn fy hanes.

Cofiaf o hyd y wefr o ddod o hyd i farddoniaeth Waldo Williams a'i ffrind Bobi Jones yn Aberystwyth. Prynais gyfrol Waldo Williams, *Dail Pren*, cyn mynd adref ar fy ngwyliau Nadolig yn 1956 gan ddysgu ar fy nghof 'Yr Hen Allt' ac 'Y Tangnefeddwyr' cyn dod yn ôl i'r Coleg yr Ionawr canlynol. Roeddwn wedi darllen datganiad Waldo yn *Y Faner* fis Medi y flwyddyn honno, 'Pam y Gwrthodais Dalu Treth yr Incwm', a hynny oherwydd Rhyfel Corea. Roedd enw Bobi Jones yn gyfarwydd i mi yn yr ysgol uwchradd fel *enfant terrible* llenyddiaeth Gymraeg er na soniwyd gair amdano yn nosbarthiadau Cymraeg y chweched dosbarth, am ei fod yn torri confensiynau yn gyson. T Gwynn Jones, T H Parry-Williams a Goronwy Owen oedd yn rheoli yn y fan honno, ac yn llyfrgell yr ysgol y gwelais ei enw wrth aml i gerdd a fyddai'n mynd â bryd yr ifanc llengar.

Y beirdd roeddwn i'n gyfarwydd â hwy y tu allan i furiau'r ysgol oedd beirdd lleol, rhai yn y traddodiad cynganeddol fel ein Prifathro, D Lloyd Jenkins, a'r bardd-fugail Isgarn, sef Richard Davies. Treuliodd ef ei holl oes o 1887 i 1947 yn byw mewn bro fynyddig o dan y Garn Grom ym Mlaencaron. Prynais ei unig gyfrol, *Caniadau Isgarn*, yn Medical Hall, Tregaron yn fy mlwyddyn gyntaf yn yr ysgol ramadeg. Bardd arall y prynais ei gyfrol yn blentyn oedd Jac Olifer, Llambed, cyfrol a werthodd dros bum mil o gopïau. Ar ôl mynd i'r ysgol fawr, ef oedd fy marbwr, a bu'n torri fy ngwallt am ugain mlynedd. Cawn hwyl yn siop y barbwr a chwrdd â'r beirdd lleol fel Evan Jones, Cellan, ac Evan Jenkins a Dafydd Jones, y ddau o Ffair-rhos lle ganwyd Jac Olifer ei hun. Deuai ambell un o bellter ffordd i siop y barbwr, fel D H Culpitt o Gefneithin ac S Idris Evans, Bryngwenith. Ond nid oedd cerddi'r Prifathro, na'r bugail, na'r barbwr, na'r pregethwr yn taro deuddeg o'u cymharu â'r gerdd gyntaf i mi ei gosod ar fy nghof o waith Bobi Jones. Y testun, 'Gweithio Cerdd':

Pe gallwn weithio cerdd
Fel y gwnei di bwdin plwm,
Ni byddai 'ngwallt mor hir
Na'm calon i mor drwm.
Gwledd fyddai 'nghân i gyd
O faip a moron mwyn,
Yn lle rhyw sôn am ryw
A diwydiant du ei drwyn.
A llawn fyddai 'mol a thew
Wrth wrando ar ei hoen,
Mor fawr ag yw fy llygaid
Yn synnu at dy groen.

Dyna gerdd gwbl wahanol i delynegwyr Dyffryn Teifi a maes y glo carreg. Y gyfrol a brynais yn y siop Gymraeg oedd *Y Gân Gyntaf*, cyfrol a ddaeth â bywyd newydd i'n barddoniaeth. Roedd dychymyg a darluniau geiriol Bobi y bardd yn odidog. O fewn amser byr yn 1957, roeddwn wedi pwrcasu'r ail gyfrol o eiddo Bobi Jones, *Crwydro Môn*, un o gyfrolau mwyaf difyr y gyfres wych gan Lyfrau'r Dryw, Llandybïe. Prynais gyfrolau'r gyfres i gyd a daliaf i gofio'r rhyddiaith gofiadwy a gafwyd ynddynt. Erbyn i mi gyrraedd y Coleg Diwinyddol prynais ar gyfer Nadolig 1959 y gyfrol *I'r Arch: Dau o Bob Rhyw: Ysgrifau Llên a Hanes* o waith Bobi Jones, cyfrol a ddarllenais erbyn hyn o leiaf ddwsin o weithiau. Ni chafwyd dim byd gwell na'r bennod ar y Saint na'r bennod ar y ddau werinwr, O M Edwards a W J Gruffydd. Erbyn heddiw mae Dr Bobi Jones a'i briod annwyl Beti a minnau yn bennaf ffrindiau. Dyma athrylith, un o'r pennaf yn hanes ein cenedl, ac nid oes terfyn ar ei syniadaeth, ei athroniaeth, ei ddiwinyddiaeth na'i ddawn greadigol.

Awdur arall y cefais ei gwmni yn nyddiau'r Coleg oedd Niclas y Glais. Ef a roddodd i mi gopïau o'i gyfrolau cynnar fel *Cerddi Gwerin* (1912) a *Dros Eich Gwlad* (1920). Rhoddodd y cerddi hyn ddigon o hyder i mi fel heddychwr. Niclas a'm hysbrydolodd ar lwybr y gwrthwynebydd a'r protestiwr i goleddu Sosialaeth y Chwith. Ni chollodd mo'i weledigaeth ar hyd ei oes faith. Gall aml un ohonom gytuno ag ef yn ei gerdd 'Y Gwrthwynebwr Cydwybodol':

> Ni phlygaf byth: beth yw banerau tyllog?
> A gwaed fy mrodyr arnynt hwy yn goch;
> Mae 'gelyn' teyrn y wlad i mi'n gymydog,
> Ac ato byth ni throf y fagnel froch.

Bardd arall a aeth â'm bryd wrth gasglu llyfrau yn Aberystwyth oedd I D Hooson. Yn siop John Williams y prynais drydydd argraffiad y gyfrol *Y Gwin a Cherddi Eraill* yn 1958. Daeth un gerdd o'r gyfrol honno yn gymorth amhrisiadwy i mi ar y Suliau, sef 'Seimon, Mab Jona'. Dysgais y gerdd a daliaf i ddyfynnu'r diweddglo yn gyson o hyd:

> A ninnau a'i gwelsom a thystion ŷm ni
> Mai gobaith yr Oesoedd yw Croes Calfarî.
> Mi welais y man y gorweddodd Ef
> A mwyach, yn eon mi godaf fy llef
> I dystio am Iesu, Iachawdwr y byd,
> Os f'Arglwydd a'i myn, drwy'r ddaear i gyd:
> Cans gwelais ogoniant y Tad yn ei wedd –
> Tywysog y Bywyd, Gorchfygwr y Bedd.

Pan alwn heibio'r Parchedig Heber Alun Evans yn Nhregaron byddai ef yn rhoddi aml i hen gyfrol ar gefndir y Beibl i mi. Yn Aberystwyth cymerodd y Parch. Tom Beynon ddiddordeb mawr ynof, yntau'n ddiwyd yn cofnodi dyddiaduron Howell Harris. Chwilotwr oedd Tom Beynon. Copïo, trefnu a chasglu oedd ei gyfraniad pennaf. Cyhoeddodd dair cyfrol, sef *Howell Harris, Reformer and Soldier* (Caernarfon, 1958), *Howell Harris's Visits to London* (Aberystwyth, 1960) a *Howell Harris's Visits to Pembrokeshire* (Aberystwyth, 1966). Cyhoeddodd y ddwy olaf heb nodded gwasg, ond gyda chymorth y gŵr busnes hirben, Evan Evans, Celtic Hotel, Llundain, un o arweinwyr pennaf Capel Jewin. Cefais rodd gan Tom Beynon o'r tair cyfrol, ac ef yn bennaf a'm cymhellodd i gymryd diddordeb yn y Tadau Methodistaidd. Ni fyddai Gomer M Roberts wedi llunio Darlith Davies mor safonol ar Howell Harris, *Portread o Ddiwygiwr* (1969), heb waith dygn a phwysig Tom Beynon. Meddai, 'Buasai'n amhosibl imi ysgrifennu'r gyfrol hon oni bai am y tywysennau a loffais o'i feysydd llafur ef.'

Mae un peth yn bendant: pe bai Tom Beynon wedi cael byw yn hwy na Chwefror 1961 byddwn yn sicr wedi cael gwasanaethu ar Bwyllgor Gwaith Cymdeithas Hanes y Cyfundeb. Addawodd Gomer M Roberts droeon i mi y cawn fod yn un o'r aelodau, ond ni ddaeth y gwahoddiad. Eto, cawn fy ystyried yn hanesydd cydwybodol yn ôl yr athrylith J E Caerwyn Williams, wrth iddo gyfeirio at gyfrol o'm heiddo, *Haneswyr yr Hen Gorff* a gyhoeddwyd yn 1981.

Erbyn i mi ddechrau yn Abercynon roedd gennyf gasgliad digon derbyniol o lyfrau, ond yn yr hanner can mlynedd diwethaf fe gynyddodd y nifer fel bod gennyf un o'r llyfrgelloedd preifat gorau. Bob tro y byddaf yn teithio i ryw dref neu wlad dramor ceisiaf brynu llyfrau, hanner dwsin i ddwsin ar y tro. Byddaf hefyd yn gofalu archebu llyfrau diwinyddol, llenyddol, gwleidyddol a chrefyddol gan lyfrwerthwyr safonol yn rheolaidd.

Erbyn i mi gyrraedd Lerpwl roedd hi'n bwysig cael ystafell braf yn llyfrgell, a dyna a ddigwyddodd gyda bendith y teulu. Penderfynais ganolbwyntio ar hanner dwsin o feysydd i ddechrau. Y maes cyntaf oedd hanes dinas Lerpwl ei hun, nid y Cymry yn unig, ond y ddinas a'i thrigolion ers siartr y Brenin Ioan yn 1207. Er bod Lerpwl yn bechadurus o anobeithiol fel tref siopau llyfrau ail-law, nid yw hynny wedi gwarafun i awduron a haneswyr lunio cyfrolau di-ri. Deuthum yn gyfarwydd â phrif haneswyr y cyfnod y bûm yn Lerpwl, pobl fel George Chandler, Llyfrgellydd y Ddinas, ac awdur cyfrolau hynod o ddiddorol ar Lerpwl ei hun ac un o brif ddynion y ddinas yn oes caethwasiaeth sef William Roscoe. Lluniais goffâd i Dr Chandler i'r *Guardian* ar ôl ei farwolaeth. Hanesydd arall digon difyr a ganolbwyntiodd ar Lerpwl oedd Eric Midwinter ac ar ei ôl ef John Belchem a olygodd y gyfrol fawr ar hanes Lerpwl yn croniclo 700 mlynedd o'i stormydd a'i buddugoliaethau. Ac wrth gwrs, yr hanesydd Cymraeg a luniodd gyfrol wych ar y chwarelwyr, Dr R Merfyn Jones a ddarlithiai yn Adran Efrydiau Allanol y Brifysgol. Daeth cyfrol ar y cyd rhyngom ni'n dau ar Gymry Lerpwl a'u crefydd dros ddeng mlynedd ar hugain yn ôl erbyn hyn. Gloywodd Cymraeg Merfyn yn ein cwmni a'n cymdeithas fel y mae ef yn barod i gydnabod. Erbyn heddiw caf gwmni hanesydd Cymreig arall sef Mike Benbough-Jackson o Brifysgol John Moores, ac ysgolhaig arall sydd yn barod i ymchwilio i hanes Cymry Lerpwl. Cefais lawer iawn o gwmni'r Cymro o Lerpwl, Thomas Lloyd-Jones, darlithydd gyda Chymdeithas Addysg y Gweithwyr ac awdur nifer o lyfrynnau ar fannau diddorol yn y ddinas. Yn niwedd ei oes cafodd drawiad trwm a chollodd ei allu i siarad Saesneg a'r unig un a fedrai gael sgwrs â'r hanesydd oeddwn i, a hynny yn Gymraeg. Nid oeddwn erioed wedi'i glywed yn siarad Cymraeg cyn hynny ond byrlymai y geiriau yn ei gaethiwed. Deuai'r nyrsys a'r meddygon i wrando arnom yn anghrediniol. Ar ôl imi ei adael byddai Tom yn fud tan y tro nesaf y deuwn i'w weld. Rhyfedd y'n gwnaed.

Cesglais erbyn hyn ddeuddeg cant a mwy o gyfrolau amrywiol yn ymwneud â Lerpwl gan gynnwys bron popeth a ysgrifennwyd yn Gymraeg. Cesglais rediad cyflawn o'r papur wythnosol *Y Brython*, a fu mewn bod o 1906 i 1939, oes aur Cymry'r Glannau. Prynais y set oddi wrth Geraint Lloyd Owen, Bontnewydd, a chefais fudd mawr ynddynt. Yn ôl pob tystiolaeth, dyma'r unig set sydd ar gael y tu allan i'r Llyfrgell Genedlaethol a Llyfrgell y Sir yn yr Wyddgrug. Mae gennyf set gyflawn o'r cylchgrawn misol *Y Bont* a fu'n rhagflaenydd i'r *Angor*. Un o'r cyfrolau a drysoraf am hanes Lerpwl yw cyfrol y Cymro, Gomer Williams, *History of the Liverpool Privateers and Letters of Marque with an Account of the Liverpool Slave Trade 1744–1812* a gyhoeddwyd yn 1897, cyfrol swmpus o 718 tudalen sydd yn cyflwyno'r môr-leidr Fortunatus Wright a briododd â merch o deulu'r Bulkeleys o Fôn. Cyfrol brin arall yw *The History of Liverpool* gan T Troughton a argraffwyd gan William Robinson yn Castle Street yn 1810.

Yn y cyfrolau a gyhoeddwyd yn Lerpwl yn Gymraeg, cannoedd lawer ohonynt gan weisg John Jones ac Isaac Foulkes, Gwasg y Brython a Chyhoeddiadau Modern Cymreig, cawn rychwant rhyfeddol a chyfraniad cwbl nodedig i lenyddiaeth Cymru. Mae yn fy llyfrgell yr ail gyfrol a argraffwyd yn y ddinas yn Gymraeg yn Castle Street, Lerpwl. Casgliad o emynau ydyw, *Grawn-syppiau Canaan, sef Casgliad o Emynau*, sy'n cynnwys llawer o waith William Williams o Bantycelyn. Robert Jones, Rhos-lan, un o'r Methodistiaid llengar, yw'r golygydd, ac argraffwyd y gyfrol fechan, clawr caled gan J Gore dros y mab Daniel Jones, un o Gymry amlwg Lerpwl yn ei ddydd, yn 1795. Yn wir, gwelir rhan o lofnod Daniel Jones ar y dudalen flaen. Trysoraf y gyfrol hon yn fawr iawn.

Hyfryd yw cael cymaint ar fy silffoedd o gyfrolau o wasg Isaac Foulkes ('Llyfrbryf'), gŵr y mae gennyf bellach ddarlith arno. Credai ef mewn cyhoeddi cyfrolau hardd, fel *Y Mabinogion Cymreig* a gyhoeddwyd ganddo yn 1880 o 18 Brunswick Street. Un o lu o gyfrolau o'i wasg a gesglais yw ei ddau gofiant gwerthfawr i Ceiriog y bardd a Daniel Owen y nofelydd. Cesglais gymaint fyth ag y medrwn o gyfrolau Cymraeg digon prin fel geiriaduron. Un ohonynt yw *Geiriadur a Gramadeg Thomas Richards* (1710–90), un o offeiriaid llengar y ddeunawfed ganrif, a'r olaf yw *Geiriadur yr Academi*, Bruce Griffiths a Dafydd Glyn Jones. Hoffwn ddiolch i'r ddau lyfrbryf am waith gorchestol.

Ar ôl rhai blynyddoedd yn Lerpwl, penderfynais ddod o hyd i lyfrau Gwasg Gregynog, a phrynais nifer dda ohonynt o siop wych Blackwell's yn Rhydychen. Cefais bleser yn bodio *Caniadau* W J Gruffydd a *Caneuon Ceiriog*, hefyd *Clych Atgof*, Owen M Edwards. Dywed yr arbenigwr William Williams (mab-yng-nghyfraith Hugh Evans, Gwasg y Brython) o'r Llyfrgell Genedlaethol am yr olaf: 'To Welshmen *Clych Atgof*, by Sir O M Edwards (1933), is probably the most outstanding book issued by the Press in this period, for it fitly expresses the ideals of the Press and is an appeal by the author for intellectual, religious and artistic freedom.'

Ymhlith cyfrolau cain diweddaraf y wasg mae gennyf gyfrol o emynau Ann Griffiths a Morgan Rhys a *Cerddi Waldo Williams*, heb anghofio rhai o'r llyfrynnau fel *Yr Alarch*, creadigaeth Euros Bowen. Roedd ei fab ef yn ffrindiau â mi yn y Coleg, a chofiaf o hyd i mi fynd i wrando ar Euros Bowen yn eglwys y plwyf, Llanuwchllyn fel un o nifer fawr oedd yn lletya y penwythnos hwnnw yng Ngwersyll yr Urdd yng Nglan-llyn. Nid oedd yn bregethwr cyrddau mawr ond roeddwn yn gwbl grediniol ein bod yng nghwmni un o feddylwyr praffaf yr Eglwys yng Nghymru, ac eto ni chafodd ddyrchafiad o gwbl gan yr Eglwys.

Mae gennyf lawer o lyfrau Gregynog sydd yn deillio o wersyll yr Eingl-Gymry, gan gynnwys dwy gyfrol o waith W H Davies, y crwydryn o Went. *The Lovers' Song-book* (1933), yn ôl William Williams, yw 'the prized possession of collectors of the works of the tramp poet W H Davies'. Balch ydwyf o gyfrol George Herbert a rhyddiaith Alun Lewis, *Inwards where all the battle is*. Hyfrydwch oedd cael cyfarfod gweddw Alun Lewis, Gwenno, yn gynnar yn fy ngweinidogaeth a chesglais ei holl waith a'r cyfrolau amdano. Cofia fy mhriod ei rieni yng Nghwm Cynon.

Mae cyfrolau hardd *Pryderi* gennyf a holl waith Thomas Pennant mewn mwy nag un argraffiad, gan gynnwys cyfrol arbennig Gregynog, *Pennant and his Welsh Landscapes*. Ar wahân i Wasg Gregynog cawsom yng Nghymru nifer fawr o weisg preifat a sefydlwyd gan amaturiaid a haneswyr lleol. Un o'r rhain oedd gwasg fechan William Gilbert Williams, Prifathro Ysgol Gynradd Rhostryfan ac un a fu'n gymorth mawr i Kate Roberts pan luniodd hi glasur o hunangofiant, *Y Lôn Goed*. Ni ddeuthum o hyd i lyfrynnau o Wasg Gilbert Williams er bod y llyfrau gan or-nith iddo, sy'n byw yn fy ymyl yn Lerpwl, Beryl Williams, Calderstones. Gwasg breifat y lluniais gofnod amdani yn y gyfrol *Dyddiau o Lawen Chwedl* (2014) yw gwasg Jonathan Ceredig Davies a sefydlwyd yn ei gartref, Myfyrgell, Stryd y Felin, Llanddewibrefi ar ddiwedd y Rhyfel Byd Cyntaf. Prynais y mwyaf diddorol o'i lyfrau o safbwynt cyhoeddi, sef

Life, Travels and Reminiscences of Jonathan Ceredig Davies (1927) cyfrol sydd wedi'i hysgrifennu, ei hargraffu a'i chyhoeddi ganddo ef. Ar y dudalen flaen dywed mai dim ond 58 copi a gyhoeddwyd ond ar y copi sydd gennyf fi, a'r un sydd yn y Llyfrgell Genedlaethol, yn ei ysgrifen ei hun dywed fod 70 copi wedi'u gosod a'u hargraffu ganddo. Ar ôl gosod un dudalen byddai'n ei argraffu fesul tudalen. Wedyn dymchwelai'r teip er mwyn ei ddefnyddio i osod y dudalen nesaf. Dilynodd y broses araf hon nes argraffu 440 tudalen ac yna rhwymo'r cyfan mewn clawr caled. Dywed yn ostyngedig nad oedd yn argraffydd ond iddo argraffu'r gyfrol yn ei gartref ar gyfer cylchrediad preifat yn unig. Ond ni ddaw'r gyfrol amrwd, amaturaidd ei theip i'r golwg yn aml. Dyma deyrnged yr arbenigwr William Williams iddo:

> Judged by ordinary standards, his work as a printer cannot be compared with that of the trained craftsman, but it would be difficult to find a finer example of dogged perseverance. Old age, failing health and sight, fear of poverty, all made it seem impossible for him to achieve his purpose.

Ond fe lwyddodd. Ar ei garreg fedd yn ymyl bedd fy rhieni, fy mam-gu, dau wncwl a modryb, nodwyd ei gyfraniad i fyd y llyfr a diwylliant mewn pennill pwrpasol a baratowyd gan un o'r trigolion:

> Rôl teithio cyfandiroedd
> A chroesi llydan foroedd
> I'w Geredigion hoff daeth nôl
> Ac yn ei chôl gorweddodd.

Mae ei garreg fedd yn un o'r rhai mwyaf anghyffredin a gwelir llun ohoni yn fy nghyfrol hardd ar fro fy mebyd a gyhoeddwyd yn 1984 gan Bwyllgor Diwylliant Llanddewibrefi. Yn Eisteddfod Genedlaethol yr Wyddgrug yn 1991 daeth dwsinau o bobl ataf ar y Maes i ddweud bod un o grefftwyr y fro wedi rhoddi clawr hardd ar fy nghyfrol ar Landdewi ac wedi derbyn clod mawr y beirniaid ac y medrwn ei phrynu ar ddiwedd yr wythnos. Ni fu petruso am eiliad a thelais swm da am y fraint o'i pherchnogi. Dyma drysor arall sydd yn fy ystafell fyw.

Mae aml i gasglwr yn cael bodlonrwydd mawr o fedru canolbwyntio ar un awdur. Y beirniad llenyddol Cymraeg a'm hysgogodd i ystyried hynny ac i ganolbwyntio ar y bardd W H Auden oedd D Tecwyn Lloyd, gŵr y byddwn yn dysgu llawer yn ei gwmni. Byth oddi ar i mi ddarllen ei sylwadau ar Auden yn ei gyfrol fechan *Erthyglau Beirniadol* bûm yn chwilfrydig i ddarllen gwaith y meistr. Roedd paragraff olaf D Tecwyn Lloyd yn ddigon o ysgogiad i ganolbwyntio ar Auden: 'a gwell gennyf i, os dosbarthu o gwbl, yw ei alw yn fardd dyn, boed hwnnw yn ei wae a'i wrthuni a'i boen, ond hefyd, ar ei orau, yn benceidwad magwyrydd gogoniant.'

Felly euthum ati i gasglu cyfrolau Auden, ei farddoniaeth a'i ryddiaith a'r astudiaethau arno, gan ffonio siopau ail-law yng Nghaeredin, Llundain ac Efrog i ofyn am fanylion ei waith oedd ar eu silffoedd. O fewn ychydig fisoedd sylweddolais yn glir iawn na fyddwn byth yn llwyddo i gael casgliad cyflawn oherwydd nifer y cyfrolau y bu ef yn ymwneud â hwy, a'r prisiau uchel a ddisgwylid am aml i gyfrol. Erbyn hyn mae gennyf 54 o gyfrolau o waith y bardd, neu gyfrolau sy'n gysylltiedig â W H Auden. Sylweddolaf hefyd nad oes llawer o bwynt casglu mwy gan nad wyf wedi darllen hanner y cyfrolau hyd yn hyn. Er bod hanner ei gerddi yn ddealladwy, mae'r hanner arall yn anodd ar y darlleniad cyntaf, fel yr awgrymodd Alan Bennett.

Mae llyfrau R S Thomas ymysg fy nghasgliadau, llawer llai mewn nifer, ond llwyddais i gasglu pump ar hugain o'i gyfrolau, ac mae'r cyfrolau hyn yn cynyddu'n aruthrol yn eu gwerth. Y gyfrol gyntaf a ddaeth i'm meddiant oedd *Not That He Brought Flowers* (1968), cyfrol o 37 o gerddi a 45 tudalen o wasg Rupert Hart-Davis. Heb amheuaeth y gyfrol ddrutaf sydd gennyf yw *Song at the Year's Turning* – argraffiad cyntaf 1955, gyda 115 o dudalennau. Hon yw'r gyfrol a ddaeth ag R S Thomas i fri mewn llenyddiaeth Saesneg. Ceir yn y gyfrol ddetholiad o'i dair cyfrol gyntaf, *The Stones of the Field* ac *An Acre of Land*, a *The Minister*, sydd yn gyflawn. Mae pob cyfrol o waith R S Thomas yn ddrudfawr, ac os ceir cyfarchiad ganddo o fewn y cloriau yn Gymraeg neu Saesneg gellir dyblu'r pris o leiaf.

Yn fy llyfrgell mae gennyf adrannau diddorol eraill, fel hanes Cymru a chyfrolau swmpus a hardd o'r siroedd, fel Ceredigion, Morgannwg a Sir Gaerfyrddin. Rhoddais sylw hefyd i hanes yr Unol Daleithiau, ac mae gen i un o'r casgliadau mwyaf hardd eu diwyg am y wlad fawr honno. Bob tro yr awn i'r Amerig byddwn yn ceisio pwrcasu cyfrol neu ddwy y byddai'n anodd cael hyd iddynt yn y wlad hon. Yn sicr, mae gennyf gant a mwy o gyfrolau mewn diwyg gwych, am bob arlywydd a fu yn yr Unol Daleithiau heblaw am Barack Obama. Ysgrifennwyd yr hunangofiannau gan amlaf gan un o'r arlywyddion a chaf oriau lawer o bleser yn eu darllen. Meddylier am gyfrol Carl Sandburg, *Abraham Lincoln, The Prairie Years and the War Years*, a brynais yn 1981 o Lyfrgell Franklin, Pensylfania. Cyfrol hardd o 1068 o dudalennau yw hon, a phob tudalen yn gyforiog o fanylion am bawb a phob un a fu'n rhan o saga bywyd Lincoln. O Wasg Easton, Norwalk, Connecticut y prynais y cofiant *Woodrow Wilson*, gan August Heckscher. Presbyteriad oedd Wilson ac mae'r cefndir hwnnw a'i ymlyniad wrth Galfiniaeth a Phresbyteriaeth ar hyd ei oes yn dylanwadu arno yn ei gyfnod fel Arlywydd. Mae gennyf gasgliad helaeth o lenyddiaeth yr Amerig, yn waith beirdd, storïwyr byrion, a nofelwyr. Cyfrolau hardd, clawr caled, yw pob un o'r rhain. Yn wir, rwyf yn anfodlon iawn rhoddi lle yn fy ystafelloedd i lyfrau clawr meddal. Mae'r argraffwyr ar fai yn codi pris mor uchel am gloriau caled a'n gorfodi fel cyhoeddwyr i gyflwyno i'r darllenydd gyfrolau clawr meddal yn unig. Mae gennyf glasuron ar y silffoedd mewn llenyddiaeth Saesneg, gwaith pobl fel Hemingway, John Steinbeck, George Orwell (bron pob cofiant arno ef a phob cyfrol o'i eiddo, rhai ohonynt fel *The Road to Wigan Pier* yn argraffiad cyntaf), Jane Austen (pob un o'i nofelau), a Colleen McCullough – *The Thorn Birds*, cyfrol werthfawr arall.

Yn ychwanegol at yr holl adnoddau hyn, mae gennyf holl glasuron y byd gorllewinol yn yr Harvard Classics, o ddramâu y Groegiaid, rhyddiaith y Rhufeiniaid, barddoniaeth Lloegr fel gwaith cyflawn John Milton, i'r athronwyr yn Ffrainc a'r Almaen a dyneiddwyr Lloegr fel Charles Darwin. Ond y drafferth yw bod yr amser yn rhy brin i ddarllen yr holl gyfrolau hyn. Ac mae dyddiau darllen llyfr yn darfod, gan fod cymaint o waith darllen ar y rhyngrwyd.

Fel pregethwr mae gennyf gasgliad helaeth iawn ar bob agwedd o grefyddau'r byd, Cristnogaeth a'r gwahanol enwadau, heb anghofio Methodistiaid Calfinaidd Cymru, ac yna bwndel helaeth ar Iddewiaeth ac Islam. Mae gennyf un silff yn llawn o hynt a helynt yr Iddewon o Josephus i'r Holocost, a hanes yr Iddewon ym Mhrydain ac Ewrop. Llwyddais i lunio darlith ar hanes yr Iddewon yn Lerpwl, maes na fu bron neb yn ysgrifennu amdano yn ystod yr hanner can mlynedd diwethaf. Trysoraf esboniadau ar bob llyfr o'r Beibl, gyda chryn amrywiaeth o ran osgo diwinyddol, a llawer o'r esboniadau hyn wedi dod o Wasg y Presbyteriaid yn yr Unol Daleithiau. Nid wyf yn brin o waith John Calfin na'r cyfrolau a luniwyd ar wahanol agweddau o'i dystiolaeth. Bu hynny'n help mawr i lunio ei gofiant yn Gymraeg, er mai ychydig o sôn a fu am y gyfrol ar ôl iddi ymddangos. Mae esboniadau a chofiannau fyrdd gennyf yn iaith ein haelwyd, ond at ei gilydd nid oes sbarc mawr yn y rhan fwyaf o'r rhain, ar wahân i esboniadau W D P Davies, y rebel, ar y Galatiaid, John Jones, Llanrwst ar Efengyl Marc a'r Prifathro a fu arnaf, W R Williams, ar yr Hebreaid. O ran cofiannau Cymraeg, anodd curo cofiant Densil Morgan i Lewis Edwards, y Bala, cofiant Alan James i John Morris-Jones a chofiant W J Gruffydd i O M Edwards yn ei ddyddiau cynnar. Lluniodd D E Jenkins dair cyfrol ar Thomas Charles o'r Bala a throf yn gyson at gofiant safonol Geraint Tudur i Howell Harris.

Gan fod gwleidyddiaeth wedi bod yn destun pwysig i mi, cesglais ugeiniau lawer o gyfrolau ar gefndir etholiadol ym Mhrydain a chofiannau gwleidyddion o bob plaid, ond yn bennaf o'r Blaid Lafur, y Blaid Ryddfrydol, y Blaid

Gomiwnyddol a Phlaid Cymru. Rhaid cyfaddef fod y cofiannau hyn i gyd o ddiddordeb i hanesydd, a hefyd ddyddiaduron a gyhoeddwyd o waith Richard Crossman, Tony Benn a Barbara Castle. Prin yw'r cofiannau i wleidyddion Cymraeg, ac mae cyfrol Rhys Evans ar Gwynfor Evans yn waith sydd yn haeddu sylw. Ni ellir peidio â'i ddarllen. Mae hunangofiannau yn gallu bod yn afaelgar, fel cyfrol John Morris ar hanner can mlynedd yn y Senedd a byd y Gyfraith, a chyfrol Syr Wyn Roberts a fu'n gymwynaswr i Gymru fel gwleidydd. Mae gennyf gasgliad cyflawn o *Llafur*, adnodd arall pwysig o ran Cymru. Cesglais set gyflawn hefyd o *Dictionary of Labour Biography*, ac yn y gyfrol olaf, rhif XIII, mae gen i gofnod helaeth ar ddau o arloeswyr o Gymru, sef David Thomas a T E Nicholas. Gobeithio y daw yn fuan gyfrolau ar yr Arglwydd Llewellyn Heycock, R Ll Jones, Llanilar, J Lloyd Williams a fu'n Aelod Seneddol Kelvingrove yn ninas fawr Glasgow, John Henry Howard a Robert Jones Derfel. Daeth gwahoddiad i mi lunio cofnodau ar Saeson a Chymry amlwg i'r *Oxford Dictionary of National Biography*. Lluniais dros 37 ohonynt ar bobl mor amrywiol â Wil Ifan, yr offeiriad Catholig James Nugent, Enid Wyn Jones, a diweddaru ysgrif Syr Ifor Williams ar Syr John Morris-Jones. Dyma dasgau hynod o fuddiol.

Daeth y cais cyntaf yn gwbl annisgwyl. Gofynnwyd i mi lunio cofnod ar Fergus Suter. Nid oeddwn erioed wedi clywed am y fath berson, ac ni wyddwn i ba fyd y perthynai. Deuthum ar draws ei enw, a'i hynodrwydd oedd mai ef oedd y Sgotyn cyntaf a gafodd ei dalu am gicio pêl yn Lloegr. Codi waliau oedd ei briod waith ond symudodd i Sir Gaerhirfryn fel chwaraewr pêl-droed i Darwen ac yn ddiweddarach, Blackburn Rovers. Anfonais y cofnod at y Golygydd a phlesiwyd Dr Colin Matthew yn fawr iawn. Ni fu pall ar y gwahoddiadau i mi ysgrifennu am rai o wŷr enwog dinas Lerpwl ac fe'm gwahoddwyd i roddi enwau pobl y credwn y dylent fod yn y geiriadur bywgraffyddol. Dyna sut y gwelir enw a hanes John Richard Jones (1881–1956) yn yr *Oxford Dictionary of National Biography*. Gwasanaethodd lawer o fudiadau ac achosion Cymreig, a bu'n Uchel Sirydd Môn.

Roedd yn fab i un o adeiladwyr llwyddiannus dinas Lerpwl, ac fel ei dad, John Jones (John Drinkwater fel y'i gelwid), bu'n flaenor yng Nghapel Heathfield Road. Cyhoeddodd ar ei liwt ei hun gyfrol hynod o ddefnyddiol, sef *The Welsh Builder on Merseyside*, a hynny yn 1946. Erbyn heddiw mae *The Welsh Builder on Merseyside* yn gostus i'w brynu – catalog o ryw bedwar cant o Gymry a fu yn y diwydiant adeiladu, yn wir, a adeiladodd ddwy ran o dair o Lerpwl, hanner tref Wallasey a Phenbedw a Rock Ferry. Hoffwn ail-lunio'r gyfrol hon ac ychwanegu enwau eraill nad oes sôn amdanynt ganddo, ond mae'r amser yn brin a minnau'n feidrol. 'Dyddiau dyn sydd fel glaswelltyn,' meddai'r Ail Eseia.

Diléit o'm heiddo yw llunio cofnodau o goffâd, tasg naturiol i lyfrbryf. Prynais gyfrolau coffâd y *Daily Telegraph* a'r *Times* i weld y meistri wrthi. Rhoddaf gryn lawer o egni i'r dasg, a gwelir ugeiniau ohonynt yn y papur bro, *Yr Angor*, ers 1979. Erbyn diwedd yr wythdegau pan fu golygydd tudalen goffâd yr *Independent* yn gofyn i swyddfa Cymdeithas y Cymod yn Llundain lunio cofnod am rai o heddychwyr y cyfnod, cefais wahoddiad i gyfrannu a dyna sut y deuthum i baratoi cofnodau ar feirdd o Gymry, a llenorion, nid yn unig i'r *Independent* ond hefyd i'r *Guardian*. Awgrymwn yr enw ac yna roedd yn rhaid dadlau'r achos gan na fyddai golygydd y dudalen goffâd yn gwybod dim byd am yr enwau a gynigid iddo, enwau fel Islwyn Ffowc Elis, Gwyneth Lilly, Gwilym R Jones, Dr Simon Evans, Pennar Davies, pobl roeddwn yn eu hadnabod yn dda. Rhwng Meic Stephens a minnau cafodd darllenwyr y ddau bapur, yr *Independent* a'r *Guardian*, glywed am Gymry oedd wedi gwasanaethu iaith a diwylliant Cymru ac yn haeddu eu cydnabod. Yr wyf yn hynod o ddiolchgar fod cymaint o'r teyrngedau hyn ar y we. Sylwaf fod pobl Wicipedia wedi defnyddio'r rhan fwyaf o'r cofnodau a luniais i'r papurau, ac yn arbennig y rheini am y cenhadon o Gymry a fu'n llafurio ar isgyfandir yr India.

Gofynnir i mi bron yn wythnosol faint o lyfrau sydd gennyf. Ni allaf roddi'r union nifer ond byddwn i'n tybio fod y nifer ymhell dros ugain mil o gyfrolau a bod o leiaf ddeng mil o'r rhain mewn cas cadw bendigedig. Mae gennyf gasgliad da o lyfrau ar focsio a bocswyr Cymreig o gymoedd y De, o Brydain ac o'r Unol Daleithiau. Roedd bocsio yn fy ngwaed, gan i hanner brawd fy nhad ymfudo i Ferthyr a dod yn focsiwr amlwg fel cymaint o rai eraill yn oes aur bocsio. Pan fu farw Eddie Thomas, lluniais goffâd iddo i *Barn* ac i bapurau eraill gan fy mod yn cofio'n dda amdano adeg trasiedi Aber-fan. Dyn y bobl oedd Eddie a gwasanaethodd fel maer y dref a dangos yr haelioni mawr oedd ynddo. Nid wyf am gael gwared â'r casgliad hwn.

Ceisiaf werthu 300 o lyfrau bob blwyddyn ond yn anffodus mae nifer y prynwyr llyfrau ail-law sy'n barod i deithio o'r Gelli Gandryll, o Lundain ac o ganolbarth Lloegr wedi lleihau. Pan oedd y Parchedig D Kemes Lewis yn byw yn fy ymyl, daeth i'm gweld, a'm gwahodd i weld ei lyfrau. Roedd ganddo dros fil o gyfrolau argraffiad cyntaf mewn clawr caled. Ffoniais gyfaill oedd yn berchen ar siop ail-law sylweddol yn Broadway, Fulham, gan egluro'n fanwl gyflwr ac ansawdd y llyfrau. Prynodd bob llyfr o lyfrgell Kemes a thalodd swm teg amdanynt. Rhoddais gyfarwyddyd i'r teulu i sicrhau prynwyr o safon i ddod i brynu'r llyfrau a fydd ar gael ar ôl fy nyddiau i, er y gwn y bydd y bechgyn yn awyddus i gadw nifer helaeth o'r cyfrolau drutaf. Hyfrydwch mawr ydyw casglu holl waith un awdur. Dyna a fu fy hanes gyda Gwenallt, Saunders Lewis, Tegla a Kate Roberts, a daliaf i brynu yn gyson yn Gymraeg a Saesneg. Ymffrostiaf fy mod yn gefnogol i'r wasg Gymraeg gan fy mod yn derbyn bob wythnos *Y Tyst*, *Goleuad*, *Seren Cymru*, *Y Cymro*, pan fyddaf yng Nghymru, ac yna yn fisol *Barn* a phob chwarter, *Y Traethodydd*, *Yr Ymofynnydd*, *Y Gwyliedydd Newydd*, papurau bro, gan gynnwys *Y Barcud*. Am flynyddoedd deuai *Y Cyfnod* trwy garedigrwydd Gwyn Evans, y cyhoeddwr o'r Bala, gŵr y rhoddais gefnogaeth iddo fel argraffydd. Am ddeugain mlynedd cafodd argraffu cylchgronau, papur bro a llu o lyfrau dros Gyhoeddiadau Modern Cymreig. Yn Saesneg rwyf yn bleidiol i'r *Guardian*, y *Western Mail* a'r *Daily Post*, pan fyddaf yn aros yn yr hen wlad. Bob penwythnos fe ddaw yr *Economist*,

New Statesman, *Spectator*, a *Time* a'i amrywiaeth ardderchog sydd yn fy nghadw yn ddiddig. Daw cylchgronau hanes yn gyson fel *Ceredigion*, a chylchgrawn hanes y Methodistiaid Calfinaidd. Peidiais â derbyn y *Christian Science Monitor*, *Soviet Weekly*, *Marxism Today*, *Expository Times* a'r *Jerusalem Post* gan fod y rhyngrwyd mor ddefnyddiol, a daw'r *Washington Post* a'r *Kent News* a nifer o rai eraill i fodloni fy nghywreinrwydd ar y we.

Ond nid llyfrau a phapurau a chylchgronau yn unig a geidw gwmni i mi, ond lluniau'r teulu, Llanddewi ac Aberdâr a gwaith cywrain artistiaid o genedl y Cymry. Ddeugain mlynedd yn ôl galwais yng Ngaleri Tegfryn a dod i adnabod yr annwyl Mrs Brown ym Mhorthaethwy a dechrau prynu oddi wrthi. Gan fod Meinwen a minnau'n hiraethu am dirlun Cymru aethpwyd ati i brynu gwaith yr anfarwol Kyffin Williams. Cawsom wefr o ddod adref un noson â chynfas gwreiddiol Kyffin o un o'i weithiau cynnar a chafodd le amlwg ar ein mur. Dros y blynyddoedd prynwyd rhagor o'i waith ac erbyn hyn mae saith print o'i waith gennym. Pan welais boster o'i waith a cherdd Moelwyn Merchant yn hysbysebu Gŵyl Gelfyddyd Llanddewibrefi, teimlwn nad oedd dewis gennyf ond ei brynu. Mae hwnnw yn waith unigryw. Ond nid Kyffin yw'r unig artist yr ymserchwyd ynddo. Yr wyf yn hoffi gwaith Aneurin Jones ond nid oes gennyf gynfas o'i eiddo hyd yn hyn; ond rhaid cyfaddef fod gennyf waith gan Gwilym Prichard, artist sydd wedi cymryd lle Kyffin ym marn llawer fel eicon edmygwyr yr arlunwyr. Mae gennym ddau lun gwreiddiol o'i weithdy, un sy'n cyfleu holl brydferthwch arfordir Sir Benfro, sir sy'n golygu cymaint i Meinwen gan iddi'n blentyn fynd yno ar ei gwyliau at ei modryb a'i hewythr yn y bwthyn ym mhentref distaw Pen-ffordd, ger Clunderwen. Mae disgynyddion Anti Sarah yn cyfrannu'n helaeth i'r gymdogaeth. Dyna a wnaeth Eirwen, a'i phriod Tyrel Griffiths yn Login, a'r meibion Gareth, Eifion a Huw. Braf oedd cael clywed un o ddoniau'r teulu, Trystan Griffiths, ar lwyfan Neuadd y Philharmonig yn Lerpwl adeg cyngerdd carolau Undeb Corawl Lerpwl, a dilynwn ei yrfa fel canwr proffesiynol gyda diddordeb.

Artist arall y mae gennym luniau o'i waith yw Karel Lek, Biwmares, rhoddion yn bennaf trwy law y Parchedig John C Morris a'i fab yn ystod y blynyddoedd y darlithio yn Llangoed. Dyn diddorol yw Karel Lek, Iddew a wybu am ormes, ac a ddaeth yn ei ddyddiau cynnar o Wlad Belg i Fangor gan ymgartrefu yng Ngwynedd ers blynyddoedd.

Mae artistiaid eraill a'u gwaith ar ein muriau, fel Ogwyn Davies, Tregaron a'i lun o Gapel Soar-y-mynydd, ac Iwan Bala a'i ddarlun o'r bydysawd a Chymru a yn rhan ohono. Mae ein capel a ddymchwelwyd yn Lerpwl wedi'i anfarwoli gan lun ohono yn 1979 a baratowyd fel comisiwn gennym, gan yr artist o Lerpwl, Frank Green, gŵr a ddysgodd yr iaith Gymraeg ac sydd wedi croniclo adeiladau a gollwyd o'r ddinas dros y blynyddoedd. Mae gennyf waith unigryw Cefyn Burgess. Portreadodd ef nifer helaeth o gapeli Lerpwl yn ei ddull unigryw ei hun. Artist arall a dynnodd lun o'r capel oedd Nancy Morris, Bangor, mam perchennog cwmni Cinnamon, Siôn Wyn Morris, a fu'n gaffaeliad mawr i mi fel awdur a chyhoeddwr. Bu aelodau Capel Bethel yn ôl eu harfer yn hynod o garedig yn comisiynu'r Dr Lewis-Jones, Cressington i beintio portread ohonof a gafodd sylw arbennig. Noson i'w chofio yn y Ganolfan yn Auckland Road oedd dadorchuddio'r portread sydd yn cael lle amlwg ymysg y meistri yn ein cartref. Lluniwyd portread ugain mlynedd yn ôl ohonof yn fy ngholer gron gan artist o Gymraes oedd yn byw yng Nghanada a Chymru, Mary Kenny, a hynny yn ei chartref yn y Cymer. Saif portread y Dr Owen Thomas ar ei ben ei hun. Nid oes gennyf syniad pwy yw'r artist ond fe dybiwn i mai rhywun fel Hugh Hughes ydyw. Tuedda Peter Lord i gytuno â mi. Daeth ein cartref fel Oriel yr Artistiaid ond mae'n hawdd byw gyda phob un ohonynt.

Ar argymhelliad Cyhoeddiadau Modern a fy nheulu, comisiynwyd y cerflunydd John Meirion Morris i wneud penddelw ohonof bedair blynedd yn ôl. Derbyniodd y comisiwn a dyna greu perthynas dda gydag un o artistiaid godidocaf ein cenedl. Gan fy mod yn teithio'n gyson, bob chwe wythnos, i Aberystwyth, galwn ar fy ffordd yn ôl i Lerpwl yng nghartref John a Gwawr yn Llanuwchllyn erbyn un ar ddeg o'r gloch a gadael am dri o'r gloch y pnawn. Daeth y pedwar ohonom yn bennaf ffrindiau, Meinwen a Gwawr, John a minnau. Eisteddwn o un ar ddeg tan un o'r gloch gan sgwrsio drwy'r adeg gan fod gennym gymaint yn gyffredin. Yn gyntaf Lerpwl. Derbyniwyd John i Goleg Celf Lerpwl yn 1954 a bu yn y ddinas am rai blynyddoedd, yn lletya am gyfnod yn ymyl Capel Heathfield Road. Canlyniad yr hyfforddiant oedd arbenigo mewn cerflunio. Byddem yn trafod teulu a'n plant a'r brofedigaeth fawr a ddaeth i'w rhan. Hefyd y ffydd Gristnogol gan fod John yn onest am ei bererindod ysbrydol. Nid yw yng ngwersyll Richard Dawkins ond yn hytrach yng ngwersyll y mudiad Cristnogaeth 21. Ceisio bod yn adeiladol y mae, a bu'r seiadau hyn yn hynod o bleserus i mi fel pregethwr. Cefais naw o eisteddiadau cyn bod John yn barod i'r penddelw fynd i'r ffwrn.

Rhaid oedd aros tri mis amdano, a phan alwais am y penddelw roedd y ddau ohonom a'r teulu i gyd yn gwbl fodlon. Roedd John Meirion Morris wedi cyflawni camp arnaf, wedi llwyddo i gael y wên sydd byth a beunydd ar fy wyneb, y gwallt a phob rhan o'r pen yn gweddu'n grefftus. Roedd yn llinach y penddelwau godidog sydd i'w gweld ym Mhrifysgol Bangor a Llyfrgell Genedlaethol Cymru yn Aberystwyth. Ymunais â'r cewri: fy hen athro Gwenallt; Gerallt, y cyhoeddais yn y chwedegau y comic *Yr Hebog* iddo; Marion Eames, a luniodd y nofel orau ar gefndir y Cymry ar Lannau Mersi, sef *Hela Cnau*; y bardd T Llew Jones, tad fy nghyfaill Emyr; y bardd Nesta Wyn Jones, a fu mor glên yn nyddiau'r Cyngor Llyfrau. Rhaid oedi ymhellach am eiliad i gofio'r gweddill: yr Arglwydd Emlyn Hooson a fu mor gefnogol pan arweiniwn ddirprwyaethau i San Steffan i gwrdd â'r Cymry yn y ddau dŷ a hynny am ddeuddeng mlynedd a mwy; y portreadau eraill oedd rhai o'r bardd a'm ffrind o ddyddiau coleg, yr Athro Gwyn Thomas; yr Athro Bedwyr Lewis Jones; y llyfrbryf Bob Owen; y chwaraewr rygbi Ray Gravell a'r actor Hugh Griffith. Yr unig un oedd yn ddieithr i mi oedd Ann Catrin Evans. Dyma benddelwau uwchlaw pris, ac mae ein dyled yn fawr i John a Gwawr Morris am eu cyfeillgarwch diffuant. Mae cerdd Gwawr, er cof am ei mab, Dylan, yn un o gerddi mwyaf ingol ein hiaith. Gweld arddangosfa John Meirion Morris ar y cyd â Wilf Roberts yn Oriel Môn, Llangefni yn 2010 oedd yr ysgogiad i gysylltu â'r artist pwysig hwn. Mae'r penddelw bellach yn edrych ar yr Wyddfa a'i chriw ac ar Wlad yr Iesu, sef print o waith David Roberts, a gyflawnodd gymaint o waith yn Oes Fictoria o'r mannau cysegredig. Gwellodd fy myd o ran chwaeth er ei ganfed er fy mod yn alltud – ond nid fel Ieuan Glan Geirionydd pan oedd ef yn gweinidogaethu ar gyrion Ellesmere Port ac, yn ei eiriau ef ei hun, yn 'alltud unig trist', ond yn alltud optimistig, hyd y medraf.

PENNOD 16

Dal ati ynghanol troeon yr yrfa

YM MLWYDDYN OLAF yr ugeinfed ganrif bu'n rhaid i mi wynebu dau brofiad diflas, sef colli iechyd a cholli mam. Fel gŵr a fu'n gydnerth ac yn meddu ar iechyd ardderchog ar hyd fy ngyrfa ers dyddiau coleg, profiad rhyfedd oedd sylwi bod fy anadl yn brin a fy mod yn cael trafferth dringo grisiau. Ni feddyliais o gwbl ei bod hi'n argyfwng arna i, ond ar ôl Pasg 1999, roedd hi'n amlwg bod fy ngherddediad yn arafu.

Ddiwedd Mai roeddwn ar wibdaith yr ysgol Sul i Efrog a chefais drafferth i ddod yn ôl o ganol y dref i'r maes parcio. Roeddwn wedi bod o un siop lyfrau i'r llall trwy'r dydd, ac o un lle bwyta i'r llall gan nad oeddwn yn medru ymlwybro'n hwylus. Sylwodd y ffisigwr craff, Dr John G Williams, at fy ngherddediad araf. Drannoeth roeddwn yn pregethu yn Seilo, Caernarfon a gyrrais y can milltir yno yn ddigon didrafferth. Sylwodd fy nghyfaill Harri Parri a'i briod Nan ar fy nghyflwr yn ystod y dydd gan mai hwy, yn ôl eu harfer, oedd yn fy mwydo. Roedd y ddau am i mi weld y meddyg fore trannoeth. Ond roeddwn yn dal yn ystyfnig o benderfynol o ddal ati gan fod fy mam, ar y dydd Mercher canlynol, yn dathlu ei phen-blwydd yn gant oed. Aethon ni fel teulu i lawr i Landdewibrefi ar y dydd Mawrth. Roedd dros ddau gant o wahoddedigion wedi dod at ei gilydd i neuadd y pentref, yn cynnwys y teulu, ffrindiau, a'r plwyfolion. Ni allwn fod yn absennol o ddigwyddiad na fu ei fath yn ein teulu ers tair canrif o leiaf.

Wrth fynd i fyny'r rhiw fechan o Nythfa i'r neuadd bu'n rhaid i mi aros droeon, ond ar ôl cyrraedd y neuadd roedd popeth yn gwella. Cawsom ddathliad ardderchog a thynnwyd llun yr holl wahoddedigion a chafodd Mam ei hanwylo gan y dorf fawr o'i hanwyliaid a'i hedmygwyr. Yn rhyfedd iawn, ac yn wahanol i'r arfer, nid oedd yn dymuno dim sylw ac roedd yn edrych ymlaen at gael dychwelyd i'w chartref.

Ar ôl mynd yn ôl i Lerpwl fe es innau i weld fy meddyg, Dr Colin McKean, ar ddechrau'r wythnos. Roeddwn, meddai, ar fin cael trawiad ar y galon a dylwn fynd yn syth i'r Ysbyty Brenhinol. Fy ateb oedd, 'Fedra i ddim, mae gen i barti pen-blwydd gwraig yn ei nawdegau i fynd iddo ac yna am ddau o'r gloch gwasanaeth angladdol yn Amlosgfa St Helens, ac rwy'n darlithio heno yng Nghei Conna. Lluniwch lythyr ac fe af yno yn fy amser fy hun.' Dyna ddigwyddodd. Fe es i i'r parti, yna yn ôl i'r tŷ i ddweud wrth Meinwen beth oedd y sefyllfa, gyrru 50 milltir yn ôl ac ymlaen i Amlosgfa St Helens a glanio yn yr Ysbyty Brenhinol tua hanner awr wedi pedwar gan estyn y llythyr i'r ferch wrth y ddesg.

Pan ddarllenodd y llythyr cefais fy siarsio i beidio â symud cam ac yn y pedair awr nesaf gwelais bedwar i bump o feddygon ifanc. Ond roeddwn yn gryfach o ran personoliaeth na'r un ohonynt. Dyna sut y ces i bardwn i fynd adref yn y car o faes parcio'r ysbyty tua 8.40 o'r gloch. Gwyddwn fy mod yn gweithredu'n ffôl pan gefais frathiad sydyn a phoenus wrth fynd i fyny'r grisiau serth i'r maes parcio. Ond tua ugain munud wedi naw ffoniodd fy merch-yng-nghyfraith Bethan, meddyg teulu yn Harpenden, i ddweud bod yn rhaid imi fynd yn ôl a'i bod hi wedi trefnu i'w thad Humphrey Wyn fy nghludo yn ôl i'r un ysbyty. Dyna fel y bu.

Bûm yn yr Ysbyty Brenhinol am ddau ddiwrnod, ac anfonwyd fi allan ar fore Sadwrn ddechrau Gorffennaf gan ddweud y bydden nhw'n fy nisgwyl yn ôl ym mis Rhagfyr i gael rhagor o brofion. Cyrhaeddais adref ar fore hyfryd o haf a'r haul yn disgleirio, ond yn teimlo mor wan â brwynen. Gan fy mod wedi ymryddhau o'm cyhoeddiad yng Nghapel

Jewin, Llundain roedd Sul rhydd gennyf, ond teimlwn yn rhy wan i yrru i'r capel i'r oedfa. Y noson honno daeth y Dr John G Williams i'm gweld gan fynnu fy mod yn galw i weld y meddyg yn y syrjeri fore trannoeth a'i hysbysu fy mod am weld Dr David Ramsdale yn yr uned gardiothorasig yn Ysbyty Broadgreen. Trefnwyd i mi ei weld ar bnawn Mercher, a dyma hwnnw'n rhoi sioc anferth i mi: 'Does dim dewis gyda chi. Os na chewch chi driniaeth, tri mis sy gyda chi i fyw. Rwyf am i chi aros i mewn heno a chael y driniaeth yfory. Rwy'n ffonio'r llawfeddyg nawr.' Dyma ffonio gartref i ddweud wrthyn nhw am y ddedfryd. Daeth y llawfeddyg y noson honno a dweud, 'Alla i ddim gwneud llawdriniaeth yfory. Bydd yn rhaid i chi aros dros y penwythnos ac fe wnawn y driniaeth y peth cyntaf fore Llun.'

Bu'r penwythnos yn ofidus. Gwelwn fy hun yn gwaethygu. Roedd ugain munud o sgwrsio gyda Meinwen yn fwy na digon. Gwnaed y driniaeth ar fore Llun, ac fe fues i yn y theatr am oriau. Cefais bedwar dargyfeiriad (*bypass*) o fewn tridiau i ddedfryd y ffisigwr. Bûm yn yr uned gofal dwys am ddeuddydd, ond ni chofiaf ddim am hynny.

Yr unig beth y medra i ei ddweud am yr argyfwng yw bod emynau mawr cenedl y Cymry wedi bod yn gynhaliaeth. Dyma etifeddiaeth a dealltwriaeth saint fel Ann Griffiths, Williams Pantycelyn, Robert ap Gwilym Ddu, Moelwyn a Phedr Fardd. Bu hyn mor bwysig â'r tabledi a'r cyffuriau a roddwyd imi i wella. Roeddwn yn rhy wan i ddarllen, yn rhy wan bron i sgwrsio; y cyfan oedd gennyf oedd gweddïau, ffydd a chariad, ac emynau'r cysegr wedi'u cerfio ar fy nghof, a'r tabledi i'w llyncu.

Anfonwyd fi adref o fewn deng niwrnod yn wan ofnadwy ond yn ddiolchgar am y Gwasanaeth Iechyd, tîm y theatr, y gweinyddesau ac am y llythyron a'r cardiau a ddaeth i'm cysuro. Derbyniais dros ddeuddeg cant ohonynt o bob cwr o Gymru a Lloegr a'r adeg yma roedd yn gysur gwybod bod llawer iawn o bobl yn gwerthfawrogi'r hyn y ceisiais ei gyflawni yn fy mywyd. Mynegodd Llywydd yr Henaduriaeth, Mrs Nan Hughes-Parry, lawenydd y cylch pan ddywedodd yn ei hanerchiad o'r Gadair rai misoedd yn ddiweddarach:

'Daeth cysgod sydyn drosom fis Gorffennaf diwethaf, pan fu raid i'n hysgrifennydd ffyddlon, y Parchedig Ddr D Ben Rees, wynebu llawdriniaeth ddwys iawn, ond diolch i'r Arglwydd, erbyn ein cyfarfod ym mis Rhagfyr roedd yn ôl eto wrth y llyw.'

Braf oedd clywed Mam ar ei huchelfannau mewn rhaglen hanner awr yng nghwmni Dai Jones, Llanilar y Gorffennaf hwnnw. Yn wir, ar faes Eisteddfod Genedlaethol Dinbych a'r Cyffiniau yn 2013 daeth gwraig ganol oed ataf i ddweud ei bod hi'n dal i gofio'r cyfweliad hwnnw. Dyna deyrnged gwerth ei chlywed. Trwy gymorth Dafydd llwyddais i weld fy annwyl fam pan fu'n rhaid iddi fynd o'i chartref i gael gofal yn Ysbyty Tregaron. Am beth amser bu Mam a'i chwaer-yng-nghyfraith, Maggie Benjamin, Abercarfan, yn yr un ward yn ymyl ei gilydd, ac âi Arwyn, sy'n byw yn Abercarfan, a Megan, sydd wedi ymgartrefu yn Aberaeron, i weld y ddwy. Bûm yn dibynnu llawer ar gyfnither arall, Betty, o Fetws Bledrws i warchod Mam. Ni fûm yn fwy diolchgar yn fy ngwendid o wybod am y gofal pwysig hwn.

Collodd Mam yr awydd i fyw, a chofiaf yn dda y dydd y bu farw. Ffoniodd fi am 9.30 o'r gloch ar 14 Hydref 1999, ac yn ystod y sgwrs dyma hi'n dweud, 'Hwn fydd fy niwrnod olaf, Ben.' Dyma fi'n ymateb yn syth, 'Rwyf am drefnu i ddod lawr.' 'Paid,' meddai, 'mae Betty'n galw mewn hanner awr.' Roedd hi wedi fy siarsio unwaith neu ddwy i werthu'r cartref gan fod llawer iawn o waith i'w gyflawni arno. Dyna oedd ei chyngor y bore hwnnw, a chyngor arall oedd i ni ofalu amdanom ein gilydd fel teulu. Dyfynnodd eiriau Elfed:

Na foed cyd-weithwyr Duw
Byth yn eu gwaith yn drist.

Dair awr yn ddiweddarach ffoniodd yr ysbyty i roi'r newydd roeddwn yn ei ddisgwyl. Bu farw, fel y bu fyw, yn ddewr ac yn hyderus ac yn llawn gobaith am y byd tragwyddol.

Trefnwyd y cynhebrwng yn ôl ei dymuniad a hynny ar ddydd Sadwrn ym Methesda ac ym medd y teulu. Roedd hi'n tresio bwrw glaw, gymaint felly nes i'r glaw i ddod i mewn i un o ystafelloedd Nythfa pan gynhaliwyd y gwasanaeth yn yr hen gartref. Daliodd y glaw i dresio wrth i ni gerdded i'r capel, i'r fynwent, ac yn ôl i'r festri lle y darparwyd lluniaeth ar gyfer y rhai a ddaeth o bell. Gwelsom ffrindiau da yn barod i deithio o Lerpwl i Landdewibrefi a theithiodd eraill o wahanol rannau o Geredigion, yn wir o dde Cymru i gyd i angladd Mam.

Pan aethon ni'n ôl i Nythfa a gweld y llanastr a wnaeth y glaw, doedd dim amheuaeth ym meddwl unrhyw un ohonon ni fod cyngor Mam y dylid gwerthu'r tŷ mor fuan ag roedd yn bosibl yn ddoeth. Y dydd Llun hwnnw, wrth sgwrsio ag un o'r cymdogion, deallais fod ganddo ddiddordeb yn y tŷ, a heb unrhyw drafferth o gwbl roeddwn wedi cytuno ar y pris. O fewn yr wythnos roedd popeth yn Nythfa wedi'i rannu rhwng y teulu ac aeth y gweddill i'r arwerthwr o Lanbedr Pont Steffan i fynd i farchnad Llanybydder. Yr unig ddodrefnyn roeddwn i am ei gadw oedd y dreser Gymreig a luniwyd gan fy nhad-cu. Nid yw'n gampwaith, ond mae'n ein clymu ni wrth fy nheulu a'r gŵr a osododd seiliau i'm bywyd cynnar.

Yn niwedd Hydref roeddwn yn ffarwelio â Llanddewibrefi ar ôl yr holl flynyddoedd, ac yn troi am ein cartref yn Lerpwl. Anodd gosod mewn geiriau fy mhrofiad y diwrnod hwnnw. Tan 1999 roeddwn yn cyfrif Llanddewibrefi yn ddinas noddfa, ond bellach roeddwn yn alltud yng ngwir ystyr y gair, yn Sgowsar o Gymro ac yn llinach y rhai fu'n braenaru'r tir o John Hughes, y Mownt i Gwilym Hiraethog, yna Pedr Hir a J D Evans, Garston, a W D Jones, Edge Lane – gweision yr Arglwydd yn y ddinas fawr, amlochrog dros gyfnod o ddwy ganrif.

Dim ond pedwar mis o weinidogaethu a gollais oherwydd y driniaeth lawfeddygol, ond yn ystod cyfnod y gorffwyso ni fûm yn segur. Fe wnes ddal ati i gadeirio pwyllgorau yn Lerpwl, golygu'r *Angor* a chylchgronau Cymdeithas y Cymod yn Lloegr, a theithio i Gofrestrfa'r Brifysgol yng Nghaerdydd i bwyllgor cyfryngau o dan nawdd Urdd y Graddedigion. Ers dechrau'r wythdegau roeddwn wedi bod ar Lys Prifysgol Cymru, ac yn weithgar o fewn Urdd y Graddedigion drwy sefydlu cangen yn Lerpwl yn Hydref 2002 a threfnu i'r Cynghorydd Gideon Ben-Tovim, Cymro o Iddew, ddod i'n hannerch. Cawsom dros y blynyddoedd gyfarfodydd niferus, ar gyfartaledd dau neu dri y flwyddyn. Deil Dr Pat Williams yn Gadeirydd, Dr Arthur Thomas yn Drysorydd a minnau yn Ysgrifennydd y Gangen byth oddi ar hynny er bod Prifysgol Cymru wedi newid yn ddirfawr yn y cyfamser, a cholegau wedi ennill yr hawl i fod yn brifysgolion. Chwalwyd Pwyllgor Gwaith Urdd y Graddedigion a dilëwyd Llys y Brifysgol a daeth prifysgolion newydd i fodolaeth. Arhosodd Gwasg y Brifysgol i gefnogi ysgolheictod a dysg yn y ddwy iaith.

Ailgydiais yn yr awenau yn Lerpwl ar 1 Rhagfyr, ac ar yr ail ddiwrnod roeddwn yn gweini yn angladd wyres y bardd-bregethwr, Pedrog, a hynny ar ddiwrnod gaeafol. Yn y cyfnod hwn, trefnais hefyd i ferch ddisglair ddechrau ysgol breifat yn ein hystafelloedd; roedd yr adeiladau'n segur, ar wahân i'r Sul, a noson waith. Tyfodd y fenter yn llwyddiant mewn cyfnod byr ac fe gynyddodd y pedwar oedd ganddi ar y dechrau yn gant a hanner o ddisgyblion gyda staff ymroddedig. Galwodd y sefydliad yn 'Auckland College' gan fod mynediad i gefn y capel yn Auckland Road. Roedd hi'n bleser mynd yno bob amser, er nad oedd yr holl aelodau yn gwbl ddedwydd gyda'r cytundeb a'r arbrawf.

Doedd gan Mam ddim diddordeb mewn byw i weld y mileniwm, ond roeddwn i'n credu y dylen ni roi pwyslais arno, a pharatois ddwy gyfrol, un yn Gymraeg a'r llall yn Saesneg, sef *Cymry Lerpwl a'r Cyffiniau yn yr Ugeinfed Ganrif* a *The Welsh of Merseyside in the Twentieth Century*, a gafodd ymateb da ymhlith Cymry Lerpwl. Un o uchafbwyntiau blwyddyn gyntaf y mileniwm oedd croesawu Côr Meibion Llanelli atom a llanwyd y capel am y tro cyntaf er 1986 pan gynhaliwyd Sasiwn Chwiorydd Cymdeithasfa'r Gogledd. Cefais y fraint o fod yn Is-lywydd Côr Meibion Llanelli, o dan faton Eifion Thomas, ac roedd hyn yn bleser arbennig gan fod Llywydd y côr, David Hughes Davies, Llanddarog yn ffrind o ddyddiau Llanddewi.

Daliai'r cynllun mawr oedd gennyf i addasu ein hadeiladau ar gyfer cyfnod newydd mewn bodolaeth. Buom yn trafod ar ddechrau'r nawdegau a pharatôdd y pensaer, John Hughes o Rosllannerchrugog, adroddiad cyffrous, uchelgeisiol a chostus. Gwyddwn nad oedd gobaith ei weithredu am ei fod yn rhy uchelgeisiol a'n bod ni fel enwad yn rhy ofnus a cheidwadol. Paratowyd cynllun llai uchelgeisiol a ninnau'n llawn brwdfrydedd pan gawsom yr hawl i symud ymlaen gan Gymdeithasfa'r Gogledd o Eglwys Bresbyteraidd Cymru. Gwahoddwyd cwmni datblygu o'r enw TRB Estates i gyflawni'r dasg.

Roeddwn yn gwirioneddol gredu y byddai'r gwaith yn dechrau yn haf 2003 ac yn cael ei gwblhau yng ngwanwyn 2004. Yn y cyfamser roedden ni dan warchae gan fod nifer o bobl ifainc, rhai ar gyffuriau, eraill yn yfed alcohol nos a dydd, yn llechu yng nghysgod ein capel ac yn llochesu yn y Tŷ Capel oedd yn wag. Galwn yn wythnosol yn swyddfa'r heddlu i ofyn am gymorth, ond claear oedd eu hymateb. Rhoddent fy mhrotest yn y llyfr bob amser ond ni chredaf iddi fynd lawer pellach na hynny. Gwariwyd arian mawr gan y capel i atal y fandaliaid, a daeth ymwared trwy osod amddiffynfa ar y ffenestri ac o amgylch y Tŷ Capel. Daeth hynny i fod wedi imi berswadio'r datblygwyr a Chorfforaeth Lerpwl. Ymosodwyd arna i un noson gan un o'r bechgyn oedd ar gefn ei feic crand. Chwifiodd y beic o'm hamgylch fel top nes imi grefu arno i beidio.

Methodd TRB Estates â pherswadio Pwyllgor Cynllunio'r Ddinas i gael yr hawl i ddatblygu yn 2005. Trefnwyd apêl ond erbyn canol 2006 roedden ni wedi torri'n calonnau, ac yn sylweddoli na ellid bellach gydweithio â'r datblygwyr. Yr hyn a wnaeth y datblygwyr oedd ein herio fel eglwys, a minnau fel Cadeirydd yr Ymddiriedolwyr. Rhyddhad mawr i mi yn 2007 oedd penderfyniad TRB Estates i adael i mi'n bersonol ddod yn rhydd o'u crafangau. Fy mab Hefin, oherwydd ei allu fel bargyfreithiwr, oedd yn bennaf gyfrifol am hyn. Ond daliai'r achos llys yn erbyn y capel a bu'n rhaid aros tan 2013 i gael tawelwch meddwl a buddugoliaeth.

Yn wir, ni allaf orbwysleisio'r pwysau a roddwyd arnaf yn y blynyddoedd hyn, ac mae fy nodiadau ar ôl profiad y llys yn Lerpwl ar 24 a 25 Ebrill 2013 yn crynhoi'r sefyllfa:

Bu'r cwmwl du uwch ein pennau ers 2006. Yr adeg honno roedd y frwydr rhwng: 1) Samuel Beilin, 2) William Joseph Kearns, 3) TRB Estates (Liverpool) Ltd ac 1) Bwrdd Eiddo Eglwys y Methodistiaid Calfinaidd neu Eglwys Bresbyteraidd Cymru, 2) Dr Benjamin Rees.

Yn y cyfamser aeth Beilin, Kearns a TRB Estates yn fethdalwyr a throsglwyddwyd yr achos yn ein herbyn i gwmni arall oedd yn gysylltiedig â TRB Estates. Ac felly yn Ebrill 2013 caed achos rhwng Mees Demolition UK Limited a'r Bwrdd Eiddo.

Yr unig ddau dyst gan Fwrdd Eiddo yr Eglwys Bresbyteraidd oedd Humphrey Wyn Jones a minnau, ac ers mis Ebrill 2012 roeddwn, trwy farwolaeth Humphrey, ar fy mhen fy hun. Ond roedd Cyfarfod y Blaenoriaid a Phwyllgor yr eglwys yn gadarn eu cefnogaeth, a daeth Dr John G Williams i'r adwy i lunio amddiffyniad arall a chasglu'r holl ffeithiau, y cofnodion a'r atebion niferus. Astudiwn yr achos yn feunyddiol ers diwedd mis Tachwedd 2012 a bu'r dyddiaduron sydd gennyf o 2002 a 2006 (adeg y berthynas rhwng Bethel a TRB Estates) yn gwbl hanfodol, felly hefyd y ddau fargyfreithiwr, Jonathan Seitler QC a Hefin Rees QC (yn wirfoddol), Ian Alderson, y cyfreithiwr, a chyfarwyddyd y Parchedig Meirion Morris, Ysgrifennydd Cyffredinol yr enwad, ac yn olaf Neil Poulton, Ysgrifennydd y Stadau o Swyddfa'r Cyfundeb yng Nghaerdydd.

Ar ddiwrnod cyntaf yr achos gofynnodd cwmni Mees (arbenigwyr ar ddymchwel adeiladau yn Lerpwl) am gyfle i setlo, ac ar ôl rhai oriau o drafod, setlwyd er ein budd a'n hanrhydedd. Dywed y Parchedig Meirion Morris y cyfan yn ei lythyr ataf o Gaerdydd ar 26 Ebrill:

… fy unig ddiddordeb o gyrraedd Lerpwl oedd diogelu gweinidog a oedd wedi gwasanaethu y ddinas honno, y gynulleidfa yn Bethel a'r Corff am hanner can mlynedd a mwy. Er nad yw

y cytundeb a sicrhawyd yn cymryd i ystyriaeth y pwysau a fu
arnoch chi, eto credaf ei fod wedi diogelu eich anrhydedd fel
Gweinidog yr Efengyl ac anrhydedd yr Eglwys yn Heathfield Road
… rwyf yn diolch i Dduw am y gefnogaeth deuluol sydd gennych
a'r gefnogaeth sydd yn dod o du'r blaenoriaid a'r gynulleidfa yn
Bethel.

 … bellach y Cyfundeb sydd â'r hawl i werthu y darn tir lle
safai'r hen gapel annwyl arno, ond yn y dyfodol agos gadewch i
ni lawenhau yn y ddedfryd a bod ein 'traed yn gwbl rydd' a bod y
bennod hon a fu'n fygythiad enbyd i ni wedi troi allan o'n plaid.
Mae gennym le i ddiolch i Dduw am y nerth a'r doethineb a
gawsom, ac am y cyfeillion o fyd y gyfraith a gymerodd yr achos o
ddifrif gan baratoi yn helaeth ar gyfer y Llys, dros gyfnod o bron
saith mlynedd.

Ond cyn cael dedfryd dda o'n plaid roedden ni wedi mentro
symud ymlaen i sicrhau capel newydd cysurus. Cafodd yr
Ysgoldy Bach ei droi'n gysegr, ac adeiladwyd canolfan hwylus,
cegin ac ystafelloedd braf.

Ond yr un a gyfrannodd fwy na neb ohonon ni oedd fy
nghyfaill, Humphrey Wyn Jones. Ef a roddodd gyfarchion ar
ran eglwysi Bethania a Bethel pan fu'n rhaid i mi ymddeol ar
orchymyn y Cyfundeb ddiwedd 2007. Dyna oedd penderfyniad
disynnwyr y Gymanfa Gyffredinol ac wrth iddi wneud hynny
gofalodd y llys roi hoelen farwol yn nyfodol yr 'Hen Gorff'. Gall
haneswyr y dyfodol weld y weithred ynfyd hon a ddoluriodd
o leiaf ddwsin ohonon ni weinidogion fel ergyd farwol i'r
Cyfundeb fel enwad. Roedd safonau'r byd wedi cael y llaw
drechaf ar Eglwys Bresbyteraidd Cymru. Am flynyddoedd fe
fu'r enwad yn ymboeni am fân lwch y cloriannau, materion
yn ymwneud ag iechyd a diogelwch, yn hytrach na phoeni
am fywyd ysbrydol yr eglwysi. Pan ffoniodd Ysgrifennydd yr
Eglwys, Ifan Rhisiart Roberts, ym mis Medi 2007 yn gofyn i
mi pa bryd roeddwn yn ymddeol, dywedais wrtho, 'Diwedd y
flwyddyn.' Ond meddai, 'Gelli di fynd mewn mis.' A dyma fi'n
ateb, 'Nid wyf yn dymuno mynd mewn mis.' Fe'm doluriwyd
yn fawr gan fod yr Ysgrifennydd Cyffredinol yn gweithredu

mor gysáct yn enw'r Gymanfa Gyffredinol oedd yn cyfeiliorni ac yn gwybod yn dda am y sefyllfa fregus ar Lannau Mersi pe bawn yn rhoi'r gorau iddi.

Bu'r eglwys leol yn fawr ei charedigrwydd. Cawsom oedfa ymddeol gofiadwy iawn a daeth cynulleidfa fawr ynghyd, aelodau capeli Cymraeg y Glannau, cyn-aelodau, llond bws o Fanceinion a llu o ieuenctid a fu'n bwysig yn ystod fy nghyfnod yn Lerpwl. Erbyn hyn, prin y cawn y cyfle gan ieuenctid Cymraeg i ddylanwadu arnynt er daioni fel y cenedlaethau a fu. Yn gam neu'n gymwys mae'n ymddangos nad oes ganddynt affliw o ddiddordeb mewn Cymreictod na Christnogaeth Ymneilltuol, nac yn ein hanes, na'n cwmni. Ond nid yw hyn yn gwbl wir. Ymhlith y rhai a ddaeth i gydnabod ein gofal yn y cyfarfod ymddeol roedd Sophie Dark o Bontarddulais. Roedd hi wedi ymrestru ar gwrs gradd yn Mhrifysgol John Moores. Daeth SOS ataf yn niwedd Tachwedd, a hithau yn ei thymor cyntaf i ffwrdd oddi wrth gyfeillion o Bontarddulais, yn sôn ei bod hi'n anhapus ac am roddi'r gorau i'w chwrs. Es yn syth i chwilio am y tŷ a rannai gyda ffrindiau eraill a'i gwahodd i ddod i'n gweld. Dyna ddechrau ar ein cyfeillgarwch. Llwyddodd i gwblhau ei chwrs a magu awydd i weld y byd, a'r cyfan wedi i ni estyn llaw gyfeillgar iddi yn y ddinas fawr. Bellach mae'n athrawes mewn ysgol Gymraeg yn nwyrain Abertawe. Daeth Sophie a'i rhieni i olygu cymaint i ni yn y Mans. Sylweddolais yn y cyfarfod ymddeol swyddogol nad oedd unrhyw drefniant ar ein cyfer fel dau gapel Cymraeg yn Lerpwl gan yr Henaduriaeth na'r Cyfundeb, felly bodlonais barhau fel gweinidog emeritws a chyflawni gwaith gweinidog rhan-amser. Trefniant personol gyda'r ddwy eglwys, Bethel a Bethania, oedd hi felly, ac mae hynny wedi gweithio'n dda yn ystod yr wyth mlynedd diwethaf.

Rwyf yn falch fy mod wedi croniclo hanes Bethel yn gyflawn yn *Codi Stêm a Hwyl yn Lerpwl* a *Labour of Love in Liverpool*, dwy gyfrol hardd a gyhoeddwyd yn 2008. Rhwng y ddwy gyfrol ceir 600 o dudalennau, yn cynnwys detholiad o luniau gan wahanol ffotograffwyr a chyfraniadau gwerthfawr gan y ddau ffrind H Wyn Jones ac Emlyn Richards. Bu'r capel hefyd yn ffodus o haelioni'r tanysgrifwyr i'r ddwy gyfrol, ac yn arbennig yn yr arweinwyr a fu gennym yn y ganrif newydd. Rwyf wedi cyfeirio eisoes at E Goronwy Owen a'i gefnogaeth i mi. Daeth yn Drysorydd yr eglwys yn 1977 gan gydweithio â'r Ysgrifennydd Ariannol a'r holl flaenoriaid, gan newid ein sefyllfa ariannol. Creodd gronfeydd sydd wedi bod yn gymorth i'n bodolaeth, a chynghorodd ni'n ddoeth o ran y buddsoddiadau. Gŵr busnes ydoedd, fferyllydd a fu'n berchen ar bum siop yn y ddinas, un craff a charedig. Daeth ef a'i briod Marian ar y teithiau a'r pererindodau a drefnwn a hyfryd oedd cael eu cwmni. Er ei fod yn ei nawdegau roedd ei gwmni yn yr addoliad yn ddi-feth a braint oedd gwrando arno'n ein harwain ar lwybr gweddi yn Ystafell y Gweinidog. Rhoddodd o'i orau a mawr yw fy llawenydd wrth ei gyfrif yn ffrind da hyd ei farwolaeth ar 19 Gorffennaf 2015. Ar 29 Gorffennaf 2015 talais wrogaeth iddo ar ei aelwyd. Chwith oedd ei golli.

Yr oedd Idris Jones ymhlith ein harweinwyr er ei fod yn byw yn Ashton-in-Makerfield lle cyflawnodd ef a'i dad o'i flaen ddiwrnod da o waith i'r Deyrnas trwy'r Capel Cymraeg. Daeth ef atom er mwyn ein galluogi ni i uno ag Eglwys Gymraeg St Helens Junction. Cofiaf yn dda am yr oedfa olaf yn y capel bach hwnnw ar Sul olaf 1988 a daeth Dafydd, fy mab, yn gwmni ac yn gymorth i mi. Oni bai am Idris a'r diweddar Hywel Davies ni fyddem wedi medru uno gyda'n gilydd. Mae Dr John G Williams yn flaenor ers 1982, yntau'n fab i flaenor ac yn ŵyr i weinidog, y Parchedig Robert Williams, Pendleton. Gallaf ei weld yn ŵr ifanc yn y saithdegau cynnar pan ddaeth aton ni gyntaf yn fyfyriwr o Brifysgol Lerpwl. Er iddo dreulio rhai blynyddoedd ym Mangor ar ôl graddio yn Lerpwl, cawsom ei gwmni ef a'i briod Beryl wedi iddo gael ei apwyntio'n arbenigwr yr ysgyfaint yn Ysbyty Halton. Bu'n gymwynaswr mawr i'n haelodau ac i ninnau fel teulu. Ar ôl marwolaeth Humphrey mae wedi dod yn weithredwr deallus yn ein cymuned, ar gael bob amser, ac wrth law i helpu a threfnu. Bu'r mab a'r ferch Rhys a Sara yn rhan annatod o'n cymdeithas.

Gwraig ddeallus a gweithgar ar hyd fy ngweinidogaeth fu Mrs Nan Hughes-Parry. Soniais am gyfraniad ei diweddar briod, y Parchedig Dafydd Hughes-Parry. Nid oes dim yn ormod gan Nan i'w gyflawni, a bu'n ffyddlon i'r Efengyl o'i dyddiau cynnar, hithau fel finnau yn ddiolchgar am ysgol haf yr ysgol Sul. Magodd dair merch, Nia, Mair ac Eirian, a bu'r wyrion a'r wyresau yn gymorth aruthrol inni ym Methel. Mae pob un o'r saith hyn yn dwyn cysur i ni oll.

Merch i weinidog, y Parchedig R J Powell (Baladeulyn a Garston) yw Miss Mair Powell, a gweithreda'n gydwybodol mewn mwy nag un maes o fewn ein cymuned. Caiff lwyddiant mawr fel Ysgrifennydd Cymdeithas Lenyddol Bethel. Mae'n wybyddus i lawer o genhadon a ddaw i'r pulpud fel y blaenor sydd yn gofalu am gyhoeddiadau'r Sul. Nid oes pall ar ei charedigrwydd. Felly hefyd Ysgrifennydd ein heglwys, y Dr Pat Williams, merch amryddawn sydd yn arbenigwraig ar astudiaethau Celtaidd. Rhoddodd hi a'i phriod Richard groeso mawr i ni ar ôl cyrraedd Lerpwl ac mae ein cyfeillgarwch yn golygu cymaint i'r ddau deulu. Deil y merched Lowri a Carys eu cysylltiad â ni fel eglwys a gwerthfawrogwn hynny'n fawr.

Dibynnwn lawer ar bedwar aelod sydd yn cynrychioli cynulleidfa Bethel ar Gyngor yr Eglwys, sef Roderick Owen, sy'n enedigol o ardal y Bala ac yn un a lywiodd weithgareddau amrywiol yn y ddinas, yna Mrs Mair Roberts, sy'n enedigol o Ryd-y-main, Ben Hughes o Lanbedrog ac R Ifor Griffith sydd yn gynnyrch y Bont-ddu. Gwelir yn y fan hon pa mor eciwmenaidd yr ydym gan fod Mair o deulu a chapel Annibynwyr Cymraeg, Ben Hughes yn dod o gefndir Methodistaidd Wesleaidd a Roderick ac Ifor wedi'u magu yn yr Hen Gorff. Rhaid diolch am dîm mor arbennig i drafod gwaith y Deyrnas, a byddaf yn diolch i Dduw am yr ysbryd da a amlygir yng Nghyfarfod y Blaenoriaid a Chyngor yr Eglwys bob tro y byddwn yn cyfarfod.

Bu hi'n anodd dygymod â'r brofedigaeth o golli Humphrey Wyn Jones yn Ebrill 2012 ond rwyf yn ddiolchgar, fel y mae ei briod, Louie a'r merched Sioned, Gwenan a Bethan, iddo gael byw i weld agor y capel newydd. Yn ei waeledd doedd dim pall arno rhag gwireddu'r weledigaeth a sicrhaodd fod gan Gymry Lerpwl gartref i'r dyfodol. Dyma'r unig gartref sydd yn eiddo i ni sydd ar ôl i'r Cymry yn ninas Lerpwl.

Gwelsom yn y naw mis y buon ni allan o'n hadeiladau yn 2007 pa mor amddifad yw'r gymuned heb ei chartref ei hun. Cymerodd Capel Bethania y cam o werthu ei adeiladau a chael cartref ar draws y ffordd yn Eglwys Anglicanaidd Christ Church. Mae'r cyfan yn gweithio'n dda, a phan gyhoeddwyd y gyfrol ddwyieithog a ysgrifennwyd gan John Lyons ar hanes Waterloo a Bethania o dan y teitl *Cylch yr Amserau* yn 2013, daeth ficer yr eglwys a rhai o'i gynorthwywyr i gydlawenhau gyda ni. Gwerthwyd pob copi o'r gyfrol cyn diwedd y flwyddyn. Bydd John a minnau yn trafod yn gyson faterion yn ymwneud ag Eglwys Bresbyteraidd Cymru, ac yn ddiweddar gwahoddwyd ni'n dau i fod yn Ymddiriedolwyr Cronfa Dewi Sant gydag Archddiacon dinas Lerpwl yn bartner inni. Ef yw'r Cadeirydd, John yn Drysorydd a minnau yn Ysgrifennydd, ac addaswyd yr Ymddiriedolaeth i fod yn help llaw i'r gwaith Cymraeg, Cristnogol sydd yn deillio o'r cefndir Anglicanaidd yn y ddinas fawr. Cyflwynodd y Gronfa rodd yn niwedd 2014 i'r *Angor* i sicrhau peth lliw ar ei dudalennau, gan fod ymgais uchelgeisiol felly yn gostus.

Un freuddwyd o'm heiddo na wireddwyd mohoni oedd croesawu Eisteddfod Genedlaethol Cymru i ddinas Lerpwl yn 2007. Fe'm gwahoddwyd gan John Osmond ar ran y Sefydliad Materion Cymreig i annerch mewn cynhadledd yn Llandrillo-yn-rhos. Yn ystod fy anerchiad soniais am y priodoldeb o ddenu'r Eisteddfod i Lerpwl a chafodd yr awgrym ei gymryd o ddifri gan Brif Weithredwr dinas Lerpwl, David Henshaw. Roedd e'n ŵr hynod o bwerus ac yn briod â Chymraes, ac o fewn dim roedden ni'n gallu ystyried o ddifri wahodd yr Eisteddfod i ddathlu wyth can mlynedd ers cyflwyno'r siarter i Lerpwl gan y Brenin Ioan. Cyflwynodd Lerpwl y gwahoddiad i swyddogion a phwyllgor gwaith yr Eisteddfod, a hynny mewn adeg argyfyngus. Nid oedd gan unrhyw gylch yng Nghymru ddiddordeb mewn croesawu'r Brifwyl.

Ymddangoswn yn feunyddiol ar y teledu, y radio, ac yn y wasg yn sôn am deilyngdod cais Lerpwl. Bu hi'n frwydr egr a dweud y lleiaf. Dyma'r dadleuon:

i) Lleoliad: Roedd gan Lerpwl gyfleusterau ardderchog er na chafwyd unrhyw benderfyniad am y lleoliad. Gellid ei chynnal ym Mharc Sefton, parc sydd yn bedwar can erw, a lle cynhaliwyd Eisteddfod Genedlaethol Cymru yn 1929. Y fangre roeddwn i'n bleidiol iddi oedd Cae Rasys Aintree, cartref y Grand National. Byddai'r lleoliad hwnnw'n ddelfrydol gan fod ffyrdd da yn arwain i Aintree o bob rhan o Lerpwl ac o Runcorn a gogledd Cymru.

ii) Pwyllgorau: Ni welwn broblem yn y fan hon gan fy mod wedi gwneud rhestr o 150 o Gymry y medrwn eu perswadio i weithredu ar y gwahanol bwyllgorau. Cymry Cymraeg oedd pob un ohonyn nhw, yn byw neu'n gweithio yn Lerpwl; yn byw yng Nghilgwri, neu yn ardaloedd Ormskirk, Southport, Aughton, Altrincham, Manceinion, Cheadle Hulme, Salford, Nantwich, Ellesmere Port, Helsby, Caer a Frodsham.

iii) Diddordeb y Saeson: Sylwais fod y cyfryngau Saesneg â diddordeb aruthrol a bûm ar newyddion Sky, Radio 5, Granada, newyddion y BBC, teledu'r Gogledd-orllewin, ac yn y wasg Saesneg. Rhoddai hyn yn sicr chwistrelliad oedd ei eisiau ar yr Eisteddfod. Ni fyddai'r Eisteddfod Genedlaethol byth yr un fath. Dadleuwn yn gryf mai'r ysgogiad pennaf oedd talu gwrogaeth i'r Cymry o Lannau Mersi, yn eisteddfodwyr amlwg, ac yn feirdd a llenorion a fu mor flaenllaw ym mywyd Cymru.

iv) Y traddodiad Cymreig yn Lerpwl a'r cyffiniau: Fel un oedd wedi mynychu'r Eisteddfod Genedlaethol yng Nghasnewydd roeddwn yn sylweddoli fod yna dasg fawr o'n blaen, ond gwelwn Lerpwl fel dinas oedd yn taro tant yn hanes Cymry'r Gogledd a'r Canolbarth yn arbennig.

Ymhlith Cymry Lerpwl roedd anniddigrwydd am na chafwyd cyfarfod agored gan arweinwyr yr Eisteddfod i drafod y gwahoddiad. Bu hyn yn wendid, a mynegodd Roderick Owen ei bryder fel arweinydd cydnabyddedig y Gymdeithas Gymraeg. Roedd ef yn bendant yn erbyn i'r Eisteddfod ddod dros Glawdd Offa, er ei fod wedi byw yn y ddinas ers y chwedegau cynnar. Parchwn ei safbwynt ef ac eraill, ond ni allwn am eiliad gytuno â'r agwedd wleidyddol amlwg oedd yng ngwrthwynebiad eisteddfodwyr pybyr fel Robyn Léwis. Roedd ef yn ddigon parod i ymddangos ar lwyfan yn Lloegr ond yn amharod i ddod i Lerpwl oherwydd iddi fel Corfforaeth foddi Cwm Tryweryn. Rhagfarn bur a gwleidyddiaeth cenedlaetholdeb gul oedd y tu ôl i'r gwrthwynebiad, a diffyg parch aruthrol i rai ohonom sydd wedi gweithio'n galed dros genedl y Cymry ac wedi ennyn cannoedd o bobl i ymddiddori yn ein diwylliant. Roedd parc braf Sefton, yr ymserchodd y bardd R S Thomas ynddo yn blentyn tair blwydd oed, yn ddigon o faes i groesawu pawb ynghyd, o'r Babell Fawr i'r Babell Lên, i Faes B, y carafannau, y ceir a'r bysiau heb dagfa yn y byd.

Roedd gennyf innau ddigon o bobl a gefnogai Lerpwl ym mhob rhan o Gymru. Wrth fynd â bysiau a ddeuai o Gymru o amgylch Parc Sefton, byddwn yn gofyn barn y teithwyr. Gan amlaf byddai'r bws o Gymru wedi'i rannu'n ddau ar y cwestiwn, hanner o blaid dod atom i eisteddfota a'r hanner arall ddim am gefnogi'r gwahoddiad. Ar ôl hir drafod, gwnaeth ein hymdrech ni fel dinas ysgogi'r awdurdodau lleol yng Nghymru i weithredu a chawsom ran fach yn Eisteddfod yr Wyddgrug. Fe'm gwahoddwyd yn un o Lywyddion yr Eisteddfod, swydd na olygai affliw o ddim, na chyfle i wneud dim chwaith. Ond cefais gyfle i draddodi darlith ar newyddiadura yn Gymraeg yn ninas Lerpwl, pwnc y gwn gryn lawer amdano. Dangosodd y cyfryngau ddiddordeb yn y ddarlith. Gan amlaf yr hyn a ddisgwylir inni ei gyflawni yn Lerpwl gan bwysigion yr Eisteddfod yw codi arian yn hytrach na bod yn rhan o'r Pwyllgor Gwaith neu ar un o'r pwyllgorau, ac roedd hynny'n wir y tro hwn hefyd. Oni ddylai un o'r prif swyddi fod wedi dod i Gymro o ddinas Lerpwl, fel arwain y Gymanfa Ganu neu bod yn Llywydd y Pwyllgor Gwaith, y Pwyllgor Llên neu'r Pwyllgor Cerddoriaeth? Roedd digon ohonom yn atebol i'w llenwi, lawn cystal â'n cymrodyr yn Sir y Fflint.

Er mai methiant fu'r ymdrech i ddenu prifwyl Cymru i'r ddinas, rwyf wedi ceisio achub ar bob cyfle i dynnu sylw at bwysigrwydd Lerpwl yn hanes y genedl Gymreig. Yn Lerpwl y gwireddwyd y weledigaeth o anfon cenhadon i Assam; yma y cafwyd y dadlau a'r gweithredu dros y Wladfa Gymreig; yma y cychwynnwyd yr wythnosolyn cyntaf, sef *Yr Amserau*, ac yma y mae beddau rhai o gewri'r genedl Gymreig. Mae'r *Angor* ar hyd y blynyddoedd o 1979 i 2015 yn dadlau'n gadarn o blaid cyfraniad anhygoel Lerpwl i fywyd amlochrog Cymru.

Rwyf wedi sicrhau bod enwogion y genedl yn dod atom yn gyson i ddarlithio; cawsom ddwy ddarlith rymus gan yr Athro Hywel Teifi Edwards; yr Athro Meurig Wynn Thomas yn darlithio ar R S Thomas a Dylan Thomas; yr Athro Sioned Davies yn darlithio ar y 'Mabinogion mewn Gwisg Fodern'; a'r darlledwr gwych, Huw Edwards, yn ŵr gwadd yn ein cinio Gŵyl Ddewi. Flwyddyn yn ddiweddarach daeth Dai Jones, Llanilar i'n diddori ac yna Dewi Llwyd, Bangor, un arall y deuthum i'w adnabod yn dda. Braf oedd croesawu Dewi Llwyd a *Pawb a'i Farn* ar 14 Chwefror 2008 i Neuadd St George â chynulleidfa gref yno. Y noson honno braint oedd cael cwmni cyfaill ysgol, Dr John Davies, ac un a adnabûm ers deugain mlynedd, sef Gwyn Llewelyn. Gofynnwyd i mi awgrymu merch o Lerpwl ac fe gynigiais enw yr Athro Mari Lloyd-Williams o'r Brifysgol. Ers hynny bu hi ar aml i raglen arall gan fod ganddi stôr o wybodaeth ym myd gofal dwys a byd iechyd a diddordeb ysol mewn gwirioneddau Cristnogol. Erbyn 2011 roeddwn i'n 'dderbyniol' unwaith yn rhagor a chefais wahoddiad cynhyrchydd *Pawb a'i Farn* i deithio i Landysul i fod yng nghwmni Menna Elfyn, y Ceidwadwr O J Williams ynghyd â Chadeirydd Cyngor Sir Ceredigion, Keith Evans.

Gofynnodd yr enwad i mi draddodi 'Darlith Davies', darlith flynyddol a waddolwyd gan un o Gymry Lerpwl ac i'w thraddodi yn Gymraeg neu Saesneg yn ystod y Gymanfa Gyffredinol flynyddol. Roeddwn wedi mynd i gredu na ddeuai gwahoddiad byth gan fod pawb o'm cyfoeswyr a fedrai ei thraddodi wedi gwneud hynny ers blynyddoedd. Felly, syndod o'r mwyaf oedd derbyn y gwahoddiad, a hynny yn 2006 gan fod darlithydd yn cael dwy flynedd i baratoi ei ddeunydd. Traddodais y ddarlith yn 2008 yng Nghymanfa Llanbedr Pont Steffan ar adeg anodd gan fy mod wedi bod yn ôl yn ysbyty'r galon yn gweld yr arbenigwr, Dr David Ramsdale. Rhoddodd i mi archwiliad a dod i'r casgliad y dylwn gael dargyfeiriadau eraill, tair i bedair ohonynt yn fwy na thebyg. Treuliais i a'm teulu ddwy awr gyda'r llawfeddyg yn trafod y llawdriniaeth. Roeddwn yn sylweddoli y byddai triniaeth lawfeddygol arall yn broblem fawr i mi ei hwynebu, ond penderfynwyd ar ddyddiad y llawdriniaeth.

Bythefnos cyn y dyddiad euthum i weld y llawfeddyg, Mr John Chalmers, a threulio awr arall mewn cyfyng-gyngor a phenderfynu ar ôl hir feddwl nad oeddwn am dderbyn yr her honno. Teithiais i weld llawfeddyg arall yn Harpenden oedd, fel Chalmers, yn tueddu i gytuno â mi. Ni chefais ddewis y tro cyntaf ac nid yw doluriau'r driniaeth fyth wedi diflannu. Mater o ffydd yw hi a hyd yn hyn rwy'n gallu byw gyda phoenau angina. Gwn fy mod yn dioddef o ddolur y galon, a diolchaf fy mod wedi traddodi Darlith Davies a chael cyfle ar ôl hynny i baratoi cyfrol ysgolheigaidd yn dwyn y teitl *Y Gwron o Genefa: John Calfin a'i Ddylanwad* a gyhoeddwyd gan Wasg y Bwthyn, a mawr yw fy ngwerthfawrogiad o adolygiadau cynhwysfawr ac adeiladol y Parchedig Gwyndaf Jones, Bangor, yr Athro Bobi Jones, Aberystwyth, yr Athro Densil Morgan a'r Athro John Gwynfor Jones o'r gyfrol.

Ar hyd degawd cyntaf yr unfed ganrif ar hugain traddodais ddarlithiau o flwyddyn i flwyddyn ar hanes Methodistiaeth Môn o 1735 hyd 2011 yng Nghapel Tŷ Rhys yn Llangoed, ac fe gyhoeddwyd y darlithiau ar ffurf llyfrynnau gan y Parchedig John G Morris, Llanddaniel Fab. Ef oedd y tu ôl i'r fenter ond credaf y byddai wedi bod yn well trefnu rhai o'r darlithiau mewn canolfannau eraill yn y sir yn hytrach na chynnal pob un yn Llangoed. Byddai John yn mynd i gryn gost gan iddo, ar wahân i'r ddwy flynedd gyntaf, fwydo'r gynulleidfa ar ôl pob darlith yn un o westai Biwmares.

Cafwyd cefnogaeth dda i'r holl ddarlithiau a bu'r Athro Bobi Jones a'r Athro Densil Morgan, dau ysgolhaig y mae gennyf barch mawr iddynt, yn garedig iawn yn eu hadolygiadau o'r llyfrynnau dwyieithog hyn. Siom yw deall fod y capel wedi cau bellach yn Llangoed a John Morris wedi ymddeol, ond rwy'n falch fy mod o fewn y muriau hynny wedi ymdrechu i dalu gwrogaeth i rai o wŷr mawr Môn megis John Elias a John Williams, Brynsiencyn. Mawr yw fy ngwerthfawrogiad o deyrngarwch y gweinidogion canlynol a fu'n ffyddlon eu cefnogaeth i'r darlithiau: y Parchedigion Harri Owain Jones, J D Hughes, Emlyn Richards, Gerallt Lloyd Evans, W R Williams, y Canon Idris Thomas a Huw John Hughes, a llu o leygwyr brwd fel Clifford Owen o Lanfairfechan ac Evie Jones o Lannerch-y-medd, trefnydd diguro cymanfaoedd canu yn y sir, a Vaughan Hughes, golygydd *Barn* a Chynghorydd Sir bellach. Caem aros bob blwyddyn ar aelwyd Siân ac Eurfryn Davies, Cynghorydd ar Gyngor Môn, yr adeg honno, gyda'u golygfa anhygoel o'r ystafell fyw o fynyddoedd Arfon, yr Wyddfa a'i chriw. Trwom ni y cyfarfu Siân, oedd yn athrawes yn Lerpwl, ac Eurfryn o Gwmdâr â'i gilydd. Bu Eurfryn yn ddisgybl yn Ysgol Gymraeg Aberdâr ac un amser cinio ar y Sul cawsom ffôn ganddo o Benbedw. Roedd ei long yn y doc yno am rai dyddiau. Gwahoddwyd ef i de a daeth i oedfa nos Sul. Ar derfyn yr oedfa trefnid te yn yr Ysgoldy Mawr ac o fewn ychydig funudau sylweddolwn fod Eurfryn a Siân yn sgwrsio'n braf â'i gilydd. Yn y sgwrs honno fe gyneuwyd fflam o ramant a arweiniodd at briodas a chartrefu am beth amser yn Lerpwl cyn symud i Landegfan. Balch ydym o adnewyddu yn gyson berthynas â hwy pan awn am Ynys Môn, a mwynhau eu cyfeillgarwch.

Ymhell cyn cwblhau'r darlithiau hyn roeddwn wedi cychwyn ar dasg fawr arall, sef paratoi bywgraffiad yn Gymraeg ac yn Saesneg o'r gwleidydd hoffus, James Griffiths (1890–1975). Roedd Gwilym Prys Davies a minnau yn meddwl y byd o James Griffiths a bu Gwilym yn allweddol wrth helpu'r gwleidydd i baratoi ei atgofion yn y gyfrol *Pages from Memory* a gyhoeddwyd gan Dent yn 1969. Anodd credu fod gwleidydd mor bwysig â James Griffiths heb fywgraffiad. Gadawodd lwythi o ddogfennau, llythyron ac ysgrifau yn ei archif a oedd yn y Llyfrgell Genedlaethol, ac es ati i'w didoli a'u deall a'u croniclo ar gyfer fy ymchwil. Cefais gymorth amhrisiadwy gan Gwilym yn y dasg enfawr yma. Ef a luniodd y cyflwyniad i'r gyfrol Gymraeg a rhoddodd lawer awgrym i mi a syniadau gwerthfawr. Gofynnais i gyfaill arall, Huw Edwards, mab fy ffrind o ddyddiau coleg, Hywel Teifi, lunio cyflwyniad i'r gyfrol Saesneg. Yr ydym yn bennaf ffrindiau ers pymtheng mlynedd a mwy ac mewn cysylltiad cyson. Llwyddais ar ran Undeb Corawl Cymry Lerpwl i'w gael atom i Neuadd y Philharmonig i lywio cyngerdd carolau'r Nadolig yn 2014. Mae mor ddawnus fel cyflwynydd a chadeirydd a dotiwn at ei fedr ar nos Iau, 18 Medi 2014 yn llywio canlyniadau'r refferendwm ar annibyniaeth i'r Alban. Roedd yn ôl ei arfer yn feistrolgar ac yn gosod gwlad ei hynafiaid ar y map heb os nac oni bai.

Tyfodd 'Jim', fel y'i gelwid gan ei ffrindiau, yn eicon. Dyma'r llencyn Jim o Betws, Rhydaman a adawodd yr ysgol yn dair ar ddeg oed i weithio fel glöwr gan wasanaethu'n gydwybodol yn y maes glo caled a thyfu'n arweinydd glowyr de Cymru, a dwyn clod i deulu'r Refail. O'r Undeb aeth i San Steffan fel Aelod Seneddol, ac o fewn amser byr gwnaeth argraff ar y Senedd fel dadleuwr a gŵr a gredai'n angerddol yn y Wladwriaeth Les. Yn 1950 cafodd ei wahodd i ofalu am y Trefedigaethau a thyfodd yn arweinydd Cymreig na fu mo'i well, yn hybu datganoli, yn gwarchod yr iaith, ac yn cefnogi pob mudiad oedd yn meithrin gwladgarwch. Gorffennais y gwaith yn Chwefror 2013 a'i gyflwyno i'r Lolfa gan ddechrau perthynas â Lefi Gruffudd oedd yn barod i ystyried cyhoeddi cofiant i wleidydd mawr a gafodd ei anghofio gennym. Fy nhasg i yn y cofiant oedd adfer pwysigrwydd Jim Griffiths, Gweinidog Gwladol cyntaf Cymru, i'n bywyd cenedlaethol.

Fe es i ati i lunio cyfrol Saesneg ac wrth orffen y gwaith yn niwedd Tachwedd 2013, cefais addewid gan Ashley Drake o wasg Welsh Academic Press y byddid yn cyhoeddi y flwyddyn ganlynol. Darllenwyd y deipysgrif gan John Graham Jones, arbenigwr yn y maes ac un a fu'n gweithio yn y Llyfrgell Genedlaethol am flynyddoedd maith, Syr Deian Hopkin, a Huw Edwards. Ond siom fawr oedd peidio â chyhoeddi'r gyfrol

Saesneg dri mis ar ôl yr argraffiad Cymraeg. Gan fod y Blaid Lafur yn Llanelli trwy Nia Griffith a Keith Davies wedi bod yn awyddus i gael lansiad cyn y Nadolig, roedd y gohirio yn peri rhwystredigaeth. Roedd hi'n anodd dygymod â'r sefyllfa ac ni ddaw'r gyfrol Saesneg allan cyn gwanwyn 2016 gan fod y gwaith cysodi yn digwydd yn yr India. Cafodd y gyfrol Gymraeg adolygiadau hynod o ffafriol gan Dr Ioan Matthews, J Graham Jones, Huw Edwards, Rhys Evans, Alun Gibbard, Jeremy Miles, Aled Eirug, Tudor Jones a Derwyn Morris Jones. Dywedodd Carwyn Jones, Prif Weinidog Cymru, mai dyma ei hoff gyfrol Gymraeg. Gobeithio y bydd yr un derbyniad i'r gyfrol Saesneg hirddisgwyliedig pan ddaw ar werth yn y siopau.

Edrychaf ymlaen at weld fy nghyhoeddiad ar ran Cymdeithas y Cymod yn ymddangos yn 2015. Mae'n gyfrol a olygwyd gennyf ar thema Ffordd Tangnefedd a chanmlwyddiant y Gymdeithas yn 2014. Un yn unig o bymtheg o awduron a gafodd wahoddiad i gyfrannu a wrthododd, ac felly bydd hon yn gyfrol i'w hanwylo a'i thrysori. Heddychwr a fu'n hynod o barod ei gyngor oedd Robin Gwyndaf a bu'n garedig iawn ei gymwynasau yn chwilio am luniau, awgrymu penawdau, a darllen y cynnwys yn ofalus. Mae ei gyfraniad ef i'n diwylliant ac i'n traddodiad Cristnogol yn ddiguro, ac edmygaf ei ymroddiad ef a'i briod Eleri.

Bu hi'n daith ddiddorol o Abercarfan i Nythfa a Teify House, Abercynon ac oddi yno i Garth Drive, o Landdewibrefi i Aberystwyth, yna Cwm Cynon a glanio yn Penny Lane, Lerpwl lle y bûm yn byw bellach ers blynyddoedd. Bu'r unfed ganrif ar hugain yn ganrif wefreiddiol i ni ein dau er ein bod yn heneiddio, a daeth y ddau ŵyr, Tomos a Joshua, â phersbectif newydd a chawsom bob cefnogaeth gan eu rhieni i ofalu amdanynt a'u harwain ar lwybrau pwysig i ni ein dau i Geredigion, Sir Benfro a Gwynedd. Teithiau a hir gofir yng nghwmni Tomos a Joshua a'u rhieni yw y rhai i Disneyland ger Paris ac i Disney Florida. Dyma deithiau llawn afiaith.

Trefnwyd ers rhai blynyddoedd aduniad i ni fel teulu adeg pen-blwydd Meinwen yn nechrau mis Medi, gan gynnal y penwythnos mewn tref ddiddorol. Dyna'r rheswm dros fod ddwywaith yng Nghaerdydd, dwywaith yng Nghaergrawnt a dwywaith yn Rhydychen. I nodi ein priodas aur yn 2013 cawsom lawer o ddathlu yn Lerpwl. Rhaid canmol Cymry Lerpwl am hyn. Pan ddaeth hi'n amser i ni ddathlu ein priodas ruddem llogais westy yn Llangollen a chawsom ginio gyda'n gilydd, a gyda'r teulu, ffrindiau ysgol a choleg a chyfoedion a chyd-weithwyr o Lerpwl. Ond yn 2013 trefnais daith i'm teulu i Israel a gwelsom ein cyfle yn Yardenit yng Ngalilea lle y maentumir i Iesu gael ei fedyddio gan Ioan Fedyddiwr. Sylwais fod placiau helaeth yn cofnodi'r hanes mewn gwahanol ieithoedd. A dyna benderfynu y fan a'r lle y byddwn yn casglu digon o arian i dalu'r crefftwr am ei waith a gosod y plac yno i atgoffa'r byd o'r iaith Gymraeg. Roedd angen £3,800 a llwyddais yn yr apêl. Oherwydd y gwrthdaro yn Gaza nid oedd modd mynd allan yn Hydref 2014 i ddadorchuddio'r plac, ond gobeithio y daw cyfle yn 2016.

Credaf fod fy wyrion, un yn bymtheg oed a'r llall yn dair ar ddeg oed, wedi gosod Tad-cu a Mam-gu yn y glorian, a'm cyngor iddynt ydyw tri pheth. Yn gyntaf, eu bod yn dal yn gadarn yn y ffydd Gristnogol y bu eu tad-cu yn ei chyhoeddi. Cefais y fraint o'u bedyddio yn Lerpwl a bedyddio eu rhieni yn yr un eglwys. Daw llawenydd pan welaf y ddau yn darllen eu Beiblau, yn mynychu'r eglwys, yn treulio gwyliau mewn gwersyll Cristnogol bob haf ac yn byw yn deilwng Gristnogol. Ymfalchïaf eu bod yn llawn sylweddoli bod eu hen dad-cu wedi bod yn weinidog ffyddlon i'r Arglwydd yn ardal y glo carreg a Chwm Cynon, a hwythau wedi bod ym mhulpud Capel y Bedyddwyr, Bethesda, Abercwmboi.

Yn ail, eu bod yn ymwybodol o'u teuluoedd o ochr eu tad a'u mam, y werin yn Arfon a Cheredigion, y Rhondda a Chwm Cynon. Aeth Tad-cu a Mam-gu â hwy i weld aml i fangre gysegredig ym mynwentydd y Gelli, Sir Benfro, Llanddewibrefi a Thregaron. Gobeithio y dônt hwythau wrth dyfu yn ymwybodol o'u gwreiddiau fel Cymry. Yn olaf, eu bod yn cadw'r nodweddion amlwg sy'n rhan o bersonoliaethau y ddau – gan barhau'n addfwyn ac yn garedig, yn falch o'n gweld a ninnau'n cael ganddynt sgwrs gall a threiddgar gan rannu ambell i gyfrinach. Cafodd fy mam yr hyfrydwch o ddal Tomos yn ei chôl ar ddydd ei phen-blwydd yn gant oed ac roedd honno'n weithred symbolaidd, bwysig. Bu farw fy nhad ymhell cyn i'r ddau ddod i'r byd, colled iddo ef ac iddynt hwythau. Nid oes dinas barhaus i neb ohonom a dylem wneud y gorau o bob cyfle a ddaw i ni. Dyna yw neges fawr yr hunangofiant hwn.

Yn angladdau fy nhad a'm mam, canwyd ym Methesda emyn W Rhys Nicholas ar dôn Pantyfedwen o waith Eddie Evans, gan uno Cymru a Lerpwl. Cofiaf Eddie Evans yn dod i'm gwled ar ôl inni gyrraedd Lerpwl a chanfod ei waith fel cyfansoddwr tonau. Yn nyddiau Abercynon bûm yn cydweithio ag W Rhys Nicholas yn Mhorthcawl ac felly roedd yn naturiol imi ymserchu yn awdur yr emyn a chyfansoddwr y dôn. Ond geiriau Rhys Nicholas a gofiaf bellach ar amrantiad pan fo bywyd yn braf, a'r geiriau hynny sy'n gordial calon hefyd pan ddaw hi'n anodd arna i:

Tydi yw haul fy nydd, O Grist y groes,
yr wyt yn harddu holl orwelion f'oes;
lle'r oedd cysgodion nos mae llif y wawr,
lle'r oeddwn gynt yn ddall rwy'n gweld yn awr.
Mae golau imi yn dy Berson hael,
penllanw fy ngorfoledd yw dy gael;
mae'r Haleliwia yn fy enaid i,
a rhoddaf, Iesu, fy mawrhad i ti.

Darllenais yn ddiweddar hen chwedl pan oeddwn ar ymweliad ag Aberystwyth, gan aros yn niddosrwydd Llety Parc gyda'r perchnogion Vincent ac Alison Morgan a'r teulu. Yno yn Llety Parc un prynhawn Sul, a minnau'n gwasanaethu y diwrnod hwnnw gapeli Cymraeg Aberystwyth, y darllenais am Draed ar Draeth ein Pererindod. Dyma'r chwedl: Cristion ofnus a gofidus yn breuddwydio ei fod ef yn edrych yn ôl fel y gwneuthum i yn y gyfrol hon ar draeth ei bererindod yn y byd, ac wedi myfyrio'n ofalus ar olion y traed yn y tywod melyn ac yn galw yr Anfeidrol i gyfrif gan ddatgan:

'Pan addewais dy ddilyn fe ddywedaist y buaset yn cydgerdded â mi bob cam o'r daith. Ond wele lwybr fy mywyd ar y tywod, ac ychydig iawn, iawn o olion traed dau yn cydgerdded a welaf yn y tywod aur.'

'O, fy mhlentyn annwyl,' atebodd Duw yn dyner, dyma'r eglurhad: 'Lle na weli ar y bererindod ond un pâr o olion traed, dyna'r adeg roeddwn yn dy gario di yn dyner a chariadus ac yn dy adfywio i gario ymlaen er mwyn cyrraedd cyn bo hir ben y daith.'

Nid oes gan neb ddim mwy i'w ychwanegu ond yn hytrach canmol, cofio, cyflwyno'n ofalus 'holl daith yr anialwch' i gyd i'r genhedlaeth a ddaw ar ein hôl.

CUSTOM HOUSE

People

CUSTOM HOUSE

People

JOSEPH ROBINS

INSTITUTE OF PUBLIC ADMINISTRATION

First published 1993
Institute of Public Administration
57-61 Lansdowne Road
Dublin 4
Ireland

The publishers gratefully acknowledge the sponsorship of the Custom House Docks Development Company Limited – a joint venture of Hardwicke Limited and the British Land Company PLC.

British Library Cataloguing-in-Publication Data

A catalogue record for this book is available
from the British Library.

ISBN 1 872002 12 9

Cover: 'A view of Dublin taken near the Custom House', engraved in 1817 by R. Havell & Sons from an original drawing by T.S. Roberts (courtesy of the Neptune Gallery, Dublin).

Designed by Butler Claffey Design, Dún Laoghaire
Typeset in 10/12 Garamond by Computertype Ltd, Dublin
Printed by Mount Salus Press, Dublin

To my grandson
Cian
for all the pleasure

CONTENTS

PREFACE

A book aimed at creating an impression of the diversity of people and activities based in the Custom House during its long history seemed an appropriate way to commemorate its two hundred years of existence. The idea originated with Brendan O'Donoghue, Secretary of the Department of the Environment. When he and Jim O'Donnell invited me to undertake the work I gladly accepted, not only because it was an attractive challenge for a social historian, but because I had spent much of my official career in the Custom House and had a special feel for it.

I had to have regard to certain constraints in selecting my material. Within the physical limitations of a book of about two hundred pages I had to deal with a period of two hundred turbulent and dynamic years, both politically and socially, and to reflect the changes of that period. An early temptation was to include as large a number of personalities as possible. After drawing a few trial portraits, it became clear that to convey an adequate sense of the personalities, their period, and the issues, no more than about fifty subjects in all could be accommodated. So I found myself selecting from the many thousands associated with the Custom House during these years quite a small number of personalities to illustrate the diversity of human talents involved and the varied nature of the ever-changing public services directed from the building. In order to achieve that, as well as to give a balanced picture of the Custom House population, I considered it appropriate to include some examples of individuals known more for their artistic talents or eccentricities than for their achievements as politicians or public servants.

The choice of personalities and any judgements applied to them are my own. Some of those I have chosen were known internationally; others were prominent on the national scene; some were minor figures or may have been persons of little status or significance. Many other Custom House people would have merited inclusion had I the space for them; another writer might have chosen a somewhat different list. It seemed sensible in making my choice to forgo consideration of personalities associated with the building in recent times who are still active politically or in the public service so as to avoid the invidious task of seeming to discriminate between them on grounds of merit. It seemed to me, also, that it was too soon to appraise in a historical context some distinguished former politicians who have been associated with the Custom House in the recent past. As far as the public service was concerned, my aim was not to identify the most outstanding figures professionally – the nature of public service work would make that a most unenviable endeavour – but rather, through a relatively small number of personalities, to give an impression both of the dilemmas senior civil servants confront and of the extraordinary diversity of talents and interests among those whom the public service attracts.

I would like to acknowledge the encouragement given to the book by Brendan O'Donoghue, Secretary of the Department of the Environment, Cathal Mac Domhnaill, Chairman of the Revenue Commissioners, and John Mahony, Chairman of the Commissioners of Public Works, whose offices have had a deep historical connection with the Custom House.

I am indebted to the many persons who helped me to put the book together. Freddie O'Dwyer (Office of Public Works) and Eddie McParland (Trinity College Dublin) read parts of the script and guided me with their specialised knowledge. Brian MacCurtain (Revenue Commissioners) directed me to sources of information. Seamus O'Connor (Department of the Environment) assisted me in gathering material and in proofreading. I also got valuable assistance from Peggy and Margaret Mulvihill; Máire O'Neill, Caithlin O'Neill and Eithne O'Byrne; H. A. Gilligan; B. P. Dowling (CIE); Monica Schlenger (Goethe Institut); Eoin O'Brien; Tom Barrington; Brian Fallon; Tom Garvin; James Dooge; Thomas F. O'Higgins; Risteard Mulcahy; Tom Murphy; Brendan Hensey; Ian Lewis (Irish Turf Club); John Tully; Louis Power; John Gibson (*The Irish Times*); Noel Hughes and John Callanan (Institution of Engineers of Ireland); Brian Campbell (Department of the Environment); Patrick Dowling (Collector of Customs, Custom House); Tadgh Tansley (Department of Health); Alistair Lindsay (Office of Public Works); Eamonn Bolger (County Library, Roscommon); Ann Coughlan (County Library, Tullamore); Gráinne Ryan (County Library, Ennis); Máire Ní Céarnaig (National Graves Association) and the family of Daniel Head; Brendan O'Dowda; Michael Gill (Gill and Macmillan); Máire Kennedy (Dublin Corporation Gilbert Library); Pascal Lavin (P. & A. Lavin Associates). The staffs of the National Library and the libraries of Trinity College and the Royal Irish Academy were always helpful to me. Paul Claffey of Butler Claffey Design went to great pains in regard to the design and illustrations of the book. Eleanor Ashe helped with the proofreading. Finally I give my thanks to Jim O'Donnell's publishing team at the Institute of Public Administration, especially to Dolores Meagher who deciphered my manuscript, Finbarr O'Shea and Kathleen Harte whose skills rounded off my efforts.

Acknowledgements

The publishers wish to thank the following for supplying and/or permission to reproduce illustrations: National Library of Ireland (4, 6, 8, 34, 41, 75, 82, 86), Commissioners of Public Works (12, 13, 16, 17, 18, 23, 24, 30, 48, 54, 70, 80, 91, 107, 121, 154, 167), Institution of Engineers of Ireland (37, 72), Royal Dublin Society (38), The Royal Institute of the Architects of Ireland (49, 64), Irish Architectural Archive (51), Davison & Associates (56), P. & A. Lavin Associates (61), Vereinigung der Freunde von Kunst und Kultur im Bergbau e.V. Bochum (67), Brendan O'Dowda (89), *The Irish Times* (102, 115, 127, 169, 178), Córas Iompair Éireann (112), Gill and Macmillan (126, 136), The Honorable Society of King's Inns (141), Peter Barrow (back endpaper), Neptune Gallery (cover).

The publishers wish to thank the following for permission to reproduce quotations: Maurice Walsh II for extracts from Maurice Walsh, *Blackcock's Feather*, E. O'Nolan for extracts from Flann O'Brien, *At Swim-Two-Birds* and *The Third Policeman*; the estate of Richard Power for extracts from Richard Power, *The Land of Youth* and *The Hungry Grass*; the estate of Padraic Fallon for extracts from Padraic Fallon, 'Out of Soundings', 'Athenry' and 'Yeats at Athenry Perhaps'.

THE CUSTOM HOUSE

The Custom House in Dublin, one of the great beauties of Irish architecture and a masterpiece of European neo-classicism, was completed in 1791 after a turbulent construction period of ten years. It was the greatest achievement of architect James Gandon who had been brought from England to carry out the work. Gandon had been chosen by John Beresford and a small coterie of members of the Irish ascendancy who were then in the process of enhancing the streets and public buildings of Dublin, the seat of power of their oligarchy.

Initially, as intended, the Custom House became exclusively the headquarters of the Commissioners of Custom and Excise, responsible for the collection of customs duties on exports and imports and of excise taxes on inland consumption. The regulation of shipping traffic at Dublin port was also based there. As the nineteenth century progressed and the functions of government expanded, changes were made from time to time in the revenue collecting role of the Custom House. It also became the centre for a number of other departments. A new and expanded Board of Public Works was established there in 1831 and would remain there until 1905. The role of the Board of Public Works continued to grow throughout the nineteenth century as more of the economic activity of the country came within its ambit. The Poor Law Commissioners, with responsibility for the operation of the workhouse system and other services for the poor, established their headquarters in the Custom House following the Poor Law Act of 1838. In 1872, the Poor Law Commissioners were replaced by the Local Government Board for Ireland, which was given a much broader role in relation to local services.

By the beginning of the twentieth century the dominant role of the Custom House, in the public mind at least, was in relation to local government matters. County councils had been established in 1898 and these and other local bodies came under the close supervision of the Local Government Board. While Dublin Castle was the headquarters of British government in Ireland, the centre of its administration where the reigning monarchs occasionally held court and the grand banquets and levees took place, it was remote from the ordinary people. The Custom House was different. Its affairs touched in numerous ways on the daily lives of the population; it represented British government in action. It was inevitable, perhaps, that when the Irish Republican Army sought to strike at the heart of British power in Ireland during the War of Independence the Custom House should become the main target. Republican forces attacked it and burned it to the ground on 25 May 1921. Only the outer walls remained.

The subsequent programme of restoration went on until 1928; a minimum of change was made to the outer features of the building but there was considerable internal re-organisation. On completion, the building was re-occupied by the customs and excise service. It also became the headquarters of the new Department of Local Government and Public Health which had replaced the Local Government Board on the departure of the British administration. Associated with it was the Office of the Registrar-General of Births, Deaths and Marriages. In 1947 the Department of Local Government and the Department of Health became separate departments and both remained based in the Custom House. A new Department of Social Welfare was also established and took over some of the functions of the Department of Local Government. It was not located in the Custom House. By late 1953, it occupied a new headquarters in Áras Mhic Dhiarmada, built on part of the site of the original Custom House docks complex.

The Department of Health moved to Hawkins House in 1988. In the meantime, in keeping with the changing priorities of local services, the Department of Local Government was renamed the Department of the Environment.

In 1979, following a fall of stone, serious structural damage was identified in the Custom House. This led to a major programme of restoration of the building, including its carved works, which was completed during 1991 at a cost of £4 million. Despite the ravages of time and war, and thanks to the skills and ingenuity of the restorers, the magnificent building retains most of its original beauty.

Twilight of the Ascendancy 1781–1830

It was ironic that the determination of Beresford and his ascendancy coterie to establish the new Custom House in all its glory should come at a time when the power of the Irish ascendancy itself was in decline. The cries from the Paris streets, the spreading of ideas about equality and the rights of man, the growth of the United Irishmen and the Insurrection of 1798 were ominous developments. The Act of Union, 1800, the abolition of the Irish parliament and the transfer of authority to Westminster diminished the power of those who had for so long ruled the roost in Ireland even if they retained the monopoly of public office. While the British government remained largely unsympathetic towards Irish needs and grievances, it was now more likely to make concessions. The emancipation of Catholics proceeded gradually and culminated in the legislation of 1829. As the need was accepted for more government intervention in the social and economic affairs of the country new units of administration would develop. But for the moment the Custom House remained almost exclusively concerned with the raising of revenue.

JOHN BERESFORD 1738–1805
JAMES GANDON 1742–1823
JAMES NAPPER TANDY 1740–1803

John Beresford was the begetter of the Custom House, James Gandon created it and James Napper Tandy tried to prevent its realisation. To that extent their lives were intertwined.

John Beresford was born in Dublin, a son of Marcus, Earl of Tyrone and Lady Catherine, Baroness de la Poer. He was educated in Trinity College and entered public life when returned to the Irish parliament as member for Waterford, which he continued to represent until his death. His first wife died in her ninth confinement, leaving eight children, the eldest only eleven years of age. He had

John Beresford

nine further children by his second wife, Barbara Montgomery, whose sisters were Lady Mountjoy and the Marchioness Townshend. The Montgomery family had a street named after them that later became the centre of Dublin's red light district – 'Monto' – not far from the Custom House. All three sisters were notable beauties and were portrayed as 'The Graces' in a well-known painting by Joshua Reynolds. In 1770 Beresford was appointed one of the commissioners of revenue in Ireland and ten years later was promoted to first commissioner, thus consolidating the position of considerable power and influence he already held.

The old Dublin Custom House had been built in 1707 on Essex (now Wellington) Quay, on the site at present partially occupied by the Clarence Hotel. Within a few years of its opening it was found to be inadequate for the volume of trade being carried on as well as being badly located for the safety and convenience of shipping. Large ships could not come up the Liffey and additional expense was incurred by having to unload them into lighters or 'gabbards'. Furthermore, a large rock known as 'Standfast Dick', extending from the foot of Liffey Street, was a hazard to smaller vessels.

Joshua Reynolds's painting of the Montgomery sisters: Elizabeth, Anne and Barbara. A street near the Custom House, later 'Monto', the notorious red-light quarter and locale of the Nighttown episode in Joyce's Ulysses, *was called after the family.*

Beresford and his fellow commissioners of revenue recommended to the lord-lieutenant in 1773 that the existing Custom House should be replaced by a new, enlarged and more convenient building on a four-acre site to the east part of the city. The proposal was immediately opposed by a variety of individuals who feared their interests would be damaged by any shift in the location of commercial activity. Petitions against the project were presented by the merchants, brewers and manufacturers of Dublin, and by the city corporation, but the government decided in 1774 to go ahead with the move.

The clamour continued and by 1780, when Beresford took over as chief commissioner, no steps had been taken in regard to the proposed new building. With his added authority Beresford was determined to bring greater order and efficiency to the work of the old building and more urgency to the move to new premises. He wrote in January 1781 to a government official:

> I have attended every day at the Custom House, holidays and all, and very often in the evening, in order to get up the arrears of business ... I have cleared the boardroom of intruders, brought the business into order, established an attendance of the commissioners ...

The next task was to get an architect of ability and imagination for the new building. Beresford and some of his ascendancy colleagues were already in the process of enhancing the streets and buildings of Dublin by encouraging and promoting wider streets and giving more attention to the planning and architectural features of the city's development. The new Custom House, it was envisaged, would be an important feature in the refurbished city.

James Gandon was born in London in February 1742 with Huguenot connections on his father's side and Welsh roots on his mother's. After opting for a career in the developing profession of architecture he became apprenticed to William Chambers, a distinguished architect of the period with a preference for classic styles of design. Gandon was quick to establish himself as an architect of exceptional quality. He designed, among other projects, the plans for the new Bethlehem Hospital in London to replace the notorious Bedlam where insane persons were kept in cages for public amuse-

James Gandon

ment. As his fame grew his work came to the attention of a small clique of ascendancy connoisseurs who exercised considerable power in the Irish establishment. One of them, Lord Carlow, put him under pressure to undertake work in Ireland, assuring him of financial security if he would agree to do so. Beresford followed up the contact made by Carlow and in January 1781 wrote to Gandon telling him that the government had approved the building of a new Custom House in Dublin and asking him to undertake its design. Beresford was candid about the situation in Ireland and left Gandon in no doubt about the extent of opposition to the project. He told Gandon that he would have to contend with 'the most desperate of the mob' and warned him, 'This business must be kept a profound secret as long as we can to prevent clamour until we have everything secured.'

Despite the threat of having to work in a hostile environment, Gandon accepted the assignment and travelled to Ireland. Beresford's warnings about the extent of opposition, including mobs in the streets, had not been exaggerated. The news that Beresford was planning to go ahead with the building intensified the agitation against it. A committee of merchants wrote to the Revenue Commissioners in mid-July voicing their determination 'to avert this impending evil'. A week later speeches at a meeting of merchants at the Tholsel presided over by the lord mayor dealt with the many harmful consequences that would derive from the relocation of the Custom House. These included inconvenience, loss of time, additional expense, the disagreeable necessity of quitting their present places of residence and, for the ears of the city mobs, the harmful consequences for 'the poor working class of people'. The grand jury for County Dublin weighed in with its support and declared the Custom House proposal 'pregnant with the most alarming circumstances to the trade and manufacters of the county'.

In the meantime Gandon had arrived in Ireland and, keeping himself out of the public eye, quietly pushed ahead with his planning. His early impression of Dublin left him in little doubt as to the need to expand its cultural assets. He was taken aback by its paucity of artistic features and its few artists and architects of distinction but was quick to note the reason:

> ... it was no wonder that the polite arts should not prosper in a country continually in a political ferment and where most of the families of distinction seemed wholly employed in converting their political influence into sources of family or personal aggrandisement.

His first reaction on visiting the site was one of alarm. It was clear that there would be considerable difficulty in establishing the foundations of the building as the Liffey was given to overflowing at this point during high tides, sometimes covering almost a square mile of surface. But this did not deter him. He selected his principal craftsmen: Henry Darley, stonecutter, John Semple, bricklayer and rough mason, and Hugh Henry, carpenter. A meeting of the principal tradesmen involved was convened in early July and Gandon gave them details of his general plan as well as directions for starting the foundations. They set about their work very quickly. As soon as it commenced it became obvious to those opposed to the project that Beresford and his colleagues were determined to go ahead and the first signs of mob agitation emerged.

The life of the lower orders in late eighteenth-century Dublin was a volatile one. Apart from the huge numbers of lawless, rootless vagrants, many of rural origins, there were the ordinary poorer citizens of the Liberties, frequently beset by depression in their industries, by faction-fighting and by the consequences of widespread illegal distillation. The Liberty Boys and the butchers who lived in the Ormond Market fought each other frequently and were sometimes joined by students from Trinity College, who were usually on the side of the Liberty Boys. There was, therefore, no shortage of persons looking for physical excitement no matter what its purpose. On the Sunday following the start of the foundation works, the aggrieved merchants enticed hundreds of the populace to the site by supplying them with whiskey and gingerbread in the expectation that a riot would inevitably follow and that the foundations would be filled in. But the crowds were not in a violent mood. It was a warm day. They enjoyed the food and drink, swam in the water-filled foundations, and went home.

Beresford and his fellow commissioners pushed ahead rapidly with the work. By the beginning of August fifty carts were employed daily in bringing stores to the site and on 8 August 1781 the foundation stone was laid quietly and with little formality for fear of provoking a riot. *Saunders Newsletter* reported that the ceremony was carried out by Semple, the chief bricklayer. Other accounts refer to Beresford laying the stone. It is probable that Semple did the manual work and that Beresford presided over the event. Shortly afterwards an official of the Irish government reporting to North, the prime minister, on the situation regarding the Custom House, assured him of the determination to see it completed since

> our government would suffer most essentially if after what has passed and after the menaces of the mobs, tumults etc, there should be any wavering in the business. It is now pretty well understood in the Liberty, which is the riotous part of Dublin, that we are decided to preserve the peace of the city ...

Further efforts would, however, be made to disrupt the progress of the building.

James Napper Tandy was one of the more colourful demagogues of the period, both in the Irish parliament and in Dublin's City Council. He had traded for a while as an ironmonger, and became a member of the Corporation in 1777, representing the Guild of Merchants. He retained his membership during five subsequent elections. A contemporary described him as:

> ... the ugliest man I ever gazed on. He had a dark, yellow, truculent-looking countenance, a long drooping nose, rather sharpened at the

James Napper Tandy

point, and the muscles of his face formed two cords to each side of it. He had a remarkable hanging down look and an occasional twitching or convulsive motion of his nose and mouth.

He was an immensely popular figure, opposed to patronage and corruption both in parliamentary and municipal affairs; the *bête noir* of those in high office, he flayed about him mercilessly, calling the Dublin police 'a ruffianly and licentious rabble'. Imbued with the liberal ideas of the times, he believed strongly in the rights of Catholics, became a somewhat independent commander in the Volunteers, the militia established when Ireland was denuded of British troops during the American War of Independence, and eventually joined Wolfe Tone and Thomas Russell in the foundation of the United Irishmen. During the Custom House agitation he emerged as one of its greatest antagonists. While his opposition would have been required by his role as a merchants' representative on the city council, the mainspring of it was his hatred of Beresford and those in government.

As the work proceeded on the new building, the city council desisted for a period from any violent action in the belief that it would prove a folly, an impossible venture, to erect a structure on such swampy land. But the work moved ahead under the supervision of Gandon, who visited the site regularly. He had received threatening letters and, fearful of personal violence, prepared himself for it. A competent swordsman in his youth, he never came to the site without a cane sword which he believed he could still wield to some purpose if forced to defend himself.

By September the eastern wing of the building had been raised above the ground and it was decided to surround it by a hoarding to protect it from attack. The emerging structure was a clear indication to the city council that Gandon had overcome the siting difficulties. They acted immediately and the city's high sheriff, accompanied by Tandy and 'followed by a numerous rabble with adzes, saws and shovels etc', marched on the site and levelled the fences. This action was taken on the basis that the development was a nuisance, that the grounds enclosed were the property of the city council and that no authority existed for building on it. These claims were later shown to be without foundation. On the evening of the attack Beresford sent to Gandon a note of sympathy and encouragement, telling him to carry on with his work, to replace the hoarding immediately and to 'laugh at the extreme folly of the people'. That finished the more violent resistance.

The building of the Custom House went on over the next ten years, accompanied by a continuing barrage of criticism and occasional misfortunes. There were constant attacks in the Irish parliament – Henry Grattan accused the Revenue Commissioners of erecting private palaces for themselves – and Thomas Malton (see separate biographical note) and others kept up regular sniping through pamphlets and the newspapers. During 1787 the clerk of works, Edwards, was killed when he fell through a skylight of the building. There was a damaging fire during 1789. Difficulties developed with the workforce. Gandon had been warned before he came to Dublin that the local workers were notoriously turbulent and given to banding together for increased wages, particularly when they were aware that works required quickness of execution. The warning was well-founded. The Dublin workers proved slow and when craftsmen from elsewhere were engaged to speed up the work they were subjected by the Dubliners to oaths of secrecy, obligatory subscriptions and the acceptance of restrictive practices. Gandon brought over English carpenters and stonecutters who were 'very orderly' at first but, contaminated by local practices, eventually became 'more refractory than the natives'.

The building was completed in 1791 having cost with its associated docks about £400,000. By now Beresford, while still serving as the first commissioner of revenue, commanded almost unlimited power in Irish affairs, although he wielded it in an unobtrusive manner. After Pitt took over as prime minister, Beresford became his principal Irish adviser. When, in 1795, a new lord-lieutenant, Lord Fitzwilliam, was sent to Ireland as a placatory gesture, he found that Beresford carried more authority than the lord-lieutenant himself and was 'virtually King of Ireland'. Anxious that the new administration should not be overshadowed and also wishing to provide additional places for patronage, Fitzwilliam dismissed Beresford and other senior office holders, softening the blow in Beresford's case by allowing him to retain his full salary as a pension. The displacement of Beresford and his colleagues was an encouragement to riots during the swearing in of the new lord-lieutenant. One mob attacked without success the new Custom House 'to extinguish', as they phrased it, Mr Beresford. Some of them wore green cockades and there were cries of 'liberty, equality and no lord-lieutenant'. Fitzwilliam was recalled and replaced within a few weeks and Beresford had his former post restored to him.

The criticism of the cost of the new building went on even after it had been built. Gandon took it to heart and in a consoling letter to him in February 1803 Beresford wrote:

> ... these are temporary clouds that pass across the sun and all the little low ignorant nonsense which at this instant prevails will be seen through and dissipate before it is long.

During the same year the Custom House was fortunate to escape being burned down when inflammable stores, including tallow and spirits, went on fire. One hundred puncheons of whiskey were thrown into the dock for safety; some burst open and the dock became a great punchbowl from which onlookers helped themselves with cups until the whole expanse of water became a blazing inferno.

Gandon, in the meantime, had made other important contributions to Irish architecture – they included the completion of the Four Courts begun by Thomas Cooley, King's Inns in Dublin and Emo Court in County Laois. It is of interest that one of the private houses designed by him was Abbeville, Kinsealy, County Dublin, now the residence of the former Taoiseach, Charles J. Haughey. During the period when Mr Haughey was Minister for Health, he, uniquely, worked in one Gandon building and lived in another. Beresford retired from his post in 1802 after reluctantly helping to bring about the Union; his second son, John Claudius, felt so strongly against the Union that, in protest, he threw up his sinecure at the Custom House as inspector-general of exports. His father continued to represent Waterford in the imperial parliament until he died in Derry in November 1805. Napper Tandy's career had continued to be a turbulent one as a leader of the United Irishmen. In September 1798 he landed from a corvette of the French navy on the Donegal coast with stores for General Humbert's forces already in Ireland to support the insurrection against British rule. But Humbert had been defeated at Ballinamuck and Tandy fled back to the continent. Extradited to Ireland following British demands, he was sentenced to death but later released on condition that he left the country. He died in Bordeaux in August 1803. Gandon retired from his work in 1808 after Lord Chancellor Redesdale had been critical of the progress of work at the King's Inns. He spent his final years at Canonbrook, Lucan, where he had built a house for himself. He was 'a martyr to gout' but remained a convivial and kindly individual. When he died in December 1823, he was buried in Drumcondra graveyard in the same grave as his friend, Francis Grose, the English antiquary who died while visiting Dublin in 1791.

JAMES LEVER D. 1833

James Lever, an Englishman who lived in what is now Talbot Street, Dublin, close to the corner of Amiens Street, was in charge of the construction of the Custom House. He had been attracted to Dublin by the considerable building activity taking place there in the years leading up to the Union and had won the patronage of John Beresford. It is not clear whether his job was that of contractor or clerk of works; it was probably a combination of both. A contemporary described him as a 'carpenter and builder', but he had pretensions to a higher social standing, claiming to be a nephew

Smyth's Commerce *surmounts the dome*

of Sir Ashton Lever, a somewhat eccentric high sheriff of Lancashire, best known for a life committed to the collection of foreign shells and stuffed birds on which he squandered his fortune and beggared his family.

James Lever's involvement with the Custom House was a profitable one and set him on the path to being a wealthy man. He managed to establish a monopoly for himself in regard to major public building schemes and his assignments included the construction of Maynooth College and the General Post Office and the remodelling of the parliament buildings in College Green to rehouse the Bank of Ireland. His success was as much due to his personality as to his business acumen. He was regarded as one of the best storytellers in Ireland, was a lover of sports and convivial hospitality, and acquired a reputation for settling business disputes at an informal court in a Capel Street tavern where his fee was the price of a meal for all present, to be paid by the winner of the verdict.

He married Julia Chandler, a member of an Anglo-Irish family from Kilkenny. They had two sons – John who became Rector of Tullamore, and Charles James who became the famous novelist, writer of light-hearted but exaggerated stories about mid-nineteenth century Ireland. James and Julia were deeply attached and acted like lovers throughout their marriage. She was a little woman of coquettish manners who sat on her husband's knees while he entertained guests to dinner, helping everyone and rarely eating anything herself. When she was found dead in bed in January 1833, the heartbroken James immediately gave up his house in Talbot Street and went to live with his son in Tullamore. He died there two months after his wife's death.

Banks's Africa

THE MALTONS

THOMAS MALTON 1726–1801
JAMES MALTON 1760–1803

Like other skilled craftsmen of the period Thomas Malton came to Dublin during the latter half of the eighteenth century, attracted by the opportunities presented by the growing sophistication of the architecture of the city. Born in London in 1726, he had achieved some standing as

James Malton's view of the Custom House

a draughtsman and was well known as an exhibitor of architectural drawings at art exhibitions. But financially his career was not a particularly successful one and as his debts accumulated Dublin appeared to him to offer better prospects. While he achieved some standing there as a lecturer in geometry, he remained an individual of little consequence but one who held considerable bitterness towards others whose careers had been more successful.

For some unexplained reason James Gandon became a target of his bile. Letters bearing the pen name *Publius* appeared in some Dublin newspapers and were later distributed in pamphlet form in 1787, attacking various designs prepared by Gandon for public buildings, including the Custom House. These letters were generally believed to be the work of Malton. He claimed that John Beresford, wishing to protect Gandon, was behind the refusal of some newspapers to publish the letters. He asked, 'Who is Mr Gandon that a few men in power should give all public business to him; and he is all the while laughing at their egregious folly.' He suggested that since neither Gandon nor anyone else associated with the new Custom House had previously been involved in a project of such dimensions, with its superb elegance, immense dome and 'whimsical' form, it was unlikely that any of them knew what it would eventually cost. Malton himself had no doubt that its expense would be 'prodigious' because it was a most 'capacious pit' likely to 'entomb' an immense quantity of materials.

A subsequent public letter signed *Philopolis*, responding to Malton's criticisms, was believed to be written by Gandon. In it he defended the design and ornamentation of the Custom House and claimed that 'every man or the posterity of every man will be more than reimbursed by its benefits'. But Malton continued his attack, accusing the Revenue Commissioners of the vanity of wishing to live in a palace and asking, 'What signifies £50,000 or £100,000 to Mr Gandon? a trifling sum ... a mere bagatelle to be lavished on bulls' heads and other architectural ornaments.'

It was understandable that the extravagant use of public funds should be a sensitive issue where Malton was concerned. His own family fortunes had remained at a low ebb and shortly after his public onslaught on Gandon he was obliged to approach the architect to ask him to find his youngest son, James, a post of drawing-clerk in his office. Malton senior pleaded his own extreme poverty and Gandon benevolently provided a job for his son. James Malton was a talented draughtsman and, like his father, an expert in geometry and perspective. He worked for nearly three years in Gandon's office but his appointment was ended when Gandon found that 'he so frequently betrayed all official confidence and was so guilty of so many irregularities, that it became necessary to dismiss him'.

His father remained in Dublin but James returned to his native London where in 1797 he published aquatint drawings of public buildings in Dublin – *A Picturesque and Descriptive View of the City of Dublin* – from drawings made between 1791 and 1795. They included one of the new Custom House. His drawings were remarkable for their accuracy and for catching the atmosphere of the times and they remain popular today. He died in Marylebone, London, on 28 July 1803. His brother Thomas junior was also a draughtsman of distinction whose best known work, published in 1792, was *A Picturesque Tour Through the Cities of London and Westminster*. He conducted drawing classes and had among his pupils the famous artist J.M. Turner who would say later, 'My real master was Tom Malton'. Another brother, William, was also a draughtsman but little is known about his career. Thomas Malton senior died in Dublin on 18 February 1801 in his seventy-fifth year.

Note: There are serious inconsistencies in the dates and details given in the sources upon which the above account is based. Its aim is to show that there were links between Gandon and members of the Malton family. Because of the unreliable sources there is doubt about the accuracy of some aspects of the account.

The Sculptors

Thomas Banks 1735–1805
Agostino Carlini d. 1790
Edward Smyth 1746–1812

Having settled on a neo-classical design for the Custom House, James Gandon was determined that it should be embellished by the best architectural sculptors available. There were obvious choices; they were Thomas Banks and Agostino Carlini. Thomas Banks, son of a steward of the Duke of Beaufort, with an indulgent father and a wealthy bride, had spent some years studying sculpture in Rome and later worked in Russia for the Empress Catherine. Appalled by the excesses of her court and disliking the Russian climate, he returned to Britain to pursue his career there.

Smyth's coat of arms of the Kingdom of Ireland

He was soon in demand for work on various public buildings and churches, including a number of tombs in St Paul's Cathedral. The fact that he was a classicist with a 'mind thrown back to antiquity' ensured that he sympathised with Gandon's style of architecture. Another English sculptor of the period, Agostino Carlini, was also doing work characterised by a classicism that appealed to Gandon. Carlini, a native of Geneva, a painter as well as a sculptor, became the Keeper of the Royal Academy in 1783. Although somewhat dismissively described by his contemporary Horace Walpole, author and wit, as one 'who sings French songs' he was generally regarded as one of the best sculptors of the day. He had already carved three heads representing the Rivers Tyne, Dee and Severn for Somerset House in London as well as a number of statues for the same building.

By 1783 Carlini and Banks had supplied Gandon with models for some of the statuary proposed for the Custom House. Carlini designed and later carved the figures Neptune and Mercury over the river-front pediment and he designed the group of figures within the pediment itself. Banks was commissioned to carve the figures representing the four continents in the

River-front pediment with figures by Smyth after a design by Carlini

centre of the north front facing Beresford Place. However as Carlini and Banks proceeded with their commissions Gandon learnt of an Irish sculptor of considerable talent of whom he had been previously unaware.

Edward Smyth, son of an army officer, born in County Meath in 1746, had been apprenticed to Simon Vierpyl, a Dublin sculptor and mason. Smyth's first public work of importance, a statue of Dr Lucas for the Royal Exchange, now the City Hall, was regarded as an extraordinary production for a young and inexperienced sculptor. But he was subsequently given little opportunity for doing demanding work and continued to depend for his living largely on chimney pieces, tablets and other small assignments. Gandon was unaware of his existence when he engaged the British sculptors although, according to one account, Smyth was already employed on stone-work at the Custom House. When Gandon heard of his talents he asked him to submit design models for the royal arms intended for the north and south fronts of the building, for which Carlini had already prepared designs. Gandon considered Smyth's designs to be superior and immediately commissioned him to do the work. In addition, Smyth was asked to do the fourteen river-god heads based as keystones on the various arched entrances to the Custom House. The heads represented the Barrow, Atlantic, Bann, Suir, Blackwater, Nore, Boyne, Liffey, Shannon, Erne, Foyle, Lagan, Lee and Slaney. Smyth also carved the female figures of Industry and Plenty to accompany Carlini's Mercury and Nepture on the centre of the river front as well as the large statue of Commerce surmounting the dome. He also executed the group of figures designed by Carlini within the river-front pediment. Gandon was delighted with the work and later described Smyth as 'a gentleman who without having had the advantage of travel, or an opportunity of seeing many specimens of sculpture, has given proof of abilities equal to any in the three kingdoms'.

The sculptures of the three men were all elements in a common theme, an allegorical representation of trade on the rivers of Ireland and across the seas and the continents. Smyth's and Carlini's river-front statues were dismembered in the burning of the Custom House in 1921 and the surviving pieces were placed on display for many years in the carpark of the Custom House. During the restoration work completed in 1991 they were reconstructed by a team of sculptors and have been restored to their former dignity and previous locations on the building. Smyth's keystones survived the onslaughts of time and war but have benefited from cleaning during the recent restoration.

Banks's Europe

Collectively the Custom House sculptures are like gems adorning and enhancing a body of great beauty and perfection. As Edward McParland has pointed out, their subject matter is assertively Irish:

> The roofline coats of arms, for instance, are not the royal arms of George III, as might be expected on a crown property; they are the arms of the Kingdom of Ireland. The famous keystones carved as heads are personifications of the rivers of Ireland, together with Atlantic. Admittedly England, or Britannia, is never far away; her roses alternate with the harp on the capital of the colonnade, and she embraces Hibernia in the pediment. But Hibernia is nonetheless her own woman. Grattan may have condemned the building but there is a sculptural assertion of Hibernian independence here which makes of the Custom House an architectural manifesto of Grattan's parliament.

Carlini died in London in 1790, before the Custom House was completed. It was said that the practice of Banks suffered in his latter years from his revolutionary tendencies. He was arrested at one stage on suspicion of high treason. He died in London in 1805. Smyth continued to be associated with Gandon's work in Ireland. He designed and executed works of 'incontestable merit' for the Four Courts, including the relief work for the central hall and a series of sunken panels representing events in legal history such as the signing of the Magna Carta and the abolition of the Brehon Laws by James I. Most of this work was destroyed in the siege of the Four Courts in 1922 during the Civil War. Smyth's success as a sculptor did not make him a wealthy man. He was paid well but spent freely and was glad to accept an appointment of Master of the School of Sculpture which the Dublin Society established in 1806. He held the post until his death in 1812 when he was succeeded by his son John. A nineteenth-century English art critic summed up his work: 'vigorous, original and inventive, he was eminently distinguished as an Irish artist ...'

JOHN RENNIE 1761–1821

The industrial revolution of the eighteenth century stimulated a huge increase in the movement of manufactured goods and raw materials, and as the volume of industrial activity grew it became clear that it required to be accompanied by improvements in communications and in the transport of goods both by land and water. The last decades of the eighteenth century and the early part of the nineteenth century were therefore marked by the advent of steam ships, the development of larger and more efficient harbours, the growth of road and canal systems and the beginning of railways.

This was the era of the engineer; probably at no other period of history did the engineering profession have such an impact on social and economic change. It required men of considerable resource and broad vision, with the courage and capacity for large-scale innovation. John Rennie met these requirements and by the 1790s was firmly established as one of the leading engineers of his era. In time he would plan various English canals, build the London docks, construct Waterloo and Southwark bridges and design railway systems for Sweden and Portugal. Ireland, too, benefited from his skills.

Born in 1761 near Edinburgh, Rennie trained originally as a mechanical engineer and was involved in the development of machinery for Scottish mills. He later moved into the area of civil engineering and quickly became the leading expert in the construction of canals and harbours. The plans for the new Custom House had from the beginning envisaged the association of the building with a complex of enclosed docks accessible by locks and by surrounding warehouses where goods liable to customs duty would be discharged and, where necessary, placed in bond. John Rennie was appointed consultant engineer for these developments and the first of the new docks with sufficient depth to float any vessel entering the river was opened in 1796.

As in the case of the opening of the Custom House itself some years earlier, the occasion does not seem to have been marked by any formal event. Continuing controversy about the cost of the Custom House inhibited any official recognition of the occasion; the new dock would add a further £80,000 to the overall bill. The absence of any ceremony was in marked contrast to the opening during the same year of the Grand Canal dock on the other side of the river. It is clear that while some interests might have been aggrieved about what was happening at the Custom House, there was public acclaim generally for the development of Dublin Port.

Lord-lieutenant Camden, attended by other high dignitaries, was the first to sail into the new Grand Canal dock in his official yacht. He headed a procession of about twenty vessels, and was greeted by an artillery salute. The chairman of the Grand Canal Company then made a speech, naming the various locks after Camden and his predecessors, Buckingham and Westmoreland. When the formalities had been completed about 1,000 of 'the principal nobility and gentry' went to breakfast in tents specially erected for the occasion. Afterwards the lord-lieutenant and Lady Camden were rowed around the docks, receiving cheers from each vessel as they passed by. A contemporary newspaper reported that at least 150,000 cheering members of the populace lined the banks, that the boats were filled with beautiful women and that the constant cannon fire and music created a stunning atmosphere.

A second dock in the Custom House complex was opened in 1821. This was called George's dock in honour of George IV. A third dock leading off George's dock and known as the inner dock was completed some years later. Such extensions included considerable storage accommodation. George Wright, writing in *A Historical Guide to the City of Dublin* in 1825, described the large tobacco store designed by John Rennie and capable of containing 3,000 hogsheads:

> ... there is not one particle of wood or other combustible matter. There are nine vaults beneath, which altogether afford perfect and convenient storage for 4,500 pipes of wine, allowing a walk behind the heads of the pipes as well as between them; these vaults are lighted by means of thick lenses set in iron plates in the floor of the tobacco store; but this is not sufficient to supersede the necessity of candlelight. The interior of the tobacco store is extremely curious and interesting; the roof is supported by a metal framework of an ingenious

construction, and at intervals long lanterns are inserted, the bases of which are also metal; the entire framework is supported by three rows of cylindrical metal pillars, twenty-six in each row; these rest upon others of granite which are continued through the stone floor into the vaults below.

The Custom House developments were not John Rennie's only association with Ireland. From the 1790s to the early years of the new century he directed the construction of the Royal Canal from Dublin to the Shannon near Longford. In 1802 he was consulted on a serious problem relating to Dublin Port: because of the movement of sand it was very difficult to maintain deep shipping channels in the port. Rennie later said that he found this to be one of the most difficult problems with which he was ever confronted. However, he was not the only expert whose views were sought. Among the others whose knowledge and experience contributed to the development of the port was Captain Bligh, best remembered for the famous mutiny on the *Bounty*.

Rennie also carried out, at the request of the government, a study of the road through North Wales to Holyhead, with a view to improving the then wretched state of communication with Ireland. He regarded as indispensable the linking with a bridge of the opposite shores of the Menai Strait, but his plan for a single great arch of cast-iron was considered too daring as well as being too expensive. It would be many years before a bridge was erected. However, Rennie managed to improve the links between Ireland and Britain by extensive developments at Holyhead, Howth and Kingstown (Dún Laoghaire) harbours. The mail boat service to Britain, for a considerable period based at the Pigeon House, was transferred to the improved Howth harbour in 1819 and was finally moved to Kingstown when new piers were sufficiently advanced there. Kingstown provided a greater depth of water and a more convenient location.

Rennie was very imposing in personal appearance. He was 6ft 4in tall, of considerable endurance and strength, capable in his prime of walking up to fifty miles a day and lifting three hundredweight with his middle finger. At all times he set the highest standards for his work, had a keen sense of beauty and design and laid great emphasis on durability. His insistence on durability often led to costly designs for which he was sometimes criticised, but the soundness of his structures was beyond question. He had modest expectations where remuneration for his work was concerned. He accepted a total fee of only £350 for planning and directing the construction of the Kennet and Avon Canal. Insofar as he had any time outside the demands of his work he liked writing snatches of poetry for his personal pleasure. Like his contemporary, William Wordsworth, he had pastoral inclinations:

> *Barren are Caledonia's Hills*
> *Unfertile are her Plains*
> *Bare-legged are her Brawny*
> *Nymphs*
> *Bare-arsed are her Swains.*

He died in October 1821 and is buried in St Paul's Cathedral, London. A contemporary publication described his death as 'a national calamity ... Mr Rennie had no rival. Every part of the United Kingdom possesses monuments to his glory'. His work was taken over by his son John (later Sir John), who would, too, become one of the great engineers of his time.

Smyth's Industry

TRIKE, CRANGLE, THE EARL OF LEITRIM AND OTHERS

Government papers for the few decades following the opening of the Custom House in 1791 give a fascinating picture of the variety of people who earned their living there. In an age before electricity, typewriters, computers and other pieces of modern technology led to a reduction of manual labour and of tedious repetitive activities such as manuscript copying of letters, large public offices like the Custom House required a considerable force of servants and minor functionaries.

A pedimented window. Smoke staining from the historic burning in 1921 was not aggressively removed in line with the philosophy of repair.

Reports of commissioners who took a critical look at customs and excise staff in 1824 create a picture of the atmosphere of the Custom House at that time and the roles of some of the lesser workers. Thomas Trike sat in the main hall on the north side of the building to prevent 'improper persons' entering. He was also responsible for stopping goods being carried through the building from the quayside; passage through the Custom House offered a tempting short-cut for the bearers of heavy loads. Trike, who was paid £60 per year, had four assistants, two in the north hall and two who manned the quayside entrance.

Chidley Coote's job of 'keeper of the book-room and record office' was of less importance judging by his annual salary of £34.2.6d, while his colleague James Crangle, who put labels on the papers and stored them away, received only £29.11.6d. The status of James du Noyer was somewhat higher; he sat outside the boardroom whenever the board was sitting and received £80 yearly for attending to orders.

Mrs Anne McLean, the housekeeper, represented the top of the servant hierarchy. She lived in the building and ensured that the female servants kept the offices and passages clean and maintained a supply of soap and candles to the different rooms. Mrs McLean employed fourteen women for this purpose and paid them out of her annual allowance of £470. In general the charwomen received from £9 to £12 each per annum.

The heating of the building was an important part of the domestic regimen. There were fireplaces in 136 official rooms and a further ninety in the apartments allocated as private residences to the chief commissioners of customs and excise and to the secretaries of their departments. The responsibility for looking after all the fires fell to the superintendent firelighter, William Dunn, and fourteen firelighters, who were required to attend at the building at six o'clock each morning to light the fires, cut timber and carry coal. Dunn received 34s.1½d weekly and the others 16s.3d each. The commissioners enquiring into the staffing of the buildings were unhappy about the performance of the firelighters, noting that 800 tons of coal had been used during 1823 whereas in the London Custom House, with about the same number of rooms, only about one-third of that amount had been consumed. They recommended that the use of coal should be placed under close supervision and that no one should be allowed to carry any fuel out of the Custom House, 'on any account or pretence whatever'. They also recommended that the cinders and ashes, up to then an important perquisite of the superintendent firelighter who sold them for his own benefit, should in future be sold for the benefit of the Crown.

The perquisite lost by the superintendent firelighter was of little value compared with those which the governing classes themselves enjoyed. Well-paid sinecures, jobs for which there were only nominal duties or in respect of which ill-paid deputies were employed, were at the time a well-established device for the distribution of government largesse to friends. Official papers relating to the Custom House in 1806 show that the Earl of Leitrim had a life interest in a post of searcher, packer and gauger for which he received £1,359.1.9d annually. Lord Henry Seymour earned £1,284.5.3d as craner and wharfinger. A merchant complained to a later parliamentary enquiry that Seymour was extorting the 'most excessive fees'. Payments had to be made to a variety of parties and pressure was put on merchants taking goods from the quay to use carts provided by customs staff. 'The gatekeeper is the greatest cartman in Dublin,' said the merchant. Members of the Beresford family, of whom there were many – John Beresford, the former chief commissioner of revenue, had seven sons and ten daughters – held various well-paid but nominal posts such as winetasters and storekeepers. The wines in the stores appear to have been 'tasted' copiously and containers were often found to be considerably deficient when taken out by the merchants to whom they were consigned. A financial return of 1810 shows that Henry Barre Beresford and John Beresford junior were granted a joint annual payment of £5,935.13.1d, when fees previously payable to them were suppressed.

The most common form of life in the early nineteenth-century Custom House was the junior clerk, most of whom were paid about £50 per annum. Promotion was uncertain: it depended largely on patronage and had little to do with ability. Whether or not one had expectations of advancement, there was little to be gained by hard work. According to the Board of Customs, in a report to the lord-lieutenant in 1810, the consequences were that many officers 'gave their duties only such a moderate share of attention as will just save them from reprimand or punishment'. A popular magazine complained of the treatment accorded to ships captains and to other members of the public waiting to transact business in the long room. The clerks there, described as 'demi-gentry', came to work with their whips and spurs and hunting frocks. Saddles and bridles were to be seen hanging behind their desks. As an impatient throng awaited attention the indifferent clerks discussed the pedigrees of their horses and, coming to life sharp on the stroke of two o'clock, rapidly departed, to be re-united with their mounts. The magazine commented, 'they despise the idea of trade and the vulgar restrictions annexed to it'.

The practice of the customs and excise departments of maintaining and publishing huge detailed lists of goods and activities on which revenue had been raised required a substantial amount of tedious clerical work. A list prepared as the new Custom House went into operation, showing items which had become obsolete and were no longer producing customs revenue, gives an insight into the type of exotica previously imported into Ireland. They included: bandeleers, bombazines, beaupers, comashes from Turkey, crossbow laths, desks for women to work at covered in velvet, dudgeon, gadza, hawks of all sorts, masks of sattin, neckerchers from Flanders, orsedew, scammoty, shubs of Calabar, thrums, verders of tapestry, wadmol and wrests for verginals.

Some of the clerks had responsibility for administering an oath which merchants importing goods were required to take as to the quality and quantity of goods being imported by them. The oath, known as 'the Custom House oath', was usually taken by representatives of the merchants, frequently 'inexperienced youths', who were expected to give true details of goods so that the appropriate duty could be levied. The oath became such a routine and unsolemn matter that truth was in short supply. Commissioners who enquired into practices in certain public offices in 1806 looked at the Custom House oath and reported:

an oath of this nature ... cannot be either administered or taken with much solemnity; the occasion and the time and place amidst the hurry and confusion of Custom House business must all tend to degrade this solemn sanction to a mere formality ... We cannot help considering the administration of such oaths ... as most prejudicial to the general interests of religion and morality.

Jonah Barrington 1760–1834

Among those who held a well-paid sinecure in the Custom House at the end of the eighteenth century was Jonah Barrington, lawyer, wit and author, a flamboyant dandy and conversationalist, who enlivened the social scene of the period.

Born near Abbeyleix, where his father, who was a member of the Irish parliament, had extensive estates, Jonah became a lawyer and followed his father into parliament, initially representing Tuam. He had earlier been offered a commission in the army but on learning that his proposed regiment was likely to be drafted for active service in America, declined the offer and suggested that the favour might be extended 'to some much hardier soldier'. His legal career developed slowly and was providing insufficient funding for his chosen lifestyle when it was suddenly transformed at the end of 1793 after Lord Buckinghamshire, chief secretary to the lord-lieutenant, awarded him the 'handsome office' of Ships Entries of the Port of Dublin. Its previous holder, George Ponsonby, then out of favour but later lord chancellor of Ireland, was pushed aside with a pension to create a vacancy for Barrington. The government's *largesse* appeared to stem from Barrington's parliamentary opposition to John Philpot Curran and Henry Grattan. The award of this Custom House sinecure was accompanied by a considerable increase in the demands for his legal services. 'I was immediately considered as on the high road of preferment,' he wrote; 'the attorneys pursued me like a flock of rooks; and my business was quadrupled!' His success as a lawyer culminated in his appointment as judge of the Admiralty Court in 1798 and a later knighthood. Despite the fact that he had opposed the Act of Union he retained his judgeship after the abolition of the Irish parliament because, it was believed, he had helped paradoxically to buy over some other politicians to support the Union.

He was a fastidious snob, intolerant of bad manners, unkempt dress or ungentlemanly behaviour. He saw Irish county society as falling into three classes. At the bottom of the social scale were 'half-mounted gentlemen', descendants of English settlers, usually with about 200 acres of land but only occasionally admitted into the society of true gentlemen. They were, however, good horsemen who wore buckskin trousers and well-groomed boots and carried large whips heavily loaded with lead. They had the hereditary role of keeping the ground clear at race meetings and other public gatherings which they 'exercised with becoming spirit, trampling over some, knocking down others, and slashing everybody who encroached on the proper limits'. Next on the scale were 'gentlemen every inch of them' who came from excellent families but had fallen into straitened circumstances while remaining popular and carrying weight at public elections. At the top of the social scale were 'gentlemen to the backbone' who came from the oldest families and were universally respected and, according to Barrington, idolised by the peasantry. Their word was law.

While Barrington preferred the fine and beautiful things of life he was prepared to make exceptions. 'Nobody admired female loveliness more than myself; but beauty in the abstract never excited within me that delirium which has so impartially made fools of kings and beggars', he wrote. He was, however, excited by a lady of 'sombre and swarthy complexion' whom he met at his brother's wedding. She had no beauty but on the contrary 'seemed to have been selected as a foil to set off the most transparent delicacy of the bride whom she attended'. Overwhelmed with passion, he found it disconcerting that he could not identify any rationale for his predicament: 'I once ventured myself to ask if she could tell me why I loved her. She answered by returning the question; and hence neither of us being able to give an explicit reason we mutually agreed that the query was unanswerable.' He concluded that only the words *je ne sais quoi* could describe her attractions, 'a species of indefinable grace which gives despotic power to a female'. They decided to become betrothed but, as her personal fortunes were insignificant, to part immediately and not meet again until Barrington's career at the Bar had bloomed. They never met again and Barrington recorded enigmatically that she died 'in some peculiar circumstances'.

Gossip and scandal appealed to him as is evident from his very entertaining but exaggerated *Personal Sketches of His Own Times*. The affairs of the English royal court at this period were grist for his mill. The Prince of Wales, later George IV, was persuaded by his father George III to marry his cousin Princess Caroline of Brunswick, but the royal couple lived apart. It was not only that the Prince was already secretly married to Mrs Fitzherbert but he had been so taken aback by Caroline's ugliness and coarseness on the day they first met that he required the immediate support of a strong draught of brandy. Later, in 1806, when an allegation was made that Caroline had had an illegitimate son, she was cleared of misdemeanour by a parliamentary committee. Barrington, by then a judge, was present at a drawing room (royal reception) in the Palace of St James when Caroline was being received by Queen Charlotte for the first time since 'the delicate investigation'.

Drawn there by curiosity, like most of the other members of the large and excited assembly of high officials and nobility, Barrington wore for the occasion his gown of office and 'a

Banks's America

frizzled peruke loaded in powder and pomades'. He could get only a 'perspective' view of the Queen, mother of fifteen children, 'who stood stoutly before the throne like the stump of a baronial castle to which age gives greater dignity'. Princess Caroline entered on the arm of the Duke of Cumberland and 'tottered' to the throne where she was kindly received by the Queen. Barrington afterwards succeeded in getting an introduction to the Princess and was not impressed. 'She spoke too much, and loud, and rather bold; it seemed to me as if all recollection of what had passed was rapidly vanishing.' He preferred the Queen who, although plain and old, 'was the best bred and most graceful lady of her age and figure I ever saw'.

Unfortunately Barrington was not able to maintain for himself the high standards of behaviour he expected of others. His extravagant lifestyle led to constant debt. Partly to escape his creditors he lived for long periods in France from 1815. An official enquiry into the operation of the Irish courts of justice in 1830 showed that he had also used for his own purposes money paid into court during 1805, 1806 and 1810. He was deprived of his judicial office and, in disgrace, moved immediately to live permanently in France. He died there, in Versailles, in April 1834.

One of the features of post-Union government policy in Ireland was the acceptance of the importance of developing a centralised and impartial administration. The absence of any real system of local government and the shortcomings of the gentry were good arguments for an effective central structure of government. The establishment in 1831 of a reformed and expanded Board of Public Works, based in the Custom House, with wide and increasing responsibility for public projects, many of great economic consequence, was an important development.

As the 1830s progressed there was considerable concern about the rapidly worsening social conditions of the growing population of about eight million. The dire poverty and unemployment, a high level of civil unrest, recurring famines and epidemics led to an intensive investigation of social conditions and subsequently to the creation of a poor law system. The Poor Law Commission was established in the Custom House just ahead of the great famine of 1845-49; the new commission and the Board of Works would carry the main burden of implementing government measures during these terrible years.

With the ending of the famine the level of poverty remained high over the subsequent decades, with increasing government intervention aimed at ameliorating hardship and improving the economic environment. Much of the resultant activity was directed from the Custom House.

JOHN FOX BURGOYNE 1782–1871

In 1831 John Fox Burgoyne accepted an offer of the chairmanship of the newly established Board of Works for Ireland – a post he would hold for a period of fifteen years. By this time Burgoyne was in the middle of an extraordinary career both as a soldier and an administrator, with the capacity for adapting himself with notable success to the hugely differing tasks assigned to him during his lengthy public service. In Britain he sat on commissions as varied as that of the penny post and the proposed site of Waterloo Bridge. The needs of Ireland would be even more demanding.

He was the eldest of the four illegitimate children of Lieutenant General John Burgoyne and Susan Caulfield, a popular singer. His father had commanded the British forces that surrendered to the Americans at Saratoga in October 1777 and later became commander-in-chief of the army in Ireland. John junior also entered the army, becoming a Royal Engineer and accompanying Sir John Moore's expedition to Portugal in 1808. There he was involved in the retreat to Corunna where he had the duty of remaining behind his retreating colleagues, blowing up bridges at the last moment to delay pursuit. He later served in a senior capacity with Wellington in Portugal and Spain. His job as an army engineer was a hazardous one; during the Peninsular War twenty-five of the seventy British engineering officers were killed and twenty-four were wounded. Burgoyne himself had his horse shot from under him, was twice wounded and was mentioned in Wellington's dispatches. Later 'he had the mortification to be absent from Waterloo'.

The government's aim in establishing the Board of Public Works was to concentrate in one office the duties of several existing bodies then responsible for public works and being managed by unpaid and inefficient commissioners. Among the responsibilities taken on by the new body and considerably added to over the following years were the granting of government loans; inland navigation including that of the Shannon; roads and canals; the work of an existing board of works responsible for certain public buildings; harbour installations; planning and building the newly developing district lunatic asylums; fisheries; the examination of candidates for appointment as county surveyors and the work of the Drainage Commission. Burgoyne's army experience stood to him in marshalling and amalgamating such a wide range of activities under one command. This he did with notable success and considerable economy. After the new Board had absorbed all these activities – but before its involvement in the relief activities of the famine period – its personnel consisted of three commissioners, a secretary, a solicitor, an architect, three engineers and about fourteen clerks, porters and messengers. The total annual cost was £5,321 which Burgoyne himself claimed was the equivalent of about half the cost of the bodies it had replaced. In August 1835 he was honoured with the first presidency of the Civil Engineers Society of Ireland which transformed itself into the Institution of Civil Engineers of Ireland in 1844. The first meeting of the Society was held in the Custom House on 6 August 1835.

The state of the Shannon was one of the first issues of importance to engage the attention of the Board. This led in 1837 to the establishment of the Commission for the Improvement of the Navigation of the Shannon, with Burgoyne as chairman. Recommendations contained in a series of elaborate reports were subsequently accepted by the government. The Shannon Commission became responsible for implementing them but the work was subsequently integrated in the activities of the Board of Works.

Burgoyne was also a member of the commission set up in 1836 to advise on the development of Irish railways. It was originally intended that he should be its chairman but it was feared that he would be biased since it was known that he was strongly of the view that the operation of the railways should not be left to private enterprise. Nevertheless when the commission, under the chairmanship of Under-Secretary Thomas Drummond, put forward its report in 1838, it had been largely drafted by Burgoyne and reflected his view that the railways would not be profitable to private enterprise and that their operation should be left to the state. It was an unpopular view at a time when unrestricted competition was the order of the day and when Robert Peel and others were arguing in parliament that state operation of railways would be a violation of the principles on which the prosperity of a country depended. In the circumstances the development of Irish railways was left to private entrepreneurs but, in time, Burgoyne's

Irish regiments returning from the Crimean War at a banquet in one of the Custom House warehouses, October 1856

predictions proved correct. By 1866, three of the railway companies were bankrupt, two were at a standstill, ten were paying no dividends on ordinary shares and seven were paying none on preference stock.

In 1845, on the recommendation of the Duke of Wellington, Burgoyne was encouraged to resign from his civil employment in the Board of Works and return to his army career in Britain as Inspector General of Fortifications. However, within two years he was presented with a new task, the most challenging of his career. In January 1847, as the Irish famine intensified, the prime minister asked him to return there as chairman of a new relief commission being established as an emergency measure.

Throughout the previous year an earlier commission under the chairmanship of Sir Randolph Routh, in association with the Board of Works, had attempted to reduce starvation by a combination of improved food supplies and relief works. The relief works had given employment to huge numbers of destitute people and, in theory, had provided them with the means to buy food but for various reasons the scheme had been a failure (see biographical note on Thomas Larcom). Deaths from starvation and its associated epidemics continued to increase alarmingly. The government, eschewing its deeply-rooted opposition to large-scale outdoor relief, now had no choice but to distribute free food to the hungry masses. Burgoyne's commission had the responsibility for doing so under the provisions of what became popularly known as the Soup Kitchen Act (10 and 11 Vic.C.7). Food kitchens were established on a national basis through local relief committees. In July 1847 the high point of their usage was reached when 3,020,712 persons received separate rations on one day. Charles Edward Trevelyan, controller of the funds available for famine relief in Ireland, wrote subsequently:

> ... organised armies amounting altogether to some hundreds of thousands had been rationed before; but neither ancient nor modern history can furnish a parallel to the fact that upwards of three million persons were fed every day in the neighbourhood of their homes by administrative arrangements emanating from or controlled by one central office.

Though his success in organising the soup kitchens had been a notable contribution to reducing the toll of Irish starvation, Burgoyne had no doubts that this type of emergency intervention was not the long-term answer to the gross deprivation that existed in Ireland. He was one of the small number of prominent British figures of the nineteenth century prepared publicly to acknowledge that the large-scale and permanent wretchedness of the Irish population did not derive from periodic famines and epidemics but from the persistent attritional policies of the British government and the governing classes in Ireland. Immediately after his arrival in Ireland in 1831 to take up the chairmanship of the Board of Works, Burgoyne had written: 'The first sound I heard as I approached the Irish coast was the accent of distress.' It was a cry of grief from a miserable group of women and children sitting on the rocks in Kingstown harbour as they watched a convict ship in which their menfolk were imprisoned. And he was quick to note that while in England there was a regular social gradation from the humble cottager to the resident of the palace, in Ireland 'nothing is to be seen between the wretched hovel and the gentleman's house with its lawns and shrubbery'. His efforts to influence government economic activity during his stay in Ireland were motivated by his belief that as long as profits were absorbed by the few and used for their own maintenance 'it is no use to make fine harbours, canals, railways etc – these will no more create trade than building a ship will ensure a freight'.

With the end of the work of the relief commission Burgoyne returned to his army post in England. He still had a remarkable career ahead of him. In 1853, aged seventy-two, he was asked to accompany General Raglan and his

British forces to the Crimea to advise on the point of debarkation for the coming war with Russia. After the landing he was involved in the decisions taken about the disposition of forces at the siege of Sebastopol. Later he became a scapegoat for British failures in the Crimea and was virulently attacked in the public press. But it did little damage to the general recognition of the achievements of an extraordinary career. He was made a baronet in 1856, gazetted a full general, presented with the freedom of the City of London, and received an honorary degree at Oxford. In 1868, when he retired from his army post, he was made a field-marshal. He died in October 1871.

RICHARD GRIFFITH 1784–1878

In 1864, in his eighty-first year, Richard Griffith stepped down from his Custom House based appointment as chairman of the Board of Works. He continued to hold another major public office, that of Commissioner of Valuation, for a further four years. It had been an extraordinary career, full of vitality and innovation, which in a number of ways made an important impact on the social and economic development of Ireland during the nineteenth century.

Griffith was born in Dublin in 1784 to an ascendancy family; his father, also Richard, represented Askeaton (Co. Limerick) in the Irish parliament after a profitable career in the service of the East India Company. His mother, an Englishwoman, died when he was four and his father, a strong believer in the economic potential of Ireland's natural resources, became a major influence on his subsequent career. After a brief interlude in the army Griffith decided to become a civil and mining engineer. His scientific studies in London and Edinburgh were supplemented by practical geological experience in Cornwall, then an important mining area, where he discovered deposits of nickel and cobalt. When he returned to Ireland in 1808 he was in immediate demand as a geologist and worked exclusively in this area over the next fourteen years in a number of simultaneously-held appointments. As mining engineer to the Dublin Society he carried out a survey of the country's coalfields. During the same period, while assisting a government commission enquiring into the nature and extent of Irish bogs and the practicability of draining and cultivating them, he undertook a detailed survey of the Bog of Allen. Nothing of benefit came from the commission which merely decided that the future of the bogs should be left to private enterprise. Griffith was also appointed Inspector

General of Mines in Ireland at this time.

Other responsibilities would continue to be thrust upon him. He had won the admiration and the patronage of the Marquess Wellesley, eldest brother of the Duke of Wellington, who took up the post of lord-lieutenant in Ireland in 1821, and received a series of important assignments in the public service. In 1822 Griffith was placed in charge of a scheme of relief works in Munster to reduce the hardships there following a potato crop failure. The works consisted mainly of road and bridge construction and led to the development of road systems in a number of areas that up to then had been little more than primitive tracks.

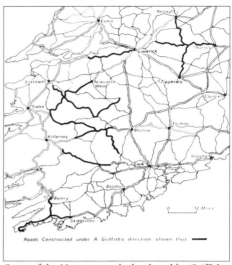

Some of the Munster roads developed by Griffith from what were previously only tracks

Griffith himself described the environment in which he worked as 'wild, neglected and deserted country without roads, culture or civilisation'. During the next twenty years he linked up centres such as Newmarket, Listowel, Newcastlewest, Abbeyfeale, Castleisland and Charleville (Rathluirc) and developed a route across the Caha Mountains between Glengarriff and Kenmare.

His road-building schemes were hardly underway when he was asked to undertake on behalf of the Ordnance Survey, which had started its operations in 1824, the delineation of the boundaries of every county, barony, parish and townland in the country. A huge number of local enquiries was necessary and between 1825 and 1831, alone, Griffith settled 6,000 disputes in areas where boundaries were ill-defined. His work enabled the publication between 1833 and 1846 of a monumental and precise six-inch map of Ireland consisting of some 2,000 sheets.

In 1827 Wellesley again called upon the already heavily-burdened Griffith. He was appointed Commissioner of General Survey and Valuation of Rateable Property in Ireland. His remit was to establish a uniform valuation of land and property for taxation purposes. He would remain commissioner for over forty years and create a national system of land valuation which would continue up to recent times. Valuations were based on 'net annual value', calculated on the productive capacity of the land and related to a uniform scale of prices of agricultural produce. For the purposes of assessing its value, arable land was divided into prime soils (rich loamy), medium soils (rather shallow or mixed), and poor soils. Pasture was divided into fattening land, dairy land, and store pasture. Valuators worked in groups of three, accompanied by a spadesman who dug up the earth so that it could be examined. Modern studies show considerable inconsistencies in the valuations but Griffith was a pioneer who put land appraisal on a scientific basis and, despite the shortcomings of his methods, his work in this area was outstanding. Griffith's extraordinary contribution to the Irish public services continued to be a diverse one. In 1836 he was appointed one of four commissioners to enquire into the development of the Irish railway system. In 1838 he published a geological map of Ireland as a preliminary to a far more ambitious one on a quarter-inch scale during the following year. It was the first detailed depiction of Irish geology. Modern studies of the survey material on which he based his maps establish that he concealed to a considerable degree the contribution of some of his assistants and claimed, without justification, that the maps were all his own work.

In August 1846, as the great famine intensified and starving mobs of people demonstrated for food, the government appointed Griffith as deputy chairman of the Board of Works and Thomas Larcom as a commissioner (see separate biographical note) to organise and supervise relief works under the aegis of the Board of Works. The aim of the works was to provide employment to enable people to earn money with which to buy food. The alternatives were admission to the packed fever-ridden workhouses or death by the roadside or in their wretched cabins. The relief schemes proved chaotic and impossible to control because of the huge numbers involved and the general disorder that prevailed. By the end of the year 500,000 people were employed on the schemes and the Board of Works had become the centre of a vast organisation with 5,000 separate relief projects and 12,000 local supervising staff to be superintended. The effort, in any event, was largely in vain. The price of available food supplies had soared beyond the reach of those who on average were earning 8d per day on public works and the government was forced into the situation of providing soup kitchens to supply food directly to the starving people.

Griffith became chairman of the Board of Works in 1850 and was created a baronet by Lord Palmerston in 1858. When he retired in 1864 he was appointed an honorary commissioner with a view to giving the Board 'the benefit of his great experience on questions of importance'. But although he lived to be ninety-four he never again set foot in the Custom House because his former colleagues did not consider it necessary to seek his advice. It was the price he paid for clinging to office for too long.

He died in Fitzwilliam Place, Dublin, in September 1878, and his tombstone in Mount Jerome cemetery bears the inscription:

Not slothful in business, fervent
in spirit
Serving the Lord

It was a just summing-up of a remarkable life.

THOMAS A. LARCOM 1801-1879

Thomas Larcom was born in 1801, the son of an officer of the Royal Navy. He studied at the Royal Military Academy in Woolwich, became an officer in the Royal Engineers and was assigned to duties in the Ordnance Survey of England. In 1826 he was transferred to the Irish Ordnance Survey where two years later he was given responsibility for organising the whole operation of the service. This required the recruitment and training of a large army of draughtsmen, engravers, printers and others to compile and publish detailed maps of the country. Larcom conceived the  idea that the mapping of the country provided an opportunity, at relatively little additional cost, to put together a detailed description of each locality including its antiquities, customs, natural features, industries and agricultural practices. The government agreed initially to his proposal. Larcom prepared himself for his self-imposed task by studying the Irish language and had begun his detailed surveys when the government had a change of heart and decided, on grounds of economy, that the Ordnance Survey should keep to its primary task of mapping the country.

In 1841 Larcom was given additional responsibility when he was appointed census commissioner. The content of the census report of that year was probably considerably influenced by him since it contained for the first time a large volume of information about the social conditions and classifications of the population, in addition to its numbers. Detailed agricultural statistics were also included and they established a basis for the continuing collection of agricultural data, a task subsequently associated with the Office of the Registrar-General.

Like many other public officials of the period Larcom got caught up in the government's responses to the calamitous conditions during the years of the great famine, 1845-49. His proven capacity for the organisation of large-scale work and his detailed knowledge of Irish social conditions made him an obvious choice for a directing role in the somewhat panic-stricken relief measures initiated by the government in 1846, when confronted by widespread starvation, epidemic disease and a rapidly increasing death-toll. Richard Griffith (see separate biographical note) and Larcom were appointed special commissioners to supervise emergency relief works under the aegis of the Board of Works. Griffith was deputy chairman of the Board, so the more detailed direction of the schemes fell on Larcom's shoulders. He would say later that the immensity of the task 'nearly brought him to the grave'.

The aim of the relief schemes was to provide work to enable those who were starving to earn money to buy food. The more obvious solution of giving food directly to the hungry was, for the present at least, anathema to a government committed to the sacrosanctity of *laissez-faire*. By March 1847, three-quarters of a million people were employed on thousands of relief schemes. They were supervised by 12,000 subordinate officials, who in turn were superintended from the Custom House where, on a single day in May 1847, 6,033 letters were received from local officials. Looking back on the winter and spring of 1846-47, a member of the Board of Works later wrote that it appeared to him to be 'not a succession of weeks and days but one long continuous day, with occasional intervals of nightmare sleep. Rest one could never have, night or day, when one felt that in every minute lost a score of men might die'.

Within the areas of the Custom House allocated to the Board of Works every available place, including the corridors, was crammed with desks. Crowds of local officials and others seeking information or making complaints added to the general confusion. Walker, secretary to the Board, complained to Charles Trevelyan, assistant secretary to the Treasury and watchdog of Irish relief expenditure, about the working conditions in the Custom House. The position was compounded by the fact that no one was in overall charge of the building. Every department then located in the Custom House clung to its own assigned territory. Eventually the housekeeper and the collector of customs were deprived of some of their space and this was handed over to the Board of Works.

At local level the working atmosphere for the Board's officials was far worse. It is clear from the letters and reports that flooded into Larcom that many of them, particularly those in the most distressed areas, were taking their lives in their hands. Riots were frequent. Many of the starving workers found the low wages of nine pence daily insufficient to buy food and clamoured for either more pay or supplies of food. Captain Hawkins, writing from Roscommon in August 1846, described how a mob had threatened plunder, 'stating they would have beef, mutton or bread before night'. He reported, 'My life was hanging on a thread.' In other areas riots developed because there was insufficient work for those seeking it. Reporting from Tulla in County Clare in October 1846, George Andrews described being taken by force to a location and compelled to assign work to a mob of two hundred men. His horse was kicked in the belly. He complained that 'being at the mercy of such a rabble is more than a man's life is worth!' About the same time Lieutenant Inglis reported to Larcom how Kearney, the Limerick county surveyor, was 'hunted like a mad-dog' when he announced at Hospital an insufficient provision for relief work. He fled in terror and escaped by jumping into a carriage 'where they could not conveniently get at him without first killing a very favourite parish priest'.

If the recipients of relief were hostile to the Board of Works so too were the ratepayers who were burdened with the cost of the poor law and the various other relief measures of the period. When eventually in 1847 the government dropped the special work schemes operated by the Board of Works, because they were not stemming the mass-starvation, and replaced them by soup-kitchens, the tax burden of the ratepayers increased.

Some blamed the Board of Works. When the ratepayers in Wicklow Town met to protest against demands on them to support distressed electoral divisions in other parts of the country, there were cheers for a speaker who recited a parody about the Board of Works in the form of what was then called a 'nigger' song:

> De Board of Works dey do no good –
> Egor, me thinks dey steal!
> Dey gib no work, dey gib no food –
> Oh how the poor must feel!
>
> There's Radcliff and Colonel Jones
> And two other men
> And Otley – dat old bag of bones
> Whose past three score and ten!

With the ending of the famine Larcom remained a commissioner of the Board of Works. He chaired an enquiry into the operation of the poor law in 1848 and headed a commission during the following year which examined the reform of Dublin Corporation. He became deputy chairman of the Board in 1850. Three years later he was appointed under-secretary for Ireland. It was a fine tribute to his work; for the first time the post had been filled on a

The launch of the City of Dublin lifeboat at the Custom House Quay, 1867

non-political and permanent basis, in order to put Larcom in a position of considerable authority and influence. He was knighted in 1860 and retired in 1869. Most of his latter years were spent arranging and binding hundreds of volumes of his papers, many of which are available in the National Library, Dublin. He died in Farnham, England, in June 1879.

EDWARD T. B. TWISLETON 1809–1874

Edward Turner Boyd Twisleton was born in Ceylon in 1809 and after a distinguished career at Oxford University was called to the Bar in 1835. He subsequently worked for a number of government commissions before being appointed an assist-

WITH GENERAL BULLER IN KERRY: RESISTANCE TO EVICTION.
SKETCH BY A SPECIAL AGENT.

Scenes such as this eviction led to Twisleton's indignation

ant poor law commissioner in 1839. Following the creation of the separate Irish poor law system Twisleton took up residence in Ireland in 1845 as representative of his commission and, two years later, became the head of the newly-established Poor Law Commissioners for Ireland, based in the Custom House.

The system that Twisleton presided over was a harsh, punitive one. A detailed enquiry into Irish poverty carried out in the mid-1830s under the chairmanship of Dr Whately, Protestant Archbishop of Dublin, estimated that the number of persons destitute for at least thirty weeks in the year was not fewer than 2,385,000. The commission considered that the answer to Irish poverty was not a workhouse system based on the English model, devised largely to compel the able-bodied to work. In Ireland there was little work for the many who sought it and Whately's commission made a series of recommendations in which there was considerable emphasis on the creation of work through public schemes to improve the economic conditions of the people. They were enlightened proposals, not hampered by currently-held doctrines opposed to state spending on the welfare of the individual. Not surprisingly the government rejected the recommendations and opted for the views of George Nicholls, one of the poor law commissioners, who after a quick tour of Ireland recommended that the English workhouse system, with some modifications, should be applied to Ireland.

The new system was quickly established because there were ominous signs of an impending disaster in the country. The population was increasing rapidly; there were periodic local famines; the problem of endemic typhus fever always threatened to explode into a national epidemic. The country was apportioned into 130 unions or groups of parishes, each served by a large workhouse hastily built under the direction of George Wilkinson (see separate biographical note). Everything about the design and operation of the workhouses was intended to deter people from entering them or, if they did, to ensure that they had no inclination to prolong their stay. Their role was to relieve utter destitution at minimum expense; they were not intended to be caring institutions. The buildings, surrounded by high walls, were bare and cold; the ground floors were of mortar or, more frequently, earth. The staff were selected for their ability to discipline and regiment the paupers rather than for their humanitarian qualities; it was important to the creation of the desired atmosphere that there should be no show of sympathy. Families who owned more than a quarter acre of land were ineligible for admission unless they gave up their meagre patch to their landlord. They were split up on admission; there were separate male and female areas and children over two years of age were kept apart from their parents.

All inmates had to wear rough workhouse clothes with the name of the union prominently inscribed on them. There were two minimal meals a day but children got extra food. The routine of the day was firmly laid down in regulations; changes in activity were signified by the ringing of a bell. All inmates, including children, considered to be disorderly or refractory could have their food withdrawn, be placed in confinement or brought before the local justice of the peace and sent to prison.

The workhouse, or the poorhouse as it came to be known, was deeply resented by those at whom it was directed as an affront to human dignity. However, for many there was no choice but to enter it, because under the early poor law system outdoor relief was not permitted and the only alternative for those who were starving was to die by the roadside or in their wretched cabins. When the potato crop failed for the second time in 1846 a great mass of starving people turned reluctantly to the poorhouse and accepted what it had to offer. By July 1849 there were 220,000 people in the grossly-overcrowded institutions and their auxiliaries and a further 784,000 on outdoor relief which the government had reluctantly conceded. The workhouse became the focus of much of the starvation, disease and death of those terrible years. The overcrowded, insanitary conditions were a fertile setting for the spread of typhus, dysentry, smallpox, cholera and other infections; tens of thousands of people already weakened by hunger were swept away in those dreadful conditions. By the time the tide of famine and disease had passed, up to one-and-a-half million people had died in and out of the workhouses.

It was Twisleton's ill-luck to have had to preside over the work of the poor law commissioners during this calamitous period. However, once the famine broke out, there was relatively little that the poor law commissioners, the Board of Works or other government or voluntary relief agencies could do to halt the spread of epidemic disease and the consequences of mass-starvation. The development of the social conditions that reduced the bulk of the Irish population to abject poverty and made them so vulnerable to famine and epidemics cannot be blamed on the poor law commissioners; the situation arose from the long-term policies and attitudes of the British government and the ruling Irish ascendancy. There was little that Twisleton personally could do apart from carrying out the responsibilities assigned to the poor law commissioners. But he took to heart what he saw in Ireland and was indignant about the manner in which the people had been treated by the administration he served. Giving evidence to a parliamentary committee in 1849 he said:

> ... there are many individuals of even superior minds who now seem to me to have steeled their hearts entirely to the sufferings of the people of Ireland and who justify it to themselves by thinking it would be going contrary to the provision of nature to give any assistance to the destitute of the country. It is said that the law of nature is that these people should die and that we should let them alone ... and that their brothers in the rest of the empire are to look on and let them die. I believe ... we should feel compassion for them and assist them ... I think the whole Celtic population is remarkably patient ... if they had been more desirous of a higher standard of existence and a better standard of happiness they would never have been reduced to the position in which they are at present ...

Twisleton retired from his post as chief poor law commissioner in May 1849, and later became a civil service commissioner in Britain from which he retired in 1870. As a private occupation he took an interest in trying to establish who was responsible for the controversial letters published anonymously towards the end of the eighteenth century under the pen-name *Junius*, attacking British government policies and prominent members of the establishment. The letters, which had an underlying malignity, appeared to have been written with an inside knowledge of the affairs of some government offices. Suspicion had fallen on Dublin-born Sir Philip Francis, who had held various appointments in the public service and was a member of parliament for a period. Twisleton, at his own expense, employed a handwriting expert to examine the manuscripts at the British Museum and in 1871 published a detailed report which appeared to establish that Francis was indeed the author.

Twisleton also published a personal study in 1873 entitled *The tongue not essential to speech*. It dealt with historical claims that Christian missionaries had sometimes developed the power of speech after their tongues had been cut out by pagans. Twisleton's studies appear to have been largely stimulated by assertions of Cardinal Newman that some instances of speech after the mutilation of tongues had been miraculous manifestations. His conclusions rejected Newman's views. According to Twisleton the tongue was not indispensable for speech; it was, in any event, impossible to cut out the whole tongue through the aperture of the mouth. He described instances where it had been possible to speak with part of the tongue and even without a tongue, although there might be slight defects in pronunciation.

Twisleton lived in London during his final years and died in Boulogne-sur-Mer in October 1874.

Smyth's Plenty

GEORGE WILKINSON 1814–1890

Once the British government had decided on a workhouse system for Ireland and had enacted the necessary legislation in 1838 it became a matter of urgency to implement it. George Nicholls, the poor law commissioner, whose idea it was that the workhouses were the appropriate way to deal with Irish destitution, was sent to Ireland to oversee the creation of the new system. Working with incredible speed as if he had some premonition of the terrible years of famine that lay ahead, he quickly had the country apportioned into 130 unions. The task of designing and superintending the building of

the workhouses, which would be central to each union, was assigned to George Wilkinson, an Oxford architect with some experience of building English workhouses.

Wilkinson was given an annual remuneration of £500 and the help of an assistant architect and an office clerk. With this inadequate assistance and guided by Nicholls he undertook his gigantic assignment. Travelling by day and night, he surveyed and measured all sites under consideration, reported on old buildings, dealt with correspondence and negotiated with site owners and builders. He had also to find time for his primary task – the design of the workhouses. He drew a standard design in unitary form which could be varied, if necessary, to suit local conditions, but he was away so frequently from his Custom House headquarters that he appeared to have left the more detailed drawings and specifications to his assistant. In his first year he approved tenders and completed contracts for seventy-four workhouses.

By March 1841 twelve workhouses had been completed and occupied, twenty-five were almost ready for occupation and seventy-nine more were in the course of construction. When the potato crop failed for the first time in

1845 and great numbers of reluctant and starving people started seeking the modicum of relief offered by the workhouses, all 130 of them had been completed, although some remained unopened because local poor law guardians were refusing to accept the financial liability of operating them.

Wilkinson had acted on the instructions he had been given. The buildings were to be durable in quality but built as cheaply as possible from local materials. Most were constructed in limestone which was readily available throughout the Irish countryside. All decoration was to be excluded in order to emphasise the harsh, deterring, role of the institutions. Wilkinson, however, provided them with gabled roofs and elevated chimney shafts to give them 'a pleasing and picturesque appearance' but a newspaper would later describe them as 'vast and tasteless edifices . . . built to resemble feudal fortresses'. They were planned to accommodate from 400 to 1,000 paupers depending on the social conditions of the union, and consisted of a complex of buildings contained within high walls. Internally no plaster was put on the walls or ceilings; they were whitewashed with lime burned specially on the site; the ground floors were of earth, a provision considered suitable for persons accustomed to walking barefooted on the common earth of their cabins.

It soon became obvious that the haste with which the buildings were constructed had given rise to serious defects in many of them. Wilkinson had been unable adequately to supervise the work or to provide proper drawings in all cases for the guidance of the builders. There had been difficulties in getting skilled workers in some areas; furthermore, few of the contractors gave close personal attention to detail or made sufficient effort to guard against defects. Another problem was that the weather during the years 1840-42 had been particularly wet and not favourable for building. The shortcomings of the constructions were aggravated by the absence of any effort to maintain them after they had been opened. Wilkinson complained to the commissioners during 1843 that the water, drainage and sanitation were being neglected in most of them. Cesspools had not been cleaned out for a long time; sparrows were building in the downpipes, eaves were overflowing and water was seeping through the walls.

Eventually the government appointed English architect James Pennethorne as a one-man commission and asked him to examine the structural conditions of some of the workhouses. He found that many of the complaints were justified; there was 'bad mortar and bad workmanship'. Sometimes sea-sand had been used; on other occasions the sand was of a soft loamy nature dug from the site because it was convenient. In many of the buildings the walls were failing to keep out the wet; in some instances the water ran on the floors in bad weather. Pennethorne also found that

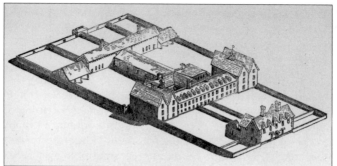

A typical workhouse plan designed by Wilkinson

local guardians had been misled by the poor law commissioners in relation to the likely costs of building and had not been warned that additional costs would be required in regard to foundations and drains. He criticised the planning documents which rarely had any reference to the needs of individual sites.

Wilkinson was stung by these criticisms and defended his drawings and costings. He claimed that boards of guardians, anxious to avoid repayment of loans advanced to them, had misled Pennethorne. Wilkinson was supported by George Nicholls who accused Pennethorne of entering into his enquiry 'with adverse impressions and under the influence of a criminatory spirit'. Influenced by Nicholls's views, the government sent another commissioner to have a look at the workhouses. His views were similar to Pennethorne's and a number of unions were subsequently relieved of their liability to repay substantial loans.

Wilkinson settled permanently in Ireland. As well as continuing as architect to the Irish poor law commissioners, he worked for the Board of Works in its role as the commissioners responsible for the erection of the developing system of district lunatic asylums. His arrival in Ireland had been resented by Irish architects who had expected to be given an opportunity to compete for appointments in planning the workhouses. But any hard feelings that existed quickly disappeared and Wilkinson became a member of the newly-established Institute of Architects of Ireland.

His best-known work outside the workhouses is the classical Harcourt Street Station constructed in 1858-59. He was also author of *Practical Geology and Ancient Architecture of Ireland* which contains illustrations and comments relating to ancient Irish architecture as well as a description of the geological features of various counties. It also includes brief comments on the difficulties he encountered when planning the workhouse system.

George Wilkinson returned to England around 1888 and died in Twickenham in October 1890.

DENIS PHELAN 1785–1871

There were not many who agitated for better services for the sick poor in early nineteenth-century Ireland. Other issues such as hunger, poverty, unemployment and agrarian rights were seen as more fundamental both by the poor themselves and by those who fought for them. Endemic typhus fever, widespread tuberculosis, constant outbreaks of smallpox and other infectious diseases, a high child mortality rate, were so much a part of normal life that they were not seen as evils that could be averted to any notable degree by doctors or hospitals.

From the end of the eighteenth century there had been some national provision of county infirmaries, fever hospitals and dispensaries, in addition to the voluntary hospitals in the city areas. All of them depended on voluntary initiative for their establishment and operation and received only minor grants from public taxation. By the 1830s, with an increasing population and intensifying poverty, they represented a grossly inadequate provision, unevenly distributed and notably absent from many of the poorer districts. In County Mayo a lone fever hospital served a population of 366,000. There was only one dispensary per 22,500 persons in County Longford. Although the dispensaries were intended for the very poor it was reported from some areas that 'persons of respectable status' with a considerable amount of property were receiving services. In some instances the location of the dispensaries was aimed at conveniencing wealthy subscribers who expected the doctor's services to be readily available to them. Some doctors lived as far as fifty miles from their dispensaries which they served irregularly.

It was this situation that led Dr Denis Phelan to take on the self-imposed mission of drawing attention to the abuses and shortcomings in the system and to demand better services for the sick poor. Born in New Ross in 1785 and medically educated at the Apothecaries Hall in Dublin, he obtained a number of public appointments in Clonmel as medical officer to the house of industry, the lunatic asylum and the county gaol. Because of his public agitation on behalf of the sick poor he had hoped to be employed to investigate the medical services by the government commission established in 1835 to enquire comprehensively into Irish poverty. When his hopes were not realised and he found that the doctors employed by the commission had no experience of medicine in the provinces he decided to undertake an investigation at his own expense. On the basis of questionnaires and visits he looked at the operation of all hospitals and dispensaries and published his findings in a three-hundred-page report in 1835. It was an extraordinarily thorough and thoughtful review by a man who described himself as 'a provincial surgeon, unknown beyond the immediate district in which he practised'.

He put forward recommendations for a medical poor law for Ireland. In his view the city areas had enough hospital accommodation for the sick poor but he proposed considerable additional provision for the provinces which would give each district of 40,000 people a hospital of forty to fifty beds consisting of surgical, medical, and infectious diseases accommodation. He recommended one dispensary for every district of 10,000 people. No patients, except serious casualties, would be admitted directly to hospital; they should be first seen by the dispensary doctor. The costs would be borne by the local ratepayers.

When the Irish poor law system was established in 1838, Phelan was employed by the poor law commissioners as an assistant commissioner based in the Custom House. Given his knowledge of local conditions he was, on the face of it, eminently suitable to participate in the formation of the new unions and the establishment of the workhouse system. His own report had been accepted by the commissioners as an informative guide to local needs. But he was a stubborn, single-minded individual and the commissioners found him unsuitable for coping with antagonistic poor law guardians reluctant to take on the costs of the new system. To his own surprise his appointment was terminated without stated reason during 1843. He had given up his Clonmel appointments and now found himself unemployed for about a year until he was given a post in Dublin at the Richmond and associated hospitals.

In 1847, at the height of the famine, with fever and, later, cholera causing huge mortality both inside and outside the workhouses, Phelan was brought back into the service of the poor law commissioners. He was given the task of inspecting and reporting on the sanitary conditions of the workhouses and of the fever hospitals associated with them. It was an assignment that required courage and commitment; some of Phelan's assistant commissioner colleagues and many of the doctors and others associated with the workhouses were themselves swept away by the epidemics. It was no deterrent to Phelan who, determined to bring regularity to the operation of the system, found himself in conflict not only with local interests but with doctors from the Central Board of Health, an *ad hoc* body established with specific responsibilities for fever measures. For instance, in August 1848 Phelan discovered that some of the beds in a temporary fever hospital in

Mallow were occupied by healthy-looking persons who appeared to be 'muscular and florid not having the pale and attenuated features of parties recovering from fever'. The local medical officer disclaimed responsibility for their admission and blamed the receiving officer. But Dr Hill, an inspector from the Central Board of Health, took a different view, arguing that the patients were genuinely ill and that pallor and attenuation were not a characteristic of the rural population even when sick, unlike the city poor. To Phelan's great chagrin Hill's views were accepted by the poor law commissioners. Phelan accused them of trying to lessen him in the eyes of the medical profession by preferring the judgement of an inferior officer and told them that he would refuse to visit fever hospitals in future. The outcome was a firm reprimand from his employers and a directive to perform his duties in future with 'cordiality' towards officials of the Central Board of Health.

Carlini's Mercury

With the ending of the famine Phelan was assigned responsibility for the central supervision of fifteen of the poor law unions in Ulster. In 1851 the government enacted the Medical Charities Act which created a national network of dispensaries largely along the lines proposed earlier by Phelan. The country was divided into over 700 districts, each with a dispensary and a salaried medical officer responsible for providing advice and medicine for poor people at the expense of local taxation. The workhouses had been established for the purely destitute; the dispensary system went beyond that class and provided services for all who were poor and unable to meet the cost of medical care.

In time the dispensary doctors would accumulate other duties towards the poor, particularly of a preventive nature. The system remained in existence, largely unchanged, until abolished following the enactment of the Health Act, 1970 and the introduction of a choice-of-doctor family doctor scheme more in keeping with the times and current notions of equality.

In 1855 Phelan found himself once more out of a job. Although he was then seventy years old he had the reasonable expectation of being continued in office as long as he was fit to do the work. But the poor law commissioners unexpectedly decided to superannuate him, probably because he continued to be a difficult individual. The following year he was given a minor appointment as secretary to the Dublin Hospital Board of Superintendence, established to administer the expenditure of an annual government grant of £16,000 to certain Dublin hospitals. He continued to agitate for a more liberal poor law, notably the provision of outdoor relief on a wider basis and the abolition of the shameful quarter-acre clause which required destitute persons with land to forfeit any land over a quarter acre in return for relief. He died in Dublin in May 1871 after a period of declining health. His efforts on behalf of the sick poor of Ireland have been almost entirely forgotten.

DOMINIC CORRIGAN 1802–1880

Dominic Corrigan was born in 1802 in the Dublin Liberties, the son of a small Catholic merchant. It was a background which would not normally have led to a career as a distinguished physician, an influential role in regard to government policy in the provision of medical care, the distinction of being president of the Royal College of Physicians in Ireland and, the ultimate accolade, a knighthood.

Corrigan, who received his basic education at a school attached to Maynooth College, began his medical training at Trinity College and completed it in Edinburgh where he graduated in 1825. He commenced his medical practice in Upper Ormond Quay among the poor of the area, later obtaining an appointment at the nearby Charitable Infirmary in Jervis Street. He also became a lecturer of note in some of the Dublin medical schools of the period.

Corrigan first came to public prominence with his views on the origins of epidemic fever. Typhus fever, long endemic in Ireland, exploded from time to time into epidemics, with a great mortality among the poor. There was a particularly severe outbreak in the years 1817-19 during which, according to one estimate, at least one and a half million were attacked and at least 65,000 died. It struck again with considerable virulence in the Dublin area in 1826. A louse-borne disease, it spread rapidly in the dirty over-crowded conditions of city tenements and among families huddled together in the primitive peasant cabins of the period. At that time the origins and manner of transmission of this and other infectious diseases were not known. Germs had yet to be discovered and would have to await Pasteur's revelations later in the century. In the absence of scientific knowledge the facts of infection had been the subject of dispute for centuries among the medical profession.

By the early nineteenth century two broad schools of thought had emerged. One, the contagionists, believed that in some, as yet, inexplicable way infection was spread from one individual to another; the other, the non-contagionists, rejected that view and believed that miasmatic influences were at work, an invisible and noxious condition of the atmosphere caused by the exhalations of rotting corpses, vegetation and insanitary conditions in general.

Corrigan entered the fray in 1829 with a lengthy analysis of the major epidemics occurring over the previous century. He argued that:

> Epidemic fever may be attributed to a mysterious something, an occult quality in the atmosphere, but it would be bad philosophy to pass by a visible and palpable cause and ascribe an occurrence to an agent, the very existence of which we have no proof. We find famine invariably preceding or accompanying epidemic fever . . . famine we are justified in marking out as its grand cause.

It followed, logically, he argued, that the provision of food for the poor was the best means of preventing epidemics. That was, of course, part of the answer; but it threw no light on the nature of infectious disease and brought Corrigan into conflict with some of his professional colleagues, notably his eminent contemporary Robert Graves, who sought a more scientific explanation.

With the development of the great famine, fever again reached epidemic proportions and the government established an *ad hoc* Central Board of Health to take emergency measures. The board was given power to initiate temporary fever hospitals and dispensaries and to appoint doctors where local boards of guardians had not made adequate provisions. By now Corrigan held a physician's post at the government-funded Dublin House of Industry, a post that sometimes involved the giving of advice to the government on medical matters. That, and his continuing pronouncements on the subject of fever, made him an obvious choice for membership of the new board. His colleagues included a number of doctors with little time to give to the affairs of the board; Twisleton (see separate biographical note), the poor law commissioner, overwhelmed by his own duties; and Sir Randolph Routh, submerged in the supervision of famine relief. The board became, in effect, a one-man body with Corrigan attending daily at its office and the other members rarely making an appearance. It was initially based in the Custom House but was subsequently housed in overflow accommodation in Lower Gardiner Street.

From the beginning the Dublin medical *élite* displayed considerable resentment of Corrigan and of the paramount role given to him. They took the view that medical interests were not properly represented on the board since none of the main medical teaching bodies had been asked for a nomination. Insult was added to injury when the government appointed Corrigan as Physician-in-Ordinary to Queen Victoria, an honour never previously bestowed on a Catholic. The predominantly Protestant medical profession found it difficult to accept that a Catholic parvenu

Corrigan is remembered in Arcachon, a seaside resort in Bordeaux, recommended by him for its beneficial climate

from the Dublin Liberties could be fitted for such a prestigious honour. While it is probable that the rank-and-file of Irish doctors had little interest in such issues of status, they were all brought to one mind by a Central Board of Health recommendation that the appropriate fee to pay doctors attending the many temporary fever hospitals would be five shillings a day. At the time, medicine was an extremely hazardous occupation; between March 1843 and January 1848, 214 doctors had died from epidemic disease, mainly typhus, and many more would die before the famine ended.

The proposed fee provoked an outcry. A memorial signed by 1,100 doctors was sent unavailingly to the lord-lieutenant in June 1847, protesting at the 'degradingly inadequate' payment. Corrigan personally was blamed for the government's attitude. Robert Graves publicly denounced him and accused him of an excess of vanity arising from finding himself moving in exalted company. *The Lancet*, taking up a cudgel on behalf of the doctors, contrasted what they saw as his previous humanity with his current attitudes, adding, 'but then Dr Corrigan ... had not as yet felt the pulse of an Excellency'.

When, adding to the existing miseries of the population, cholera struck in the winter of 1848 and continued during 1849, Corrigan was again involved in controversy. The puzzling features associated with cholera brought to the forefront once again the extent of medical disarray in relation to epidemic disease. While typhus spread rapidly within a neighbourhood and within groups of individuals in contact with each other, cholera was selective. One street might remain free while every family in another might be stricken. In general doctors and others attending cholera patients were not attacked, as happened with typhus. The explanation, not known then, was that cholera was normally caused by the consumption of water contaminated by the faeces of an infected person. Families and neighbourhoods used different sources of supply and this determined their fate. The manifestations of the disease were frightening: pain, violent spasms, dehydration, incontinence and discoloration of the body. The onslaught of cholera caused considerable panic in a neighbourhood and the level of mortality was invariably high; the disease could kill within a few days, sometimes within a few hours.

The Central Board of Health under Corrigan's influence took the view that cholera was not a contagious disease and advised that cholera patients could be associated with other categories of patients. It was the board's view that apart from any other consideration such a policy would be attended 'with salutary moral effects' since it would reduce the fears of the population towards the disease. Many boards of guardians followed this advice. Patients were intermingled although this had more to do with the absence of resources than with trust in the wisdom of the Central Board of Health. It led in many instances to the transmission of cholera to other patients where infected sewage seeped into the water supply in the primitive temporary fever hospitals, often wooden huts, established in many areas. Some boards and some doctors rejected the central board's views, and believing that cholera could spread in circumstances which, as yet, they could not identify, insisted on isolating cholera patients from others.

With the passing of the famine conditions the Central Board of Health was wound up in 1850. It is not easy to sit in judgement on Corrigan and his board during the brief few years of its existence. The catastrophic famine conditions were being dealt with by a confused tangle of inadequately funded bodies including the poor law commissioners, the Board of Works, boards of guardians, central and local relief committees as well as the Central Board of Health. Wrong concepts about the nature of epidemic disease did not add to the effectiveness of what was being done; but even if they had been correct and unanimous, it is doubtful whether at the end of the day the chaotic conditions and limited resources would have permitted a significantly less disastrous outcome in terms of human life.

Following the famine years, the bitterness within the medical profession faded and Corrigan achieved the honour of becoming president of the Royal College of Physicians in Ireland, a post he held for three years, 1860-62. He was knighted in 1866. In 1869 he was elected to a parliamentary seat for Dublin as a Liberal candidate. At Westminster he directed his attention to two main issues – non-sectarian university education and the promotion of temperance. In advocating a non-denominational national university for Ireland he ran foul of Catholic interests determined to have a Catholic system to counterbalance the influence of Trinity College. When parliament was dissolved in 1873 he was promised Catholic support for the subsequent election if he would agree to join in their demands for denominational university education. He refused to do so and decided to give up politics. A man of considerable courage and independence of mind, he died following a stroke on 1 February 1880.

WILLIAM H. HARDINGE c. 1800–1870

The early nineteenth century was a notable period for the advancement of historical research. There was a growing recognition among historians of the importance of basing their historical works on authentic documents of the past rather than on speculation or information of unreliable origin. Many countries became concerned about collecting and preserving the relics of their past history, particularly the documentation of government. The Germans began to publish a series of collections of historical documents in 1820; the French established their *Ecole des Chartes* in 1821 and the British had

The culmination of Hardinge's vision: a view of the interior of the National Archives

established as early as 1800 a commission on public records that led eventually to the creation of their Public Record Office in 1838.

In keeping with the general trend the British decided to establish a special commission for Ireland in 1810. The Irish Record Commission consisted of the senior members of the Irish judiciary, the Protestant Archbishop of Dublin, the Provost of Trinity College, the Earl of Meath, the Earl of Charlemont and other senior representatives of the Irish aristocracy. The actual work of the commission, which went on over a considerable period and was recorded in annual reports, was carried out by sub-commissioners, senior officials drawn from a number of government offices who had some involvement with, or interest in, archival material and were capable of interpreting the handwriting in very old records. One of those who became involved in the work was William Hardinge.

His father had been in charge of the records in the Auditor-General's Office and William succeeded him in 1831. The commission designated different locations for the preservation of records and Hardinge's office in the Custom House was one of them. It was officially titled a 'public record office' in 1832 and various historic records from other offices were gathered there. In 1837 following changes in the Irish administration the record office was attached to that of the Paymaster of Civil Services in which Hardinge became the senior clerk. Later, following further administrative changes, the public records office was established on an independent basis under the direction of the Treasury and it became known as the Landed Estates Record Office. Hardinge was appointed its first keeper. It had by now a considerable collection of records including documents relating to state finances going back to Henry VIII, records of estates forfeited to the Crown during the seventeenth century, and returns from Protestant archbishops and bishops of ecclesiastical preferments granted within their dioceses during the previous two centuries.

Hardinge personally was deeply concerned about the importance of protecting old records and had given most of his life to the task. He was described by Thomas Larcom (see separate biographical note) as a 'zealous keeper' of the papers in his care. He took a particular interest in the papers of the Down Survey of William Petty, who during the Cromwellian period had the task of measuring and mapping the estates seized from Irish landowners and distributed among English settlers. Larcom edited and published the papers with considerable assistance from Hardinge. The papers contained an interesting contemporary account of the manner in which Petty worked:

> His way was to retire early to his lodgings where his supper was only a handful of raisins and a piece of bread. He would bid one of his clerks, who wrote a fair hand, go to sleep and while he ate his raisins and walked about he would dictate to the other clerk who was a ready man at short-hand. When this was fitted to his mind the other was roused and set to work and he went to bed so that next morning all was ready.

After the enactment of the Public Record Act (Ireland) 1867 the government built a record office adjoining the Four Courts and embarked on the process of moving all public records into the new centre. While the Master of the Rolls was given responsibility for the general direction of the new repository it was decided that a deputy with a suitably expert background should be appointed and given the more immediate responsibility for it. Hardinge put in a claim to the post arguing that he was, in effect, a hereditary archivist since he had taken over from his father in the Custom House and had devoted his whole subsequent career to the collection and conservation of records. Another contender, Hatchell, who was in charge of records in the Court of Chancery, also made claims on the post. In the event it was given to neither of them. The government appointed Samuel Ferguson (later Sir Samuel Ferguson) as deputy-keeper. He was a barrister, poet and antiquarian of note. Sadly for Hardinge, one hundred and sixty tons of the documents he had accumulated in the Custom House over a period of about forty years were moved by floats and covered wagons to the new centre at the Four Courts.

Hardinge retired from his public office at the end of the 1860s. He subsequently undertook a study on behalf of the National Protestant Union to counter a claim that bishops of the Church of Ireland did not have uninterrupted consecrational descent from the pre-Reformation church. His subsequent report rejected the claim and refuted arguments that the Catholic Church had a right to the revenues and estates of the Protestant Church in Ireland.

In April 1922, with the outbreak of civil war, republican forces occupied the Four Courts including the Public Record Office. Some weeks later the Free State army laid siege to the buildings and in the resulting conflict the Four Courts and the Public Record Office were destroyed. With them went the huge collection of records, some dating back to the thirteenth century, that had been amassed there. They would not have been any safer in the Custom House. It too had been consumed by flames a year earlier.

JACOB OWEN 1778–1870

An extraordinary aspect of Jacob Owen's career as the first principal architect of the Board of Public Works was the manner in which he succeeded in establishing an architectural dynasty for his family in the public service. It was an extreme example of the extent to which nepotism was a feature of appointments to public posts during the nineteenth century.

After John Burgoyne (see separate biographical note) had become chairman of the new Board of Works on its establishment in 1831 he arranged a year later for his former assistant, Jacob Owen, to join him in the Custom

House. Owen, a Welshman, had been a civilian engineer attached to the Ordnance Department but had also had architectural experience. Under Burgoyne he became the board's principal architect and set about surrounding himself with other members of his family who joined him from England. It was a big family. Owen had seventeen children and there were other relatives too who had to be accommodated.

The first to arrive was John Owen, who became a clerk of works in the Ordnance Office in Dublin Castle. One of Jacob's sons became a county surveyor, another the board's architect in Limerick and a further two joined the board's service in Dublin. Another son, Thomas, stayed behind in Portsmouth, where he became a successful architect while maintaining a professional association with his father. Two of Jacob's assistants in the Custom House married into his family, thus strengthening his influence in the area of public architecture.

Under the apprenticeship system, then a normal feature of the training of persons for the profession, Owen was permitted to have a number of pupils in his office. A former pupil, Charles Lanyon, became county surveyor of

Kildare in 1834 and of Antrim in 1836 and subsequently married Elizabeth Helen Owen, one of Jacob's daughters. Lanyon later went on to become one of Ireland's most important architects. Other pupils of Owen also had very successful careers. It was said that thirteen of the thirty-one candidates who passed the surveyorship examinations between 1838 and 1851 had been pupils. One of the thirteen was Owen's son Henry, who served as surveyor in Queen's County from 1841-45 and as Waterford county surveyor from 1845 to 1849. Owen happened to be among the examiners during that period. The manner in which the examinations were conducted and particularly Owen's influence on the results gave rise to allegations which did not surface until after he retired in 1857.

During the 1840s when the government provided funds for the expansion of third-level education in Ireland, particularly for Catholics, the Board of Public Works was given responsibility for administering the new developments. They consisted of the building of 'Queen's Colleges' at Galway, Cork and Belfast and the expansion of Maynooth College. When Augustus Pugin, the leading Catholic architect in England, who had been employed for the Maynooth project, withdrew from the work because of a dispute over his elaborate designs, Owen brought his son Thomas from Portsmouth to take over the project. When, later, Pugin agreed to return and resume the work, the board was considerably annoyed when presented with Thomas Owen's account for fees. They had been unaware of his involvement. His father was reprimanded and warned not to make such arrangements again without prior approval.

This contretemps did not, however, diminish the extent of the family's participation in the activities of the Board of Public Works. Owen's son-in-law Charles Lanyon was employed to design the Queen's College, Belfast. In 1853 his granddaughter Margaret Jane Slacke married Frederick Villiers Clarendon who had been a member of the board's architectural staff for some time and who designed, *inter alia*, the Natural History Museum in Merrion Street.

Jacob Owen retired in May 1856, just before a row broke out about irregularities in an examination for a county surveyor for Dublin and allegations about the preference given to Owen's pupils in earlier tests. The subsequent controversy contributed eventually to the development of a policy entrusting the filling of such appointments to the civil service commissioners. Jacob Owen was seventy-eight when he retired on his full annual salary of £1,000 and with the knowledge that the lord-lieutenant had approved the appointment of his son James Higgins Owen to succeed him. Four years later another of his sons, E. Trevor Owen, was appointed by the board to the post of drawing-clerk, a lowly post from which he quickly moved up into the architectural ranks.

James Higgins Owen, like his father, did not allow his public appointment to inhibit him when it came to the advancement of self-interest. He served in a private capacity for twelve years as chairman of the Irish Civil Service Building Society which was giving loans for small dwellings. At the same time, in his official capacity, he had to make recommendations on applications for loans under the Labouring Classes Lodging-house and Dwellings Act. The purpose of the act was to allow persons of limited means to obtain money to build houses at a lower rate of interest than the building societies charged. After various complaints had been made against the Board of Works, including its stringent criteria for the granting of loans, the Treasury carried out a formal inquiry during which Owen was called to give evidence. He conceded that he had turned down applications for loans for houses costing as little as £162 on the grounds that they were too good for members of the labouring class! He agreed that the Civil Service Building Society was giving loans for similar houses and, questioned as to whether his being chairman of the society hampered the discharge of his official duties, he replied defiantly and inexplicably that 'on the contrary it has, I think, really made me a much better officer of the Board'. The committee of enquiry found that it was 'a matter of regret' that Owen was involved in the society, pointed out that he was acting in disregard of Treasury rules about the holding of private appointments, and recommended that he withdraw from the society.

Jacob Owen died in 1870 at the age of ninety-two and is buried in Mount Jerome Cemetery. He left an estate which, based on today's values, would be worth well over one million pounds. Two of his sons ran the board's architect department. Trevor, who died in 1881, acted as assistant to his brother James, who died in 1891. Trevor's son began work in the board's drawing office around 1879 and was regarded as a very skilled draughtsman. He died in office in 1914. For the first time in eighty-two years the Board of Public Works was without an Owen.

WILLIAM THOMAS MULVANY 1806–1885

William Thomas Mulvany was born in Sandymount, Dublin, in 1806, the son of Thomas J. Mulvany, director and professor of the Royal Hibernian Academy. He originally studied medicine at Trinity College but changed his mind about his career and having acquired some knowledge of architectural drawing entered the Army Engineering Corps on ordnance survey work. In 1827 he joined Richard Griffith (see separate biographical note) who was in the process of carrying out his boundary survey, fixing and recording the boundaries of every county, barony, parish and townland in the country. Later, in 1835, Mulvany transferred to the Board of Works where, having served for a period under the supervision of an engineer, was himself recognised as an engineer and assigned to the drainage of the Shannon, work in which he would eventually become a controversial figure.

There had been persistent complaints about both the navigation and the drainage of the Shannon. The river was an important transport artery but boats plying its waters did so with difficulty because navigation channels were not properly marked. There was a long-held view that given proper development and maintenance the Shannon could be made navigable from Limerick to Leitrim. It was also contended that if flooding could be reduced in the lands bordering the river they would become very valuable property.

Following reports of a parliamentary committee, legislation was enacted in 1835 establishing the Shannon Commissioners with the task of improving the river's drainage and navigation. In effect the existing Commissioners of Public Works took on the additional role of Shannon Commissioners under the chairmanship of John Burgoyne (see separate biographical note).

Mulvany was assigned to the work in a senior capacity and, successively, had charge of the northern and southern sections of the river. Within little more than a year after its establishment the team of engineers assembled by the commissioners had launched a major drainage scheme. The reports of the work during the early years are noted for the illustrative maps and sectional drawings prepared by Mulvany himself.

His work on the Shannon established Mulvany as an authority on arterial drainage. Later when the government decided to extend its drainage legislation Mulvany took an important part in the preparation of new laws enacted during 1842. Responsibility for arterial drainage on a national basis was assigned to a commission of which the Commissioners of Public Works were *ex officio* members. Mulvany became one of the new commissioners with specific responsibility for drainage and when, some years later, the work was consolidated under the Board of Works he became a commissioner of that body.

The legislation of 1842 empowered the commissioners, with the prior assent of owners of the affected property, to incur drainage expenditure and to make it a charge on the lands of the owners. During the famine years the government, for a period, sought to provide help for tens of thousands of starving people by creating special schemes of public works to enable them to earn money to buy food. Some of the schemes were based on arterial drainage and because of the emergency conditions the Board of Works tended to establish them with little consultation with the owners. Furthermore, the flow of money was managed by the government to ensure that most of the funding was available during the winter when hardship was greatest. At other times of the year work under way might be suspended without notice when the money ran out; as a result damage was often caused by flooding before the suspended work could be resumed. The relief schemes of the famine years gave rise to many disputes with property owners already antagonistic to government social measures because of the growing burden of taxation arising from the new poor law.

Such was the continuing storm of protests from the landed proprietors, led by Lord Rosse of Birr, that the House of Lords decided in 1852 to establish a special committee to examine the performance of the Board of Works in regard to drainage work. It could hardly be said to be an impartial committee. Seven of its titled members had estates in Ireland and Rosse was its chairman. Much of the antagonism, criticism and unsubstantiated innuendo about bribes and patronage had been directed at Mulvany. He was an obvious target since he was in charge of his board's drainage operations including the assessing of charges on the landowners. When the Lords' committee reported it strongly criticised the practice of the board in changing, without consultation, plans and estimates previously agreed with the proprietors. The committee rejected the views of Mulvany and his fellow commissioners that whenever they did so they were acting in the best interests of the owners. The Lords' representatives claimed that such a practice implied that 'the proprietors of land in Ireland were incapable of managing their own affairs', a construction that parliament never intended to be put on the drainage acts. They were also strongly critical of the Board of Works for employing private drainage works as a means of relieving 'public pauperism'. The general tenor of the findings of the committee were such that someone had to be seen to be punished. Unfairly, Mulvany was retired on pension, aged forty-five years.

In 1853, Michael Corr, an Irishman who had married a Belgian and acquired some landed property at Gelsenkirchen in the Ruhr, came to Dublin seeking investment to exploit mining concessions. A group of Quaker businessmen took up his offer and approached Mulvany to operate the undertaking. He accepted their invitation and when a company named Hibernia was established he became the manager of the first of its mines – also called Hibernia – opened on St Patrick's Day, 1856. Further concessions were acquired and another company was set up to operate the new mines; they included the Erin and Shamrock mines. The concern also acquired a large interest in an iron works. There was a great boom period in German mines from 1859 to 1870 and although times were hard during and after the Franco-German War of 1870-71 the business ventures of Mulvany and his associates survived intact. By 1885 the Hibernian and Shamrock mines alone had 2,800 employees. The Hibernian became one of the great mines of the Ruhr and survived until March 1967, when, like many other coal fields, it closed because of the diminishing market.

Once his business enterprises had been solidly established Mulvany became deeply involved in the politics of German economic development and particularly in the advancement of employer interests. He was determined to fight the virtual monopoly that England had acquired in the coal and iron market and by 1875 England's dominance of the iron and steel market was no more, due largely to Mulvany's efforts as director of the German Iron and Steel Industrialists Society. He also pioneered the export of Ruhr coal not only to Germany's European neighbours but to the Far East. He believed strongly that the key to a successful coal trade lay in the method of transport; the movement of coal from the pithead to the consumer he held to be as important as its production. He campaigned for the greater use of rail transport, the extension of canals and the development of Rhine transport. He designed a steam barge capable of navigating coastal as well as inland waters.

It was said of Mulvany that his interest in his personal businesses was always secondary to his determination to further German industry as a whole. His contemporaries, such as Alfred Krupp, a manufacturer in steel, and August Thyssen, an iron smelter, were single-mindedly determined to create their own enormous industrial empires and succeeded in doing so. Mulvany, however, was seen as the somewhat altruistic father-figure of German industry. When the silver jubilee of the opening of the Hibernian mine was celebrated, it was used as an occasion to pay tribute to his achievements in Germany. Congratulatory addresses were presented; he was made a freeman of a number of cities; the King of Prussia awarded him a gold medal. The landed proprietors of Ireland, who had forced him out of his Custom House post many years earlier, had struck a good blow for Germany. He died in Dusseldorf on 3 October 1885.

Banks's Asia

As the latter half of the nineteenth century progressed, extensions in the local public services, notably in the field of public health and sanitation, gave rise to the need for a central body with broader powers than the Poor Law Commission. It was replaced in 1872 by the Local Government Board for Ireland. While the poor law system, including local boards of guardians, was retained, a network of new local district sanitary bodies was established under public health legislation of 1878. It was an important development in local democracy although it did not extend the franchise.

The experiences of the famine years had deepened antipathy towards the British administration and firmly linked Irish economic misfortunes to the landlord system and its largely alien landowners. As organised agitation about land tenure developed, culminating in the founding of the Land League in 1879, nationalism and the land became intertwined. The injustices of land tenure gave greater legitimacy to the demands for national freedom. Local government reform in 1898 replaced the landlord-controlled grand juries with county councils elected on a wide franchise, including women. It marked the hand-over of local affairs to the native Irish and gave new platforms to the nationalist movement. The parliamentary, non-violent nationalism of Parnellism and the demands for home rule gave way gradually to the more radical revolutionary movement of Sinn Féin.

The separatist struggle started with the insurrection of 1916, led on to the War of Independence and culminated in the Treaty of 1921 and the withdrawal of the British administration from Ireland. In the process the Custom House itself was destroyed.

Robert Manning 1816–1897

Robert Manning, chief engineer of the Board of Works from 1874 to 1891 became president of the Institution of Civil Engineers of Ireland in 1878/79. His three predecessors in the presidency had been engineers of considerable distinction and achievement – John Fox Burgoyne, Richard Griffith and William Mulvany, all described elsewhere in this book. Manning's election ensured that this remarkable succession of brilliant engineers was maintained because he himself achieved world fame.

Born in Normandy in 1816, he came from solidly Protestant settler stock. His father, William Manning from Knocknatoohill, Co. Wicklow, served with the Wicklow militia before joining the regular army and fighting in North America, during the Peninsular Campaign and at the Battle of Waterloo. His mother, Ruth Stephens, from Passage East in Waterford, was a descendant of John Stephens whose commission as a Master of the Horse in the army of the commonwealth had been personally signed by Oliver Cromwell. Manning's first employment was with his uncle with whom he worked as an assistant in the management of estates in the south and west of Ireland. He undertook some practical training in surveying under a Mr Muckleary and, entering the drainage service of the Board of Public Works in 1846, moved quickly from being a clerk to assistant engineer and on to district engineer in 1851. By 1854 the drainage works on which he was employed were coming to an end. From 1856 to 1869 he worked for the Irish estates (comprising 120,000 statute acres) of the Marquis of Downshire, initially on survey work and later on various engineering projects including drainage and water supply. His employment on the estates ended in 1869 when the fourth Marquis of Downshire died and the new marquis decided that he could not afford the luxury of having his own surveyor and civil engineer.

Manning returned to the Board of Works later in 1869 as a second engineer. Five years afterwards he succeeded William Forsyth as chief engineer, a post he would retain until he retired in 1891 aged seventy-five years. As chief engineer he had to supervise a huge range of public engineering activities that included the maintenance of harbours, inland navigation, arterial drainage, county roads, railways, bridges, sewerage schemes and water supplies. He worked under considerable pressure at all times and was frequently away from home inspecting and reporting on public works under his control. He complained to a committee appointed in 1878 by the Treasury to enquire into the constitution and duties of the Board of Works that over a period of seven years he had received an average of only nine days' annual leave. These included a period of sick leave when he was 'very ill and nearly dying'. His personal staff at this time consisted of an assistant engineer and one draughtsman. He had no clerk.

Manning's most notably professional achievement was his substantial contribution to the science of hydraulics in a paper entitled 'The Flow of Water in Open Channels and Pipes', presented to a meeting of the Institution of Civil Engineers of Ireland in Trinity College, Dublin, in December 1889. For a considerable period engineers and others concerned with the movement and power of water had found it impossible to calculate with reasonable accuracy the velocity or surface inclination of water flowing in an open channel of given dimensions. There was a view that a strictly mathematical solution of the problem was impossible and that even to observe and record correctly the required physical data was of such difficulty that it, too, was not a realistic possibility. Manning proposed a formula of his own, which in metric units is written as:

$$V = \frac{1}{n} \cdot S^{1/2} \, R^{2/3}$$

where V is the mean velocity (in metres per second), S the channel slope, R the mean hydraulic radius (in metres) and n the Manning roughness coefficient. Today this equation, referred to as Manning's Formula for Open Channel Flow, is the most accepted method for the calculation of open channel flow throughout the world.

For at least part of his life Manning had been an active member of the Friendly Brothers of St Patrick, a mutual help organisation that set the highest standards of personal behaviour for those who participated.

73

Members had to be Christians. No religious or political debates were permitted at meetings of the Knot, the local unit of organisation. All 'profane cursing, swearing and obscenity' were forbidden and contraventions were subject to fines of 6d which were put to the use of the poor. Manning's grandson, in conversation with Professor James Dooge of University College Dublin, during 1956, recalled his grandfather as a tolerant, religious man who saw good in all religious denominations. A fine horseman and keen fisherman, he played the flute and was interested in the subject of ogham writing. He died in Dublin in 1897, aged eighty-one years.

THOMAS KIRKWOOD 1843–1911

Major (later Colonel) Thomas Yaden Kirkwood was on his uppers when he took a post of inspector with the Local Government Board in 1892. It had not always been so. As a member of an ascendancy family of Scottish origin which settled in the west of Ireland during the seventeenth century, he had inherited the estate of one branch of the family at Woodbrook, near Boyle in Co. Roscommon, on his father's death. Following the tradition of army service in the family he served as a battalion commander in the Connaught Rangers, held the office of High Sheriff of Roscommon in 1873 and led the usual leisured life of those of his class.

The Field *reflected Kirkwood's lifestyle and recorded his successes*

For generations of Kirkwoods, life after the army meant the breeding, training and racing of horses. It was not merely a pleasant occupation or a recognised way of lifting themselves socially above the farming classes. It met the need to make money and to add to the meagre army pensions and the uncertain income from impoverished tenants who had sometimes to be evicted when they could not pay their rents. To Tom Kirkwood it was a most acceptable way of life. Remaining a bachelor, he committed himself single-mindedly to the breeding and racing of horses. Initially he did so with some success – his wins included the Irish Grand National during the 1870s. But by the beginning of the 1880s life had become hard for Kirkwood and his tenants. There were poor returns from his horses; it was a period of agricultural depression and of considerable agrarian unrest in the Roscommon area; bankruptcy seemed likely.

Suddenly success in a single race led to a dramatic change of fortune. In 1881 Kirkwood's horse, Woodbrook, a relative outsider, won the Aintree

Grand National. Kirkwood had prepared his horse well and few of his friends had been aware of his expectations that it would win. Minutes before the race started the horse's price suddenly fell from long odds to 9 to 2. Woodbrook never looked like being beaten. Watched in a snow-storm by a large crowd that included Elizabeth, Empress of Austria, who had been hunting incognito in Ireland, the horse stormed through a quagmire of mangold fields and won easily in 'the commonest of canters'. Its jockey claimed afterwards that he could have won by up to a quarter of a mile but for a mishap. It was a brilliant *coup* and a famous victory which, according to *The Irish Sportsman,* 'was received with various feelings by the public and particularly by the Irish division, very few of whom were in the know . . . the dodge was worked with perfect and artistic skill'. For the time being, at least, his winnings would ease Kirkwood's financial pressures and save his tenants from eviction. He sold the horse immediately after the race to a German for £1,300; it died the following year.

But his Grand National victory was not sufficient to sustain him indefinitely and his fortunes went into decline again. In 1892, faced once more with bankruptcy, he was forced to bolster the income from his estate and his horses by taking a post of inspector under the Local Government Board. Remarkably for a man whose accustomed milieu had been so different, he fitted easily and successfully into his new role as a government inspector. His supervisor, Henry Robinson, vice-president of the board, wrote later:

> His instinct as to the right course to be taken in any emergency was simply infallible. I never knew him to be wrong, and he had such a well-balanced mind that we could trust him with investigations of the most complex character.

He was not good on paper and spelt badly, for his sporting life had left little time for the development of literary skills. The chief secretary was somewhat shocked to come across a minute written by him suggesting that the 'Bord of Gardians should brighten up the front of the House with a few Flour beds'. But his wisdom and general know-how in dealing with local boards made up for his other deficiencies.

His post in the Custom House did not require him to give up his horses. Eventually his persistence and patience paid off when between 1905 and his retirement in 1909 he had a remarkable run of luck. In 1905 his two-year-old, White Knight, easily won a maiden plate at the Curragh against some of the best blood of the Irish turf. It was an imposing début and the horse went on to achieve a string of victories in England which included the Ascot Gold Vase, the Newmarket Autumn Handicap in 1906 and the Ascot Gold Cup in

1907. Before the cup could be presented to Kirkwood it was stolen from the enclosure and he had later to be given a replica. White Knight won the Gold Cup again in 1908 and was also victorious in the Goodwood Cup and was just beaten in the Cesarewitch of 1907. Some of Kirkwood's other horses were also very successful and their wins included the Galway Plate in 1907 and the Conyngham Cup in 1908.

Kirkwood's remarkable victories on the turf made him one of the best-known racing personalities of the period. He became a steward of the National Hunt Steeplechase Committee. Nowhere was he more popular than on his circuit as local government inspector among the poor law guardians and local officials. They not only basked in his reflected glory but appreciated getting 'tips' from such an informed source particularly when, like White Knight, his horses invariably won. In return they were more likely to take action on Kirkwood's complaints and exhortations about the conditions of their workhouses. In one way or another many people gained directly or indirectly from White Knight's string of victories. Such was Kirkwood's popularity and the acclaim for his successes that James Bryce, chief secretary and *ex officio* president of the Local Government Board, considered that his name should be put forward for a knighthood. It drew the anger and disbelief of Henry Robinson that a relatively junior member of his staff should be knighted because of a racehorse. Bryce dropped his proposal.

Kirkwood, then in failing health, retired in 1909. He died less than two years later in London in January 1911 and was buried in the Protestant part of his local graveyard close to the family estate at Woodbrook. Years later one of his legs was found to be protruding into the Catholic part of the cemetery. Apart from whatever religious problem of a purely doctrinal nature this might have posed, there were other more sensitive social considerations involved. Few self-respecting members of the Protestant ascendancy would wish to be interred, even partially, in a Catholic graveyard. And from the opposite point of view, the situation involved the intrusion of a member of the Protestant landlord class into the sacrosanct holy ground of the Catholic tenantry. There was talk about disinterring the Colonel. The issue, however, was allowed to smoulder for years before the parish priest and the rector got together and decided that the Colonel and his leg should be allowed to rest in peace.

After Tom Kirkwood's death the estate at Woodbrook passed over to his brother. In 1932 a young Englishman, David Thomson, came to live there as tutor to the Kirkwood family. *Woodbrook*, his account of his years in the Roscommon countryside, the declining years of the family and the pervasive influence of Uncle Tom and the earlier Kirkwoods, is a masterpiece of

English literature. Entwined with the account of the ending of the Kirkwood association with Woodbrook, is the story of his undeclared and unrequited love for his pupil, Phoebe, and his meeting with her many years later:

> It was she who spoke of Woodbrook. She said, 'Wasn't it lovely, wasn't it?' She said it passionately looking at me. It was she who said it. But I knew she knew that none of them except her father would wish to live there again. Her sadness was nostalgic, perhaps like the loss of a beloved book that helped to form her mind; however seldom you look into it, you need it there on the shelf; to have Woodbrook and not have the curse of it.

WILLIAM DUDLEY WODSWORTH D. 1887

One of the most unusual posts associated with the Local Government Board for Ireland was that of Inspector of Foundlings, with the responsibility for supervising the care of the survivors of the Dublin Foundling Hospital.

The Dublin Foundling Hospital was almost certainly the most shameful institution ever operated in Ireland. It had its roots in the period when the Dean of St Patrick's, Jonathan Swift, incensed by the plight of pauper and abandoned children in the streets of Dublin, published his famous satirical pamphlet, *A Modest Proposal*, hoping it would shock public opinion:

> I have been assured by a very knowing American of my acquaintance in London that a young healthy child, well nursed, is, at a year old, a most delicious nourishing and wholesome food, whether stewed, roasted, baked or boiled; and I make no doubt that it will equally serve in a fricassie or ragoost.

He proposed that pauper children be fattened and reared at public expense for gentlemen of refined taste. The scheme, he felt, would achieve a number of very desirable objects for it would prevent women murdering their bastards, greatly lessen the number of papists, relieve the poor and give some pleasure to the rich. The approach eventually adopted by the government was hardly less outrageous. In 1730 a foundling hospital was established in association with the then workhouse in James's Street. All foundling children were lodged there. To help mothers to abandon their unwanted children a revolving basket was placed on the gate of the hospital in which the children could be placed anonymously by day or night. When a bell was rung, the porter inside revolved the basket inwards and took the infant from it. Children over two years were retained in the institution; the younger infants were given to 'nurses' who congregated daily outside the gates, attracted by the annual wages of £2.

From the beginning dreadful abuses were associated with the system. For instance, such was the lack of supervision that some nurses murdered the infants as soon as they received payment for them. Most of the children retained in the institution, or returned later by their nurses, died there. Yet the hospital became a national institution to which children were sent from all over the country and it remained in existence for one hundred years.

Periodic investigations revealed dreadful conditions and practices but little was done to reform them. During a ten-year period ending in 1759, it was established that only 837 children had survived from among 7,382 admitted. Statistics for a later period showed that of approximately 52,000 infants admitted between 1796 and 1826 only about 10,000 were thought to have survived. Aggravating features of the operation of the hospital were its harsh regimen and its role in ensuring that all Catholic children were diverted from the 'errors of Popery'.

Following the Act of Union and the development of more liberal policies culminating in the grant of Catholic emancipation, the foundling hospital was closed to further admissions in January 1830. The closing of its doors did not end the liabilities of its governors; there were still over 6,000 children supported inside and outside the hospital. Ten years later the Poor Law Commissioners took over responsibility for the

Carlini's Neptune

remaining foundlings; they included over 200 invalid adults boarded out in rural areas. When the Local Government Board for Ireland absorbed the poor law system in 1872 it took on the responsibility for the welfare of surviving invalid foundlings. William Dudley Wodsworth, then assistant-secretary to the board, was assigned responsibility for overseeing their care and visited them regularly. In 1875 there were still fifty-four survivors living mainly in remote parts of Leinster. In one instance, Wodsworth found that the nurse, 'a most respectable old dame', had, over a period of fifty-six years, reared two generations of a family of gigantic foundlings, including three sons whose heights varied between six-feet-four and six-feet-seven and a number of daughters nearly as tall.

Generally the invalid foundlings were being treated with considerable affection and kindness and had been bonded with the families caring for them. The families received annual grants from the government varying from £2 to £8. There were occasional instances of neglect. Wodsworth came across one 'poor, blind and epileptic creature', badly cared for by a nurse who at one time had eighteen foundlings in her care. In another instance, Thomas Brooks, a dwarf, and Catherine Henlon, who was 'extremely delicate', lived together with a fierce dog in a lone, remote and dilapidated hut in the Ferns area. They had been deserted in their old age by their nurse as they had been in infancy. By 1895 the surviving invalid foundlings had been reduced to three men and thirteen women ranging in age from sixty to eighty years. Some survived into the twentieth century, remarkable examples of human endurance and the individual's ability and will to survive.

Wodsworth was appointed secretary to the Local Government Board in 1883. He died in 1887 after nearly forty-nine years in the public service.

Henry Robinson, Junior 1857–1927

As vice-president of the Local Government Board for Ireland Henry Robinson was the most senior official of the British administration serving in the Custom House when native government was established in Ireland in 1922. He had by then been employed in local government administration for forty-three years and had served under twenty chief secretaries. The chief secretary was, *ex officio*, president of the Local Government Board but, in practice, the affairs of the board were directed by the vice-president with little involvement by the president. Robinson was vice-

Claimant for the pension to Henry Robinson: 'I was old enough to ate a potato out of me hand the night of the Big Wind.'

president from 1898 until his retirement with the change of administration. During this time he had become a figure of considerable authority and influence, often called on for his views by government commissions of enquiries into Irish affairs.

Born in 1857, Robinson's origins were deeply rooted in the Irish ascendancy. He was a member of a family that had contributed soldiers, sailors and administrators of distinction to the service of the British Empire. His father was Sir Henry Robinson, his mother Eva daughter of the tenth Viscount Valentia and his wife a daughter of Sir R. Lynch Blosse of Balla, Co. Mayo. His career in the public service began as secretary to a number of government commissions, notably that which enquired into the poor law and lunacy administration in 1874. In 1878 he entered the local government service as a temporary inspector and he maintained a continuing association with the Local Government Board until it and the British administration in Ireland came to an end. It was hardly to his disadvantage that his father, who had been a poor law inspector for twenty-four years, had later become an inspector under the Local Government Board and served as its vice-president from 1880 to 1891.

Robinson had an influential part in the development of Irish local government. He drafted the Local Government Act of 1898 and had responsibility for establishing the new local government system of county councils for which this Act provided. He was also involved in the Labourers Housing Act. He was honoured with a KCB in 1900 and became a baronet in 1920.

Beatrice Webb (see separate biographical note), who served with Robinson on the government commission which reviewed and reported in 1909 on the operation of the poor law and travelled around the west of Ireland with him, found him an attractive personality and 'one of the most agreeable companions I have ever run across'. He had a faculty for mimicry, an endless flow of Irish anecdotes and, according to Mrs Webb, 'the characteristic of all very clever officials: he seems indiscreet and is a monument of discretion'.

To his enemies he was a 'time-server'. Like other clever, ambitious officials he seemed to have the capacity to avoid having any particular social philosophy of his own, a remarkable achievement in view of his awareness of the level of poverty and general deprivation in many parts of Ireland during his period of office. Mrs Webb, passionately concerned about the injustices and inequalities of her time, found it difficult to understand his attitude:

> I asked him outright what kind of society he desired in Ireland ... A dull look came into his grey eyes ... 'I never really thought of all these questions ... what has concerned me is to keep my successive chief secretaries out of trouble.'

During his time as vice-president, Robinson was firmly in control of the affairs of the Local Government Board. According to evidence given by him to a royal commission enquiring into the civil service in 1914, the board did not meet in a formal manner:

> I do not know if it is correct to call it a board. We do not put things to the vote and the members would not outvote the president and the vice-president ... We never differ, we talk the whole thing out and decide. There is no vote.

Robinson himself, in effect, took the final decision unless, in a very exceptional situation, the issue was referred to the chief secretary in his *ex officio* role as president of the board. After retirement, Robinson recorded his recollections in two entertaining books, *Memories: Wise and Otherwise* and *Further Memories of Irish Life.* While Irish people appearing in them are presented in many instances as caricatures and there is clearly exaggeration for the sake of a good story, the books nevertheless provide interesting sidelights on some aspects of Irish society during the period covered.

In one passage he describes how various benevolent organisations and individuals such as the then Duke of Edinburgh distributed foodstuffs in the more depressed western areas at the end of the 1870s. Tinned soups and other delicacies, familiar fare to the upper classes but unknown to the poor, were included. A local dispensary doctor complained, 'It's a pity ... that he didn't explain to them that the things were meant to eat and not let the creatures be rubbing them into their shoulders and backs for rheumatism.' A tin of meat extract had been applied in the form of a poultice for neuralgia and the doctor found another man 'with his shirt off undergoing a vigorous application of tinned Julien soup to his back for lumbago'.

When King Edward VII came to Ireland in the early years of the century he toured various places in the west, accompanied by Robinson. When they visited Killary Harbour, a local dignitary, confused about the King's title, called for 'three cheers for King Henry the Sixth', a call taken up by the local onlookers.

Robinson was present in Dublin Castle in 1922 when the viceroy, Lord Fitzalan, handed over the government of Ireland to Michael Collins and his colleagues. The heads of all the government departments were called into the privy council chamber to meet their new chiefs:

> What struck me most was the extreme youth of most of the new ministers and all looked pale and anxious ... they certainly looked gloomy and overpowered with the consciousness of responsibilities for the future government of the country.

Robinson was unsympathetic to Irish freedom and his recollections clearly show his regrets at the passing of the *ancien régime* and his concern about the different values and attitudes of the native government. Two years after the changeover of government he was lamenting the decline in conditions of life and standards of behaviour. The easy familiarity that existed between officers and lower ranks of the new Free State army disturbed him; it was so different to the discipline and consciousness of rank of the British army. He described the visit of two Free State officers to the home of a gardener of his acquaintance outside Dublin. It was a cold wet day and they were put sitting before a blazing fire and offered tea and cakes by the gardener's wife. As they were drinking the tea a soldier from a lorry of troops came in with a message:

> He said, 'Isn't it a nice bloody thing to see youse in here before the fire and the sentry and me standing about in the rain outside!'
>
> As the gardener truly observed to me, 'It would be a long time before ye'd see wan of them English sentries up at the Vice-Raygle Lodge walk into the house and say the like of that to Lord Frinch!'
>
> 'What did the officer say?' I asked.
>
> 'Ah, he didn't take much notice', replied the gardener. 'All he said was, "G'wan to hell ower that!" '

From Robinson's viewpoint incidents such as this did not augur well for the new Ireland. When his home near Dublin was looted during the Civil War and a valuable collection of private papers destroyed, he moved to London. He died on 16 October 1927. Kevin O'Higgins, shortly before his own assassination, was asked whom he regarded as the most formidable enemy of Irish independence. He replied: 'Sir Henry Robinson; he had the brains'.

BEATRICE WEBB 1858–1943

Beatrice Webb's association with the Custom House was a brief one; she was a member of the group from the Royal Commission on the Poor Laws and Relief of Distress which heard evidence there from Irish witnesses in April 1908. But, despite its brevity, her visit is worth describing because she was one of the most persistent social reformers of her age and took an interest in Irish affairs.

She was born Beatrice Potter, the eighth of nine daughters of an industrial magnate. Her early life followed the usual pattern of those of her social background – education by governesses, travel abroad, an active and fashionable social life. She was, however, seen as more intellectually talented than most of her peers, something that marked her out at a time when women in general were given little encouragement to think. When 'the brilliant Miss Potter', like other young Victorian ladies of her class with social consciences, undertook 'slumming' – charitable work among the poor – the sights and sounds of poverty set her on a path which would eventually lead her to reject and despise the privileged world of her youth.

Her marriage to Sidney Webb in 1892 copper-fastened her role in life, for their views about the need for a more egalitarian society were in harmony and their determination to pursue it to the exclusion of other interests completely shared. Their marriage was much more than a romantic partnership. 'It was,' wrote one of her biographers, 'so complete a fusion of husband and wife for public service and private happiness that it is impossible to treat their lives separately.' In all respects they were a remarkable pairing. She was a striking figure, a tall beautiful woman clearly of the upper class; he was small, bespectacled and bearded, with a Cockney accent. He had been a civil servant who later became a lawyer and a member of London County Council. He had been introduced into the Fabian Society by George Bernard Shaw and later, in 1889, had published *Fabian Letters in Socialism*. After their honeymoon, spent partly in Dublin examining trade union records, the Webbs set about a life of political preaching and research which for several decades made them a dominant force in British social thinking. Their combined writings culminated in the massive nine-volume history of *English Local Government*, which appeared between 1906 and 1929.

In 1905 Arthur Balfour, the British prime minister, appointed Beatrice a member of the Royal Commission on the Poor Laws and the Relief of Distress that he had established mainly in response to criticism of the operation of the poor law system in Britain. Its terms of reference also required it to look at the position in Ireland. Some of the commissioners, including Mrs Webb, came to Ireland in April 1908 and heard evidence from a small number of Irish witnesses at the Custom House after carrying out a quick tour of Irish workhouses and hospitals. It had been decided not to have a detailed investigation of Irish conditions because this had been done only a few years previously by a special vice-regal commission on poor law reform. In advance of the hearing in the Custom House the commissioners met a deputation of women representatives from two bodies – the Irish Workhouse Association and the Irish Women's Suffrage and Local Government Association – who were seeking greater recognition for women in public bodies. They were obviously encouraged by the presence of Mrs Webb. Although she had earlier run foul of the feminist movement and had been publicly critical of what she called 'the narrow outlook and exasperated tone of some of the pioneers of women's suffrage and their continuous clamour for the rights of women', she had by 1908 changed her attitude and supported many of their demands.

The principal spokeswoman for the Irish group was an indomitable Quaker, eighty-year-old Mrs Anna Haslam, who with her husband, Thomas, had been campaigning in the women's suffrage movement since 1876. She complained that women in Ireland had failed to secure fair representation on local authorities. In her experience where there was only one public representative to be chosen a woman would not stand the remotest chance unless 'she owned the whole of the town' or had a commanding position of influence like Lady Monteagle of Limerick.

Mrs Webb, clearly influenced by what she had been told, closely questioned Edward Burke, an inspector of the Local Government Board, on the subject when he gave evidence to the commission on the following day. He claimed that female representation on boards of guardians was 'satisfactory' and pointed to instances such as Lady Fitzgerald of Waterford and Mrs de la Poer of Clonmel, both of whom chaired their local boards. However it was clear that female local representation was unimportant where the commissioners in general were concerned and the issue did not figure in their subsequent report.

In its main Irish recommendations the majority of the commissioners recommended the abolition of boards of guardians and workhouses; the basing of areas of administration and charge for the relief of the poor on counties and county boroughs; the establishment of new local bodies, known as public assistance authorities with a mixed membership of public representatives and persons experienced in public assistance; the allocation of responsibility for medical relief in general to the new authorities. These views were unacceptable to a minority of four commissioners of whom Mrs Webb was the dominant member. They believed that the care of the sick should be entirely dissociated from pauperism and the demeaning characteristics of the poor law. They saw the majority proposals about public assistance authorities as bringing into the net of pauperism whole classes then outside its scope. Their views were somewhat in advance of the times but would eventually be shown to be in keeping with new concepts of the state's responsibility towards the sick and poor which evolved over the next few decades.

The Webbs continued their work together. Sidney became a member of parliament in 1922 and later held ministerial office. He was made a peer in 1929 and became Baron Passfield. Beatrice refused to be known as Lady Passfield. She died in 1943, four years before Sidney, and their ashes are buried together in Westminster Abbey.

PERCY WILLIAM FRENCH 1854-1920

Percy French was employed by the Board of Works during the greater part of the 1880s before becoming one of the most popular professional entertainers of his time. Born in Clooneyquin, Co. Roscommon, in May 1854, he entered Trinity College in 1872 where he first took an Arts degree and subsequently studied engineering, qualifying in 1880. After serving his engineering apprenticeship with the Midland Railways he obtained

Percy French, an artist as well as a stage personality; this silhouette is by Hubert Leslie (1913)

a temporary post in the Board of Works and was assigned to the Cavan area. His post, officially described as Inspector of Loans to Tenants, appears to have been entirely related to drainage schemes and he wrote humorously of himself as Inspector of Drains:

> *Let others disport on American plains*
> *And rob the redman of his hard earned gains*
> *No tomahawks shall ever injure the brains*
> *Of William, the local Inspector of Drains.*

In the course of his duties he travelled around Cavan on a bicycle, thus saving his travelling expenses of ninepence a mile and adding to his income. It is doubtful whether he was an enthusiastic engineer, for his greatest interest was in humorous writing and music. His Custom House masters appear to have viewed him in that light and when economies were being sought by the reduction of staff, he was unceremoniously sacked.

That was the end of his engineering career and after a brief period as editor of a comic paper, he took up with great success the life of a professional entertainer. A small figure with flowing white hair and a moustache, he travelled around Ireland with a solo performance lasting two hours for which he wrote his own material. One of his most popular songs, *Are Ye Right There, Michael?*, a gentle satire on the West Clare railway, was a

Kilkee Station, a stop on the West Clare railway

response to the train's late arrival for a performance in Kilkee but it may, to some degree, also have been linked to his time as a Board of Works inspector. The board had special responsibilities in regard to railways and was required to furnish opinions on the merits of light railway projects including the West Clare railway:

Ye may talk of Columbus's sailing
Across the Atlantical Sea,
But he never tried to go railing
From Ennis as far as Kilkee.
You run for the train in the morning,
The excursion train starting at eight,
You're there when the clock gives the warning
And there for an hour you will wait.
And as you're waiting in the rain,
You'll hear the guard sing this refrain:

Are you right there, Michael, are ye right?
Do you think that you'll be there before the night?
Oh, you've been so long in startin'
That you couldn't say for sartin,
Still you might now, Michael, so ye might!

As his fame spread French toured Canada and the United States, writing and acting in musical shows, some in association with William Houston Collisson, a well-known figure in Irish musical circles. His first wife died in childbirth on the day following their first wedding anniversary; he married again and had three daughters. In January 1920 he took suddenly ill and died at the home of a friend in Formby, Lancashire, where he is buried.

GEORGE VANSTON 1853–1923

George Thomas Barrett Vanston served in the Custom House as legal adviser to the Local Government Board from 1900 to 1922. He was born in Terenure, Dublin, in 1853 and educated in Kingstown School and Trinity College, Dublin, where he had a brilliant academic career. After he was called to the Irish Bar in 1878 he took a particular interest in local government law in which, by the end of the century, he had become a leading authority. His appoint-

The Custom House after the fire

ment as legal adviser to the Local Government Board was an obvious choice. The best known of his publications is the monumental *Law Relating to Local Government in Ireland*, in two volumes, published in 1899 and 1909. His other major works were *The Law of Public Health in Ireland* (1892), *The Law Relating to Municipal Towns in Ireland* (1900) and *The Law Relating to Municipal Boroughs in Ireland* (1905).

Vanston was working in the Custom House on 25 May 1921, the day it was attacked and burned by republican forces as one of the main symbols of British rule in Ireland. He was quite deaf and continued to work in his office as the battle between the British and republicans raged around him and the building went up in flames. Requiring the services of a messenger he rang his bell and when there was no response ran out in anger into the corridor. There he was confronted by a British army officer and ordered to line up outside the building with a mixture of captured IRA men and civil servants. When he reacted in bewilderment and enquired whether something was on fire the officer, believing that he was faced by an individual who had become unbalanced by the excitement, turned him loose. It was a dramatic highlight of his career in the Custom House which came to an end shortly afterwards. He retired the following year as the old Local Government Board gave way to the new Department of Local Government and Public Health. He died on 6 July 1923.

THE IRISH TIMES. THURSDAY, MAY 26, 1921.

TE.

NCE.

DUBLIN CUSTOM HOUSE DESTROYED.

WANTON AND COSTLY OUTRAGE

BOMB, RIFLE, AND REVOLVER BATTLE.

PROMPT WORK OF AUXILIARIES.

REBELS HEMMED IN BY THE MILITARY.

7 CIVILIANS KILLED. 10 WOUNDED. 111 ARRESTED.

The following official *communiqué* was issued last evening by the Irish Military General Headquarters, Dublin :—
At about 1.10 p.m. to-day information was received by the military authorities that the Custom House had been rushed by about one hundred men and was on fire.
Crown forces were immediately hurried to

burning building, where they found twenty-eight revolvers, which had been discarded by some of the rebels, and many petrol tins. The search was continued until the Auxiliaries were driven from the building by the flames.
Meanwhile many civilians poured out of the blazing building, holding their

posted is a complete fabrication. There was no military guard at the Custom House.
Dublin Castle reported yesterday at 3 p.m. :—
The Custom House, Dublin, which is recognised as one of the finest public buildings in the United Kingdom, was set on fire by a large party of Sinn

THE CUSTOM HOUSE IN FLAMES.

The Irish Times, *26 May 1921*

THE CUSTOM HOUSE DEAD 1921

EDDIE DORRINS, SEÁN DOYLE, DAN HEAD, PADDY O'REILLY, STEPHEN O'REILLY

The destruction of the Custom House by fire on 25 May 1921 marked the culmination of the War of Independence. It was a major *coup*, a huge propaganda success, that emphasised the failure of the brutality of the Black and Tan units of the British army to cow the independence movement. Within a month of the burning the British prime minister, Lloyd George, proposed a conference which was followed by a truce in July and eventually by the Treaty negotiations leading to the departure of the British administration from what became the Irish Free State.

The Custom House had been an obvious target. To the public in general it was one of the main manifestations of British power in Ireland, responsible for directing a wide range of local services, and

The memorial card of Dan Head made by his family

an important element in the machinery of public taxation. From 1918 on, Sinn Féin had succeeded in getting many local authorities to support the independence struggle by encouraging them to resist or ignore the authority of the Local Government Board. An independent Department of Local Government, acting under the direction of the illegal Dáil Éireann, gradually subverted the power of the board and, early in 1921, the Army Council of the Irish Republican Army decided to strike the final blow by the destruction of the Custom House itself.

The task of doing so was given to the Dublin Brigade. Some weeks before the attack, Oscar Traynor, the officer in charge of the brigade, undertook a personal reconnaissance of the building. Carrying a large official envelope stamped OHMS, he walked unchallenged through the corridors, noting the details of the lay-out and particularly the most vulnerable areas. He also found it possible to get a ground plan of the building in the National Library. The operational details for the assault on the Custom House prepared subsequently would involve the biggest armed attack undertaken by the IRA in the Dublin area. It required about 120 Volunteers to enter the building itself as well as others to provide covering groups in its immediate vicinity and at the city's fire stations to prevent action by the fire brigade. Oscar Traynor would be in overall command of the attack and Tom Ennis, officer commanding the Second Battalion, would take charge of the men within the building.

The attack was planned in great detail. It was decided that it should commence about 1 p.m. on 25 May when most of the staff would be at their dinner. The approaches to the Custom House would be covered by the First Battalion at Butt Bridge and at the hardware premises of Brooks Thomas in Lower Abbey Street. The Dublin Active Service Unit and a group of picked shots known as 'The Squad' would take up positions at all entrances. The advance group to enter the building would destroy the telephones and allow no one to leave or enter. Two minutes later they would be followed by the main group, each member taking with him two two-gallon tins of paraffin from a lorry which would be parked outside the main entrance. This group would be unarmed but would carry hatchets. They would proceed to allotted corridors, round up the staff and order them to the main hall, close all windows, smash the furniture, collect all papers in heaps and soak them in paraffin. As each floor was ready for burning the officer in charge of the floor would inform the battalion commander and when all floors were ready a signal would be given to set fire, starting at the top floor. A whistle would be blown when it was time for the attackers to get away.

In the event, it did not prove to be a smooth operation. Time was lost in herding the staff into the main hall. Some of them resisted; others, particularly women members, became hysterical. The caretaker was shot when he tried to use a telephone. The biggest blow was the arrival about halfway through the operation of a number of lorry-loads of Black and Tans who had, somehow, been warned. When the first lorry to arrive was attacked by the covering party one of the Volunteers in the Custom House became excited and blew a whistle, although the preparations for setting fire to the building had not been completed. Some of the Volunteers, believing that it was the signal to get away, rushed to the main entrance and had to be sent back to their allocated posts. Eventually control was re-established and the Custom House was set on fire. By now the building was completely surrounded by the British military who kept up a continuous fire with machine guns mounted on armoured cars.

As the conflagration spread the battalion commander ordered everyone to evacuate the building. The attackers, mingling with the staff, filed out into the open where they were quickly pointed out to the Black and Tans by hostile officials. A small number of Volunteers escaped under fire, among them the battalion commander, Tom Ennis, who, seriously wounded, was picked up by the friendly driver of a horse-drawn cart. He survived after a considerable period in medical care. Between eighty and ninety of the Volunteers who had been inside the Custom House were captured but most members of the outside covering parties escaped. One of the Volunteers to escape capture was John Marten from the Liberties, son of an Austro-German father, whose role during the action was to break open the highly inflammable kegs of whiskey in bonded storage in the Custom House. He was soaked to his knees in whiskey when he arrived home and his family later recalled how their pet dog staggered around the house after drinking the residue of the liquid in John's boots.

Five of those who took part in the fighting were killed. They were all very young men, little more than boys. One of them, Captain Paddy O'Reilly from Jones Road, Dublin, quartermaster of the Second Battalion had joined the Volunteers in 1917 shortly after leaving school. His younger brother, Stephen, the battalion's assistant-adjutant, was also killed in the battle. He was eighteen years of age, a member of the Gaelic League, who wrote for Irish-Ireland journals with the encouragement of Brian O'Higgins, the prominent republican writer. Volunteer Dan Head, from Seville Place, was also killed in the action. He too was a boy of eighteen, fond of playing football, who, armed with grenades, was one of the covering party outside the Custom House. Oscar Traynor, who was standing in Beresford Place, probably owed his life to Head. He later recorded what happened when the first lorry-load of Black and Tans arrived unexpectedly on the scene:

> I saw a young Volunteer jump from the cover of the bridge supports and throw a bomb into the middle of the Black and Tans' lorry with disastrous effects to the occupants. I was later told that he was Volunteer Dan Head and that he was killed either then or sometime later during the action.

The two other young Volunteers who died on the occasion were Eddie Dorrins from the East Wall and Seán Doyle from Amiens Street. The latter died in the Mater Hospital a few days after the attack. He had been found wounded in Store Street by some women who took him in a cab to the hospital. Two members of the staff were killed – the caretaker, F. Davis, and Mahon Lawless, an Englishman, a temporary clerk, who was mistaken for an attacker and mown down by Black and Tan fire. Stray bullets wounded several other members of the staff and killed two dockers, J. Connolly and J. Kelly, in the vicinity of the Custom House. The British army admitted to only four casualties, all wounded, although the republican side believed the toll to be far higher.

An *Irish Times* reporter watched the slow demise of the building itself and the collapse of its great central dome:

> Flames licked up and around it and the copper seemed red hot; but the dome held its fine shape until twenty minutes to three o'clock. Then it collapsed. The riverside part to the east end slid down and the clean looking stonework forming the interior of the base of the statue of Hope gradually appeared more and more. The metal separated on the front of the river and fell away. In the other part it dropped over the heads of the circular colonnade and lay above the white stone like a dirty pall. Here and there, bright copper shows now, but the dome has lost all form and looks no better than a broken and battered pan. The last spectacular act of the drama – the fading of the dome – was witnessed by a fleet of ten military aeroplanes which passed over the city in regular array.

The Custom House burned for several days. When the fire eventually went out, Gandon's masterpiece lay in ruins. So too, symbolically at least, did the British administration in Ireland.

THE NEW STATE EVOLVES 1922–1946

In general the 'twenties and 'thirties were hard times. During its early years the new Irish government had to contend with not only a civil war but also extremely difficult financial conditions. The unprecedented prosperity of the years of World War I had been followed by reducing agricultural prices in the early 1920s as the belligerent countries returned to normal trade and production. By 1923 the price of arable products was 57 per cent below the level of 1920 and store cattle prices had fallen by 40 per cent. The government maintained financial stability during the decade by a stringent approach to public spending exemplified by a cut of 10 per cent in old-age pensions.

The advent to power of Fianna Fáil in 1932 was followed by the 'Economic War', when the government refused to continue the payment of annuities to Britain. Such annuities had up to that time been collected from Irish farmers, to redeem the money advanced under pre-independence land acts. The British retaliated with duties on Irish agricultural imports; Ireland responded with impositions on British imports. This conflict was not resolved until 1938. Government policy in the industrial area was one of protectionism, with high tariffs on imported goods and encouragement for the setting up of native industries using only Irish resources. There were improvements in the social area, notably the provision of new housing, the reduction of slums and, with the assistance of Sweepstake funds, better hospitals. The county management system came into operation during the 1940s and led to improvements in local administration. But the war years 1939-45 gave rise to extremely difficult social and economic conditions and for the time being brought progress to an end.

RICHARD MULCAHY 1886–1971

After the burning of the Custom House in 1921 the ruined building ceased to be a centre of activity for most of the 1920s while the process of restoring it was under way. By 1927 a considerable part of the interior had been reconstructed and it was possible for the Department of Local Govern-

Richard Mulcahy at his desk in the Custom House

ment and Public Health to take up occupation there. It was appropriate that the political head of this unit of Irish government, entering the former stronghold of British rule, should be Richard (Dick) Mulcahy, a man who had been one of the most formidable leaders of the independence movement.

Dick Mulcahy was born in Tomcoole, Co. Wexford, in May 1886. He was educated by the Christian Brothers in Mount Sion, Waterford, where his father was a postal supervisor, and later at the Brothers' school in Clonmel, when his father became postmaster there. After school he, too, took a job in the postal service, joining the Volunteers at their inception and also becoming an active member of the Gaelic League. He quickly established himself as a leader in the independence movement. As adjutant to the Fingal Brigade he took part in the 1916 Rising when, with Thomas Ashe and others, he attacked the RIC barracks at Ashbourne. Captured by the British he was interned in Wales but released following an amnesty and, returning immediately to his republican activities, he became Chief of Staff of the Irish Republican Army during the War of Independence. He was an effective and fearless leader, one of the men most wanted by the British forces, universally respected and, as yet, free from the controversies that would beset his later career.

He supported the Treaty and became Minister for Defence and Commander-in-Chief of the army in the new Irish Free State government. During the Civil War that followed the acceptance of the Treaty, Mulcahy was to the fore in his determination to restore order and put an end to the attempt to overthrow the new regime. At his request the Dáil gave him authority to set up military courts which would sit secretly to try persons found in unauthorised possession of arms, involved in attacks on the army, or in other subversive acts. In pursuance of that policy seventy-seven republican prisoners were tried, condemned to death, and shot at dawn in various parts of the country between November 1922 and May 1923. Appeals that they be treated as prisoners of war were rejected. Four prominent republican leaders, already some months in government custody, were roused from their sleep in December 1922 and told that they were being shot immediately by way of reprisal for the killing of Dáil deputy Seán Hales. Mulcahy defended all the executions in the Dáil. Replying to protests following some of them he said:

> The men who were executed this morning were, perhaps, uneducated, illiterate men, never meaning perhaps to get into a situation like this, men of no political convictions perhaps ... we provided for these men all the spiritual assistance that we could to help them in their passage to eternity.

It was a remarkably cold, unrelenting stance to take about the killing of young men whose crime had been that they believed in the freedom of their country and were prepared to fight for it. They were, as Mulcahy had acknowledged, probably unlettered men; to suggest that such individuals could have no political convictions showed an ignorance of the nature of the human spirit. While the executions were welcomed by the more ardent supporters of the Free State, they left behind them a long and painful memory. Maryann Valiulis, Mulcahy's biographer, has written:

> In the long run ... the executions harmed both the government and the country. It created a spirit of bitterness which made the horror of Civil War even more difficult to overcome and took more than fifty years to dilute.

With the ending of the Civil War Dick Mulcahy ran foul of some of his cabinet colleagues because of the way he handled a faction of the regular army disaffected by the government's failure to honour the promise that the Treaty would be a stepping stone to complete independence. He disagreed in particular with Kevin O'Higgins and, resigning from the government in March 1924, remained in the political wilderness until taken back into the cabinet by W. T. Cosgrave following the general election of 1927. He now became Minister for Local Government and Public Health and remained in that office until the change of government in 1932.

The period 1927-32 was not a good time for government ministers wishing to advance the public services for which they were responsible. It was a time of great economic slump. The Minister for Finance, Ernest Blythe, pursuing the conventional economic wisdom, insisted on drastic departmental retrenchment to ensure a balanced budget. Dick Mulcahy, indignantly refuting allegations of overstaffing in his department during an estimates debate in the Dáil in May 1928, pointed out that his total staff was only 202, a reduction on previous years, and that their annual cost was £88,000. He had only one permanent engineer, three temporary engineers in the roads division, and two engineers dealing with water and sanitation. His small medical inspectorate clearly had huge problems of public health to cope with; the infant mortality rate, for instance, showed that 110 infants out of every 1,000 born in urban areas were dying during their first year of life.

Following the advent of a Fianna Fáil government in 1932, the Fine Gael (formerly Cumann na nGaedheal) party remained out of power until 1948. In the meantime Dick Mulcahy continued to serve as a member of the Oireachtas representing various Dublin constituencies and, for a period, Tipperary. He was also a member of the Senate for a short time. In 1944 he was unanimously chosen as leader of the Fine Gael party, succeeding W. T. Cosgrave, and he remained its leader until the end of 1959 when he retired from politics. When the first inter-party government was being formed in 1948 he was the obvious choice for Taoiseach but stepped down in favour of his party colleague John A. Costello. This made a coalition government acceptable to the new Clann na Poblachta party which had reservations about serving under Mulcahy because of his Civil War record. Mulcahy served as Minister for Education in that government and held a similar office in the subsequent coalition of 1954-57 in which he also held office as the first Minister for the Gaeltacht. He had had a lifelong and total commitment to his native language and to the preservation of the Gaeltacht.

Conscious of their importance to historians he assembled an enormous quantity – seventy-five boxes – of documents and tape recordings relating to the historic events in which he had participated and presented them to University College, Dublin.

Dick Mulcahy was married to Josephine Ryan. He died in Dublin on 16

December 1971. Summing up his life *The Irish Times* commented: 'In everything he was dauntless'. And his departmental secretary in the Department of Education, Dr T. Rafferty, remembered him as a man who was 'at all times affably courteous . . . never ill-humoured or impatient . . . of quick intelligence . . . a great Christian gentleman'.

SEÁN T. O'KELLY 1882-1966

Seán T. O'Kelly was born in Lower Wellington Street, Dublin, in August 1882, son of Catherine O'Dea and Samuel O'Kelly, a master bootmaker with a shop in Berkeley Road. His modest beginnings were never an obstacle to the small, affable, leprechaunish Dubliner – the 'little man with the big heart' – who became one of the great personalities of the independence move-

Old rivals meet: Seán T. O'Kelly with W. T. Cosgrave

ment, a successful politician, notably as Minister for Local Government and Public Health, and, ultimately, the President of Ireland.

Educated by the Christian Brothers in North Richmond Street, O'Kelly joined the Gaelic League in 1898 where he became acquainted with Douglas Hyde, Eoin MacNeill and other figures prominent in that body. Later he participated in the Celtic Literary Society through which he formed a friendship with Arthur Griffith. He had been working as an assistant in the National Library but, as his republican beliefs strengthened, gave up his post to become involved wholetime in the national movement. He became a member of the Irish Republican Brotherhood, and helped to expand its activities throughout Ireland and Britain. By the beginning of World War I in 1914 he was convinced that an armed rising was necessary to secure Irish independence, and he was one of those closely involved in planning it. When the Rising took place he was a staff captain in the GPO where he was captured and sent to prison in England. Returning on his release to his work for the republican cause, he drew up some of the policy documents and declarations submitted for the consideration of the first Dáil.

In 1918, 'Seán T.', as he became popularly known, became the first Sinn Féin councillor of Dublin Corporation where he waged war against the slum landlords, a battle that he would resume when he became Minister for Local Government and Public Health at the beginning of the 1930s. When the Peace Conference began in Paris following the ending of World War I, O'Kelly was sent there as Sinn Féin representative to contact the various delegations and to arouse sympathy for the cause of Irish freedom. It was his first diplomatic mission; others would follow. He spent some time in Rome and later, after opposing the Treaty, went as republican envoy to the United States. Joining the Fianna Fáil party on its foundation, he became a member of the first Fianna Fáil government in 1932 when appointed vice-president of the executive council (later Tánaiste) and Minister for Local Government and Public Health. According to Professor J. J. Lee, Seán T.'s shrewd diplomatic skills played a considerable part in reducing the suspicions of Catholic clergy towards Fianna Fáil during the election campaign. To some churchmen Fianna Fáil had a 'bolshie' image because of the earlier armed resistance of its founders to the post-Treaty government. But the party's propaganda during the campaign was careful in its avoidance of radical notions and Seán T., in particular, used quotations from encyclicals in his speeches, thus re-assuring the clergy that 'the Fianna Fáil policy was the policy of Pope Pius XI'. Later the Vatican would honour him with the Grand Cross of the Order of St Gregory.

From his ministerial seat in the Custom House O'Kelly tackled the dire shortcomings of the housing situation with great determination during the years 1932-39. At the beginning of the 1930s there were 40,000 families in Dublin alone living with one room to the family. New legislation in 1932 gave greater powers to the local authorities to get rid of unfit housing. To hasten slum clearances O'Kelly insisted that local authorities be given the maximum subsidy towards new houses, but only after vacated unfit houses had first been demolished, thus preventing their being re-occupied. Between 1932 and 1941, 12,145 unfit houses, which had accommodated many families in squalid conditions, were ordered to be demolished. During the same period an average of 12,000 new houses were being provided annually with state aid. Large new housing estates grew up on the periphery of Dublin and the other main areas of population, and the wave of new buildings brought with it the additional benefit of a considerable increase in employment.

In 1939 de Valera reshuffled his cabinet to confront the 'Emergency' of World War II. O'Kelly was assigned to the Department of Finance and when Douglas Hyde's period of office as President of Ireland came to an end in 1945 Seán T. was nominated to succeed him. There were two other candidates, General Seán MacEoin and Dr Patrick McCartan, but in the subsequent election O'Kelly headed the poll and, with transfer votes from McCartan, was elected to office. When his first period of office ended in 1952 he was, following agreement among the political parties, elected to a further, uncontested, period of office. A notable event during his presidency was his visit to the United States on the invitation of President Eisenhower, when he was given a 'ticker-tape' parade down Broadway and addressed a session of both Houses of Congress.

Seán T. was twice married, first to Mary Kate Ryan, and, on her death, to her sister Phyllis. They were sisters of his cabinet colleague Dr James Ryan. His marriages linked him up with other important political personages of the period; another Ryan sister, Agnes, had married Denis McCullough, chairman of the Supreme Council of the Irish Republican Brotherhood and yet another sister, Josephine, became the wife of General Richard Mulcahy. Seán T. was of a very convivial nature, a man who, according to Leon Ó Broin, historian and senior public servant, 'liked company, particularly the company of women, and he could drink a glass or two or more of whiskey'. Anthony Cronin in his biography of Brian O'Nolan (Myles na Gopaleen/Flann O'Brien), Seán T.'s private secretary when he was Minister for Local Government and Public Health, tells of the precautions taken by Seán T. when, as President, he prepared for an official function:

> . . . he maintained as part of his personal suite an ex-serviceman whose job it was 'to gown the President'. Gowning the President consisted principally of ensuring that there was a naggin of whiskey in the tail pocket of the President's morning coat if the function was a daytime one; or in the breast pocket of his evening dress if it was a night-time affair. As he was helped on with the requisite garment the President would enquire, 'Am I all right now, Arthur?' To which, if all was well, Arthur would reply, 'You are all right, sir. You are game ball now.'

The story sounds like one which may have had its origins in the wry imagination of Flann O'Brien.

Following his retirement from the presidency in 1959 Seán T. went to live quietly in Roundwood, Co. Wicklow. He died in the Mater Hospital, Dublin, in November 1966, where he was visited as he lay dying by the then President, his former leader, Eamon de Valera. *The Irish Times,* summing up his achievements, commented: 'Mr O'Kelly showed very clearly that he had as fully transcended the political sphere as his natural dignity overcame his diminutive stature.'

NANCY WYSE-POWER 1889–1963

The civil service career of Nancy Wyse-Power, who retired from the Department of Local Government in 1954 with the rank of principal officer, was notable for the fact that she was one of the first women to reach that rank. But her whole life was an extraordinary one of commitment to the rights of women and to the cause of Irish freedom. She was a courageous woman who took an active role in the Rising of 1916 and in the subsequent struggle for independence.

Nancy Wyse-Power as a young girl dressed for a pageant

Nancy's mother, Jennie, had been one of the best-known and most formidable Irish women of her generation. Born Jennie O'Toole, she married John Wyse-Power, a professional journalist, in 1883 and had four children, including Nancy, who was born in 1889. When Fanny Parnell, sister of Charles Stewart Parnell, founded the Ladies Land League in 1881, Jennie became a member and was soon on its executive. The establishment of the new organisation provoked the wrath of Dr McCabe, Archbishop of Dublin, who complained that Catholic women 'under the pretext of charity' were being asked 'to forget the modesty of their sex and the high dignity of their womanhood'. But the dignity and status of women were also the concern of Jennie Wyse-Power; she supported the movement to obtain votes for women and became an active member of the Dublin Women's Suffrage Association. Later, in 1900, as the demands for national independence gathered force, she became one of the founder members of Inghínidhe na hÉireann which was subsequently absorbed by Cumann na mBan. With Maud Gonne as its president and Jennie Wyse-Power as one of its vice-presidents, the new movement set as its aims the complete independence of Ireland and the advancement of its culture and economy. Wyse-Power became a strong supporter of the Gaelic

League and worked closely with Arthur Griffith in the organisation of Sinn Féin.

It was against this background that Nancy Wyse-Power grew up. The causes of Irish freedom and women's freedom and the personalities involved in them permeated her childhood and her adolescence. Her mother had established a restaurant at their home in Henry Street and it became a rendezvous for Irish nationalists; later she opened another small restaurant and bakery in Camden Street that sold Irish farm produce. Nancy, having graduated from UCD with BA and MA degrees in Celtic Studies, went to Bonn University to undertake a doctorate in philology but was compelled to return home in 1914, on the outbreak of World War I, without completing her studies (she did so after the war). Now working with her mother as a member of Cumann na mBan, she was drawn into one of the most crucial events in Irish history. When on the eve of the 1916 Rising, Eoin MacNeill issued his instructions to the Volunteers that the manoeuvres intended as a cover for the insurrection were being called off, Nancy Wyse-Power was one of the messengers sent to various provincial commanders with a message from Pádraig Pearse countermanding MacNeill's orders. She carried a message to Dr Dundon, the local commandant in Borris, Co. Carlow, stating, 'We rise at noon today. Obey your orders. P. H. Pearse'. It was a hopeless journey; Dundon had been out all night carrying MacNeill's message to the scattered Volunteer groups in his area. But she managed to contact the Enniscorthy commander and this was one of the few areas that struck in support of Dublin.

On her return to Dublin Nancy Wyse-Power made her way into the GPO, now under siege, and reported the outcome of her journey to Pearse. She spoke also to The O'Rahilly and to Seán MacDermot. Returning to her home in Henry Street she found that its contents were being used to build a barricade and along with her mother and sister was forced to seek refuge in a house in Mountjoy Square. From there the three set about organising supplies for the Volunteers in the GPO, carrying them through holes broken in the walls of adjoining houses.

The Wyse-Power family suffered considerably as a result of the Rising. Their home was destroyed; close friends and political colleagues were killed or imprisoned. Adding to their misfortunes Nancy's sister, Máire, died from tuberculosis within a few months of the Rising. But both Nancy and her mother remained active in Cumann na mBan, distributing relief to the families of prisoners and of those who had died. The shop and restaurant at 21 Henry Street were reopened. Nancy became one of the two honorary secretaries of Cumann na mBan, under the presidency of Countess Markievicz, and her mother was appointed treasurer of Sinn Féin. When Sinn

Féin established its own Dáil Éireann as a counter to the Westminster parliament, Nancy was sent on its behalf to Berlin in 1921 to establish there a propaganda centre for Irish freedom. After the Treaty had been negotiated with the British, Jennie supported its acceptance, as an important step towards the republic. With the establishment of native government she was appointed to the new Senate; but as Cumann na nGaedheal, the government party, became increasingly commonwealth in outlook she parted company with it and eventually became a member of Fianna Fáil. She died in 1941.

Nancy joined the civil service when the Irish Free State was established. She worked initially in the Department of Industry and

A restored corridor

Commerce but when Seán T. O'Kelly became Minister for Local Government and Public Health she was transferred at his request in 1933 to the Custom House to become his private secretary. She remained there until she retired in 1954 from her post as principal officer. She was regarded as a Celtic scholar of some standing, contributing studies from time to time to academic journals and, on the personal invitation of the Taoiseach, Eamon de Valera, served on the board of the School of Celtic Studies. She was also president of the Woman Graduates' Association of University College Dublin from 1952 to 1962.

Throughout her civil service career Nancy Wyse-Power maintained her interest in women's rights. A study carried out by her in 1936 of the position of women under the Brehon Laws showed that in early Irish society the legal rights and responsibilities of women were far more comprehensively defined than in modern Ireland. Her paper dealt in some detail with the legal classifications of women at that period and, in particular, with the rights in relation to their male partners of wives, concubines and 'secret' women.

She resented the inferior status of women within the Irish civil service, the origins of which she traced to the British civil service of Victorian times. She related how in one British department typists were closeted in a locked room in an upper part of the building where their work and their meals were given to them through a hatch in the wall. No man was allowed to take work to them without a special permit which was obtained only with great difficulty. When the women entered the general offices to be paid they were shepherded in a crocodile by their superintendent and carefully chaperoned by her.

The principle of the segregation of women was carried over into the Irish civil service. When the Brennan Commission was asked by Seán MacEntee, Minister for Finance, in 1932 to examine the operation of the civil service, Nancy Wyse-Power gave evidence to it on behalf of a committee representing all grades of women in the service. Protesting that the segregation of women limited their prospects of promotion, she was taken aback when a member of the commission asked her if she realised that if men and women were working together a great deal of time would be lost in flirtation.

Whenever the occasion arose she continued to express herself strongly about the inequalities of women in the civil service. It was unaceptable to her that women doing the same work as men should be paid less. She also criticised the concept of the post of writing assistant which was confined to women. Many of the successful candidates for it had higher educational qualifications than required but promotion for them was ruled out. She considered that the confinement to women of this lowest grade in the civil service put them in an inferior position by implying that it was beneath the dignity of men. In time these injustices would be removed but the efforts of Nancy Wyse-Power helped to hasten the day.

She died on 27 December 1963.

PATRICK J. MEGHEN 1901-1971

The role of a senior official of the central local government system has long carried with it a certain occupational hazard, the possibility of being assigned the role of commissioner to replace a suspended local authority. The situation arises where, in the view of the central authority, the local body refuses to behave responsibly – usually either by spending too much or spending too little. During the nineteenth century, local boards of poor law guardians who refused to strike an adequate rate were frequently abolished, and the vice-guardians appointed to replace them often ran the risk of personal violence. The later local government system assumed similar powers for dealing with recalcitrant county and urban authorities but, in quieter times, without the physical hazards of the past. Nevertheless, the sacking of local politicians and the arrival of an outside official to impose the control of central government has often been viewed with hostility by a local population resentful of the loss of their own democratically-elected representatives. Patrick J. (P. J.) Meghen proved, however, that a commissioner could become extremely popular.

He was born in Dublin in 1901 and graduated from University College, Dublin in 1921 with the degrees of BE and BSc. Active in the independence struggle, he worked as a clerk in the local government department set up under the aegis of Dáil Éireann and, following the establishment of the Irish Free State, was appointed an engineering inspector in the new Department of Local Government and Public Health.

In 1925 Ennis Urban District Council ran foul of the Department for what a departmental inspector described as 'financial imbecility' and was dissolved by the Minister. Since Ennis was a relatively small urban area the Minister decided that instead of going to the expense of appointing a commissioner it would be more economic to have its affairs managed by a small committee drawn from Clare County Council. The Minister envisaged that such a committee, acting 'with honesty and commonsense would, in the course of a year or two, succeed in placing the town on a line of policy to extricate it ultimately from its present discreditable position'. The county council refused to be involved and early in 1926 the Minister appointed P. J. Meghen to be the commissioner for the town for a three-year period.

When Meghen's term of office came to an end at the beginning of April 1929 the Minister, General Richard Mulcahy, decided to restore the urban

The inaugural meeting of the County Managers' Association, 20 January 1943. P. J. Meghen is pictured in the front row, extreme right. (For complete list of names see page 195.)

council and a date was fixed for the election. On the date designated for the receipt of nominations the town clerk sat in the Town Hall to receive them. *The Clare Champion* subsequently reported:

> Not the slightest interest was taken in the proposed election. Not a single enquiry was received by the town clerk. It was reported that a few gentlemen had endeavoured to get candidates to consent to go forward but, if any effort of that kind were really made, it was abortive. The entire town was unanimous as to the advisability of retaining the commissioner and never again entrusting their destinies to an urban council . . .

As was done previously, the Minister asked the county council to appoint a small committee to administer the affairs of Ennis. On the day that the matter was to be discussed by the council a deputation of Ennis ratepayers was given permission to lay their views before the meeting. Their attitude was quite clear. In the words of their spokesman, 'ratepayers in Ennis, poor and rich, wished the commissioner to be retained for at least the next three years'. The members of the county council were in agreement. A public meeting in Ennis attended by 'every class and section' took a similar view. During his three years of office Meghen had been involved with various schemes of improvement in the town, including the extension of the waterworks and the provision of new houses, and the townspeople were anxious that he should continue to direct them. He had also succeeded in reducing the town rate from 16 shillings to 9 shillings.

Here was an unusual situation. The Minister, bowing to local opinion, had to introduce special legislation in the Dáil – the Ennis Urban District Council (Dissolution) Bill 1929 – to enable him to have Meghen continue in office for a further term. It was supported by the leader of the opposition, Eamon de Valera. Meghen remained commissioner in Ennis until 1934. During his period of responsibility for Ennis he also served as commissioner for a number of other urban district councils and he continued to be assigned commissioner roles until he became Limerick County Manager in 1942. He served there until 1961 when he was appointed Director of Studies in the Institute of Public Administration, a post he held until his death in 1971. He wrote widely on local government issues, including *Local Government: A Guide for the Citizen* (1959).

P. J. Meghen was also vice-president of Muintir na Tíre from 1945 to 1970 and served on the Commission on Emigration and other Population Problems from 1948 to 1954. A quiet and unassuming man, he made a notable contribution to the image and evolution of the county management system.

T. C. COURTNEY 1895–1961

T. C. (Ted) Courtney was born in Cork in 1895 and educated at the Christian Brothers' Schools at Our Lady's Mount and at Presentation College before going on to qualify as a civil engineer at University College, Cork. His first post, like his last, was associated with railways, when he became an assistant engineer with the Cork, Bandon and South Coast Railway Company. He was subsequently involved in the building of the Ford assembly plant at Cork and the establishment of new ship-building installations at the Harland and Wolff yard in Belfast. Joining the National Army on its formation in  1922 he helped to organise the Corps of Engineers from which he resigned with the rank of major in 1925. He then moved into the local government service becoming first an engineering inspector in the Department of Local Government and Public Health, transferring to the post of county surveyor for Tipperary North Riding for a period, and eventually returning to the Department as its chief engineering adviser in 1934. He now became responsible for directing a wide range of public engineering activities which included roads, housing, water and sanitary services. With a small group of senior administrators and medical personnel he also contributed to the planning of important developments in the health services notably in regard to the improvement of hospitals and sanatoria.

His most challenging job as the Department's chief engineer came during the war years when the country was faced with a critical situation in regard to fuel supplies. Imports of coal and oil had been reduced to a mere dribble and the government decided in 1941 that the Turf Development Board, with Courtney as its chairman, should be responsible for overseeing an emergency programme for the production of turf. It was decided that the brunt of the responsibility for turf production should fall on the county councils and, through them, on the county surveyors. Special emergency powers orders gave local authorities power to acquire bogland, to cut and sell turf and to grant licences to other persons to produce turf. To emphasise the critical nature of the situation the Taoiseach, Eamon de Valera, addressed a meeting of county surveyors at the offices of the Board of Works in April 1941. It was an unfamiliar area of activity for most of the surveyors involved but under Courtney's direction they succeeded in establishing a huge force of 25,000 bog workers within a month. By the time the turf-cutting season reached its peak that year 946 bogs were being cut by the county councils and about 34,000 persons were employed on them. An important inducement to persons to work on the bogs at that time was an increase in their tea ration; tea was severely rationed throughout the war years for the population at large.

There were severe problems to be overcome during the large-scale production of those years. The weather was bad during most of the turf harvesting seasons. Transport was in short supply because of petrol restrictions. Bogs which in the past needed to be accessible only to an ass and cart were not able to carry the weight of heavy lorries. By the time the 1942 season began most of the previous season's turf still lay where it had been cut. The weather in 1942 during the vital months of July, August and September was again very bad; only half the turf had been saved by the end of September and the rest had to be left on the bogs. The total turf production by the county councils of 620,000 tons for 1941 fell to 432,000 tons in 1942. During 1943 the weather was once again bad throughout the cutting season with the result that about half of the 365,000 tons produced were still on the bogs at the end of the year. By 1944 the national supplies of fuel were in an extremely critical condition and the Taoiseach again intervened personally by making a special appeal to county managers to increase their efforts. The production of the county councils increased to an estimated 630,000 tons but because of transport difficulties much of it could not be moved. During 1945 there was so much turf from the previous years still lying on the bogs that the production of new turf was impeded, the situation being aggravated once again by very wet weather. The ending of the war reduced the fuel problem but production of turf by local authorities continued for some time at a diminishing level.

The bogs had, of course, been the traditional source of fuel supply for rural Ireland, so a great deal of wisdom and expertise existed at local level as to how to harvest turf. While previously local turf-cutters never had to deal with the demands of mass supply, Courtney and his colleagues decided that

113

it would be advantageous to use local traditions rather than insist on the application of new – and untried – practices.

Local customs were followed by the councils in taking turbary rights and in the measurement of turf. In Kerry, for instance, the *sleán* and in Donegal the *dark* were the units which a slanesman was reputed to be able to cut in a day. The *lineal perch* was the amount of turf that could be cut from the bank of a low midland bog seven yards long, usually four yards wide and as deep as practicable. For the purpose of measuring the volume of dry turf the units used were the *box, kish, creel* and *hundred*.

T. C. Courtney's next major assignment came when in February 1949 he was appointed chairman of Córas Iompair Éireann by the Minister for Industry and Commerce. He had had a long connection with railways. As already mentioned his first post was as a railway engineer; later from 1939 to 1949 he acted as railway inspecting officer to the Department of Industry and Commerce. He remained chairman of CIE until he retired owing to ill health in August 1958. He took up his new appointment at a time when the modernisation of the Irish rail system had become a very live issue. During his chairmanship he was a major influence on the decision in 1954 to dieselise the services, a step that required considerable expenditure on the purchase and manufacture of rail rolling stock, the retooling of workshops and the training of personnel. The substitution of diesel for steam traction took place on a scale that was then quite exceptional for European railways. Courtney also believed strongly in the economic importance to CIE of its associated hotels and influenced the decision to modernise and extend the existing Great Southern Railway hotels.

Throughout his career Ted Courtney was noted for his geniality and his leadership. He died on 5 August 1961 in Waterville, Co. Kerry.

MAURICE WALSH 1879–1964

Maurice Walsh, one of the most popular and prolific of modern Irish novelists, worked for a considerable period in the customs and excise service before resigning from it to give all his time to writing.

Born near Listowel, Co. Kerry, in 1879 of farming stock, he joined the British civil service in 1901 and was assigned as a customs and excise officer to the Scottish highlands where he would remain for over twenty years. He became deeply attached to Scotland, to the natural environment of the mountains and moors and rivers of the highlands as well as to Scottish

history and traditions. Savouring its whisky – of which he became one of the great connoisseurs – and fishing and hunting formed his lifestyle. He was a small genial man with a white patriarchal beard, a 'roguish argumentative nature' and a great zest for story-telling. His way of life and particularly his great attachment to the pleasures of the natural world around him were a fertile source of ideas for the romantic, adventurous novels for which he became noted.

When the Irish civil service was established in 1922 he was transferred at his own request from Scotland to the Irish customs and excise service. His first novel *The Key Above the Door* was published in 1926. Though it failed to win a prize in a literary competition for which it was entered, it was hugely successful on publication, running to many editions and selling 250,000 copies. It was followed by *While Rivers Run, The Small Dark Man* and *Blackcock's Feather*. All were bestsellers. Retiring from the civil service in 1934 he continued with great popular success to produce a steady stream of novels and collections of short stories over the next twenty years or so.

Some of Walsh's novels were set in Scotland, others in Ireland, often in a romanticised version of the west of Ireland where the landscape and the traditions bore comparison with the highlands and where the native chieftains, like the Scottish clans, had struggled against Elizabethan forces. In the main, he wrote swashbuckling romantic stories that stirred the hearts of their readers, young and old; stories that were full of excitement and colour and fast-moving action, set in a glorious landscape of fast-flowing rivers and wild moors and mountains. They had full-blooded heroes and villains and happy endings: there was none of the cynicism, much less the depiction of the anti-hero, of the modern intellectual novelist. An English critic writing of Walsh's earlier novels said they had 'an unsophisticated and agreeable tweediness about them'; Francis MacManus, the Irish novelist and critic wrote that 'they preserved the heroism of the folktale in a century in which the hero has become a joke!' And if Maurice Walsh's formula was removed from realism, as MacManus pointed out, 'the literature of romanticism is as valid in its own field as the literature of realism'.

The novel *Blackcock's Feather*, which Walsh regarded as his best, epitomises his style and the images he could create. David Gordon, a young swordsman from the highlands who has fought for Mary Queen of Scots, heads for Ireland to seek his fortune there. The narrative grips the reader from the beginning:

> This is the story of me, David Gordon, and I will begin it on that day in May when I walked down the quay wall at Mouth of Avon, below Bristol and held discourse with one Diggory, sailing master of the *Speckled Hind*. I begin it on that day because it was on that day life began for me.
>
> The sailing master stood wide-leg on his poop-deck, a short square fellow with a spade beard below a leather basnet. The grey-green waters of the Bristol Sea shimmered and ran behind his wide shoulders; and the wing of a gull, white-flashing in the sun, flicked and dipped across the green, and the uncanny cry of the bird made mock of me and of all men. The sailing master was in converse with a tall springold of a gallant who leant in a carelessly elegant pose against one of the caryatids, slim, rose-hosed legs ankle-crossed, and a gauntleted hand in the silken folds of slashed trunks.

Gordon secures his passage to Dublin, travels by horseback, and with many adventures, to the north where he throws in his lot with the O'Neills and the O'Donnells in their struggle to free Ireland from English rule. He describes a gathering for a feast at Hugh O'Neill's castle:

... clan chiefs in their white and saffron tunics and silk-lined cloaks; gallow-glass captains in steel and buff; young men bare-headed and clean-shaven; old men with long hair and beards; seannachies, harpers, brehons – all the retainers of a royal Gaelic court. And there were ladies there too, tight-bosomed, flowing-kirtled with lace and linen on their plaited hair.

There was a great abundance of food and drink at the banquet:

... beef and pork, fowl and game, venison from the woods, salmon and eels out of Bann Flu ... usque baugh, mead and metheglin, a new English beer, Spanish wine in jars and Garonne wine in flasks and never a mug of water. And everyone ate hugely and drank copiously and made talk and laughter without end ... And above the noise and clatter came the skirl of the pipes from where two tall fellows strutted back and forth on the gravel outside O'Neill's table and played ports [tunes] that I had heard in far Glenfiddick.

There are many adventures, clashes with the English broken by idyllic episodes fishing on the lakes and rivers, listening to the thrushes singing at dawn, sensuously enjoying the heather-scented moors and mountainsides. A villain emerges, a Sassenach, Captain Sir William Cosby of Cong. There are various indecisive encounters and then Gordon and he confront each other for the last time:

It happened very quickly. He saw me there, swaying on my feet, head bandaged, face dead white, sword lax in my hand. Now was his time to kill. They say his blade came out in one mighty sweep and, in the same motion, slashed like a streak at my neck. But to me that blade was slow as the sway of a branch in the wind and as soft as the stroke of a reed. I had to wait for it until it came from behind his shoulder. And there my blade locked on it, twisted over and under it, and leaped forward in one clean shoulder-driven lunge, through open mouth and through spine. The guard jarred against his teeth. He fell backwards. I recovered blade with a single wrench and swung on the O'Flaherty men.

'Who dies now?'

No one made the smallest move. It was all over.

I waited. A great weakness flowed over me; the world rocked; hilt slipped from loosed fingers; I should have fallen. But it was as if a clear strong wind came about me to hold me up. A rustle of skirts, a

cry, a pair of strong young arms, and there was my Eithne holding me.
'David – David!'

It was a classic ending to a romantic tale, crying out to be accompanied by a musical *crescendo* as the great curtains closed slowly on a cinematic epic. Yet, remarkably, despite the fact that Walsh's novels matched the tastes of the period for adventurous, romantic, happy-ending films none of them was translated to the screen. However, one of his short stories, *The Quiet Man*, under the marvellous direction of John Ford, was made into a notably successful film that caught the spirit of Walsh's writing and brought the beauty of the west of Ireland landscape to a vast world audience.

At the beginning of World War II, Maurice Walsh combined with Seán Ó Faoláin in writing an article for the American popular magazine, *The Saturday Evening Post*, which explained Ireland's reasons for remaining neutral in the war.

He died in February 1964 in Blackrock, Co. Dublin. When, not long before he died, he was made a member of honour of PEN, he said modestly: 'I was just a story-teller, and I sometimes flatter myself that I was not a bad one either.'

John Collins 1883-1954

John Collins was born in Waterford in 1883 and after attending the Christian Brothers' School at Mount Sion joined the civil service in 1902. Based in London for the first few years, he returned to Dublin in 1906 and was attached to the Office of the Inspectors of Lunacy in Dublin Castle. When that office was integrated with the new Department of Local Government in 1923 he was transferred to the Custom House and spent the rest of his official career there.

After the government had decided in 1925 to establish a commission to look critically at the existing services for the sick and

A pencil sketch of John Collins by Seán O'Sullivan

destitute poor, Collins became its secretary and drafted its report, published in 1927. A clearly-written analytical document, it represented a comprehensive stock-taking of the state's institutional, financial, and legislative provisions for the poor, largely inherited from the British administration, and it demonstrated the extent to which they were still dominated by poor law principles and attitudes.

The atmosphere of the euphemistically called county homes differed little from that of the Victorian workhouses on which they had been based. The commission found in them a mixture of the old and infirm, the insane, so-called idiots and imbeciles, unmarried mothers and deserted wives and their children, orphans and abandoned children, terminal cases of tuberculosis and cancer and, in some instances, tramps and casual lodgers. In some of the buildings the conditions were 'extraordinarily bad' and the commission reported, 'We desire to state emphatically that in our opinion the county homes are not fit and proper places for the reception of the various classes which we have found in them.' They had similar comments to make about the dispensaries. The bare, comfortless accommodation for those visiting the doctor was in some instances 'altogether unsuitable'. Often the only furniture consisted of a chair or two in the consulting room; rarely was there any form of couch. While some waiting rooms had benches, others had no seating whatsoever. 'The poor as a whole are very slow to make complaints', the report noted.

Conditions in the mental hospitals not only reflected the neglect of decades but the extent to which human dignity had become of little import:

> Many of the mental hospitals are in buildings that present, both externally and internally, the appearance of places of detention rather than hospitals. The drab and cheerless appearance of the wards, the neglect to remedy small defects, the untidy state of the grounds, the large number of idle patients ... Some of the arrangements we saw left us under the impression that the routine of institutional life would need to be re-surveyed from the point-of-view of the patients' comfort. In one hospital the shutters of the dormitories were closed shortly after 5 o'clock on a summer afternoon, preparatory to patients going to bed at 7 o'clock. Even when empty these dormitories were stuffy and must become almost intolerable on a summer night. In several the patients dress and undress in the corridors and on the stairways and, in one, actually came into the dormitories without clothes. This practice ... must affront the sense of decency of many patients.

A similar lack of sensitivity permeated the arrangements for the outdoor relief of people who were destitute. In the absence of a widow's pension women reduced to destitution by the death of their husbands were 'compelled to parade their poverty every week at the office of an assistance officer'. There they might be given a cash payment which, in the majority of cases, was 'totally inadequate to provide the necessaries of life' and in the case of a woman with two children might be as low as three or four shillings a week. In time many of the shortcomings described in the report of 1927 would be remedied, but it would be a slow process. It would take almost fifty years to eradicate the vestiges of the poor law.

Shortly after the outbreak of World War II John Collins was appointed regional commissioner for counties Kildare, Dublin and Wicklow to operate the machinery of government in the event of an invasion. He also served for a period as temporary county manager for Mayo and acted as commissioner in both Roscommon and Kerry following the temporary abolition of recalcitrant county councils in those areas.

When, in early 1945, the then Minister for Local Government and Public Health, Seán MacEntee, abolished the board of Cork Street Fever Hospital following a controversial sworn enquiry, Collins found himself thrown into the unpopular role of commissioner responsible for the operation of the hospital. The trouble at Cork Street had been generated largely by warring political factions among the members of the board, and some members of the staff had become embroiled. None of the issues leading to the enquiry was sufficiently serious to warrant the use of the sledgehammer of an expensive sworn enquiry and the sacking of the board to resolve them. They included the non-acceptance of the lowest tender for a minor job of painting; failure to paint the roof of a storehouse; dirty conditions in the grounds of the hospital; the putting to the board of an 'unasked for' proposal for better pay for the nurses by the medical superintendent who had 'an

A restored loggia on the north front

unfortunate disposition to make ill-considered proposals'; and the fact that the daily cost of food in the hospital was higher than that in other institutions. The report of the sworn enquiry on which the Minister acted was never published. The abolition of the board led to public protests; well-known defenders of liberal causes, such as Owen Sheehy Skeffington and Seán Ó Faoláin spoke at a noisy public meeting in the Mansion House. *The Irish Times* complained about the 'drift away from democratic conditions to an almost totalitarian system of administration'. When Dr Noel Browne studied the unpublished report following his appointment as Minister for Health, he decided that the abolition of the board had been unjustified and, with the encouragement of the then Taoiseach, John A. Costello, appointed a new board in 1948.

John Collins became Assistant Secretary at the Department of Local Government and Public Health in 1945 and, two years later, was appointed its Secretary. Tom Barrington, a former colleague of Collins, has given an example of his competence as a ministerial adviser when Seán MacEntee, rushing off to a government meeting, sent Collins a message requesting that a memo be ready on his return on a particular issue.

> After lunch Collins went into MacEntee with a single sheet of paper written in his firm, clear script. MacEntee read down the ordered paragraphs and then said apologetically (for he respected Collins as much as the rest of us), 'This is a very good memo, Mr Collins, but it is completely against the line I want to take.' Collins, with an amused glint in his pale blue eyes, said gently, 'Turn over the sheet.' There, equally cogently argued, was, literally, the other side. He was a professional to the fingertips.

He retired from his departmental post the following year but was retained for some years in a temporary capacity to work on the modification of local government law in which he was acknowledged to be an expert. He died in October 1954. His book, *Local Government*, published posthumously, is a very clear and concise account of the origins of the local government system in Ireland and of the manner in which it operated.

GROWTH OF MODERN IRELAND 1947–1992

The post-war years saw important changes in both local and central government arising from the extension of public services and the growth of state paternalism. Two new government departments, the Departments of Health and Social Welfare, relieved the Department of Local Government and Public Health of responsibility for the rapidly expanding health and income maintenance services. The expansion in social provisions was also reflected at local level in the establishment in 1970 of health boards, based on groups of counties, which took over from the local authorities the statutory responsibility for providing the wide range of public health services.

Ireland's accession to the European Community in 1973 brought early benefits, notably in the agricultural area, and through Community funding enabled substantial improvements in infrastructural provisions, especially communications. The economic climate swung from a boom period during the 1960s to sharp depression during the 1980s and early 1990s, accompanied by an unprecedented level of unemployment. Increasing recognition of the importance of the natural environment and the introduction of numerous measures aimed at its protection led to the Department of Local Government being renamed the Department of the Environment, with the Custom House building as its symbol.

John Garvin 1904–1986

John Garvin was a quiet, reticent man, somewhat stern in mien, outwardly a typical senior civil servant more likely to be pre-occupied with affairs of state than interested in the creations of literature. He was, in fact, an outstanding civil servant who served as Secretary of the Department of Local Government during a period of eighteen years (1948-66) when considerable changes were taking place in the local government system. But there was an *alter ego*. For most of his life Garvin also immersed himself deeply in the work of James Joyce and became an internationally recognised interpreter of the obscurer areas of Joyce's works.

Born in Ballinfad, Co. Sligo, near the Roscommon border, in 1904, he was educated at St Nathy's College, Ballaghaderreen, and later in University College, Galway. He was one of the first group of bright young administrative officers recruited for the civil service of the new Irish state following an examination in 1925. This examination also brought into the service two other future heads of government departments, Leon Ó Broin and Maurice Moynihan. Garvin's education was heavily classical and his considerable knowledge of Greek and Latin allied to the fact that he was an Irish speaker stimulated his interest in the innovative use of words. The pen-name, Andrew Cass, under which he usually wrote on Joyce, was derived, through a typical Joycean inversion, from Cassandra, the Trojan prophetess to whom no-one would listen.

It pleased him that he had for a time in the Custom House a colleague, Jim Tully, the Department's stationery clerk, who had a somewhat tenuous connection with the Barnacle family, Joyce's in-laws. Tully's father had been collector of customs in Galway and knew Nora Barnacle's father, a baker by trade. Garvin quotes Tully's account of Barnacle:

> A kind of invisible man, 'Gobra Goney' they used to call him because his wife, when they'd say how was it they never saw him, would say in Irish or English 'maise bíonn sé ag obair in gconaí!' ('sure he does be always working'). Aye, night work at a thirsty trade; then off to Hosty's pub at the Bridge which would open at any hour. Then home to sleep it off. And out again to do his stint the next night. Cock Colohan, you knew him, a medical professor in the College, Cock said 'Gobra Goney' was the Irish for 'secret drinker'.

Garvin contributed many articles to literary journals and lectured both at home and abroad on Joyce and Anglo-Irish literature in general. In 1966 on the occasion of the burial of Joyce's wife alongside the remains of her husband he delivered the James Joyce Memorial Lecture in the University of Zurich. Earlier, in an article 'Sprakin Sea Djoytsch' in which he gave an interpretation of *Finnegans Wake*, Garvin dealt with the manner in which Joyce had distanced himself from Ireland:

> The present interpretation suggests that Joyce failed to secure cosmopolitan emancipation from what he regarded as the nationalistic shackles of his youth, that the ghost of Ireland dogged him wherever he went, and that his preoccupation with things Irish was, in fact, nurtured and exaggerated to the point of fantastic unreality by his exile. It appears that towards the close of his life he regretted the hasty decision of his youth, whereby he 'winged him away on a wildgoup's chase across the Kataratic ocean' and became a 'farsoonerite' saying that he would 'far sooner muddle through the hash of lentils in Europe than meddle with Ireland's split little pea,' meaning, presumably, the green island split in two, which elsewhere in *Finnegans Wake* he says was sold 'at a price partitional of twenty-six and six'. In his individualistic arrogance and anti-social intellectual isolation, he could not bring himself to take the initiative in effecting a reconciliation, but it is obvious that he would have welcomed an invitation from his compatriots, that his ears, eyes of darkness, harkened for the strains of 'Come Back to Erin'.
>
> The disguised overtures of the bad boy, half fearful of a rebuff, suppressed in his mumbling lingo before they were clearly uttered, carry added pathos in the light of the sorry tale of his flight from

France in 1940 and his death in Zurich in January, 1941. The hash of European lentils proved eventually less palatable than the native peasoup.

After Garvin took early retirement from the Department of Local Government at the age of 62 he was appointed chairman of the Library Council (An Chomhairle Leabharlanna). When the Minister decided to remove the members of Dublin Corporation from office in 1969 Garvin was called back into the public service and acted as Dublin City Commissioner until 1973. It delayed the completion of the book on Joyce that he had been working on for some time. *James Joyce's Disunited Kingdom and the Irish Dimension* was eventually published in 1976. In it Garvin presents new interpretations of various episodes of *Ulysses*, identifies previously unrecognised characters and explains the symbolism of certain elements of the book. He argues that many of the characters mirror different facets of Joyce's own persona. He returns in greater detail to his earlier contention in a magazine article that 'Shaun' in *Finnegans Wake* was based on Eamon de Valera.

Garvin was one of the founder members of the James Joyce Society of Ireland, formed to promote an interest in Joyce. An offshoot of the Society, a study circle to discuss aspects of Joyce's writings, met regularly at Newman House in Dublin. Garvin was a regular participant, his enthusiasm undiminished by the fact that attendance at the circle might on occasions be no more than four persons. Nor was he deterred by the sniping of his erstwhile protégé Brian O'Nolan (Flann O'Brien/Myles na Gopaleen – see separate biographical note) who was amused by the notion of Roscommon peasants setting themselves up as authorities on 'Jems Jyce'.

John Garvin died in April 1986.

Seán MacEntee 1889–1984

Bless 'em all, bless 'em all!
The long and the short and the tall!
Bless de Valera and Seán MacEntee!
They gave us brown bread and a
half ounce of tea!

By the time World War II started Seán MacEntee's prominence in Irish public affairs was such as to earn him a place in popular ballad. He was then only half-way through his colourful political life; he had already spent a quarter of a century in the service of his country and would continue to do so with great vigour for a further twenty-five years or so.

Seán MacEntee was born in Belfast in August 1889, the son of a prominent publican who was a native of Monaghan and a nationalist member of Belfast Corporation. His mother, Mary Owens, could trace a distant family connection with Charles Gavan Duffy, the Young Irelander. Seán MacEntee was educated at St Malachy's College and at the Municipal College of Technology, and having qualified as an engineer, obtained his first employment as assistant chief engineer to the electricity works in Dundalk in 1914. While he had been, for a period, a member of James Connolly's Socialist Party of Ireland his political involvement in Dundalk was organising the local group of Irish Volunteers in preparation for the expected insurrection against British rule.

When the decision was taken to rise at Easter 1916 MacEntee was given orders to take charge of the Louth and Meath units of the Volunteers. With his men already mobilised he was thrown into considerable confusion on Easter Sunday when countermanding orders came from Eoin MacNeill, calling off the Rising. MacEntee immediately set out for Dublin to clarify the situation and early on Easter Monday morning met Pearse, Connolly and some of the other republican leaders in Liberty Hall. In his book *Episode at Easter* he records:

> Pearse was standing at the table, and as I entered he advanced a little to meet me. 'You will return to Hannigan' (the senior commanding officer in Louth), he said, 'and tell him to carry out the original instructions. We strike at noon.'

Pearse gave him a revolver and MacEntee, returning to Louth, rejoined a group of Volunteers near Castlebellingham where in a rather confused skirmish, a member of the RIC was killed unintentionally by a shot discharged by MacEntee. He set out again for Dublin where the Rising was now in progress and, making his way under fire into the General Post Office, joined the beleaguered garrison there. Following the surrender he was captured and sentenced to death by courtmartial. However, the sentence was commuted to penal servitude for life following intercessions on his behalf by prominent Belfast Unionists and by Dan McMenamin, then an Irish Party MP for Donegal, later a Fine Gael member of Dáil Éireann.

MacEntee spent periods in various British convict prisons before gaining his freedom and setting out on his parliamentary career, becoming a Sinn Féin MP for County Monaghan in 1918 and giving his allegiance to the first Dáil. By now his commitment to Irish freedom was absolute, strengthened by the execution of the leaders of the Rising. In a poem written in prison following the hanging of Roger Casement he expressed this commitment:

> *What though he died, think not his knightly blade*
> *Shall rust in long-consuming idleness*
> *A hero-line to wield it shall address*
> *Themselves, nor shall the good sword know its sheath*
> *Till they fulfil the task that he essayed*
> *And freemen's names to free-born sons bequeath.*

When he married Margaret Browne from Grangemockler, Co. Tipperary, in 1921 both of them were 'on the run'. She was active in the republican movement; a woman of considerable courage, intellect and attachment to Ireland and Irish culture, she, too, had served in the GPO during the Rising. The best man at their wedding was Austin Stack and among those present was Michael Collins. Within a short time Michael Collins would die in action in the Civil War and Austin Stack, on the other side, would undertake in captivity a hunger strike of forty-one days with very serious consequences for his subsequent health.

There was never any doubt about Seán MacEntee's attitude towards the Treaty of 1921. Apart from any other consideration he found it impossible as a Belfastman to accept the partition of his country and the surrender of most of Ulster. During the Treaty debate in Dáil Éireann he was emphatic about what acceptance of it would mean:

> I have heard some say that they will vote for this Treaty because it is not a final settlement. But I am voting against it because I believe it will be a final settlement, and it is the terrible finality of the settlement that appals me. Under this Treaty Ulster will become England's fortress in Ireland – a fortress as impregnable as Gibraltar. A vote for the Treaty is the betrayal of not only our own rights but of our pledge to our Ulster people . . .

Seán MacEntee became a member of Dáil Éireann on its establishment and remained one until he retired from active political life in 1968; he held ministerial office in all Fianna Fáil governments during that period. He held posts as Minister for Finance and Minister for Industry and Commerce but most of his ministerial career was spent in the Custom House where he served as Minister for Local Government and Public Health, Minister for Local Government, Minister for Health and Minister for Social Welfare. During the later years he was also Tánaiste.

When Minister for Finance from 1932 to 1939 during the tough years of the economic war and again from 1951 to 1954, following the demise of the first inter-party government, MacEntee took a hard conservative line, believing strongly that a sound budget was an essential basis for social advancement. He was troubled by the growing notion of the welfare state. When the feasibility of introducing children's allowances was first under consideration he firmly opposed such a step, believing that it would 'induce the less fitted to marry at the expense of everyone else in the community'. And such allowances could have other and more fearful consequences:

> If the state subsidises parents to have children it will be but a step to regulate the number of children, then to lay down who shall be permitted to have children and who shall not, how the subsidised children are to be brought up, as to what purposes they are to devote their lives, what physical and mental characteristics are to be encouraged by subsidising breeding, who shall be bred to labour and who to govern etc, etc, until we have traversed the whole ground between the initiation of a state system of family allowances and the servile state.

Despite this piece of imaginative exaggeration, and his continuing fears that socialist trends would overwhelm the state's finances, MacEntee recognised the need for social improvement and made a number of important contributions to the expansion of public services particularly by creating suitable administrative infrastructures for them. The introduction by him of county management under the County Management Act of 1940 facilitated the growth of local services in a more orderly and efficient way than would have been possible if all the powers continued to be exercised by county councillors. It was also on MacEntee's insistence as Minister for Local Government and Public Health that two new government departments – the Department of Health and the Department of Social Welfare – were established in 1947 to take on responsibility for the widening scope of health and income maintenance services. A White Paper published by him in 1946 envisaged a considerable extension in free health services.

When in 1957 he returned to the Custom House, after a period of inter-party government, to take charge of the two departments established ten years previously, he was considerably alarmed about the growing cost of social services and reluctant to be a party to these further developments. Opposition demands in the Dáil for improvements in the health services were answered by the establishment of a select Dáil committee to examine the services, a successful delaying device that prevented any changes during the remainder of the government's period of office. MacEntee's entrenched stand was further consolidated by a lengthy dispute with the medical profession during which its representatives were debarred from the Custom House, thus providing an additional justification for a shutdown on development of the services.

Seán MacEntee never sought popular acclaim by pandering to public opinion and, to the consternation of his party colleagues, would often make pronouncements unlikely to endear himself or his party to the electorate. All letters addressed to him by members of the public were read with critical attention. It was doubtful whether many of the correspondents, sometimes barely literate, would have expected to receive a reply personally drafted and signed by 'Seán MacEntee, Tánaiste, Minister for Health and Minister for Social Welfare'. The personal replies were reserved for those who in his view complained too much; perhaps an individual protesting that an elderly parent had been refused an old age pension, or the head of a family reacting against the high cost of medical care. All would be reminded of their moral responsibility to provide for their relatives and be reprimanded for seeking to push that responsibility on to the state.

Seán MacEntee believed absolutely in the collective responsibility of members of the government. For him this required that all proposals coming before the cabinet from other ministers should be fully examined by him, a practice not 'isually followed by his colleagues unless the proposal was of major political consequence. He would frequently irritate the rest of the cabinet by the extent to which he would question or seek greater justification for proposals, and he would sometimes submit counter-memoranda of his own. But his loyalty to the governments he served, and particularly to Eamon de Valera when he was Taoiseach, was never in question.

He was one of de Valera's closest confidants, one of the few Fianna Fáil politicians who would address him as 'Eamon' rather than by the more deferential 'Chief'. On 11 November 1959, on the eve of resigning to offer himself for the

Jann Renard Goulet's memorial to the Custom House Dead

presidency, de Valera sat for the last time in the Dáil chamber during question time. It was the last day of his long parliamentary career. An *Irish Times* reporter noted that the historic occasion had gone unnoticed and was not marked by 'pomp or circumstance'. It had not gone unnoticed by Seán MacEntee. He had been in lively form during question time, defending his position in the battle he was then waging against the medical profession and facing an accusation by William Norton, leader of the Labour Party, that he was causing 'chaos and disorder' and behaving like the Duke of Wellington. Later, after question time was over, he sat in his private office and wept, not because of Norton's remarks, which were grist for his mill, but for his lost leader.

Seán MacEntee was a small dapper man, always impeccably groomed, on social occasions charming and generous in the extreme to friend and foe alike. But when he was involved in the practice of politics he was a different person, frequently irascible, sharp-tongued, utterly determined on asserting and defending his particular point-of-view, portraying the 'not-an-inch', 'no surrender' attitudes of his fellow Ulstermen of a different political persuasion. His speeches were long-winded and somewhat rhetorical, always carefully prepared, and leaning towards the barbed comment and the literary allusion. He read voraciously having a catholic taste in literature, and was keen on the theatre and cinema.

In his younger days MacEntee liked ballroom dancing, an interest resented by the purer Gaeilgeóirí who believed that reels and hornpipes would have provided a more patriotic form of exercise. He was a gourmet, a connoisseur of wine, who personally planned his official dinners with meticulous care both as to choice of menu and the precedence to be accorded to guests in the seating arrangements. He demanded that the office of minister be treated with respect and dignity. The position of Tánaiste, in addition to that of Minister for Health and Minister for Social Welfare, added a further dimension to his status and intensified his insistence on proper protocol and orders of precedence. He believed strongly that on public occasions, such as the formal opening and blessing of a new hospital, the State took precedence over the Church. The then Catholic Archbishop of Dublin, Dr John Charles McQuaid, took the opposite view. Established protocol dictated that the most distinguished guest should arrive last, having been preceded by the arrival of other dignitaries. Since neither would defer to the other, both the Tánaiste and the Archbishop would, on such occasions, contrive to be the last arrival. This gave rise to a certain amount of cat-and-mouse movement on the periphery of the event as the drivers of their cars carried out a reconnaissance to see if the other had arrived. Invariably the Archbishop won.

Seán MacEntee was one of the last of the old guard, one of the founders of the state who had committed themselves to their country when it was neither safe nor profitable to do so and had never faltered. There was a level of consistency, integrity and courage about them which has now gone out of fashion in the world of politics. None sought popularity; they never allowed a passing breeze in their ears to divert them from what they believed to be the correct course of action. But, if at times, they ran foul of public opinion they never, for all that, ceased to be perceived other than as men who had made a notable contribution to the freedom and development of their country.

Seán MacEntee died, aged 94, in Dublin on 9 January 1984.

ERSKINE HAMILTON CHILDERS 1905–1974

Erskine Hamilton Childers, like many leading Irish politicians of recent times, came from a family that had taken a prominent part in the creation of an independent Ireland. Robert Erskine Childers, his father, an Englishman with an Irish mother, had left the British civil service to take part in the Irish independence movement. In July 1914, with his wife and a few friends he landed a cargo of guns in Howth for the Irish Volunteers, thus helping to make possible the armed rising of 1916. Later, after fighting for Britain as an airman during World War I, he resumed his nationalist activities and

became secretary to the Irish delegation to London in 1921 that negotiated the Treaty with the British government. He later opposed the Treaty, took the republican side in the Civil War and, when captured with a small pistol in the home of his cousin Robert Barton (one of the signatories of the Treaty) was sentenced to death and shot at dawn in Beggars Bush Barracks, Dublin, in November 1922. 'He was,' said Gavan Duffy protesting in the Dáil, 'one of the noblest men I have known.'

His son Erskine grew up without any bitterness, motivated by his father's example of personal integrity and loyalty to his country. He was born in London in 1905 and studied politics and history at Cambridge University. Later he and his first wife, Ruth Dow, daughter of an American general, became involved in Sinn Féin and subsequently with the Fianna Fáil party. On the death of his first wife Childers married Rita Dudley, a press attaché at the British Embassy in Dublin. He was appointed advertising manager of the *Irish Press* shortly after its foundation, then moved on to become secretary of the Federation of Irish Manufacturers. Becoming a member of Dáil Éireann for the first time in 1938 he continued to serve as a TD until 1973, representing, at various times, the constituencies of Athlone-Longford, Longford-Westmeath and Monaghan. During this time he was Parliamentary Secretary in the Department of Local Government and Public Health (1944-47) and Parliamentary Secretary in the Department of Local Government (1947-48) before holding a succession of ministerial appointments – Posts and Telegraphs, Lands, Transport and Power and, finally, Health from 1969 to 1973. He was also Tánaiste during that latter period.

Erskine Childers was a cultured, dedicated, sincere man with an aloof disposition. He never became involved in the normal rituals and petty intrigues of political life. Although he represented rural constituencies, he distanced himself from the usual funeral-attending, back-slapping, pint-drinking activities regarded as essential observances for the successful politician. If nothing else, his polished English accent set him apart. He would sometimes complain that it was a bothersome encumbrance – but it was difficult to avoid the conclusion that it was carefully nurtured. Sitting at dinner beside the wife of Leon Ó Broin, then Secretary of the Department of Posts and Telegraphs, he referred to the fact that people spoke about his Oxford accent. 'But you know', he said, 'it's not Oxford but Cambridge'. In any event it never did him any harm. It set him apart from the provincial brogues of his political colleagues and gave him an aura of culture and refinement that appealed to his midland constituents and, ultimately, to the national electorate when they chose him as President of Ireland.

Childers tended to be excessively zealous in carrying out his ministerial responsibilities and to embroil himself in the detailed work of his Department. Leon Ó Broin described him as wanting 'to be both company director and managing director'. When he established a new broadcasting body and appointed Maurice Gorham to direct the service, he maintained such a flow of phone calls and notes to the new director that Gorham was tempted to ask him why he had gone to the bother of appointing a new regime. While he was an intelligent and knowledgeable man, he sometimes showed a considerable degree of naïveté. When he was Minister for Health he once fastened on the idea that ugly persons were more likely to become insane than those who were good-looking and he raised the possibility of setting up a research project to find out whether that was so. He dropped the idea when the difficulties in establishing an objective prescription for ugliness were put to him – not to mention the human sensitivities involved.

As Minister for Health he steered through the Oireachtas the Bill culminating in the Health Act, 1970, that made a radical change in the administration of the health services by creating eight health boards based on groups of counties, thus ending the county-linked system that operated previously. The Act also established a new central body, Comhairle na nOspidéal, with important powers to regulate the organisation of specialist services in the hospitals.

It was when he was Minister for Health that Childers concluded that a considerable part of the population was finding it difficult to cope with the problem of living and becoming excessively dependent on doctors and medicine. His predecessor in office, Seán Flanagan, had acquiesced in the demands of the medical profession that family doctors participating in the choice-of-doctor scheme, planned to replace the old dispensary system, should be paid on a fee-per-service basis. It fell to Erskine Childers to implement the arrangement. The scheme, a computerised one, established statistically for the first time the extent of usage of doctors' services by the less well-off and the amount and nature of medicines prescribed for them. The volume of consultation and prescribing was found to be far in excess of what was anticipated. It alarmed Childers who concluded that the pattern revealed a serious social problem, a large and increasing number of people seeking refuge from the wear and tear of life in tranquillising drugs such as valium and librium. It was a subject that would beset him for the remainder of his public life and become the constant theme of his speeches. No matter what the occasion he would depart from the script prepared by his officials and exhort his listeners to stand up to life and refuse to become dependent on the products of the pharmaceutical industry.

Childers lost office as Minister for Health in February 1973 when the Fianna Fáil government was replaced by a coalition of Fine Gael and Labour. When Eamon de Valera's second term of office as President of Ireland ended, Childers was nominated for the office by his party, and in the subsequent election defeated Thomas F. O'Higgins by 636,161 votes to 587,577 votes. It was a short term of office. On 16 November 1974 he accepted an invitation to address the annual dinner of the Irish Division of the Royal College of Psychiatrists in the Royal College of Physicians. There, in the great hall of the college, surrounded by the portraits and statues of noted Irish doctors of the past and with a large audience of distinguished doctors of the present, he once again, with considerable emotion, launched into the subject of the uses and abuses of drugs and the hazards of becoming a dependent society. As he concluded he fell forward on the table, unconscious, and died within a short while of being rushed to the Mater Hospital. He was the first President of Ireland to die in office. *The Irish Times* wrote of him:

> The habit of service, the eager acceptance of duty, marked him from his early days. The depth of his affection for Ireland was matched only by the purity of his idealism . . .

Noel Browne 1915–

It is impossible not to be moved by Noel Browne's personal account of his early family life. The excitements of the young child growing up in the Athlone of the 1920s and 1930s; Duffy's circus pitching its tents; heaving masses of animals in the streets on fair days; tinkers fighting on the Moate road; robbing the orchard of the Marist Brothers; all gradually and inexorably submerged in heartbreak and misery as tuberculosis and poverty destroyed his family. Then came the extraordinary change of fortune: a scholarship to the exclusive Beaumont College in England; wealthy benefactors; admission as a medical student to Trinity College; hunting, sailing and fast cars as one of the gilded youth; until tuberculosis seized his life again first as a victim and then as a sanatorium doctor.

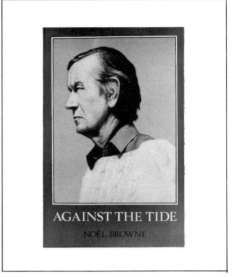

AGAINST THE TIDE
NOEL BROWNE

When Browne came as Minister for Health to the Custom House in early 1948, 'the strangest piece of flotsam ever to have been thrown up in the history of Irish public life' as an election opponent described him, it was on a notable political occasion. It marked the ending of an unbroken sixteen years of Fianna Fáil government; the first coalition administration; the expectation of radical social changes now that the Emergency years were behind and there were prospects for a better Ireland. No one reflected the changed political landscape more than Browne: young, boyish-looking, fresh into politics with all the vigour and brashness of a determined campaigner. Three years later, however, he would depart from the Custom House amid even greater publicity, having challenged and defied some of the most powerful elements of the establishment and in the process having brought down the government.

What did Noel Browne achieve? Did he conquer tuberculosis? Reduce infant mortality? Give the people a better hospital system? Did he contribute anything of value to the advancement of social justice in Ireland?

As regards innovation, the reality was that when Browne came to take charge of the Department of Health in 1948, his immediate predecessors in office, James Ryan and Seán MacEntee, had already set in motion a substantial process of change. The Department of Health had been established during the previous year in order to facilitate that process. MacEntee had published plans in 1946 for a considerable onslaught on the tuberculosis problem and a special unit within the Department was already acquiring land and planning new sanatoria. Legislation enacted during 1947 included wide-ranging provision for controlling infectious diseases and for better services for children. A White Paper of September 1947 promised a further widening of the scope of the state's medical provisions including free services for mothers and children. If Browne's areas of concern were already receiving attention in the Custom House, what he brought with him was a more emotional determination to reduce the toll of tuberculosis in particular, a greater sense of urgency, and a refusal to be cowed by powerful interest groups. Since he had no previous experience in politics and no particular political point-of-view apart from a pre-occupation with creating better health services, he was uninhibited by the traditional constraints of party, ministerial office or the civil service.

Those who worked in the Department of Health when Browne was Minister recall the frenetic atmosphere he created; the pressure for instant action; the intolerance of delay; the imperative 'The Minister says this is to be done at once'. While Browne's approach was overwrought it was to a considerable extent justified. The civil service machinery was a notoriously slow-moving one. Almost all proposals were dealt with by a chain process involving every member of a highly gradated hierarchy. Each member expressed his views in writing on the issue to his immediate superior who often shared the same room and sometimes sat on the opposite side of the desk. To the views of the administrators had to be grafted the comments of the doctors and other professional advisers who were also hierarchically organised. The result was that it was virtually impossible for any decision to be taken quickly and without the prior accumulation of a great deal of repetitious comment from individuals who often had little or nothing of value to contribute. The tardiness that this system promoted was anathema to Browne.

His ministerial room in the Custom House contained a huge wall chart listing the various hospital projects in the planning stage or being built. A system of coloured discs indicated the exact stage the project had reached and the individual or agency (department/architect/builder etc) then in

Noel Browne, seated centre, with his personal staff in the Custom House on the eve of his resignation. Michael Mulvihill (see page 160) is standing extreme left. (For complete list of names see page 196.)

control of the situation. A red disc indicated that movement had stopped because action on a decision was required from the Department. A red disc to Browne was like a red rag to a bull. His hard driving ensured that a massive hospital building programme covering a wide variety of hospital beds moved rapidly ahead. By the end of 1949, largely through the adaptation of existing buildings, 1,200 beds for tuberculosis had been provided. New regional sanatoria in Dublin, Cork, Galway and Waterford consisting of large complexes of single-storey buildings, isolated from each other and set in expansive wooded estates in keeping with the importance then attached to isolation and pure air, were slower to appear. Browne had left office before the first of them was opened in 1953. Ironically, by the time they were completed the regional sanatoria were outdated; the new drug streptomycin was by then generally available and had transformed the treatment of tuberculosis. The regional sanatoria into which so much thought and effort had been put were now 'White's elephants' (Norman White had been the Department's chief architect).

Browne won the plaudits of the public for getting hospitals built quickly and bringing about rapid improvements in the tuberculosis services. His colleagues in government, who had given him a fairly free rein, basked in his reflected glory; no feathers were ruffled because no interests were threatened or doctrinaire attitudes impugned. It was when he turned his attention to the area of maternal and child health and announced proposals for what became known as 'the mother and child scheme' that he drew upon himself the wrath of powerful interests; his subsequent confrontations with them led inevitably to his defeat and enforced departure from government. This episode in Irish political history has already been fully explored in a number of accounts. In summary, the Minister proposed to introduce medical services for all mothers and children for which there would be no means test, no charges and no compulsion to use the services.

The scheme was opposed by the Catholic hierarchy who saw it as a threat to the rights of the family and the individual and believed it to be 'a ready-made instrument for future aggression' which could lead to the intrusion of the state into areas where it had no competence to act, areas such as sexual relations, chastity and marriage. The Irish Medical Association vehemently opposed the scheme on the grounds that, by providing free services for those who could afford to pay, it heralded the destruction of private medical practice and marked the introduction of a full-time salaried state medical service. The Fine Gael members of the cabinet echoed the views of the church and the medical profession and saw the scheme as an insidious attack on the integrity of the family.

The opposition to Browne was to a large extent promoted, orchestrated and pushed along by members of the medical profession. They were strategically well placed for this role. There were family entanglements linking some of the more powerful political and medical personalities. Many of the wealthiest and most influential consultants were working for religious-controlled hospitals, particularly the hospitals associated with University College Dublin. The process of spreading concern and creating a unified body of interests opposed to Browne was, in the circumstances, a simple process of osmosis. Browne refused to compromise; his party leader and all his cabinet colleagues deserted him and he was left with no choice but to resign as Minister for Health on 11 April 1951.

Browne represented a new style of politician. He became a symbol of concern, openly and emotionally putting himself on the side of the people whose families were being ravaged by tuberculosis, who couldn't pay their hospital bills, who saw so many infants die. It was not that his predecessors, Ryan and MacEntee, were unconcerned men – they were concerned – but they did not project it to the public. They seemed remote and out-of-touch with the realities of the ordinary family. The old school of politicians made no great effort to extol their personal achievements or images as ministers.

Operating without the support of public relations experts they accepted the tight discipline of their party and believed that what mattered most was the public perception of the party rather than that of the individual minister. If they made emotional speeches they were more likely to be deliberating on major political issues such as the importance of a balanced budget or the injustice of partition rather than the troubles besetting families. There were, as yet, few pressure groups of significance; no clamour for 'rights'; an acceptance that if things were bad there was little to be achieved by agitation. In time, popular demand for greater social justice would develop and grow and make an impact in Ireland as it did elsewhere. Browne brought forward that time. His own campaigning and his stubborn refusal to be cowed by powerful interests stirred many a conscience.

If the public in general did not fully understand the tangled issues that eventually forced Noel Browne from office, to many of them he would remain the man 'who gave us free TB', who fought for their rights and who went down with the flag still flying. Soon the free services for mothers and children which he had sought would be introduced, without opposition, by his successor. It would not be too long before the Conference of Major Religious Superiors, one of the most influential groups of Irish Catholic religious, would be in the forefront of those seeking more free services for the sick and disabled. Individual clergymen (including bishops) and nuns would rage publicly about the shortcomings in the state's social provisions. Many members of the medical profession would take a hitherto unspeakable step and establish a trade union – the Medical Union – and distance themselves from the powerful conservative coterie within the Irish Medical Association that had been for so long the voice of the profession in Ireland.

Noel Browne's later political career included periods in the Oireachtas representing Fianna Fáil, Labour, his own National Progressive Democratic Party, and as an independent member. Now retired from both politics and medicine, his indignation at what he perceives as social injustices still bursts forth on occasions. Sometimes it is well-targeted; sometimes not. But to answer the question asked earlier as to whether he has contributed anything of value to the advance of social justice in Ireland, the answer must be yes, a clear yes.

THOMAS F. O'HIGGINS 1916–

The O'Higgins family was deeply, controversially and tragically involved in the political life of Ireland during its first half-century of development as an independent state. Kevin O'Higgins, one of the dominant personalities of the post-Treaty government, had, as Minister for Home Affairs, pursued a ruthless campaign against the republican participants in the Civil War. In revenge for his son's policy of attrition, his father, a rural general practitioner, was murdered during 1923 in the presence of his wife and daughter. Four years later Kevin himself was gunned down in Blackrock as he walked to Mass on

James Le Jeune's portrait of Thomas F. O'Higgins, which hangs in the King's Inns

a Sunday morning. Kevin's brother, Thomas F., a doctor like his father, was also politically active; a prominent member of the Cumann na nGaedheal (Fine Gael) party, he became Minister for Defence in the first coalition government of 1948-51. Two of his sons, Thomas F. and Michael, and his daughter-in-law, Brigid Hogan-O'Higgins, were also elected to the Dáil.

The young Thomas F. O'Higgins was born in Cork in July 1916, and was educated at St Mary's College, Rathmines, Clongowes Wood College, and University College, Dublin, where he studied law. Called to the Bar in 1938, he joined the Inner Bar in 1954 and was elected a Bencher of King's Inns in 1957. He was simultaneously pursuing a political career and in 1948 was elected a Fine Gael TD for Laois-Offaly, a constituency with which his family had been connected and which he continued to represent over the next twenty years. In 1969 he transferred to South County Dublin and was elected there.

Tom O'Higgins became Minister for Health in the coalition government of 1954-57 at a time when the political climate was not very favourable to expansion in the health services. The question of what was acceptable to the different interests viewing the services from their own narrow perspective – financial, professional, philosophical – had reached the high-point of controversy during the Noel Browne ministry (see separate biographical note). It continued to be an acute issue during the subsequent Fianna Fáil regime (1951-54) as that government enacted the Health Act, 1953, providing for considerable extensions in hospital and specialist services.

To the medical profession, in particular, the arrival of Tom O'Higgins in the Custom House in the summer of 1954 was timely – a welcome relief after their tribulations with Noel Browne, seen as the rampaging advocate of state medicine, and with James Ryan, his Fianna Fáil successor, moving in the same direction by subtler devices. O'Higgins's father was a member of the central council of the Irish Medical Association; many of the more prominent activists in the Association were his political supporters; and there was the further comfort that the Fine Gael party drew some of its traditional support from the well-endowed to whom socialised medicine was anathema. Yet Tom O'Higgins and his party were not free agents. To remain in government it was essential to retain the support of their coalition partners, notably the Labour Party, which was seeking the implementation of the eligibility extensions already provided for in the 1953 legislation. And, of course, there was the electorate at large to be considered. Despite the determined opposition of the medical profession, who feared the impact on their incomes of broader-based public services, the reality was that many persons, even those of moderate and higher incomes, were finding the cost of medical care, particularly hospital care, an excessive burden.

In the event, O'Higgins arrived at an arrangement that went a long way towards meeting all points of view. A restricted version of the earlier Fianna Fáil proposal was implemented during 1956 giving free or subsidised hospital services to persons with an annual income of under £600 and farmers with valuations of £50 or under. Supplementing this was a scheme of voluntary health insurance – Tom O'Higgins's most notable achievement during his term of office as Minister for Health. He had established a committee that included prominent and influential members of the medical profession to advise him on the feasibility of such a scheme. Encouraged by them to do so, he initiated a system of voluntary insurance that would enable persons outside the scope of the extended public services – and any others who wished to have private care – to insure themselves against the cost of illness. Legislation, enacted without parliamentary opposition during 1957, set up the Voluntary Health Insurance Board and gave it a monopoly in the operation of this service; other organisations were debarred from entering the field of health insurance. The new body was required to be non-profitmaking and self-funding.

It was an immediate success. Many persons already entitled to free and subsidised services were amongst those who joined the scheme either because they wished to have private care or believed they could receive it more promptly as subscribers. At the end of 1991, despite the fact that by then eligibility for free hospital services had been extended to all citizens, 1,165,624 persons, 33 per cent of the population, were contributing over £171 million annually to voluntary health insurance.

Early in his political career Tom O'Higgins had become interested in the cause of European unity. His interest was initially stimulated by his participation in the Council of Europe at Strasbourg as a member of the Irish delegation. He later joined the Irish Council of the European Movement, becoming its chairman in 1967 and, later, its president. Twice a candidate for the office of President of Ireland, he competed unsuccessfully, but with considerable support from the electorate, against Eamon de Valera in 1966 and Erskine Childers in 1973. He became deputy-leader and vice-president of the Fine Gael party and in 1973, leaving politics behind him, accepted an appointment as judge of the High Court. The following year he was appointed Chief Justice of Ireland, the highest judicial office in Ireland, and in 1985 he achieved the highest judicial office in Europe when he was appointed Judge of the Court of Justice of the European Communities in Luxembourg. When he retired from the latter post in October 1991, among those who paid tribute to him was President Mary Robinson. She wrote: 'He and his generation were shapers and builders of our society . . . they put up . . . institutions which shelter us.'

He married Thérèse Yvonne Keane and they have five sons and two daughters.

JAMES TULLY 1915–1992

James (Jim) Tully was one of the best examples of a hard-working rural TD. While having a broad social commitment he had a background deeply rooted in, and in sympathy with, the poorer end of the farming community. He remained throughout his political career a spokesman for the smallholder and the farm-worker, the less privileged of rural Ireland. The rich farmlands of his own constituency of County Meath, probably more than any other county in Ireland, provided examples of the wide social and economic gaps between those at the top and those at the bottom of the agricultural class.

Jim Tully was born in Carlanstown, near Kells, in September 1915 and educated at his local national school and at St Patrick's Classical School, Navan. Having spent the Emergency years in the Irish army he had various jobs after discharge, including a period as a farm-worker. Joining the Federation of Rural Workers he became its organising secretary in April 1947, then its regional organiser and eventually its general secretary in 1954, a post he retained until 1971. He was elected to Dáil Éireann as a Labour deputy for County Meath in 1954 where he continued as a TD until 1982, except during the years 1957-61. He was Labour Party Whip during 1961-69 and deputy-leader of the party for many years. During terms of coalition government he held office as Minister for Local Government from 1973 to 1977 and Minister for Defence from June 1981 to March 1982. In addition he was a long-serving member of Meath County Council and a member of the North Eastern Health Board and of other statutory and community organisations.

Tully was generally regarded as a good Minister for Local Government and had some solid achievements to his credit. During his term of office he gave a high importance to local authority housing and in 1975 the provision of new dwellings reached almost 8,000, the peak point attained during the 1970s and 1980s. He could also claim the kudos for having established An Bord Pleanála (The Planning Board). Planning decisions had long been fertile ground for allegations of corruption and political patronage. The new board, created by legislation of 1976, was given independent powers to deal with appeals and ended the role of the Minister as the appeals authority. Care was taken in formulating its concept to guard against the board's becoming excessively insulated from the realities of social and economic life; it is, for instance, required to keep itself informed of the policies and requirements of government departments. The setting up of the board was

James Tully, second from right, is separated by five other dignitaries from President Anwar Sadat moments before the assassination

as significant a step in the regularisation of Irish local government as the establishment during the 1920s of the Local Appointments Commission to select, independently, senior personnel for local authority appointments.

Tully's Department had its political pitfalls, not all of which he succeeded in avoiding. Until recent times, Ministers for Local Government were responsible for redrawing the boundaries of Dáil electoral constituencies in the light of population shifts to meet constitutional requirements. Incumbent ministers always felt justified in viewing boundary revisions from the perspective of their likely impact on the fortunes of their own government. Given the nature of election by proportional representation, a change in the number of seats for a constituency and the inclusion or exclusion of a particular geographical segment of the population whose general political inclinations were known (or believed to be known) could strengthen a party's electoral expectations and diminish those of the opposition. When the opportunity came Jim Tully's way he faced his task with considerable gusto. Professor J. J. Lee has described the way he went about it:

> A quintessential local politician, Tully was in his aesthetic element. The redrawing of the electoral boundaries gave his artistic instincts free rein. He laboured lovingly to reverse Kevin Boland's previous

gerrymander. It was the sheer professionalism of his hard work that earned his own arrangement the half-grudging description of Tullymander, threatening to consign the remarkable Governor Jerry to semantic oblivion.

Tully naturally substituted three-seaters for four-seaters in Dublin, seeking to exploit Fianna Fáil's weakness in the capital. He equally naturally increased the number of four- and five-seaters in those rural areas where Fianna Fáil was traditionally strong. Commentators agreed that he did a marvellous job for his side. But Tully's arrangement, though few detected this at the time, was as potentially counter-productive as Kevin Boland's proved in 1973. In the event of a minor swing against the government, it would certainly preclude proportionate Fianna Fáil gains. And a minor swing was all that practising politicians considered within the realm of possibility. It was reasonable for coalition strategists to work on this assumption. But in the event of a massive swing against the government it would provide disproportionate Fianna Fáil gains. That seemed so improbable at the time that few connoisseurs of electoral cartography spared it a thought.

But the prognostications were wrong; the improbable happened. During the election campaign of 1977 Fianna Fáil guaranteed considerable tax concessions if returned to power. This offer, allied with the charismatic image of leader Jack Lynch, was irresistible to a sizeable proportion of the electorate with the result that Fianna Fáil won an unprecedented majority – 84 seats out of a total of 148.

When, after a lapse of four years, the coalition partnership again took up office for a short term, Jim Tully became Minister for Defence from June 1981 to March 1982, his final period of political life. It was during this time that he was involved in a dramatic event from which he was lucky to escape with his life. He had gone to the Middle East, accompanied by the Chief of Staff of the army, Lt-General Louis Hogan, and other senior officials, to visit Irish peace-keeping forces there. Passing through Cairo he accepted an invitation to be a platform guest during a big army parade being reviewed by President Sadat. In a subsequent account written by himself he describes what happened:

> Shortly after eleven the parade started. It consisted of all types of armaments and troops of the Egyptian army and was, I believe, to commemorate their defeat or rather their great fight against the Israelis in the 1960 war. While the troops passed by on foot, on horseback, on camelback, in jeeps, lorries, tanks, etc, planes and helicopters criss-

crossed each other overhead, the helicopters flying from east to west while the planes travelled from north to south. They kept flying over and over again at a height of a few hundred feet and in the middle of it all a half dozen parachutists leaped out of helicopers and landed in circles in the middle of the square while there was a short break in the procession ... At about ten minutes to one in the afternoon a group of lorries came along with two soldiers in the front and three people in the back and as they came level with us one of the lorries – they were in threes – that was on our side turned slightly towards us, one man got out of the lorry, kicked the wheel as if finding out was it soft, then turned around – reached behind him and threw something overhand which landed about ten yards away. It appeared to be like a grenade but all taped up. Nobody stirred for a minute – we thought possibly the lorry had gone out of action or that this might be some part of the ceremonies. He then picked another grenade and threw it and it landed much closer and as it was dropping the first one exploded. I was six years in the army in this country and while I was not the first one on the ground, I was very little behind the first man down ...

The President stood up and held out his two arms trying to get them to stop but the two men who were in front and the three who jumped off the lorry armed with machine guns ran towards the platform. They did not fire until they were within twenty yards when, shouting something which I believe was 'Infidel dog!', the leader shot Sadat in the breast, the side of his face, and he then fell down behind a big fat man with a white cloth around his head who was lying behind me.

Sadat dropped lifeless, I think, behind him. When they had done this they started firing into the crowd on the platform and one of them fired – starting up where the entrance was and about two feet off the ground and came right down to within a foot of where I was lying and he then obviously ran out of ammunition and stopped to reload and instead of continuing on went back to the start and started again. The second time down I felt something hitting me in the face and I thought that a piece of shrapnel had broken my jaw. I went up on my hands and knees, put my finger into my mouth and found that there was what I thought was a piece of shrapnel but which subsequently turned out to be a bullet which had ricocheted off something in my mouth, had cut through my cheek and through my upper lip and had, in fact, just lain against my cheek ... After about three or four minutes, although it appeared an hour, the firing stopped and everybody started getting up. When I got up, I found I was bleeding very badly out of my mouth and out of the wound in my mouth. In the meantime a

147

helicopter had come along and had taken away the dying President and a number of their own people who were injured were also taken away, but the Egyptians completely ignored us foreigners. Nobody came to us, nobody gave us any assistance, medically or otherwise.

The local hospital was crowded with victims and eventually Tully made his way to a small hospital run by Italian nuns where he was brought to the operating theatre and had his wounds treated.

When the operation was finished an old nun came to me with a glass of something which looked like brandy and asked me to drink it. She was very disappointed when she found that I would not because I do not take alcoholic drinks and, I am afraid, showing her a pioneer pin in my coat did not make any sense to her either.

Jim Tully married Mary O'Brien and had a son and four daughters. He died in Laytown, Co. Meath on 20 May 1992. When his former colleagues in Dáil Éireann paid tribute to him they spoke of his practical commonsense and intolerance of humbug, his lack of personal animosity and his boundless generosity.

PATRICK SMITH 1901–1982

Paddy Smith was a tall, big-boned, craggy man, projecting physical strength and the capacity for endurance. They were qualities that stood him well when at fourteen years he left his local national school to work on his father's twenty-acre farm and when, as a full-time flying-squad member, he harassed the British troops in the rough mountainy areas of his native Cavan during the War of Independence. Captured and sentenced to death for high treason, he was saved from execution by the truce of July 1921. By the time he was first elected to Dáil Éireann in 1923, at

twenty-two years of age its youngest member, he had packed a great deal of hardship and danger into his short life. He would retire from politics fifty-four years later after uninterrupted service in the Dáil and, by then, the Father of the House. It had been a long and notable career.

Born in Tunnyduff, near Bailieboro, in 1901, Paddy Smith was the eighth and youngest child of Terence Smith and Ellen McManus. Within a few years of leaving school he got caught up in the Volunteer movement and by the age of nineteen had become officer commanding the Carrickallen Brigade, the youngest serving IRA commandant. When he was released from prison in January 1922, under the general amnesty that followed the Anglo-Irish Treaty, he resumed his political activities, took the republican side in the Civil War, was captured by the Free State forces and interned. He was elected to Dáil Éireann as a Sinn Féin abstentionist member in 1923 while still in prison. Set at liberty in 1924, he became involved in the founding of the Fianna Fáil party and entered Dáil Éireann in 1927 when the new party decided to participate actively in parliamentary life.

When, eventually, his party entered government he held posts as

Parliamentary Secretary to the Taoiseach (1939-43), Parliamentary Secretary to the Minister for Finance (1943-46), Parliamentary Secretary to the Minister for Agriculture (1947), Minister for Agriculture (1947-48 and 1957-64), Minister for Local Government (1951-54 and 1957) and Minister for Social Welfare (1957).

His life provided little opportunity for formal education but he had taken advantage of his periods of imprisonment under the British and Free State regimes to educate himself in public affairs and matters of government. When, eventually, in 1939 he was appointed to a junior post as Parliamentary Secretary in the Taoiseach's office with responsibility for organising Dáil business, he welcomed the opportunity it gave him to be present at cabinet meetings, viewing it as a form of apprenticeship and continuing education. He would say later:

> I used to love them even though I had no vote, no voice, nothing. I liked listening to the wide-ranging discussion on all subjects. It was a wonderful education to a man that needed it.

He was at the same time serving on Cavan County Council, of which he was a member from 1934 to 1943 and chairman for the last five years.

Paddy Smith served for two periods in the Custom House as Minister for Local Government, from 1951 to 1954 and briefly during 1957. He made a significant contribution to the development of housing, roads and other programmes. During his first term of office he introduced a bill to amend the County Management Act of 1940. The management system had not yet settled down and, from his own experience as a county councillor, Smith was very aware of the dissatisfaction of public representatives with what they saw as the excessive clipping of their wings. During the Dáil discussions on the bill he confessed that he never had 'any great enthusiasm' for the system but he conceded that there was a good deal to be said in its favour. His aim was to tilt the system a little more on the side of the elected representatives, particularly by giving them greater control over staff additions and general pay increases. The bill also proposed the appointment of a manager for every individual county and the ending of the grouping of some counties. Before the proposals could pass through the Oireachtas the government went out of office. However, the changes Smith envisaged were enacted later.

When Seán Lemass took over as Taoiseach in 1959 following de Valera's departure to become President of Ireland, Smith found it increasingly difficult to accommodate himself to Lemass's economic and social viewpoints. Smith, the archetypal countryman, had shared de Valera's conservative vision of

Ireland as a largely pastoral society based on traditional values which would withstand excessive inroads from socialist notions likely to promote a more dependent and less harmonious society. Lemass, an entirely urban man, saw things otherwise. He shared with Smith a revolutionary background and a commitment to Irish independence, but he had less romantic and more realistic notions of what an independent Ireland required in order to become a prosperous modern state. Fundamental to Lemass's approach was the development of an important industrial segment, a questioning of the efficiency and merits of existing industries, and a closer understanding between the government and the trade unions in the interests of economic progress.

Smith was particularly unhappy about Lemass's courting of the unions. When, faced with a rising cost of living, militant workers and an eight-week-long building strike, the government made concessions to the unions in 1964, Smith saw it as a willingness to sacrifice rural to urban interests. He accused the unions of dishonesty and of breaking a national wage agreement, and claimed that it was pointless making agreements with union leaders who were too weak to enforce them and 'could not lead their grandmothers'. He wrote 'it is not legitimate trade unionism – it is a tyranny and I refuse to prepare myself to live with it and accept it'. Unprecedentedly for a Fianna Fáil minister, he submitted his resignation as Minister for Agriculture. It was accepted immediately by a relieved Lemass. Smith had become a thorn in his side and in any event Lemass was glad of the opportunity to strengthen the young Turk element in his cabinet. Charles Haughey became the new Minister for Agriculture and Brian Lenihan entered the cabinet for the first time to replace Haughey as Minister for Justice.

Paddy Smith remained a back-bencher for some time, his long political career coming to an end when he did not contest the general election of 1977. When he died in March 1982 Charles Haughey, by then Taoiseach, said of him:

> Paddy Smith was larger than life. He will always be remembered for his indomitable will, his independence of mind, his strength of character and his love and dedicated service to his country.

He married Mary Theresa Ward and they had four sons and two daughters.

Thomas J. Barrington 1916–

In general the senior civil service at the beginning of the 1950s was seriously deficient in its capacity for abstract thought and somewhat unskilled in the art of public administration except along purely traditional lines. There was, however, a scattering of brilliant senior civil servants who were an important influence on the development of Ireland as a modern state but they were quite a small elite. From time to time small numbers of university-educated individuals were recruited into the junior administrative ranks but because they were few they did little to raise the general level of  the civil service mind. In any event, their university distinctions were often irrelevant to their civil service responsibilities for, as yet, third-level education in Ireland had given little attention to the preparation of graduates who might choose an administrative career in the public service. The typical civil servant of the period stemmed from a lower middle class background, was likely to be of rural rather than city origin, had a thorough Christian Brother or Sister of Mercy education and had entered the civil service direct from school. Many of them, having achieved an honours mark in several subjects in their Leaving Certificate examination, saw themselves as having scaled the peaks of academe and would have regarded further educational effort as tantamount to trying to gild the lily. There was a belief that becoming a good civil servant was entirely a matter of experience and application, and, so to speak, learning the trade from within.

There were, however, others who were hungry to advance their knowledge. For those, Trinity College offered the opportunity through an evening course for a diploma in public administration with the possibility of continuing studies leading to degrees in arts and commerce. But, by and large, there was no encouragement to younger civil servants to add to their education and no particular recognition given to those who, in their own time and at their own expense, tried to expand their range of knowledge and enhance the quality of their work. Some of their older colleagues, accustomed to the settled order of civil service promotion, which was dismissive of academic distinction and based almost entirely on seniority of service, would have seen a threat in the emergence of a more intellectually inclined, better informed, element among their younger associates.

Tom Barrington, who at this period was in charge of the personnel division of the Department of Local Government, was one of the younger generation of civil servants who saw the need to advance the quality of civil service thinking and management. From the 1950s onwards he was one of the key figures in expounding and developing the skills of administration in the Irish public service to enable it to cope more efficiently with the rapid growth of government responsibility in the social and economic areas.

Born in Dublin in 1916 and educated at Belvedere College and later at University College, Dublin, where he studied economics and history, he spent some years in business before entering the civil service in 1941. Assigned first to the Department of Finance, he was later transferred to the Department of Local Government and Public Health in the Custom House.

In the Custom House, Barrington came into association with others anxious to stimulate thought and discussion about the public service. Notable among them was the Collector of Customs, James J. Waldron, and the Assistant Collector, Patrick Doolan; Desmond Roche from the Department of Local Government and Brendan Herlihy from the Department of Health. They persuaded the Association of Higher Civil Servants to interest itself in more than the pay and conditions of its members and to turn its attention to enhancing their professional competence as senior public servants. This led to the establishment of discussion groups which aroused considerable interest and to the initiation of *Administration*, a quarterly publication edited by Barrington, with articles on various aspects of the public service. However, the notion that civil servants might express themselves publicly – even in the abstract – on matters of government was viewed with alarm, less at the political level than within the top ranks of the civil service. Reluctant permission was given to the publication of *Administration* on the extraordinary basis that its very existence was to be treated as a matter of secrecy. Its first few editions carried a prefatory note stating that it was available only by postal subscription and 'on condition that no public reference to its existence is made'. Its restricted circulation in plain envelopes virtually put it on the same underground basis as *Lady Chatterley's Lover* or information about overcoming male impotency.

A similar degree of censorship was imposed on a group of young civil servants in the Department of Health who, in order to make themselves more articulate and effective in argument, established a small debating group that met in the Custom House staff canteen after working hours. None but the staff themselves took part in the debates. But the personnel division of the Department insisted that no matters of a political nature were to be discussed and that periodic reports were to be made to the establishment (personnel) officer on the nature and content of the discussions. In view of the virtual intimidation to which the debating group was subjected it abolished itself after a few meetings.

Smyth's River Lee. *All the riverine heads were executed by Smyth*

The climate, however, was changing. During 1953 and 1954 influential figures like Patrick Lynch and Basil Chubb, in papers focusing on the quality of the official mind, argued publicly for the creation of an institute, a learned body providing a forum for sustained self-appraisal for civil servants, local government officials and personnel of other statutory bodies. The interest generated in the subject led to the establishment of the Institute of Public Administration in 1957 and, three years later, Tom Barrington was seconded from the civil service to become its first full-time director, an office he held until he retired in 1977. The Institute proved of considerable benefit to the public service. It now offers, *inter alia*, a BA in public management and a Master's degree course in policy studies as well as a wide range of management consultancy and management training services. Administrative research projects are carried out and the Institute publishes a range of authoritative periodicals and books on matters of government. The Institute has also been a particularly appreciated resource for the training of administrators for the new self-governing states of Africa. Barrington personally was closely involved in introducing Irish management skills into these developing countries, particularly Zambia. His awareness of their need for the professional skills and guidance of the developed world later resulted in his active participation in the work of the Agency for Personal Service Overseas.

Tom Barrington's close involvement with the operation of the public service, and particularly with the local government service, led him to look critically at the distribution of democratic power in Ireland and especially at the extent to which decision-making tended to be concentrated at central government level. He had long been emotionally and intellectually committed to the notion of the preservation of the small community and to the development of its self-esteem and sense of importance. Although a city-man by birth, Barrington had family roots too deeply embedded in rural Ireland to allow him to distance himself from what he saw happening there. He voiced his concern in a paper read to a local development group in north Clare in March 1973:

> My father was born on a small farm two miles east of Ennistymon . . . He was one of ten children. His father died almost fifty years ago, a hard-driving, hard-drinking man with, when he died, much to show for his life's work. Of the ten children, five emigrated, two married away from the farm, and three remained unmarried on it. Last autumn we buried the last of these on the hill above the town. The Land Commission had taken the much-neglected farm and the family house was falling into decay. That last autumn was the end of the Barringtons in this part of the world. As a boy I spent many happy periods on that farm among relatives and neighbours that seemed to me to be the salt of the earth. Now, when I came back, nearly all that world had fallen into sterility and decay.

If the decline of local communities was to be halted and new life and optimism restored to them it was essential, in Barrington's view, that the state should undo the excessive centralisation of its power and restore and strengthen the autonomous powers of the various local authorities. He has, from time to time, set out his views on this topic in various papers and publications.

In 1985 Muintir na Tíre established a working party on proposals for local government reform. The group was chaired by Dr Tom Walsh, former director of An Foras Talúntais, and its members consisted of persons prominent in academic life and public affairs. One of these was Tom Barrington; he was rapporteur to the group and the recommendations in its report, *Towards a New Democracy?*, reflect his own views. The report claimed that the 'most pernicious' idea underlying the institution of government in Ireland was the commitment to state paternalism and the intense centralisation and shift from community to bureaucracy associated with it. Arguing for the decentralisation of power and the placing of more trust in local public representatives, it proposed that the Minister for the Environment should have the duty of protecting and fostering the local government system. The exercise of local discretion should be restricted only where significant damage might otherwise be done to the public interest. The report argued for a simpler system of local government with emphasis on territory rather than function. It stressed that it was essential for the exercise of responsibility that there should be an effective local system of raising finance but acknowledged that there would have to be subsidisation by central government 'to some considerable degree'. His eminence in relation to the organisation of local government was recognised by government when he was appointed chairman of the advisory expert committee on local government re-organisation and reform, which reported in December 1990.

Barrington's retirement as director of the Institute of Public Administration has not diminished his contribution to Irish public affairs. He is closely involved, for instance, in the organisation of the annual Daniel O'Connell Workshop in Derrynane, County Kerry, which commemorates O'Connell and serves as a forum for discussing varied issues of public policy in contemporary Ireland. An attachment to County Kerry formed in his youth has remained with him and he spends several months of the year there. His illustrated book, *Discovering Kerry: Its History, Heritage and Topography*, an entertaining and informative work of scholarship, brings together a huge amount of information about the past and the present as well as the mythology of the county.

Tom Barrington has been honoured by the National University of Ireland with a Doctorate in Laws. He married Áine Cox and they have four sons and two daughters.

BRENDAN HENSEY 1920–

The frequently changing administration of the public health service over the last century and a half illustrates, probably more than any other area of government, the manner in which *laissez-faire* principles crumbled and gradually gave rise to the welfare state. The acceptance that the state had some responsibility towards the poor led to the poor law provisions of 1838 and to the first national network of local authorities in the form of boards of guardians. As they acquired a health role, notably the operation of dispensaries and preventive measures, they were supplemented by local sanitary  bodies. The continuing expansion of local health and other services led to the establishment of county councils in 1898 with a wide range of responsibilities. Changes in the central administration reflected the growth of local services; the Poor Law Commission gave way to the Local Government Board, then to the Department of Local Government and subsequently to the Department of Local Government and Public Health. By 1947 the health services had reached a stage that a separate Department of Health became necessary and by 1970 it was obvious that the extent, cost and technology of those services also required a specialised local administration. The key public servant in the creation of the radical new system that followed was Brendan Hensey.

Brendan Hensey was born in Dublin in 1920 and educated by the Christian Brothers at the O'Connell Schools. He studied economics and public administration at University College, Dublin, from which he holds a doctorate in Economic Science. Joining the civil service in 1938 he was assigned to the public health division of the Department of Local Government and Public Health, and when the new Department of Health was created in 1947, he was transferred there, serving at various levels and ultimately becoming its Secretary in 1973.

Towards the end of the 1960s, heading a departmental team and working in association with McKinsey, the international firm of management consultants, Hensey set about looking at the organisation of the rapidly expanding health services. The approach adopted was uninhibited by established notions of local administration and aimed at identifying and introducing modern ideas of management into an area of the public service where hitherto expert management was not regarded as particularly relevant. The McKinsey input into that area was vital. Some of their team had already been involved in looking at the operation of health services elsewhere; others had come from an assignment relating to the organisation of the railways of an East African country; all had a considerable knowledge of management techniques in various settings. The plan that emerged was based on the division of the country into eight regions, consisting of groups of counties, each with a health board made up of public representatives nominated by the local authorities for the area and of persons drawn from the health professions elected by their professional colleagues. The initial intention was that the professional element should form a majority of the board. Each health board would also have a chief executive officer, with considerable authority to act independently, and a number of other senior executives including programme managers responsible for planning, implementing and overseeing designated elements of the services. The programme technique was new to the social management area but firmly established in the industrial world.

When the Minister, Seán Flanagan, personally presented the proposed plan to the various local authorities at meetings throughout the country he met with considerable resistance to the notion that the majority of health board members should consist of doctors, nurses, pharmacists and dentists working in the health services. Since a proportion of the costs of the services was then falling on local rates, the councillors insisted that they should continue to be in a position to protect the ratepayer from excessive expenditure and not leave the decisions to doctors and other professionals who would not have to face the public. This view was eventually accepted by Erskine Childers, who succeeded Seán Flanagan as Minister in June 1969, and the eight boards established under the Health Act 1970 provided for a board majority of public representatives.

The most difficult issue that emerged in the subsequent setting up of the boards was the selection of the location of the headquarters of the new bodies. Some of the choices were obvious – Dublin (Eastern Health Board), Galway (Western Health Board), Cork (Southern Health Board) and Limerick

(Mid-Western Health Board). The others were not obvious, and strong, hard-fought, local campaigns were mounted to obtain the new centres of administration. Ultimately the choice fell to Kilkenny (South Eastern Health Board), Manorhamilton (North Western Health Board), Ceannanus Mór (North Eastern Health Board) and Tullamore (Midland Health Board).

Hensey's flexibility, precision and clarity of mind, his leadership qualities and capacity for cutting through bureaucratic caution and reverence for precedent led to the establishment of the new system without major difficulties. Simultaneously, other fundamental changes were being made in the health service. The dispensary system, the main relic of the nineteenth-century poor law, was replaced by a choice-of-doctor service. It was achieved only after several years negotiation about the method of payment with the bodies representing the medical profession. A new central body, Comhairle na nOspidéal, was created, with power to control the organisation and growth of specialist services in both the statutory and voluntary hospitals. During the subsequent years the range and cost of the public health services in general increased enormously and by the beginning of the 1990s they were costing about £1.5 billion annually and employing close to 60,000 people.

During his time in the Department of Health, Brendan Hensey took a role in the affairs of various organisations in the health field both at home and abroad. He was secretary to the National Health Council for a period, a member of the National Economic and Social Council and chairman of the Medico-Social Research Board. He represented his Department at European Community, World Health Organisation and Council of Europe meetings. Following his early retirement as Secretary of the Department in 1981, he became associated with the pharmaceutical industry and was chairman of the board of Birex Pharmaceuticals Ltd. He is chairman of the trustees of Leopardstown Park Hospital. His book on the health service, *The Health Services of Ireland*, is the standard work on the subject and has run to four editions.

He married Maura Hickey in 1946 and they have three sons and two daughters.

MICHAEL MULVIHILL 1918–1990

Michael Mulvihill became well known for his regular humorous contributions over a long period to the RTE radio programme *Sunday Miscellany*. He was born in London in 1918, the son of a Kerry father and a Tipperary mother. When he was a few years old the family returned to Ireland, settling in Killarney, where his father worked in the labour exchange. Later the family transferred to Kilkenny where he was educated by the Christian Brothers. He became a civil servant in 1936, working first in the Department of Justice and moving later to the Department of Health in the Custom House. He remained there until he retired in 1976.

ABBEY THEATRE
DUBLIN
Playing at
THE QUEEN'S THEATRE
Pending Rebuilding and Enlargement
of the Abbey
Tuesday, 26th November, 1963 and following nights at 8
Third Week of

A SUNSET TOUCH
A Play in Three Acts by Michael Mulvihill
Characters:

MAURICE TOBIN		Seathrún O Goli
MARTIN BRETT		Pádraig MacLéid
JIM COLEMAN	Patients in	Uinsionn O Dubhlainn
CHARLIE DOOLIN	St. Malachy's	Liam O Foghlú
LARRY DALTON		Pádraig Lafan
DISMAL DAN		Pilb O Floinn
NURSE BELLA COAKLEY		Gearoidín Ní Pluinceid
NURSE PENELOPE O'FLAHERTY		Caitlín Ní Bhearáin
WARD SISTER		Aingeal Ní Nuamaín
MATRON		Máire Ní Dhomhnaill
MEDICAL SUPERINTENDENT		Mícheál O hAonghusa
DOCTOR CURRAN		Eamon Guaillí
SHEILA DOOLIN		Eadaoin Ní Cheallaigh
NOREEN TOBIN		Eileen Lemass
NIGHT SUPERVISOR		Ciara O'Sullivan
A HOSPITAL ORDERLY		Edín O Suilleabháin
A GROCER'S CURATE		Mícheál O Briain

In the interest of public health this Theatre is disinfected with
JEYES' FLUID and sprayed with JEYES' FLORAL SPRAY

Michael Mulvihill's play was staged in the Queen's Theatre where the Abbey Company was based following the destruction of the old Abbey Theatre by fire

During Dr Noel Browne's period as Minister for Health from 1948 to 1951 Mulvihill was assigned to serve as his assistant private secretary. Later he became the Department's organisation and methods officer, one of a number of such posts created throughout the civil service when the Department of Finance decided to take measures to promote greater efficiency in government departments then expanding rapidly and somewhat unsystematically. The role of the organisation and methods officer was to streamline office procedures rather than establish new administrative structures. In time all aspects of administrative efficiency would be taken over by a new and expensive breed of professional, the management consultant, and the O and M officer would merely become part of the history of the development of good management.

One of Mulvihill's assignments was the up-dating of the procedures of the Office of the Registrar-General, located in the bowels of the Custom House where, built up over a century, millions of manuscript entries of all Irish births, marriages and deaths were maintained in bound volumes. Their vulnerability was a constant concern to those in authority since a fire or some other catastrophic event might destroy them. A fortunate turn of events during the 1950s resolved the problem when the Registrar-General was approached by representatives of the Mormon Church (Church of Latter-day Saints), Utah, seeking permission to microfilm all entries of births, deaths and marriages in the Custom House. It is a tenet of the Mormon religion that dead ancestors who have died without a knowledge of the Truth can subsequently be saved by a ritual of baptism undertaken by proxy. The genealogical details of Irish families were required so that the many American Mormons of Irish descent could provide for the salvation of their ancestors. In return for permission to film the records the Mormon representatives offered to give *gratis* to the Registrar-General a copy of the proposed microfilm. It would help not only to secure the safety of the records but would also save the Irish public purse the high cost of microfilming.

The proposal was accepted and a Mormon team worked for over a year in the Custom House, copying the records. Since then all new entries are filmed and added to the archive. Michael Mulvihill was closely involved in the establishment of the new arrangements.

Mulvihill was a literate, articulate man who could find considerable humour in many of life's tribulations and in the foibles and attitudes of his fellow beings. A debater of note, he was in popular demand for debates organised by student groups to whom he became well known as an advocate of liberal causes. He had an old-style oratory, witty and allusive with an easy flow of words. When Noel Browne was forced from office as Minister for Health, Mulvihill took it to heart and during the subsequent election campaign when Browne stood as an independent candidate Mulvihill canvassed for him. After a senior colleague had spotted him knocking at doors and travelling in a car bedecked with election posters he was brought before his departmental masters and asked to explain why he was blatantly breaking the civil service rules banning participation in political activity. While he would have preferred to admit and defend his actions, concern for his livelihood and his family forced him into obfuscating explanations that saved him from penalty.

There was never any cynicism or bitterness in his writings but a great deal of compassion. Towards the end of 1963 his play *A Sunset Touch* was produced by the Abbey Theatre and the production ran for several weeks. The play was set in a sanatorium, and based on personal experience: he himself had had a period of treatment for tuberculosis. It dealt with the hopes and expectations, the joys and the sorrows of a particular group of patients. Though emotional and somewhat melodramatic it nevertheless captured realistically the atmosphere of sanatorium life. Mulvihill's *forte*, however, was his ability on radio. His contributions ranged widely but he often got back to the days of his youth and to the pleasures and adventures of growing up in Killarney and, later, in Kilkenny. He had a facility for capturing in words the sights and sounds experienced by a sensitive and imaginative child. For instance a description in one of Joyce's short stories, *Araby*, of a bazaar in Sandymount provokes his own recollections of the wonderland of the fairground:

> My Araby was Piper's Bazaar that came to the market yard in Killarney every summer. Its perfumes came from naphtha flares and its pleasures were garish, exotic and alluring. The painted swing-boats, the giddy chairoplanes, the undulating horses of the carousel rising and falling with crested manes and flaring nostrils, the strident ticket vendors (always selling the last and lucky one), the shooting gallery, the wooden rings with their tempting prizes and the roll-a-penny table with its squared oilcloth – all drew me into their web of wonder and mystery and delight. Thinking back, it astounds me that the unifying attraction was organ music that gushed from somewhere in the ornate belly of the carousel. These days I would regard it as noise pollution, but then it was temple music from the holy of holies throbbing with hypnotic beat for any votary who had two pennies to jingle.

Later as an altar boy in St Mary's Cathedral in Kilkenny he helped the sacristan to assemble the Christmas crib and he describes how he was enveloped in the magic and mystery of the midnight ceremonies of Christmas Eve.

> I handed tools to Dick as he sawed and hammered and planed. When walls and roof were in position he cladded the outside with folds of dark-brown paper of the kind used by Kilkenny grocers to wrap their Christmas boxes. The cladding in turn was sprinkled with iridescent shards of glitter, and straw was spread about the floor. Three concealed bulbs, painted blue, gave off an eerie supernatural glow.
>
> When all was in readiness we carried the statues one by one from their refuge in the store. It took many trips before finally, with the third Wise Man cradled in my arms, I pushed open the sacristy door and padded across the mosaic of the high altar to where the star of Bethlehem beaconed from the stable. At midnight on Christmas Eve the crib was blessed by the Bishop of Ossory (I lit his candle in its silver sconce) while a massed choir, conducted by Joseph Koss, made the

rooftree shiver with *Adeste Fideles*. My neck hairs tingled. It was the true magic of the theatre.

The mantle of the years has not overlaid that memory. Recalling the scene, I am moved by the poetic vision of Yeats who saw the Magi wandering again, as of old, in search of that stable – hoping to find once more:

> *Being by Calvary's turbulence unsatisfied,*
> *The uncontrollable mystery on the bestial floor.*

Michael Mulvihill married Peggy Walsh and they had four children, one of whom, Margaret, is an established novelist and writer of children's books. He died in February 1990.

JAMES DEENY 1906–

In her book *Health, Medicine and Politics in Ireland 1900-1970* Ruth Barrington describes Dr James Deeny's arrival in the Department of Local Government and Public Health in 1944 as 'having an electrifying effect on the Department, throwing out ideas in a way a generating plant discharges current'. It is an apt description of the impact that the County Armagh doctor made on the Custom House when, feeling circumscribed by the career of a small-town family doctor and anxious to be involved in the developing policies of the

broader world of social medicine, he sought successfully the post of Chief Medical Adviser to the Department.

The doctor from Lurgan with the nationalist background became head of a medical unit in the Custom House that still retained some of the vestiges of the old regime. His immediate predecessor, Dr R. F. MacDonnell, had ridden in the same troop as Winston Churchill in one of the last full-scale cavalry charges in modern warfare at Omdurman in the Sudan and had later become a colonel in the Royal Army Medical Corps. Deeny's deputy, Dr Winslow Sterling Berry, son of the Bishop of Killaloe, had also been a colonel in the RAMC. He had been in the Custom House since the 'old days', nominated for his post by Lord Carson and by the Protestant Archbishop of Dublin – a patronage appointment.

Another of the new Chief Medical Adviser's staff was Dr J. D. MacCormack who had won a Military Cross during World War I while serving with the RAMC. He had come home paralysed in a wheelchair but had rehabilitated himself by playing golf and in the process became the Irish amateur champion on a number of occasions.

Deeny immersed himself immediately in the troubling public health problems confronting the Department. Ireland had the worst tuberculosis problem in Western Europe. There was also a very high infant mortality rate – in Dublin alone 600 babies were dying annually from enteritis – and a high maternal mortality rate influenced by a shortage of specialised obstetrical services and by a demographic pattern of late marriages and many children. Most of the hospitals were based in old buildings; in the city areas the majority of the voluntary hospitals had been built during the eighteenth century; in the provinces many people got their hospital care in wards that had previously been workhouse wards. Poor law standards and poor law attitudes permeated the services for the sick poor. Most of the dispensaries operated from wretched buildings where, in busy areas, patients might have to wait huddled together for long periods in cold, comfortless surroundings.

A delousing scheme directed mainly at labourers from the west of Ireland on their way to seek employment in Britain is but one example of the gross insensitivity of the public health system of the time. The purpose of the scheme was to prevent the spread of typhus, a louse-borne infection which had long been endemic in some of the most deprived western districts. There was Department of Finance resistance to funding the scheme and Deeny describes how it was overcome:

> One day in November 1944 J. D. MacCormack, who was responsible for infectious diseases and whose particular pet was the Health Embarkation Scheme, said to me, 'I've just got word about something and you are to come to dinner tonight. I'm arranging the show and Hurson is host. MacElligott, the Secretary of Finance, is coming and Ferguson, the Secretary of Industry and Commerce. I will pick you up.'
>
> We went first to the Globe Hotel in Talbot Street where there was quite a crowd of people milling around trying to make their way into the hotel. We pushed our way in and saw that in various rooms doctors in white coats were examining the people for lice. This was the Health Embarkation Scheme in operation. From the Globe Hotel we went to the Iveagh Baths. There I saw something I will not forget. The baths had been emptied. On the floor of a pool were large sherry half-casks. Men with rubber aprons and wellington boots were hosing people down and bathing them with disinfectant in the casks. All around were naked men, seemingly in hundreds. The place was full of steam and the smell of disinfectants.
>
> Now naked men *en masse* are not a pretty sight and the atmosphere of shame, fear and outrage was easy to feel. There was a little hut in the corner where axillary and pubic hair was being shaved off and mercuric ointment rubbed in. J. D. prided himself on the thoroughness of his operation and took MacElligott along to a place where a fellow

165

with an electric iron was killing the lice in cap-bands and braces since steam disinfection, which the clothes were receiving, would perish leather and rubber. MacElligott, a man with proper susceptibilities, promptly came over faint and had to be taken outside and revived in the fresh air. Then we adjourned to the Dolphin for a good dinner. I can still remember a lobster dish served in little ramekins and the wonderful Dolphin steaks.

The Department of Finance quickly produced the necessary funding for the scheme.

By the mid-fifties there was political acceptance of the need to put Irish health services on a more effective basis and reduce the existing hardships and discriminations involved for people not able to pay for their own care. Seán MacEntee, who had become Minister for Local Government and Public Health in 1942, influenced by the movement towards a national health service in Britain, had set the process in motion before Deeny's arrival in the Department. As a prerequisite to better health services, MacEntee considered that there was a need for a separate ministry and the Department of Health came into existence at the beginning of 1947 with Dr James Ryan as its first Minister. Before then MacEntee and his parliamentary secretary, Dr Con Ward, had established a small departmental group, including James Deeny, to produce a plan for the development of the health services. Their plan envisaged the gradual extension of a free health service to the whole population at an estimated annual cost of £7.5 million, double the then expenditure on health care. (It is interesting to note that the total annual cost of the health services in 1992 was approximately £1.5 billion.) Later, a less radical version of these proposals was published as a White Paper by Dr Ryan. It is not possible in this very brief account to pursue the subsequent progress of the health services and the controversies involved (but see biographical note on Dr Noel Browne). However, a reference might be made to the development of better provision for persons with tuberculosis in which James Deeny was closely involved.

Between 1942 and 1945, 16,186 people died with tuberculosis in Ireland. Many of them were young people; some families lost several members. In 1944 there were approximately 3,000 TB beds in fifty-two institutions, many of them located in buildings that had previously been in use for some other purpose. The accommodation was generally old and spartan, the environment unavoidably depressing – large wards with long rows of beds, some with dying people, many of them young. A large number of other people with tuberculosis were unable to get a bed and remained at home. By 1945 there were mounting public demands for better provision. Deeny, in a study of the spread of tuberculosis in his native Lurgan, had demonstrated its destructive impact on a small town. He had drawn simple diagrams that illustrated in a stark way how in every street there were families who had lost one or more members from tuberculosis during the period 1919 to 1944. His findings left no doubt that the main factor enabling the disease to spread and cause deaths was the residence of adolescents in near proximity to, or neighbourly contact with, a case who died. It demonstrated how imperative it was to isolate infectious cases.

A plan drawn up by Deeny and his departmental colleagues led to facilitating legislation in March 1945, and a White Paper, *Tuberculosis*, in 1946. Under the plan three large regional sanatoria

A restored loggia on the south or river front

would be provided in Dublin, Cork and Galway and a shorter-term programme would make a more rapid provision of beds in former fever hospitals and other existing buildings. Patients receiving care in sanatoria would receive a financial allowance towards the support of their families. A national mass radiography service would be established and tuberculosis clinics around the country would be improved. The new legislation gave the Minister power to acquire land and build sanatoria directly and a special architectural unit for this purpose was set up in the Custom House. It marked the beginning of a period of intense activity in the battle against tuberculosis which was joined in 1948 by Dr Noel Browne when he became Minister for Health. It was not possible for the two singleminded emotionally-involved doctors – Browne and Deeny – with the same aims but different views about how to achieve them, to live together. In early 1950 Deeny temporarily left his post in the Department to carry out a national survey of tuberculosis in Ireland for the Medical Research Council of Ireland. By the time he returned to the Department in 1953 the battle against tuberculosis had largely been won, not, ironically, because of the additional sanatoria beds, although they had helped, but because of BCG vaccination and because the new drug, streptomycin, had transformed the therapy of the disease.

Dr Deeny's subsequent career was largely of an international nature. He carried out tuberculosis surveys for the World Health Organisation in Sri Lanka and British Somaliland; was WHO chief of mission for two years in Indonesia; organised training in Geneva for health personnel from Russia. He resigned in 1962 from the Department of Health and over the next five years worked wholetime for WHO while based in Geneva. On coming back to Ireland he became Director of the Ambulance Corps of the Order of Malta while continuing to do consultancy work for WHO that included assignments in Syria and Russia. Then for two years, 1971-72, he went to Rome on the invitation of the Holy See to become scientific adviser to the papacy. It was the culmination of a remarkably varied and colourful career, in keeping with what he had set out to do when he left his post as family doctor in Lurgan behind him: 'Great things were happening in the world and I wanted a share of the action.'

Now retired from all his public offices, he and his wife, Gemma, have settled on a farm in County Wexford. Deeply immersed in the community activities of Tagoat, he remains irrepressible in his enthusiasms and was awarded the honour of National Pensioner of the Year in 1988.

BRIAN O'NOLAN 1911–1966

If the word 'genius' is to be ascribed to anyone associated with the Custom House during the two hundred years of its existence there is no doubting Brian O'Nolan's entitlement to that description. He was one of the great comic writers in the English language with an extraordinary imagination and capacity for the innovative use of words. As a novelist he wrote under the name Flann O'Brien; as a columnist in *The Irish Times* for many years he was Myles na Gopaleen.

He was born in Strabane, Co. Tyrone, in 1911, son of Michael Nolan (later O'Nolan), a customs and excise officer, and Agnes Gormley. As his father progressed upwards within the civil service the family changed home on several occasions, including a move to Tullamore where they spent a number of years. They finally transferred to Dublin where they eventually settled in Blackrock. By then Michael Nolan was a revenue commissioner. During their early years the Nolan children had been kept from school because of their father's determination that they should be educated at home as Irish speakers and kept from contact with English-speaking children. In Dublin, however, Brian attended the Christian Brothers' School in Synge Street, then Blackrock College and eventually University College, Dublin. At UCD he made a name for himself as a contributor to the debates of the Literary and Historical Society before graduating unspectacularly with a BA and an MA. Not particularly interested in his studies, he had instead played billiards and cards, drank regularly in a pub in Leeson Street and contributed stories and articles in Irish to the *Irish Press*.

In 1935 he was successful in the examination for junior administrative officer in the civil service and entered the Department of Local Government and Public Health where he was assigned work in the division dealing with waterworks and sewerage schemes. At an early stage in his career in the Custom House he was fortunate to have as his superior John Garvin, a littérateur himself (see separate biographical note), who having encouraged O'Nolan's writing was forced eventually to become his protector as 'The Cruiskeen Lawn', O'Nolan's barbed column in *The Irish Times,* increasingly provoked the wrath of his political masters. By then Garvin was in a position of power as Secretary of the Department and O'Nolan, having served successively as private secretary to three ministers – Seán T. O'Kelly, Patrick Ruttledge and Seán MacEntee – was in a quiet departmental backwater where his literary work gradually eclipsed his official responsibilities.

His first book was *At Swim-Two-Birds,* a wild, anarchic and shapeless novel in which myth and reality keep intermingling. The narrator and his friends become involved with characters from the narrator's writings; cowboys from western films and figures of Irish mythology; Jem Casey, the working-man's poet; the mad Sweeney fluttering in the trees; the Pooka McPhellimey; Finn MacCool; the gun-happy cowboys Slug Willard and Shorty Andrews; and Mr Trellis, voluntarily bed-ridden, a philosopher and moralist writing a book on sin and the wages attaching to it.

Despite its extraordinary brilliance and humour, the book failed to make an impact when first published in 1939. Its many allusions to Gaelic sources and its considerable use of the colloquial language of contemporary Ireland had probably made it inaccessible to the British reviewers of English fiction on whose comments its success largely depended. By the autumn of 1940, when the remaining stocks of the book were destroyed with the publisher's London premises during an air-raid, fewer than three hundred copies had been sold.

Alcohol and drinking and intense discussions set in public houses on the vagaries of the human condition crop up frequently in O'Nolan's writing. They mirrored his own life. We learn in *At Swim-Two-Birds* of the narrator's first introduction to porter:

> We sat in Grogan's with our faded overcoats finely disarrayed on easy chairs in the mullioned snug. I gave a shilling and two pennies to a civil man who brought us in return two glasses of black porter, imperial pint measure. I adjusted the glasses to the front of each of us and reflected on the solemnity of the occasion. It was my first taste of porter. Innumerable persons with whom I had consorted had represented to me that spiritous liquors and intoxicants generally had an adverse effect on the senses and the body and that those who became addicted to stimulants in youth were unhappy throughout their

lives and met death at the end by a drunkard's fall, expiring ingloriously at the stair bottom in a welter of blood and puke.

It didn't deter the story-teller. The mind might be impaired by alcohol but it might be a pleasant impairment. Only experience would show:

> Here's to your health, said Kelly.
> Good luck, I said. The porter was sour to the palate but viscid, potent. Kelly made a long noise as if releasing air from his interior.
> I looked at him from the corner of my eye and said:
> You can't beat a good pint.
> He leaned over and put his face close to me in an earnest manner.
> Do you know what I am going to tell you, he said with his wry mouth, a pint of plain is your only man.
> Notwithstanding this eulogy I soon found that the mass of plain porter bears an unsatisfactory relation to its toxic content and I became subsequently addicted to brown stout in bottle, a drink which still remains the one that I prefer the most despite the painful and blinding fits of vomiting which a plurality of bottles has often induced in me.

His next novel, *The Third Policeman*, was rejected in 1940 and hidden away by him, to be rediscovered and published with acclaim only after his death. 'The Cruiskeen Lawn', his column in *The Irish Times* which he wrote as Myles na Gopaleen, began in 1940 and consisted of jokes and stories, puns and satirical comment often directed at political figures. A novel in Irish, *An Béal Bocht*, published in 1941 was a satire on the Gaeltacht and on Irish language enthusiasts. *At Swim-Two-Birds*, when re-issued in 1951, got a better reception than when it appeared originally but sales remained modest. By 1952 he was in trouble in the Custom House. He was drinking heavily; attendance at his official post had become irregular; his newspaper column with its continuing tirades about 'bogmen' and 'turnip-snaggers' was increasingly resented by the politicians at whom the abuse was directed. When, according to Anthony Cronin's biography, he described the habitual response of an unnamed politician to any question requiring intellectual effort as

> The great jaw would drop, the ruined graveyard of tombstone teeth would be revealed, the eyes would roll and the malt-eroded voice would say 'hah?'

it was clearly a reference to the then Minister of his Department. It hastened the end of his civil service career and, retiring early in 1954 on grounds of ill-health with an annual pension of £265, he became a full-time writer. Some years earlier, he had married a Custom House colleague, Evelyn McDonnell.

At Swim-Two-Birds was re-issued again in 1960, this time with considerable success. It encouraged him to write *The Hard Life: An Exegesis of Squalor*, consisting largely of a series of rambling but very funny discussions, often irreverent, and including among its characters Father Kurt Fahrt, a Jesuit priest. O'Nolan was now at his peak as a writer. *The Dalkey Archive*, published in 1964, was well received as a comic fantasy and was later adapted for the stage by Hugh Leonard as *The Saints Go Cycling In*. But by now O'Nolan's health was deteriorating. In 1965 he was diagnosed as having cancer and after a long illness borne with considerable stoicism he died on 1 April 1966. *The Third Policeman* was published in September 1967 and was instantly hailed as a masterpiece.

In *The Third Policeman* the narrator spends his time studying the work of a metaphysical philosopher called de Selby while his assistant, Diviney, looks after his farm and public house. When the business fails they combine to murder an old man who has a box of money. Diviney runs off with the box and the narrator sets out to find the barracks to ask for help in recovering the money. On the way he meets a stranger, 'a very slippery looking customer', who could be de Selby, and asks him his views on life:

'Is it life?' he answered. 'I would rather be without it' he said 'for there is a queer small utility in it. You cannot eat it or drink it or smoke it in your pipe, it does not keep the rain out and it is a poor armful in the dark if you strip it and take it to bed with you after a night of porter when you are shivering with the red passion. It is a great mistake and a thing better done without, like bed-jars and foreign bacon!'

'That is a nice way to be talking on this grand lively day', I chided, 'when the sun is roaring in the sky and sending great tidings into our weary bones.'

'Or like feather beds', he continued, 'or bread manufactured with powerful steam machinery. Is it life you say? Life?'

When he gets to the police station he meets Sergeant Pluck who holds forth on his atomic theory. The sergeant explains that if an iron bar is hit long enough it will start shedding its atoms:

'The gross and net result of it is that people who spend most of their natural lives riding iron bicycles over the rocky roadsteads of this parish get their personalities mixed up with the personalities of their bicycle as a result of the interchanging of the atoms of each of them and you would be surprised at the number of people in these parts who nearly are half people and half bicycle.' I let go a gasp of astonishment that made a sound in the air like a bad puncture. 'And you would be flabbergasted at the number of bicycles that are half human almost half-man, half partaking of humanity.'

The author himself, explaining the book, said that the main character in it has been dead throughout the story and that all the strange things happening to him are happening in a sort of hell to which he was condemned for the killing. Another commentator on the book pointed out that the landscape in which the story is set is unmistakably the Irish midlands in which O'Nolan spent most of his boyhood. Hell was located near Tullamore.

One of his subordinate staff in the Custom House was Michael Phelan, a Laois man whose unsophisticated manner concealed a cultured, literate mind. Phelan himself occasionally wrote humorous pieces and short stories and had long admired O'Nolan's writing but, despite working alongside him for several years, had never found it possible to penetrate his remoteness and to have a conversation with him. In a humorous memoir written after O'Nolan's death, Phelan visualised a plaque being erected on the door of his former room in the Custom House:

> Myles na gCopaleen came to this room daily for two years to fill the Cruiskeen Lawn. It is believed he was regularly accompanied by Flann O'Brien and sometimes by Brian O'Nolan but only for limited periods. On the occasion of [the unveiling of] this plaque in their honour in 1984 the Minister for the Public Service sent the following touching message – *Nach mbeidh a leithéid arís ann.*

RICHARD POWER 1928–1970

When Richard (Dick) Power died aged forty-two years in February 1970, Benedict Kiely, the novelist, wrote of him: 'Death with the inexorable arrogance that all living men must resent, and in the end submit to, has taken from us a great writer who had a lot more to do. All who value the state of Irish letters must mourn his passing.' There was indeed considerable mourning for the quiet unassuming man who during his short literary career had shown considerable talent with intimations of greater things to come.

Dick Power was born in Johnstown, Naas, in February 1928, the son of a bank official who died young leaving a family of five boys of whom Dick, then fifteen, was the eldest. He was educated in the Christian Brothers' schools in Naas and Synge Street and subsequently entered the civil service. Studying at night, he obtained a Diploma in Public Administration at University College Dublin and a BA and MA at Trinity College. He was serving in the Revenue Commissioners when granted a year's leave of absence to take up a scholarship from Comhdháil Náisiúnta na hÉireann to research the lives of emigrants from the three Aran Islands. Having spent six months on the islands and a further six months living and working with Aran emigrants on building sites in Birmingham he returned to the civil service in 1951 as an administrative officer in the Department of Local Government. He obtained further leave of absence from 1958 to 1960 to take up an American exchange scholarship at the University of Iowa, graduating as a Master of Fine Arts, before coming back to his post in the Custom House where he would remain until his death ten years later.

Power had always been interested in writing. During the early fifties he was contributing a weekly column in Irish to the *Irish Press* titled 'An

Mhuintir Seo 'Gainne' which consisted of profiles of well-known personalities who had a knowledge of Irish or were enthusiastic about it. He was a founder member of *Icarus*, a literary magazine in Trinity College, and wrote short stories and articles in both English and Irish for various publications and for radio. His first book, *Úll i mBarr an Ghéagáin*, published in 1958, the outcome of his experiences in the Aran Islands and Birmingham, won a Club-Leabhar award. This was followed in 1966 by his first novel in English, *The Land of Youth*, a lengthy, sprawling, somewhat undisciplined and melodramatic novel set in the Aran Islands during the World War I period.

Despite its faults, *The Land of Youth* caught admirably the style of life, prejudices and passions of a simpler society. The pleasures and expectations of the islanders portrayed by him were never set too high. Cóilín and Tomás have drunk an unaccustomed bottle of cognac that they somehow acquired:

> 'Jesus!' Cóilín moaned as he lay outstretched. He propped himself up slowly on his hands. 'I am not the man I was,' and he swung his head furiously from side to side to clear it. 'D'ye know what I'd give anything for now is a feed of marmalade!'
>
> 'Marmalade!'
>
> 'When I was in England I'd eat a two-pound pot of it. 'Tis very tasty after the cognac.'
>
> 'My God!' said Tomás disapprovingly. 'That would be very dear eating!'
>
> ''Tis worth every penny!' Cóilín turned to him passionately but Tomás was not prepared to make a stand on the point.

In particular, *The Land of Youth* provides a moving study of the loneliness and social isolation of a young unmarried pregnant girl who, fleeing home and finding no sympathy in the city or in a Magdalen home, returns to have her baby on the island where she can only be an outcast.

Dick Power's next, and final, novel was *The Hungry Grass* published in 1969 to considerable critical acclaim. It begins with the sudden death at a priests' reunion of Father Conroy, an elderly west of Ireland parish priest. The rest of the book returns to the last months of his life. He is an odd, introverted man, lacking outward piety, out of his vocation, full of dislikes, hurt by his earlier relationships with his own family, yet deeply Christian and sensitive. He is disdainful of those who attract public popularity: the trendy priest from another area campaigning to keep people in the west; his own Uncle James, an old-fashioned politician who, in the past, had sided with the wealthy farmers during a strike by labourers for a living wage:

Uncle James on the other hand, had no difficulty in forgetting what had happened. As time went on, he managed to persuade everyone with a vote to forget it too; in fact he owed his seat in the Dáil as much to the support of the labourers as of the farmers. He offered himself to them all on election platforms, offered himself with such ferocious sincerity that it seemed as if he intended himself for public consumption. And in a sense he did. The dignity with which he began to carry himself was that of a public sacrifice.

He learned the value of dress – a hard-brimmed hat and a long, black coat, usually hanging open to disclose the waist-coat and gold watch-chain. No one seeing him in his funereal attire could doubt but that politics was a respectable profession. As the community settled into its new mould, he established himself halfway between the family solicitor and the priest. He affected the heaviness of scholarship, especially when he appealed to the Gaelic past – our God-given heritage – a vast, rather gloomy hinterland which he had never had time to explore personally, but from which he had been brought certain useful souvenirs, old saws which he used in his speeches to emphasise, for instance, that a good start was half the work, that order and precedence must not be ignored and that certain promised schemes could safely be left in the hands of God.

As his parish decays around him, the church and parochial house run down and neglected, Father Farrell, the young curate, confronts Conroy about his failure to become involved in the wider interests of his parishioners:

'Listen Farrell, if I want your advice, I'll come looking for it. And as for your People of God, it's out in the churchyard I see some of them every Sunday, instead of inside hearing Mass properly. Yes, down on one knee on the gravel they spend their time, skitting and gossiping, aye, and even playing cards on the gravestones, that's how they hear Holy Mass.'

'I'm not denying . . . '

'No, because you can't.'

'Father!' Farrell put down the poker and stood up so suddenly that Fr Conroy thought for a moment he was about to be attacked. Then surprised, even disappointed, he realised the young man was holding himself back. 'I think we should stop this now, before we go too far.'

'You stop it. I came here to give you your instructions, since you didn't call to me for them.'

Farrell turned away and said very quietly, 'I don't think I'm free from blame. For some reason, we don't seem to be working together as we should to give the people what they expect from us, what they need. I've been thinking for some time that I should ask for a transfer.'

'Go ahead.'

The young man flushed violently. With a hot rush of delight, Fr Conroy saw that his hands had begun to tremble.

'I will, then! I think you're a selfish, corrupt, impossible old man. You've been lying down on the job here for years, letting the place fall apart. But the people aren't fools – they'll cop on yet. And when I hear talk these days of the priesthood of the laity . . . '

'Priesthood my arse.'

A critic, Seán McMahon, in the *Irish Press*, wrote of *The Hungry Grass*: 'In its account of the dark night of a not too deep soul, Mr Power has given us the best portrait of an Irish priest since Francis MacManus's Edward Langton and one of the best written in modern times.'

Dick Power married Ann Colvill in November 1955; they had four sons and two daughters. His death in February 1970 was sudden and unexpected.

PADRAIC FALLON 1905–1974

It is remarkable that Padraic Fallon, a poet of considerable intellect and imagination, should remain to this day comparatively unknown and unacknowledged. He was born in Athenry in 1905 where his father was a sheep-and-cattle dealer, or 'jobber', and where the family also owned a hotel. Educated at St Joseph's College, Roscrea, and Garbally Park, Ballinasloe, he subsequently entered the civil service and became a customs and excise official at the Custom House. After a period spent in County Cavan he was transferred in 1939 to Wexford where he would live for almost a quarter of a century, toiling privately as a poet and officially as 'Customs and Excise Officer, Registrar of Shipping, Mercantile Superintendent and Receiver of Wrecks'. He sailed a boat for a period and also operated a small farm a few miles outside Wexford town, understandable occupations for a man who had a great feeling for the sea and the land and the natural world around him.

As a young man in Dublin, Fallon's literary inclinations were encouraged by George Russell (Æ) with whom he had become acquainted. His first poem was published in Russell's *Irish Statesman*, and this was the beginning of a long and productive literary career. He began to write regularly for literary journals such as *The Dublin Magazine* and *The Bell* and his work included poems, stories, articles and literary reviews. His early poetry was largely influenced by the sights, sounds and traditions of Irish rural life, the environment in which he had grown up. Other modern Irish poets – Yeats in particular – had an obvious impact on his style. As Fallon's work matured and his own literary knowledge broadened it derived its sustenance from a widening range of sources: Irish mythology, French literature such as the poems of Rimbaud and Baudelaire, English writers of the Elizabethan period, classical authors such as Horace. Reflections of all these sources are to be found in his work. The novelist Francis MacManus once quoted a fellow-writer as saying, 'Fallon takes the whitewash off every wall he leans against,' but MacManus was quick to point out that there was more to him than being influenced by other men's work – 'there was also a solidly independent Fallon who whitewashed his own walls!'

In 1951 *Diarmuid and Gráinne*, the first of Fallon's verse plays for radio, was broadcast by Radio Éireann and was much acclaimed. It was a work of considerable depth, ostensibly a dramatisation of the old Irish legend of young lovers in flight but beyond that a many-layered account of human passions and conflicts. This radio play was followed by others, some of which were performed on the BBC Third Programme and by continental stations. In all, Fallon wrote seventeen plays for radio and won for Radio Éireann the Italia prize, one of the main international awards for radio productions. In 1954 the first of his two stage plays, *The Seventh Step*, was produced at the Cork Opera House and later in Dublin. Another stage play, *Sweet Love Till Morn,* was also produced in Cork and had a short run at the Abbey Theatre.

Many of Fallon's poems evoke the small towns, the agricultural landscape and the sea, all part of his environment for much of his life. He described old seamen in 'Out of Soundings':

> When noon is warm old pensioners
> Come one by one to the sea-wall
> Copper or bleak bleached men in bowler hats
> Rolling a spit, deep-water sailors;
> Old eyes, old wits,
> Old illnesses, they take them for a stroll
> Good morrow! Aye, quite hearty – on the whole.

In 'Athenry' he describes dung-deep streets on a fairday, evoking an easy-going world in the days before cattle marts deprived the Irish town of its most colourful monthly ritual:

> Mark how this very morning, the very earth
> Arrives on the doorstep, men
> Who are wedges of weather, who will depart
> On footprints of stubble, leaving
> The dark down on the day
> And a void that the mud fills, leaving
> A mess; and as ever it's raining.

There's a cart abandoned at the town's end;
Casualties dribble in the pubs;
And my limping uncle's on the booze again.

Athenry, where he grew up, was frequently in his thoughts. In 'Yeats at Athenry Perhaps' he speculates that Yeats might have paused there on his way to Coole:

Certainly he'd have touched us changing trains
For Gort, have hours to idle, shared
The silence of our small town.
Maybe he passed me by
In a narrow gutted street, an aimless
straying gentleman, and I
The jerseyed fellow driving out the cows.

. . . .

Anyway he wouldn't have dared a town
Where every peeling window was an eye;
We smiled of course at strangers, proud
Of a dead king, the lordly
Dung that simmered in the ground. But I could
Have walked him round the moat, in Kingsland shown the rock
Where the crown toppled from the last Irish head
And a royal footsole left a bloody track.

This last reference is to the site of a battle in 1316 where Felim O'Connor, the last Gaelic King of Connaught, was slain in battle with the Normans.

Padraic Fallon married Dorothea Maher in 1930 and had six sons. On retirement from his civil service post he moved to Cornwall where he lived for a period near Penzance with his artist son, Conor. After some years he returned to Ireland and settled for the last time in Kinsale, Co. Cork. He died in Aylesford, Kent, on 8 October 1974 while staying with another son, Ivan. His body was taken back to Kinsale and buried in a graveyard overlooking the Atlantic.

The fact that Fallon has not secured greater recognition for his work appears to have been due to his lack of interest in self-publicity and his reluctance for competition. He was happy to secure acceptance and fellowship in the community of poets and had no particular desire to put his work on a more accessible basis by collecting his widely-scattered contributions to radio and to literary publications. Francis MacManus wrote of him during his lifetime, 'It is exasperating that he has behaved like a genial but eccentric sower who broadcasts seed in scattered areas. As a literary entity for most people he consists of what they may happen to have heard of him on the radio.' However, in 1974, on the eve of his death, the Dolmen Press published his first collection of poems. A further collection, edited by his son Brian Fallon, was published in 1983 and this was followed in 1990 by a comprehensive collection also edited by his son Brian with an introduction by Seamus Heaney.

The increasing awareness of Padraic Fallon's contribution to Irish literature was evident in the summer of 1992 when an inaugural festival celebrating his achievement was held in his native Athenry. The festival brought together a large gathering of local people and visitors, some of them well-known living poets. Among the recitals and performances of Fallon's works there was a re-enactment of the scene visualised in the poem quoted above, when an actor dressed like Yeats in a cravat and pince-nez, walked, nose in air, past a boy driving cows, whose nose was in a book. A monument to Padraic Fallon's memory, a rearing winged horse, made by his son Conor, a leading Irish sculptor, was unveiled during the celebrations. Padraic Fallon had once written, 'Erect me a monument of broken wings'; *The Irish Times* reported that it was more a triumphant than a broken tribute to his memory.

THOMAS MURPHY 1915–

When Father John Murphy of Boulavogue and his band of United Irishmen raised their standard against British forces in Wexford during the 1798 insurrection they were fighting for more than the freedom of their country from foreign rule. Encouraged by the echoes of revolution in the streets of Paris, they sought, too, the recognition of the basic rights of man: freedom of speech, of religious practice, of livelihood; the ending of the abject serfdom to which the great bulk of the population had been reduced by the powerful oligarchy of the Anglo-Irish ascendancy. Funda-

mental to the United Irishmen's notions of freedom was the creation of an education system. Compulsory ignorance had long been one of the fetters by which the Catholic population had been held in servility. Wolfe Tone, one of the founders of the United Irishmen, had written: 'It will be said that the Catholics are ignorant and incapable of liberty ... We plunge them by law and continue them by statute in gross ignorance and then we make the incapacity we have created an argument for their exclusion from the common rights of man!' Father Murphy himself had received his early education from a hedge-school master, sheltering under the bushes or in derelict houses, avoiding the detection of the law.

As oppressive rule slackened from the beginning of the nineteenth century onwards, helped by the impact of liberal ideologies and a more placatory British attitude towards Ireland, a national system of primary education was established. By the mid-century the government had accepted that the development of Irish education also required a university system acceptable to the majority population to supplement the Protestant-oriented Trinity College, dating from Elizabethan times. The Queen's Colleges of Belfast,

Cork and Galway were established in addition to the Catholic University in Dublin. In time the Cork, Galway and Dublin colleges became constituents of the National University of Ireland and, much later still, the possibility of a university education would come within reach of all young people in Ireland irrespective of their economic background. Father Murphy, the revolutionary priest, would surely have been pleased; all the more so if he knew that one of his kinsmen, Thomas Murphy from Bunclody, would become head of one of the colleges.

Tom Murphy, whose family can trace its connection with the 1798 leader, was born in Bunclody, Co. Wexford, in 1915, a farmer's son. He was educated at the Patrician Brothers' School in Tullow and later at Clongowes Wood College, Co. Kildare. After an exceptionally successful academic career in University College, Dublin, he qualified as a medical doctor in 1939. As a junior doctor he progressed through a number of hospitals – the Coombe Maternity Hospital, where he did 'district' work in the Liberties; Cork Street Fever Hospital, where many of his patients suffered from diseases rarely seen nowadays such as diphtheria and poliomyelitis; Peamount Sanatorium and the Mater Hospital. His monthly pay in the Mater Hospital was £7; he would be more than four years qualified before he earned more than £2 weekly. In 1943 he became the first medical officer to Bord na Móna with responsibility for a medical service to the thousands of workers then employed to produce turf by traditional hand-won methods. The heavy emphasis on turf-cutting was brought about because the conditions of the war years, the Emergency, had reduced foreign supplies of oil and coal to an insignificant level. Many of the bog-workers were housed in temporary hostels or vacated buildings, and this posed public health problems, particularly in relation to the avoidance of food poisoning from the food rations delivered daily to the various camps. Dr Murphy had the responsibility for establishing standards of hygiene; and when workers became ill they were usually taken into the sick-bay that he established and serviced at the board's headquarters in Newbridge.

Given Murphy's role in regard to Bord na Móna workers, it was logical enough that he should progress into the statutory public health area. He became Assistant Medical Officer of Health for Co. Kildare during 1945-51 and moved on from there to the Custom House to an appointment as a medical officer in the Department of Health where he served from 1951 to 1955. During this period he had an important involvement in the introduction and growth of services for persons with long-term physical handicap. Hitherto there had been serious shortcomings in specialised medical services for physically disabled persons and very little for them by way of physical and occupational rehabilitation. Tom Murphy contributed to the evolution of measures that led to the establishment of the National Medical Rehabilitation Centre in Dún Laoghaire where, in particular, persons with severe spinal injuries could be treated, and to the initiation of broader services aimed at the restoration of persons with handicapping conditions to a normal life. Encouraged by the pioneering work of voluntary organisations such as that dealing with the rehabilitation of former tuberculosis patients and the Cork Polio and General After-care Association, the Minister for Health established the National Organisation for Rehabilitation (later National Rehabilitation Board) with Dr Murphy among its first directors.

In 1955 Tom Murphy moved into a new phase of his life. He became Professor of Social and Preventive Medicine at University College, Dublin. Seven years later he was appointed Dean of the Faculty of Medicine and in 1965 he became the College's Registrar. In 1972 he reached the apex of a notable academic career when he was elected President of the College, an office he held until his retirement in 1985. During his period as president he was involved in considerable developments in the Belfield campus of the College and he had, and continues to have, an important influence on the evolution of Ireland's educational policies. He was a party to the creation and implementation of the 'points' system for admission to third-level education and while he would not claim that it is an entirely satisfactory method for selecting students it is a matter of *faute de mieux*. He was chairman of the government's Review Body on Primary Education that reported in 1991 and he continues to be chairman of the National Council for Curriculum and Assessment and a member of the Higher Education Development Council. He was, and is, a member of many other educational, social and medical bodies. His current offices range from being chairman of the Philatelic Committee of An Post, which selects the subjects to be commemorated on postage stamps, to being a director of the Charity/Mercy Health Care Company, a policy-making and co-ordinating body for the various hospitals in the Dublin area owned by the Sisters of Mercy and the Irish Sisters of Charity, to being deputy chairman of the Central Remedial Clinic and chairman of the Irish Association of Older People.

Apart from his considerable knowledge and experience of the medical and academic worlds, the demands on Tom Murphy's time stem to a considerable extent from the nature of his personality – warmth, modesty, social commitment and, not least, his capacity as a raconteur with a notable ability to enliven the dullest assemblies.

He married Rosaline Byrne and they have four sons, all of whom followed their father into the medical profession.

Appendix

POLITICAL AND CIVIL SERVICE HEADS OF OFFICES OF STATE SITUATED IN THE CUSTOM HOUSE, 1791–1992

Collectors of Customs at the Port of Dublin, 1791–1992

Rt. Hon. Theophilius Jones	1787–1816
Hon. Francis Hely Hutchinson	1816–27
William Palgrave	1827–38
Thomas Worthington	1838–49
Samuel Price Edwards	1849–55
William Pugh Gardner	1855–65
Frederick William Trevor	1865–71
Daniel Colquoun	1871–83
Frederick G. Walpole	1883–93
George Hingston	1893–1902
Howard P. Devereux	1902–08
Frederick G. Wood	1908–10
John H. Morton	1910–17
John Langan	1917–19
Humphrey Morphy	1919–24
Michael Victor Nolan	1924–25
Michael Denis Leahy	1925–34
James Redmond	1934–44
John Corcoran	1944–50
James John Waldron	1950–55
Maurice Patrick Neligan	1955–63
Thomas Tobin	1963–65
Michael Delany	1965–69
Joshua Dowling	1969–73
Proinsias Mac an Bheatha	1973–76
Edmond D. Murphy	1976–83
Eamonn Ó Dalaigh	1983–89
Patrick Dowling	1989–

Chairmen of the Revenue Commissioners, 1923–92

William O'Brien	1923–39
William D. Carey	1939–44
Timothy Cleary	1944–47
Richard P. Rice	1947–59
Edward P. Haslam	1959–60
Seán Réamonn	1960–70
James C. Duignan	1970–76
John F. Richardson	1976–80
Patrick MacMahon	1980–84
Séamus Páircéir	1984–87
Philip Curran	1987–90
Cathal Mac Domhnaill	1990–

Chairmen of the Commissioners of Public Works, 1831–1905*

John Fox Burgoyne	1831–45
Harry Jones	1845–50
Richard Griffith	1850–64
John Graham McKerlie	1865–84
Richard Sankey	1884–96
Thomas Robertson	1896–1901
George Holmes	1901–13

*The Board of Public Works moved from the Custom House in 1905.

Chief Commissioners of the Poor Law Commissioners for Ireland, 1847–72

Edward Turner Boyd Twisleton	1847–49
Alfred Power	1849–72

Vice-Presidents of the Local Government Board for Ireland, 1872–1921*

Alfred Power	1872–79
Henry Robinson (Senior)	1880–91
George Morris	1891–97
Henry Robinson (Junior)	1898–1921

Ministers for Local Government later Ministers for Local Government and Public Health, 1919–47**

Liam T. Mac Cosgair	1919–22
Earnán de Blaghd	1922–23
Séamus de Burca	1923–27
Ristéard Ó Maolcatha	1927–32
Seán T. Ó Ceallaigh	1932–39
Patrick Ruttledge	1939–41
Eamon de Valera	1941 (temporary)
Seán MacEntee	1941–47

*The Chief Secretary for Ireland was *ex officio* the President of the Local Government Board. In practice the Vice-President, who was based in the Custom House, operated as head of the board.

**In 1947 the Department of Local Government and Public Health was divided into three Departments: the Department of Local Government, the Department of Health and the Department of Social Welfare. The latter of these was not situated in the Custom House.

Secretaries of the Department of Local Government later Department of Local Government and Public Health, 1922–47

Edward McCarron	1922–36
James Hurson	1936–46
Thomas McArdle	1946–47

Ministers for Local Government later Ministers for the Environment, 1947–92

Seán MacEntee	1947–48
Timothy J. Murphy	1948–49
William Norton	1949 (temporary)
Michael Keyes	1949–51
Patrick Smith	1951–54
Patrick O'Donnell	1954–57
Patrick Smith	1957
Neil T. Blaney	1957–66
Caoimhghín Ó Beoláin	1966–70
Robert Molloy	1970–73
James Tully	1973–77
Sylvester Barrett	1977–80
Raphael P. Burke	1980–81
Peter Barry	1981–82
Raphael P. Burke	1982
Dick Spring	1982–83
Liam Kavanagh	1983–86
John Boland	1986–87
Pádraig Flynn	1987–91
John Wilson	1991 (temporary)
Rory O'Hanlon	1991–92
Michael Smith	1992–

Secretaries of the Department of Local Government *later* Department of the Environment, 1947–92

John Collins	1947–48
John Garvin	1948–66
Michael Lawless	1966–74
Gerard Meagher	1974–83
Daniel Turpin	1983–85
Thomas Troy	1985–90
Brendan O'Donoghue	1990–

Ministers for Health, 1947–88*

James Ryan	1947–48
Noel Browne	1948–51
John A. Costello	1951 (temporary)
James Ryan	1951–54
Thomas F. O'Higgins	1954–57
Seán MacEntee	1957–65

*The Department of Health moved from the Custom House in 1988.

Donogh O'Malley	1965–66
Seán Flanagan	1966–69
Erskine Childers	1969–73
Brendan Corish	1973–77
Charles J. Haughey	1977–79
Michael Woods	1979–81
Eileen Desmond	1981–82
Michael Woods	1982
Barry Desmond	1982–87
John Boland	1987 (temporary)
Rory O'Hanlon	1987–91

Secretaries of the Department of Health, 1947–88

Thomas McArdle	1947
Pádraig Ó Cinnéide	1947–59
Pádraig Ó Muireadaigh	1959–73
Brendan Hensey	1973–81
Dermot Condon	1981–85
Patrick W. Flanagan	1985–90

Sources

John Beresford
James Gandon
James Napper Tandy

Barrow, Viola, 'History of the Custom House', undated typescript in Irish Architectural Archive

Beresford, William (ed.), *The Correspondence of the Rt. Hon. John Beresford*, 2 vols., London, 1854

Colvin, Howard, *A Biographical Dictionary of British Architects 1600-1840*, London, 1978

Coughlan, Rupert J., *Napper Tandy*, Dublin, 1976

Craig, Maurice, *Dublin 1660-1860*, Dublin, 1969

The Dictionary of National Biography, 2, pp. 327-8

Elliot, Marianne, *Wolfe Tone: Prophet of Irish Independence*, London, 1989

Gandon, James, jun., *The Life of James Gandon*, Dublin, 1846

Gilbert, J. T., *A History of the City of Dublin*, 2 vols., Dublin, 1861

Gilligan, H. A., *A History of the Port of Dublin*, Dublin, 1988

MacMillan Encyclopedia of Architects, 2, London, 1982, p. 157

McParland, Edward, *James Gandon: Vitruvius Hibernicus,* London, 1985

Redgrave, Samuel, *A Dictionary of Artists of the English School*, London, 1874

Saunders Newsletter, 20, 25, 27 July; 4, 8, 10 August 1781

Stanhope, Earl, *Life of William Pitt*, 4 vols., London, 1861

Walsh, John Edward, *Sketches of Sixty Years Ago*, Dublin, 1847

James Lever

The Dictionary of National Biography, 11, pp. 1010-19

Fitzpatrick, W. J., *The Life of Charles Lever*, 2 vols., London, 1879

Stevenson, Lionel, *Dr Quicksilver: The Life of Charles Lever*, London, 1939

The Maltons

Colvin, Howard, *A Biographical Dictionary of British Artists 1600-1840*, London, 1978

The Dictionary of National Biography, 12, pp. 890-1

Gandon, James, jun., *The Life of James Gandon*, Dublin, 1846

Malton, James, *Letters addressed to Parliament and to the Public in general on various improvements of the Metropolis etc.*, Dublin, 1787

Redgrave, Samuel, *A Dictionary of Artists of the English School*, London, 1874

The Sculptors

Bryan's Dictionary of Painting and Engravers, 5 vols., London, 1903

Craig, Maurice, *Dublin 1660-1860*, Dublin, 1969

The Dictionary of National Biography, 1, pp. 1053-4

Gandon, James, jun., *The Life of James Gandon*, Dublin, 1846

Grant, Maurice Harold, *A Dictionary of English Sculptors*, London, 1953, pp. 28-30, 53-4

McParland, Edward, *The Custom House, Dublin*, Dublin, 1991

Malton, James, *Letters addressed to Parliament and to the Public in general on various improvements in the Metropolis etc.*, Dublin, 1787

Redgrave, Samuel, *A Dictionary of Artists of the English School*, London, 1874, pp. 67, 382-3

Wright, G. N., *A Historical Guide to the City of Dublin*, 2nd edn, London, 1825

JOHN RENNIE

Boucher, Cyril, T. G., *John Rennie 1761-1821*, Manchester, 1963

Delap, Alfred D., 'Presidential Address', *Institution of Civil Engineers of Ireland: Transactions,* 54 (1927-28), November 1927

The Dictionary of National Biography, 16, pp. 905-7

The European Magazine and London Review, November 1821, pp. 403-6, memoir on late John Rennie

Gilligan, H. A., *A History of the Port of Dublin*, Dublin, 1988

Griffith, J. P., 'The Port of Dublin', *Institution of Civil Engineers of Ireland: Transactions*, 19 (1889)

Rennie, Sir John, *Autobiography*, London, 1875

Saunders Newsletter, 25 April 1796

Watson, Garth, *The Civils: The Story of the Institution of Civil Engineers*, London, 1988

Wright, G. N., *A Historical Guide to the City of Dublin*, 2nd edn, London, 1825

TRIKE, CRANGLE, THE EARL OF LEITRIM AND OTHERS

List of items prepared by assistant examiner of customs, February 1791, Commons Jn. Ire. 10 p.c 1xxxi

McDowell, R. B., *The Irish Administration 1801-1914*, London, 1964

Report of the commissioners appointed to enquire into the fees, gratuities, perquisites and emoluments in certain public offices in Ireland etc., January 1806, H.C. 1806, paper 6

Report of the Commissioners of Inquiry into the collection and management of the revenue arising in Ireland, February 1822, H.C. 1822 (53) 12

An account of the amount of compensation granted . . . Department of Customs in Ireland, Feb 1810, H.C. 1810, paper 293

Seventh report of the commissioners of enquiry into the collection and management of the revenue arising in Ireland; customs and excise establishments in Dublin April 1824, H.C. 1820 (100) xi

Watty Coil's Magazine, September 1809, quoted in Viola Barrow, 'History of the Custom House', undated typescript in Irish Architectural Archive

JONAH BARRINGTON

Barrington, Jonah, *Historic Anecdotes and Secret Memoirs of the Legislative Union between Great Britain and Ireland*, London, 1809

Barrington, Jonah, *Personal Sketches of His Own Times*, 3rd edn, 2 vols., London, 1869

The Dictionary of National Biography, 1, p. 1211

Gould, William (ed.), *Lives of the Georgian Age 1714-1837*, London, 1978

Staples, Hugh B. (ed.), *The Ireland of Sir Jonah Barrington*, London, 1968

JOHN FOX BURGOYNE

Burgoyne, John Fox, *Ireland in 1831: Letters on the State of Ireland*, London, 1831

The Dictionary of National Biography, 3, pp. 342-4

Head, Francis, *A Sketch of the Life and Death of Sir John Burgoyne*, London, 1876

McLennan, John F., *Memoir of Thomas Drummond: Under-Secretary to the Lord-Lieutenant of Ireland 1835-1840*, Edinburgh, 1867

Trevelyan, C. E., *The Irish Crisis*, London, 1848

Woodham Smith, Cecil, *The Great Hunger: Ireland 1845-9*, London, 1962

Wrottesley, George, *Life and Correspondence of Field-Marshal Sir John Burgoyne*, 2 vols., London, 1873

RICHARD GRIFFITH

Davies, Gordon L. H., and Mollan, R. Charles (eds.), *Richard Griffith 1784-1878*, Dublin, 1980

The Dictionary of National Biography, 8, pp. 680-2

Edwards, R. Dudley, and Williams, T. Desmond (eds.), *The Great Famine*, Dublin, 1956

Report of the committee appointed by the Treasury to enquire into the constitution and duties of the Board of Works in Ireland 1878, p. 10, H.C. 1878 (C2060) 23

THOMAS A. LARCOM

Colby, Thomas, *Ordnance Survey of the County of Londonderry*, 2 vols., Dublin, 1837

Correspondence relating to relief of distress in Ireland: Board of Works Series. July 1846–Jan 1847, H.C. 1847 (764) 50

The Dictionary of National Biography, 11, pp. 584-6

Dublin Evening Mail, 23 March 1849

Edwards, R. Dudley, and Williams, T. Desmond (eds.), *The Great Famine*, Dublin, 1956

Royal Society: Proceedings, No. 198 (1879)

Trevelyan, C. E., *The Irish Crisis*, London, 1848

EDWARD T. B. TWISLETON

Burke, Helen, *The People and the Poor Law in Nineteenth Century Ireland*, Dublin, 1987

The Dictionary of National Biography, 19, p. 1317

Poor Law (Ireland): Fourteen reports and minutes of evidence, select committee, House of Commons 1849, H.C. 1849, 15, parts 1 and 2

Robins, Joseph, *The Lost Children: A Study of Charity Children in Ireland 1700-1900*, Dublin, 1980

Twisleton, Edward, *The Handwriting of Junius professionally investigated by Mr Charles Chabot*, London, 1871

Twisleton Edward, *The tongue not essential to speech*, London, 1873

GEORGE WILKINSON

Colvin, Howard, *A Biographical Dictionary of English Architects 1600-1840*, London, 1978

Daily Express (Dublin), 16 May 1859

O'Dwyer, Frederick, 'The Architecture of the Board of Works 1831–1923', in *Public Works: The Architecture of the Office of Public Works 1831–1987*, Dublin, 1987

O'Dwyer, Frederick, 'The Foundation and Early Years of the RIAI', in *150 Years of Architecture in Ireland, 1839-1989*, Dublin, 1989

Poor Law Commissioners: Fifth Annual Report 1839, H.C. 1839 (239) 20 App. B. (9)

Report of Commissioner for enquiring into the execution of the contracts for certain union workhouses in Ireland, H.C. 1844 (562, 568) 30

Robins, Joseph, *The Lost Children: A Study of Charity Children in Ireland, 1700-1900*, Dublin, 1980

Saint, Andrew, 'Three Oxford Architects', *Oxoniensia*, 34, pp. 53-102, Oxford, 1970

Wilkinson, George, *Practical Geology and Ancient Architecture of Ireland*, London, 1845

DENIS PHELAN

Barrington, Ruth, *Health, Medicine and Politics in Ireland 1900-1970*, Dublin, 1987

British Medical Journal, 17 June 1871 (obituary)

Phelan, Denis, *A Statistical Inquiry into the Present State of the Medical Charities of Ireland*, Dublin, 1835

Phelan, Denis, *Reform of the Poor Law System in Ireland*, Dublin, 1859

Royal Commission on the Poor Laws and Relief of Distress: Report on Ireland, H.C. 1909 (Cd 4630) 38

Registered Papers (National Archives) 011276/1848

DOMINIC CORRIGAN

Coakley, Davis, *The Irish School of Medicine*, Dublin, 1988

Corrigan, D. J., 'On the Epidemic Fever in Ireland', *The Lancet*, 2, pp. 568-75

The Dictionary of National Biography, 4, pp. 1177-8

Dublin Medical Press, 3 February 1847

Graves, Robert J., A letter to the Editor, *Dublin Quarterly Journal of Medical Science*, 4 (1847), pp. 513-44

Meenan, F.O.C., 'The Victorian Doctors of Dublin – A Social and Political Portrait', *Irish Journal of Medical Science*, seventh ser. 1 (7), pp. 311-20

O'Brien, Eoin, *Conscience and Conflict: A Biography of Sir Dominic Corrigan 1802-1880*, Dublin, 1983

Report of the Commissioners of Health (Ireland) on the epidemics of 1846 to 1850, H.C. 1852-3 (1562) 41

WILLIAM H. HARDINGE

Hardinge, W. H., *A Memoir on the Manuscript, Mapped and other Townland Surveys in Ireland 1688-1864*, Dublin, 1865

Hardinge, W. H., *Narrative in proof of the Uninterrupted Consecrational Descent of the Bishops of the Church of Ireland etc.*, London, 1869

Hobsbawm, E. J., *The Age of Revolution*, London, 1977

McDowell, R. B., *The Irish Administration 1801-1914*, London, 1964

Petty, William, *History of the Down Survey*, ed. T. A. Larcom, Irish Arch. Society

Record Commission, Ireland; a return of the expenses . . . H.C. 1822 (553) 18

Reports from the Commissioners . . . *respecting the Public Records of Ireland*, 1810-23

Thom's Irish Almanac and Official Directory 1848, Dublin, p. 232

Wood, Henry, 'The Tragedy of the Irish Public Records', *The Irish Genealogist*, 1, pp. 67-71

JACOB OWEN

O'Dwyer, Frederick, 'The Architecture of the Board of Works 1831-1923', in *Public Works: The Architecture of the Office of Public Works 1831-1987*, Dublin, 1987

Report of the committee appointed by the Treasury to enquire into the constitution and duties of the Board of Works in Ireland, June 1878, H.C. 1878 (C 2060), 23

WILLIAM THOMAS MULVANY

Coff, John Oliver, *William Thomas Mulvany 1806-1885*, from the German of Kurt Bloemers; typescript, dated 1922, in the library of the Royal Irish Academy

Irish Press, 7 December 1966

O'Loan, J., '19th Century Administrators: William Thomas Mulvany', *Administration*, 8, 4, pp. 315-32

Ryan, John, 'William Thomas Mulvany', *Studies*, 12 (1923), pp. 378-90

Report from the Select Committee of the House of Lords into the operation of the Acts relating to the drainage of lands in Ireland etc., 1852, H.C. 1852-3 (10) 26

Information provided by Freddie O'Dwyer

ROBERT MANNING

'Civil Engineering: The Challenge Ahead', *The Engineer's Journal*, March 1990

Cox, R. C. (ed.), *Engineering Ireland 1778-1878*, Exhibition Catalogue, School of Engineering, Trinity College Dublin, 1978

Dooge, James C. I., 'Robert Manning (1816-1897)', paper to Institution of Engineers of Ireland, 6 December 1989

The Fundamental Laws, Statutes and Constitution of . . . the Friendly Brothers of St Patrick, Dublin, 1879

Report of the Committee appointed by the Treasury to enquire into the constitution and duties of the Board of Works in Ireland, June 1878, H.C. 1878 (C 2060), 23

THOMAS KIRKWOOD

Burke, Bernard, *Landed Gentry of Ireland*, London, 1912, p. 371

The Irish Field, 21 January 1911

The Irish Sportsman Newspaper, 2 April 1881

Robinson, Henry, *Further Memories of Irish Life*, London, 1924

Smith, Vian, *The Grand National*, London, 1969

Thomson, David, *Woodbrook*, London, 1974

Watson, S. J., *Between the Flags: A History of Irish Steeplechasing*, Dublin, 1969

WILLIAM DUDLEY WODSWORTH

Local Government Board of Ireland: Annual Reports, 1875-1901

Robins, Joseph, *The Lost Children: A Study of Charity Children in Ireland 1700-1900*, Dublin, 1980

Wodsworth, William Dudley, *A Brief History of the Ancient Foundling Hospital of Dublin*, Dublin, 1886

HENRY ROBINSON, JUNIOR

Headlam, Maurice, *Irish Reminiscences*, London, 1947

The Irish Times, 18 October 1927

McDowell, R. B., *The Irish Administration 1801–1914*, London, 1964

Robinson, Henry, *Memories: Wise and Otherwise*, London, 1923

Robinson, Henry, *Further Memories of Irish Life*, London, 1924

Second Appendix to the Fourth Report of Royal Commission on the Civil Service minutes of evidence. 1914, H.C. 1914 (Cd7340) 16

Webb, Beatrice, *Our Partnership*, London, 1948

Who was Who, 2, London, 1947

BEATRICE WEBB

Cole, Margaret, *Beatrice Webb*, London, 1945

Cole, Margaret, *Beatrice and Sidney Webb*, London, 1955

The Dictionary of National Biography 1941-1950, pp. 935-40

Royal Commission on the Poor Laws and Relief of Distress: Report on Ireland 1909 (Cd4630) vol. 38, and *Minutes of Evidence 1910* (Cd5070) vol. 50

Webb, Beatrice, *Our Partnership*, London, 1948

PERCY WILLIAM FRENCH

de Burgh Daly, Mrs (ed.), *Chronicles and Poems of Percy French*, Dublin, 1922

Fifty-third Annual Report of Commission of Public Works in Ireland for year 1884-5, pp. 31-4, H.C. 1884-5 (C4475) 20

'History of the Board of Works', *Oibre*, 2, p. 24

O'Dowda, Brendan, *The World of Percy French*, Belfast, 1981

GEORGE VANSTON

Robinson, Henry, *Memories: Wise and Otherwise*, London, 1923

Who was Who, 2, London, 1947, p. 1067

THE CUSTOM HOUSE DEAD

Curran, Joseph M., *The Birth of the Irish Free State 1921-3*, University of Alabama, 1980

Irish Independent, 26, 27 May 1921

The Irish Times, 26, 27 May 1921

National Graves Association, *Last Post*, 1932

O'Kelly, M., 'Burning of the Dublin Custom House', *An Cosantóir*, January 1942

Skinner, Liam, *Politicians by Accident*, Dublin, 1946

Traynor, Oscar, 'The Burning of the Custom House', in *Dublin's Fighting Story 1913-21*, Tralee, 1956

Information provided by Máire Ní Céarnaig, National Graves Association

RICHARD MULCAHY

Coogan, Timothy Patrick, *Ireland Since the Rising*, London, 1966

Dáil Éireann Debates, 23, April-June 1928

The Irish Times, 17 December 1971

Lee, J. J., *Ireland 1912-1985: Politics and Society*, Cambridge, 1989

MacArdle, Dorothy, *The Irish Republic*, Dublin, 1937

Manning, Maurice, Article on Richard Mulcahy, *The Irish Times*, 10 May 1986

Valiulis, Maryann, *Portrait of a Revolutionary: General Richard Mulcahy and the Founding of the Irish Free State*, Dublin, 1992

Younger, Calton, *Ireland's Civil War*, London, 1968

SEÁN T. O'KELLY

Coogan, Timothy Patrick, *Ireland Since the Rising*, London, 1966

Cronin, Anthony, *No Laughing Matter: The Life and Times of Flann O'Brien*, London, 1989

Department of Local Government and Public Health: Annual Reports, 1933-41

The Irish Times, 24 November 1966

Lee, J. J., *Ireland 1912-1985: Politics and Society*, Cambridge, 1989

Ó Broin, Leon, *Just Like Yesterday*, Dublin, 1986

NANCY WYSE-POWER

O'Neill, Máire, *From Parnell to de Valera: A Biography of Jennie Wyse-Power 1888-1941*, Dublin, 1991

Power, Nancy (de Paor, Neans), 'Classes of Women described in the Seanchas Mór', in D. A. Binchy (ed.), *Studies in Early Irish Law*, Dublin, 1936

Power, Nancy (de Paor, Neans), 'Women in the Civil Service', *Administration*, 3, 1

Information provided by Máire O'Neill, Caithlin O'Neill and Eithne O'Byrne

PATRICK J. MEGHEN

City and County Management 1929-1990: A Retrospective, Dublin, 1991

The Clare Champion, 30 March, 13, 27 April 1929

Dáil Éireann Debates, 29, cols. 685-9

List of names of people in County Managers' Association photograph on p. 110: (*front row, l-r*) J.P. Flynn, Tipperary (N.R.) & (S.R.), D.C. Murphy, Louth, W.F. Quinlan, Kerry, E.A. Joyce, Carlow/Kildare, P.J. Bartley, Laois/Offaly, P.J. Meghen, Limerick; (*second row, l-r*) M.J. Egan, Mayo, C.I. O'Flynn, Galway, J.G. Browne, Roscommon, P.T. Healy, Wicklow; (*third row, l-r*) P. McGeough, Monaghan, M.A. Veale, Cavan, S.D. MacLochlainn, Donegal, T. Hayes, Longford/Westmeath, S.J. Moynihan, Kilkenny/Waterford; (*back row, l-r*) J.F. Wrenne, Cork, D. O'Keeffe, Clare, J. Hurley, Meath, T.D. Sinnott, Wexford.

T. C. COURTNEY

Deeny, James, *To Cure and to Care*, Dublin, 1989

Department of Local Government and Public Health: Annual Reports, 1941-47

Institution of Civil Engineers of Ireland: Transactions, 70 (p. 1014), 80 (p. 298)

The Irish Times, 18 February 1949, 7 and 8 August 1961

Information provided by Córas Iompair Éireann

MAURICE WALSH

Cleeve, Brian, *Dictionary of Irish Writers*, Cork, 1966

The Irish Times, 19 February 1964

Jeffares, A. Norman, *MacMillan History of Literature: Anglo-Irish Literature*, Dublin, 1982

MacManus, Francis, 'Maurice Walsh: Portrait of a Writer as a Romantic', *The Capuchin Annual*, 1965

Réamonn, Seán, *History of the Revenue Commissioners*, Dublin, 1981

The many novels and collections of short stories of Maurice Walsh

JOHN COLLINS

Collins, John, *Local Government* (with a memoir of the author by Des Roche), Dublin, 1963

Commission on the Relief of the Sick and Destitute Poor etc: Report, 1927

Department of the Taoiseach, papers S13692 A and B (National Archives)

The Irish Times, 11 July 1945, 17 September 1945

Kenny, Ivor, *In Good Company: Conversations with Irish Leaders*, Dublin, 1987

JOHN GARVIN

Cass, Andrew, 'Sprakin Sea Djoytsch', *The Irish Times*, 26 April 1947

Cronin, Anthony, *No Laughing Matter: The Life and Times of Flann O'Brien*, London, 1989

Fanning, Ronan, *The Irish Department of Finance 1922-1958*, Dublin, 1978

Garvin, John, *James Joyce's Disunited Kingdom and the Irish Dimension*, Dublin, 1976

The Irish Times, 5 April 1986 (obituary)

Information provided by Tom Garvin

SEÁN MACENTEE

Barrington, Ruth, *Health, Medicine and Politics in Ireland 1900-1970*, Dublin, 1987

City and County Management 1929-1990: A Retrospective, Dublin, 1991

Coogan, Timothy Patrick, *Ireland Since the Rising*, London, 1966

Dáil Éireann Debates

Department of the Taoiseach, papers S13444C (National Archives)

Gregory, Padraic (ed.), *The Poems of John Francis MacEntee*, Dublin, 1925

Irish Press, 10 January 1984

The Irish Times, 12 November 1959

Lee, J. J., *Ireland 1912-1985: Politics and Society*, Cambridge, 1989

MacEntee, Seán, *Episode at Easter*, Dublin, 1966

Skinner, Liam, *Politicians by Accident*, Dublin, 1946

Recollections of the author

ERSKINE HAMILTON CHILDERS

The Irish Times, 18, 19 November 1974

MacArdle, Dorothy, *The Irish Republic*, Dublin, 1937

Ó Broin, Leon, *Just Like Yesterday*, Dublin, 1986

Skinner, Liam, *Politicians by Accident*, Dublin, 1946

Recollections of the author

NOEL BROWNE

Barrington, Ruth, *Health, Medicine and Politics in Ireland 1900-1970*, Dublin, 1987

Browne, Noel, *Against the Tide*, Dublin, 1986

Coogan, Timothy Patrick, *Ireland Since the Rising*, London, 1966

Deeny, James, *To Cure and to Care*, Dublin, 1989

Deeny, James, 'Towards Balancing a Distorted Record', *Irish Medical Journal*, 80, 8

Whyte, J. H., *Church and State in Modern Ireland, 1923-1970*, Dublin, 1971

Recollections of the author

List of names of people in photograph on p. 138: (*front row, l-r*) Kay Smullen, Noel Browne, Cait O'Shea; (*back row, l-r*) Michael Mulvihill, Kathleen O'Brien, T. Shanahan, Dorothy Redmond, Marie Creed, Peggy Lynam, Dick White.

THOMAS F. O'HIGGINS

Barrington, Ruth, *Health, Medicine and Politics in Ireland 1900-1970*, Dublin, 1987

Curtin, Deirdre and O'Keeffe, David (eds.), *Constitutional Adjudication in European Community and National Law* (in honour of T.F.O'Higgins), Dublin, 1992

Dáil Éireann Debates 160, cols. 658-67

Voluntary Health Insurance Board Report and Accounts, 1991

Younger, Carlton, *Ireland's Civil War*, London, 1968

JAMES TULLY

Dáil Éireann Debates, 271, cols. 14-19

Department of Local Government: tables of housing statistics 1970-1991

The Irish Times, 21 May 1992

Lee, J. J., *Ireland 1912-1985: Politics and Society*, Cambridge, 1989

Typescript of personal account by James Tully of the Egyptian incident (kindly lent by his son John J. Tully)

PATRICK SMITH

Anglo Celt, 26 March 1982

Chubb, Basil, *The Government and Politics of Ireland*, London, 1971

Coogan, Timothy Patrick, *Ireland Since the Rising*, London, 1966

Dáil Éireann Debates, 144, cols. 1028, 1150-4

Farrell, Brian, *Chairman or Chief? The Role of Taoiseach in Irish Government*, Dublin, 1971

Hoctor, Daniel, *The Department's Story: A History of the Department of Agriculture*, Dublin, 1971

Irish Independent, 20 March 1982

Irish Press, 20 March 1982

The Irish Times, 20 March 1982

Roche, Desmond, *Local Government in Ireland*, Dublin, 1982

Skinner, Liam, *Politicians by Accident*, Dublin, 1946

THOMAS J. BARRINGTON

Barrington, T. J., *From Big Government to Local Government: The Road to Decentralisation*, Dublin, 1975

Barrington, T. J., *Discovering Kerry: Its History, Heritage and Topography*, Dublin, 1976

Chubb, Basil, 'Do Public Servants in Ireland Need an Institute?', *Administration*, 2, 2 (1954)

Kenny, Ivor, *In Good Company: Conversations with Irish Leaders*, Dublin, 1987

Lee, J. J., *Ireland 1912-1985: Politics and Society*, Cambridge, 1989

Towards a New Democracy?: Implications of Local Government Reform, Dublin, 1985

Conversations with Tom Barrington and recollections of the author

BRENDAN HENSEY

Hensey, Brendan, *The Health Services of Ireland*, 4th edn, Dublin, 1988

Recollections of the author

MICHAEL MULVIHILL

Recollections of the author

None of Michael Mulvihill's writings has been collected or published in book form.

JAMES DEENY

Barrington, Ruth, *Health, Medicine and Politics in Ireland 1900-1970*, Dublin, 1987

Deeny, James, 'The Spread of Tuberculosis in an Irish Town: A Study of Slow-Motion Contagion', *Journal of the Medical Association of Éire*, December 1947

Deeny, James, *To Cure and to Care*, Dublin, 1989

Department of the Taoiseach, papers S13444 (National Archives)

Tuberculosis in Ireland, Report of the National Tuberculosis Survey (1950-53), 1954

Recollections of the author

BRIAN O'NOLAN

Costello, Peter, and Van de Kamp, Peter, *Flann O'Brien: An Illustrated Biography*, London, 1987

Cronin, Anthony, *No Laughing Matter: The Life and Times of Flann O'Brien*, London, 1989

Myles na gCopaleen, *An Béal Bocht*, Dublin, 1941

O'Brien, Flann, *At Swim-Two-Birds*, London, 1961

O'Brien, Flann, *The Hard Life: An Exegesis of Squalor*, London, 1961

O'Brien, Flann, *The Dalkey Archive*, London, 1964

O'Brien, Flann, *The Third Policeman*, London, 1967

Phelan, Michael, 'Watcher in the Wings: A lingering look at Myles na gCopaleen', *Administration*, 24, 1, pp. 96-106

RICHARD POWER

Brown, Terence, 'Family Lives: The Fiction of Richard Power', in Rafroidi and Harmon (eds.), *The Irish Novel in Our Time*, Lille, France, 1978

Irish Press, 13 September 1969

The Irish Times, 13 September 1969

Power, Richard, *The Land of Youth*, New York, 1964

Power, Richard, *The Hungry Grass*, London, 1969

Time, 6 June 1969

PADRAIC FALLON

Fallon, Padraic, *Poems*, Dublin, 1974

Fallon, Padraic, *Poems and Versions*, ed. Brian Fallon, Dublin, 1983

Fallon, Padraic, *Collected Poems*, ed. Brian Fallon, Dublin, 1990

The Irish Times, 10 October 1974, 17 June 1992

MacManus, Francis, 'The Exasperating Padraic Fallon', *The Bell*, 16, 5 (1951)

Réamonn, Seán, *History of the Revenue Commissioners*, Dublin, 1981

THOMAS MURPHY

Pakenham, Thomas, *The Year of Liberty*, London, 1969

Conversations with Thomas Murphy

INDEX

Leitrim, Earl of, 25
Lemass, Seán, 150-1
Lenihan, Brian, 151
Leonard, Hugh, 172
Lever, Sir Ashton, 12
Lever, Charles James, 12-13
Lever, James, 12-13
Lever, John, 12
Liberty Boys, 7
Library Council, 126
Lloyd George, David, 93
Local Appointments Commission, 145
local government, 2, 109-11, 130
    reform of, 71
    women in, 87-8
Local Government, Department of, 123,
    124, 129, 134, 150, 153, 157, 174
Local Government Act, 1898, 83
Local Government and Public Health,
    Department of, 2, 91, 98, 100, 102,
    105, 107, 109-11, 112-14, 119, 129-
    30, 134, 157, 164-7, 169-70
Local Government Board for Ireland,
    1-2, 71, 75-7, 82-3, 87, 91, 93, 157
    care of foundlings, 79-81
Lucas, Dr, 17
lunatic asylums, 51
Lynch, Jack, 146
Lynch, Patrick, 154

McCabe, Dr, Archbishop of Dublin, 105
McCartan, Dr Patrick, 103-4
MacCormack, Dr J. D., 164, 165-6
McCullough, Denis, 104
MacDermot, Seán, 106
MacDonnell, Dr R. F., 164
McDonnell, Evelyn, 172
MacElligott, J. J., 165-6
MacEntee, Seán, 108, 120-2, 127-32, 137,
    166, 170
MacEoin, Seán, 103
McKinsey report, 158
McLean, Annie, 24-5
McMahon, Seán, 177
McManus, Ellen, 149
MacManus, Francis, 116, 179, 180-1
McMenamin, Dan, 128
MacNeill, Eoin, 102, 106, 127

McParland, Edward, 18
McQuaid, Dr John Charles, Archbishop
    of Dublin, 132
Maher, Dorothea, 180
Major Religious Superiors, Conference
    of, 140
Malton, James, 15
Malton, Thomas, 9, 14-15
Malton, Thomas Jr, 15
Malton, William, 15
Manning, Robert, 72-4
Manning, William, 72
Markievicz, Countess, 106
Marten, John, 95
Mater Hospital, 183
Maynooth College, 12, 65
Meath, Earl of, 61
Medical Charities Act, 1851, 54
Medical Rehabilitation Centre, National,
    184
Medical Research Council of Ireland,
    167
Medico-Social Research Board, 159
Meghen, Patrick J., 109-11
Menai Strait, 22
mental hospitals, 120
Merchants, Guild of, 8
mining, 37-8, 69
Monteagle, Lady, 87
Montgomery, Barbara, 4
Moore, Sir John, 32
Mormon Church, Utah, 161
mother and child scheme, 137, 139
Mountjoy, Lady, 4
Moynihan, Maurice, 124
Muckleary, Mr, 72
Muintir na Tíre, 111, 155
Mulcahy, Richard, 98-101, 104, 109-11
Mulvany, Thomas J., 67
Mulvany, William Thomas, 67-70, 72
Mulvihill, Margaret, 163
Mulvihill, Michael, 160-3
Murphy, Fr John, 182, 183
Murphy, Thomas, 182-4

na Gopaleen, Myles. see O'Nolan, Brian
National Health Council, 159
National Hunt Steeplechase Committee,
    77

264 pages, 225 x 145mm
ISBN 0 906980 46 1
IR£14.95 hbk

This book is a history of the position of mentally afflicted persons in Ireland. It describes the growth of liberal attitudes at the beginning of the nineteenth century and the development of an asylum system based initially on the concept of 'moral treatment'. By the end of the nineteenth century the statistics of Irish insanity, at home and abroad, were unenviable. Joseph Robins explains the influences and prejudices which gave rise to that situation. He brings his account up to the 1960s and the advent of greater enlightenment and optimism.

'. . . very useful book containing as it does a brief synopsis of the historical development of Irish psychiatry.'
                                                              Irish Medical Times

'. . . well researched and well written book . . . will help to stimulate public concern for those so afflicted and should appeal to a wide audience.'
                              Slánuacht – Journal of the National
                                              Rehabilitation Board

Available from bookshops or, in case of difficulty, from

 INSTITUTE OF PUBLIC ADMINISTRATION
Publications Section
Vergemount Hall
Clonskeagh, Dublin 6
Telephone (01) 2697011   Fax (01) 2698644

The Lost Children

Joseph Robins

374 pages   216 x 138mm   ISBN 0 906980 75 5   IR£9.95pbk

The Lost Children describes the treatment of charity children in Ireland in the eighteenth and nineteenth centuries. It is an important study in Irish social history, being both a scholarly work and a fascinating human narrative.

'. . . a masterly account of the provisions for (the) abandoned, orphaned and illegitimate . . .'

The Irish Times

'It is impossible to read this book without feeling both anger and indignation . . . This well researched compelling book gives us an important insight into a period which could well be called the Dark Ages of child care.'

The Sunday Tribune

'Dr Robins's uncompromisingly factual and grimly-documented study . . . is compulsory reading for anyone interested in the puzzling peculiarities of Irish social, political and religious history.'

Irish Independent

Available from bookshops or, in case of difficulty, from

 INSTITUTE OF PUBLIC ADMINISTRATION
Publications Section
Vergemount Hall
Clonskeagh, Dublin 6
Telephone (01) 2697011   Fax (01) 2698644